SHENDU XUEXI YU WANGLUO XUESHU QINGBAO FAXIAN YANJIU

深度学习与网络学术情报发现研究

王娟 著

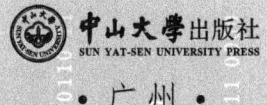
中山大学出版社
·广州·

版权所有　翻印必究

图书在版编目（CIP）数据

深度学习与网络学术情报发现研究／王娟著. -- 广州：中山大学出版社，2025.6. -- ISBN 978-7-306-08467-5

Ⅰ．G254.928

中国国家版本馆 CIP 数据核字第 2025YM5634 号

出 版 人：	王天琪
策划编辑：	廖丽玲
责任编辑：	廖丽玲
封面设计：	林绵华
责任校对：	梁嘉璐
责任技编：	靳晓虹
出版发行：	中山大学出版社
电　　话：	编辑部 020-84110283，84113349，84111997，84110779，84110776
	发行部 020-84111998，84111981，84111160
地　　址：	广州市新港西路 135 号
邮　　编：	510275　传　真：020-84036565
网　　址：	http://www.zsup.com.cn　E-mail：zdcbs@mail.sysu.edu.cn
印 刷 者：	广东虎彩云印刷有限公司
规　　格：	787mm×1092mm　1/16　24.75 印张　457 千字
版次印次：	2025 年 6 月第 1 版　2025 年 6 月第 1 次印刷
定　　价：	88.00 元

如发现本书因印装质量影响阅读，请与出版社发行部联系调换

编 委 会

谢柏林　彭碧涛　唐宝珍　司徒俊峰　王维佳

前　言

在大数据时代，数据和信息的分析被提升到前所未有的高度，情报分析工作也迎来了重大的发展机遇与挑战。一方面，整个互联网相当于一个巨大的知识库，有效利用蕴藏其中的数据资源，有助于加深对国情、国力的认识，促进现代化发展；另一方面，格式多样、类型复杂、体量巨大且动态演变的数据使得以统计分析和机器学习为主的传统数据分析技术越来越无法满足情报用户的深层需求。因此，如何将大量有价值的数据从信息的海洋中"捞出来"，形成不同维度、不同粒度、不同功能的智慧产品，是当今情报研究的工作重点。本书采用"理论基础研究→关键技术突破→研究成果应用"三个层次递进的研究思路，既立足于全局，又落实到具体实践。我们以学科领域网络信息资源为起点，就大数据环境下情报源采集与甄选、知识表示与整序、情报分析与服务的新方式方法进行深入研究，探讨基于领域本体的学科领域网络信息资源深度聚合的实现方法和基于领域知识图谱的探索式搜索系统的全流程解决方案。希望通过构建学术情报发现系统，将内容和形式各异的资源融会贯通成一个完整的知识网络，帮助用户和信息服务机构建立信息的全局概念，为网络情报学理论和实践在大数据环境下的发展注入新的活力。我们的研究工作主要包括以下三个方面。

(1) 在文本采集方面，我们首先探讨了中文领域本体的学习方法。综合利用易得的网络资源——百科知识和 Web 资源进行领域本体的学习。一方面，基于百科分类图获取领域概念及概念间分类关系；另一方面，考虑百科毕竟不可能涵盖全部领域知识，而且由于其结构性要求较高，相对于 Web 资源更新也较慢，我们同时结合了 Web 资源进行领域术语的抽取，以补充发展已有的领域本体，旨在一定程度上解决中文领域本体自动构建困难的问题。接着，我们综合研究了 P-W 和 W-W 中的网络引文，科学地确定领域知识源的采集范围，并基于已构建的领域本体进行给定主题和语义相关度计算，在开源网络爬虫工具 Heritrix 上进行扩展，设计了一个面向学科领域网络信息资源的主题爬虫，通过综合考虑语义重合度、语义距离、节点所处层次深度和层次差等因素，使采集结果更符合人们的认知。

（2）在知识抽取方面，我们既采用了统计分析方法，结合术语的 Unithood 和 Termhood 特性进行 Web 文档中的领域术语抽取，也基于文本逻辑结构和依存句法分析相结合的方法实现细粒度的知识元抽取。很多开展科学研究、学习和辅助管理决策的信息聚合系统在实现技术上以基于文献共词分析的聚合和基于文献、作者、期刊等共被引分析的聚合为主，而我们则在深入研究了基于领域本体的知识元模型构建及知识元链接模型构建方法之后，通过搭建基于知识元的聚合平台，实现了从细粒度层面对网络学术资源解构、重组和动态关联，更加准确地将学科领域中与某特定知识概念相关的信息资源以关联方式呈现在用户的面前，提高了学科领域网络信息资源的效用。

当然，本书的重点还是基于深度学习的实体及关系抽取的研究，这包括基于领域知识注入的预训练语言模型 LISERNIE 的构建、基于 LISERNIE 的领域命名实体识别、基于多粒度语言知识增强模型的领域命名实体识别以及基于提示学习的预训练大语言模型的领域实体及关系的联合抽取。

（3）在知识图谱的构建及应用方面，我们以图情领域学术文献为研究对象，对图情领域的实体及其间关系的形式化定义进行了探索，在此基础上，我们利用 Paddle UIE 进行了样本量较少情况下的关系三元组抽取，并对构建的图情领域知识图谱 LISKG 的质量进行了评估。为了验证 LISKG 对用户在进行领域学术搜索时的促进作用，我们构建了一个基于可交互图情领域知识图谱的原型检索系统，从进一步设计的搜索实验任务结果可以发现，基于 LISKG 的原型系统更加有助于为用户呈现与任务相关的重要概念，帮助用户学习未知主题，更好地完成搜索任务，这也表明我们的解决方案可以为学术文献服务提供方开发用户支持工具提供流程指导和建议。

通过深入研究深度学习技术在网络学术情报发现领域的应用，我们构建了以多源数据为基础、以智能计算为手段、以服务用户为目的的一体化网络学术情报发现系统，将浅层、分散、庞杂的网络学术资源通过自动采集、挖掘和可视化变成集中、高效、关联的知识体系，补充完善了大数据时代网络情报学的方法体系，使情报服务理念真正落到实处。

全书由王娟撰写，谢柏林参与第 2 章撰写工作，彭碧涛、唐宝珍参与第 7、8、9、10 章的撰写工作，司徒俊峰、王维佳参与第 3、4、5、6 章的撰写工作和全书的审校工作。

目录

1 绪论

- 1.1 研究背景及意义 …………………………………………… 2
- 1.2 国内外相关研究概述 ……………………………………… 3
  - 1.2.1 情报和信息、知识的关系 ……………………… 4
  - 1.2.2 知识表示方法的相关研究 ……………………… 6
  - 1.2.3 知识组织的相关研究 …………………………… 13
  - 1.2.4 知识发现方法的相关研究 ……………………… 17
  - 1.2.5 深度学习在情报分析中的应用 ………………… 20
- 1.3 研究思路 …………………………………………………… 24
- 1.4 研究方法 …………………………………………………… 26
- 1.5 本书组织结构 ……………………………………………… 27

2 面向自然语言处理的深度学习

- 2.1 人工神经网络的发展历程 ………………………………… 30
  - 2.1.1 第一次热潮 ……………………………………… 30
  - 2.1.2 第二次热潮 ……………………………………… 35
  - 2.1.3 第三次热潮 ……………………………………… 37
- 2.2 常用深度学习模型 ………………………………………… 38
  - 2.2.1 RNN ……………………………………………… 39
  - 2.2.2 CNN ……………………………………………… 40
  - 2.2.3 LSTM ……………………………………………… 43
  - 2.2.4 Transformer ……………………………………… 44

2.3 深度学习在自然语言处理中的应用 …………………………… 48
　　2.3.1 传统的文本表示 ………………………………………… 49
　　2.3.2 基于神经网络语言模型的词表示 ……………………… 51
2.4 主流深度学习框架对比 ………………………………………… 55
2.5 本章小结 ………………………………………………………… 58

3 图情领域本体的构建

3.1 领域本体构建方法探讨 ………………………………………… 60
　　3.1.1 领域本体概述 …………………………………………… 60
　　3.1.2 领域本体的构成 ………………………………………… 61
　　3.1.3 领域本体的构建 ………………………………………… 62
3.2 维基百科语义挖掘的分析 ……………………………………… 67
　　3.2.1 维基百科介绍 …………………………………………… 67
　　3.2.2 维基百科的基本元素 …………………………………… 68
3.3 基于维基百科的领域本体构建 ………………………………… 70
　　3.3.1 基于分类图的概念层次结构 …………………………… 70
　　3.3.2 基于语义相关度的实例关系获取 ……………………… 73
　　3.3.3 基于依存句法分析的属性关系获取 …………………… 78
　　3.3.4 同义关系的获取 ………………………………………… 89
　　3.3.5 本体存储 ………………………………………………… 90
3.4 本体构建实验及结果分析 ……………………………………… 92
　　3.4.1 数据源 …………………………………………………… 92
　　3.4.2 概念及分类关系获取实验 ……………………………… 93
　　3.4.3 实例关系获取实验 ……………………………………… 94
　　3.4.4 属性关系获取实验 ……………………………………… 95
　　3.4.5 同义关系的获取 ………………………………………… 96
　　3.4.6 本体的存储 ……………………………………………… 97
3.5 本章小结 ………………………………………………………… 98

4 基于领域本体的 Web 资源主题采集

4.1 网络信息资源概述 ……………………………………………… 102
　　4.1.1 网络信息资源的定义 …………………………………… 102

  4.1.2 网络信息资源的类型 …………………………………… 103
  4.1.3 网络信息资源的特点 …………………………………… 105
4.2 **网络引文概述** …………………………………………………… 107
  4.2.1 网络引文的定义 ………………………………………… 107
  4.2.2 国内外网络引文研究 …………………………………… 109
4.3 **基于网络引文的图情领域网络信息资源分布研究** …………… 111
  4.3.1 数据来源 ………………………………………………… 111
  4.3.2 网络引文类型分布统计 ………………………………… 113
  4.3.3 网页 URL 特征分析 …………………………………… 115
  4.3.4 高被引网站分析 ………………………………………… 117
4.4 **基于领域本体的主题爬虫** …………………………………… 118
  4.4.1 主题爬虫 ………………………………………………… 118
  4.4.2 网页采集关键技术分析 ………………………………… 121
  4.4.3 主题描述 ………………………………………………… 128
  4.4.4 基于领域本体的网页相关性计算 ……………………… 130
  4.4.5 基于 Heritrix 的图情领域采集系统 …………………… 137
  4.4.6 基于图情领域本体的主题采集 ………………………… 141
4.5 **本章小结** ……………………………………………………… 148

5 基于领域知识元的知识聚合

5.1 **知识聚合的相关研究** ………………………………………… 152
  5.1.1 2006—2020 年有关知识聚合的文献计量学分析 ……… 152
  5.1.2 知识聚合的方法研究 …………………………………… 155
  5.1.3 知识聚合的应用研究 …………………………………… 156
5.2 **基于知识元的知识组织** ……………………………………… 157
  5.2.1 知识元概述 ……………………………………………… 157
  5.2.2 基于知识元的知识关联 ………………………………… 163
5.3 **基于领域本体的知识元模型构建** …………………………… 165
  5.3.1 领域本体描述 …………………………………………… 165
  5.3.2 基于本体实例关系的知识元划分 ……………………… 166
  5.3.3 基于本体属性关系的知识元属性获取 ………………… 168

5.4 基于知识元的知识关联模型 …… 171
   5.4.1 同类知识元的关联 …… 171
   5.4.2 异类知识元的关联 …… 172
5.5 基于逻辑结构和依存句法分析的知识元抽取 …… 174
5.6 知识元的存储 …… 177
5.7 基于知识元的图情领域知识聚合平台 …… 180
   5.7.1 国内外聚合平台建设现状 …… 180
   5.7.2 聚合平台框架设计 …… 183
   5.7.3 聚合效果分析 …… 184
5.8 本章小结 …… 187

6 中文文本的标注

6.1 文本标注流程 …… 190
   6.1.1 文本预处理 …… 190
   6.1.2 标注 …… 201
6.2 面向 NER 的人工标注 …… 203
   6.2.1 NER 标签体系 …… 203
   6.2.2 基于 brat 的半自动化标注 …… 206
6.3 面向 RE 的人工标注 …… 210
   6.3.1 图情领域实体关系描述 …… 210
   6.3.2 基于 doccano 的人工标注 …… 212
6.4 数据标注的一致性评价 …… 215
6.5 本章小结 …… 218

7 面向 Web 的领域术语抽取

7.1 国内外抽取技术的研究 …… 220
   7.1.1 Web 信息抽取方法 …… 220
   7.1.2 领域术语的抽取 …… 223
7.2 图情领域术语的多特征分析 …… 226
   7.2.1 图情领域术语的结构特征 …… 226
   7.2.2 图情领域术语的单元特征 …… 229
   7.2.3 图情领域术语的领域特征 …… 230

  7.2.4 图情领域术语的位置特征 ·················· 231
 7.3 **基于多特征的领域术语抽取系统** ················ 232
  7.3.1 图情领域术语抽取模型的构建 ················ 232
  7.3.2 实验结果及分析 ························ 234
 7.4 **本章小结** ································ 236

8 基于深度学习的领域命名实体识别

 8.1 **相关研究概述** ···························· 240
  8.1.1 领域命名实体分类 ······················ 240
  8.1.2 领域命名实体识别方法 ··················· 241
 8.2 **基于 PaddlePaddle 框架的开发** ················· 243
  8.2.1 百度飞桨 PaddlePaddle ··················· 243
  8.2.2 Windows 下 PaddlePaddle 的安装 ············· 244
  8.2.3 开发流程 ···························· 247
 8.3 **注入图情领域知识的命名实体识别** ··············· 250
  8.3.1 图情领域实体分类 ······················ 250
  8.3.2 LISERNIE 预训练模型 ···················· 255
  8.3.3 基于 LISERNIE 的图情领域命名实体识别 ········ 257
  8.3.4 ERNIE1.0 的二次预训练实现 ················ 259
  8.3.5 实验和结果分析 ························ 261
 8.4 **基于 ERNIE-Gram 的司法领域命名实体识别** ········ 268
  8.4.1 ERNIE-Gram ·························· 269
  8.4.2 面向命名实体识别任务的三层模型 ············· 270
  8.4.3 实验和分析 ··························· 272
 8.5 **本章小结** ································ 278

9 基于 Paddle UIE 的领域知识图谱构建

 9.1 **相关研究概述** ···························· 280
  9.1.1 知识图谱的典型应用 ···················· 280
  9.1.2 知识图谱的构建方法 ···················· 280
  9.1.3 学术知识图谱中的基本结构和单元 ············· 284

9.2 LISKG 的模式层设计 …………………………………… 286
9.2.1 实体类别及定义 ………………………………… 286
9.2.2 实体关系类别及定义 …………………………… 288
9.3 LISKG 的构建 …………………………………………… 291
9.3.1 基于 Paddle UIE 的联合抽取模型 ……………… 291
9.3.2 抽取模型对比实验 ……………………………… 294
9.3.3 实体对齐和关系清洗 …………………………… 295
9.4 LISKG 的存储 …………………………………………… 298
9.4.1 图数据库的优势 ………………………………… 299
9.4.2 基于 Neo4j 存储知识图谱 ……………………… 301
9.5 知识图谱的可视化 ……………………………………… 304
9.6 本章小结 ………………………………………………… 308

⑩ 基于领域知识图谱的探索式搜索

10.1 知识图谱在探索式搜索中的应用 …………………………… 312
10.2 经典检索模型概述 …………………………………………… 313
10.2.1 布尔模型 ………………………………………… 313
10.2.2 向量空间模型 …………………………………… 314
10.2.3 语义检索模型 …………………………………… 315
10.3 基于 LISKG 的探索式搜索系统原型开发 ………………… 318
10.3.1 系统原型开发环境搭建 ………………………… 319
10.3.2 搜索任务设计 …………………………………… 322
10.3.3 搜索结果分析 …………………………………… 322
10.4 本章小结 ……………………………………………………… 324

⑪ 结论和展望

11.1 结论 …………………………………………………………… 326
11.1.1 基于社会性标注数据的领域本体构建 ………… 326
11.1.2 基于领域本体的非结构化文本主题采集和组织 ……… 326
11.1.3 基于领域本体的知识元划分及其属性和关系模型的构建
……………………………………………………… 327
11.1.4 注入领域知识的领域命名实体识别 …………… 327

　　11.1.5　基于提示学习的领域实体及关系的联合抽取 ……… 328
　　11.1.6　基于领域知识图谱的探索式搜索系统构建 ……… 328
11.2　展望 ……………………………………………………… 328

附录 …………………………………………………………… 330
附录A　三元组抽取的核心代码 …………………………… 330
附录B　trans_to_json.py 程序中的核心函数 raw_text_to_json
　　　　 …………………………………………………………… 336
附录C　create_pretraining_data.py 程序的代码 ………… 337
附录D　ERNIE-Gram 的核心代码 ………………………… 340
附录E　PaddleUIE 网络模型的核心代码 ………………… 343

参考文献 ……………………………………………………… 345

1 绪 论

　　大数据时代为情报的分析提供了更多的资源保障和技术支持，使情报工作的研究范围不断扩展，情报用户的需求也在相应地不断提高。本书的研究来源于国家社科基金一般项目"基于深度学习的学科领域网络学术情报发现研究"（项目编号：18BTQ065）。该项目以网络信息资源的深层次开发和服务为立足点，涉及大数据背景下情报服务具体实践中的几个关键性问题：情报搜集、识别、组织、分析和利用等。为了厘清研究思路与研究目标，我们首先对国内外的情报发现方法、深度学习在情报分析中的应用，以及本书主要研究内容、方法进行了阐述。

1.1 研究背景及意义

在大数据时代，数据规模呈几何级数高速增长，据国际数据公司（IDC）的报告，2030 年全球数据存储量将达到 2500 ZB（10^{21}）①，数据和信息的分析被提升到前所未有的高度，情报分析工作也迎来了重大的发展机遇与挑战。一方面，随着互联网的飞速发展，网络信息资源爆炸性增长，整个互联网相当于一个巨大的知识库，有效利用蕴藏其中的数据资源，有助于加深对国情、国力的认识，促进现代化发展，但当前大量数据因无法或来不及挖掘成了"暗数据"。另一方面，人们对网络的依赖性越来越强，同时对其信息服务质量的要求也越来越高：在获取方式上，用户希望实现一站式的搜索去发现分散在多个异构资源系统中的网络信息资源，避免耗时耗力地往返于不同网站；在获取内容上，用户希望在海量的数字资源中直接获得所需要的信息，更希望系统能够将知识与知识之间的逻辑关系简单明了地展示出来，而格式多样、类型复杂、体量巨大且动态演变的数据使得以统计分析及机器学习为主的传统数据分析技术越来越无法满足情报用户的深层需求。因此，如何将大量有价值的数据从信息的海洋中"捞出来"，形成不同维度、不同粒度、不同功能的智慧产品，是当今情报研究的工作重点。

2014 年 12 月，由中国计算机学会（China Computer Federation，CCF）大数据专家委员会和中关村大数据产业联盟主编的《中国大数据技术与产业发展报告（2014）》对 2015 年度大数据发展进行十大预测，其中"结合智能计算的大数据分析成为热点"位列十大预测之首，文中明确指出"大数据与深度学习等人工智能（Artificial Intelligence，AI）相关技术结合，成为大数据分析领域的热点"[1]。深度学习以数据驱动，能自动地从海量数据中提取特征，对于分析非结构化、模式多变、跨领域的大数据具有显著优势。以深度学习为代表的 AI 技术飞速发展，超大规模预训练模型如 GPT-3、Switch Transformer、MT-NLG、盘古、悟道等，不断刷新着各榜单纪录[2]，未来会继续朝着规模更大、模态更多的方向发展。鉴于深度学习的实际应用价值，我

---

① 梅宏：《大数据：发展现状与未来趋势》，见 http://www.npc.gov.cn/npc/c2/c30834/201910/t20191030_301783.html。

们选择探讨深度学习技术在网络学术情报发现领域的应用，对大数据环境下情报源采集与甄选、知识表示与整序、情报分析与服务的新方式方法进行深入研究，促进网络信息资源价值得到大幅提升，最大限度地满足用户的多样化、个性化、深层次的知识需求。

具体来说，我们的研究意义主要表现在以下三个方面：

（1）夯实网络信息资源管理理论。大数据时代的来临，给以数据采集和信息处理与分析为基础的网络情报分析带来巨大冲击，已有相关研究在网络环境下面对数字资源爆炸性增长时，不能从根本意义上实现对网络信息资源的有效组织与管理，因此，我们采用较为成熟的信息组织理论与计算机技术，通过研究大数据背景下的学科领域网络信息资源分布规律、用户需求、知识组织、知识发现等一系列重要问题，从不同的角度和层次丰富网络情报学的理论体系，驱使网络情报工作模式从"业务驱动"向"数据驱动""知识+数据联合驱动"转变。

（2）完善大数据情报分析方法。传统情报分析方法很难有效解决网络信息资源的分散性、无序性、不可兼容性及不确定性等问题。我们在考虑大数据环境下情报分析计算特征的基础上，利用深度神经网络计算模型进行海量数据的获取和分析、数据间关系的发现和利用，探索适用于大数据环境下网络学术情报分析的方法、技术和手段，这对完善和深化大数据情报分析方法具有重要学术意义。

（3）促进知识服务的发展。知识服务强调对网络信息资源的深层次开发和利用，通过信息采集、预处理、抽取、分析和可视化交互方法为用户提供服务。我们通过将学科领域中与某特定知识概念相关的信息资源都以关联方式呈现在用户的面前，建立知识关联和自动推理机制，使网络信息有序化、结构化呈现，从而提高学科领域网络信息资源的效用，进而提升科研工作者的研究效率、学习者的学习效果、管理者的决策水平。

1.2 国内外相关研究概述

本书以学科领域的网络信息资源为研究对象，深入探讨基于深度学习的知识发现方法。为此，我们首先梳理了国内外有关情报内涵、知识表示、知识组织和情报发现方法的研究成果,通过文献收集和分析,全面把握本研究的国内外现状,为我们的研究提供理论支撑。

1.2.1 情报和信息、知识的关系

1915年出版的《辞源》对"情报"一词的定义为"军中集种种报告,并预见之机兆,定敌情如何,而上报官者"。1965年出版的《辞海》将情报定义为"作为存储、传递和转换对象的知识"[3]。1973年出版的《现代汉语词典》则将其定义为"关于某种情况的消息和报告,多带机密性质"[4]。可以看出,一直以来,我国对"情报"概念的认识众说纷纭,没有统一说法。马费成等人认为在这些定义中,有三种具有代表性:"一是战时关于敌情之报告;二是敌方之秘密,后演变为他方之秘密;三是从信息链的角度出发认为情报是对数据、信息、知识进行提炼萃取的产物。"[5] 为了厘清情报的内涵及情报和信息、知识之间的关系,我们参考第三种定义,通过梳理数据、信息、知识和情报之间的转化关系,探讨情报分析与智能技术的结合,推动情报工作的发展。

DIKW (Data、Information、Knowledge、Wisdom,数据、信息、知识和智慧) 模型(见图1-1) 很好地描述了人类认识世界的规律和层次结构,其最早可以追溯至英国诗人艾略特 (Eliot T S) 于1934年所写的诗——《岩石》(*The Rock*)。1982年,美国教育家克利夫兰 (Cleveland H) 在其出版的《未来主义者》(*The Futurist*) 一书中引用了艾略特的诗句,提出了"信息即资源"(Information as a Resource) 的主张。1989年,美国管理学家艾可夫 (Ackoff R) 进一步对此理论发扬光大,撰写了《从数据到智慧》(*From Data to Wisdom*)。①

从图1-1可以看出,DIKW模型由数据、信息、知识、智慧构成一座金字塔形层次体系。数据是最原始的素材,是关于离散的、客观的事实描述,本身没有任何意义,可以是图像、声音、视频,也可以是符号、文字、数字。而当数据被赋予背景,经过处理、与其他数据关联之后,数据的意义才显示出来,演变为信息。例如,当我们看到数据"37.5"时,很难看出它代表什么,但当"37.5"与"测量腋下体温"关联起来时,就成为有意义的

---

① 数行者:《DIKW:数据、信息、知识、智慧的金字塔层次体系》,见https://www.jianshu.com/p/933d930f4482。

信息。再考虑到信息之间的联系，对信息进行归纳、演绎、比较，揭示事实间的深层关系，形成事物发展规律性的表述，就产生了知识。知识再往上的转化层次是智慧，是人类通过经验形成对事物的深刻洞察以及对事物未来发展具有启示性、前瞻性的看法，体现了人类驾驭知识的能力。在这个金字塔中，智慧固然最宝贵，但是智慧并非凭空产生的，而是从数据到信息，再从信息到知识，通过这样一种层层递进的方式才得以形成。那么，智慧是情报吗？叶继元等人认为情报与数据、知识、智慧这些概念是交叉关系而非并列关系，一些特定的数据、知识和智慧有可能是情报，但并非所有的数据、知识和智慧都是情报。[6] 王延飞等人则提出对情报产品的评价要按照智慧评价的标准来进行，因为情报能够吸引决策者注意的关键就是情报产品中蕴含着智慧成分。[7]

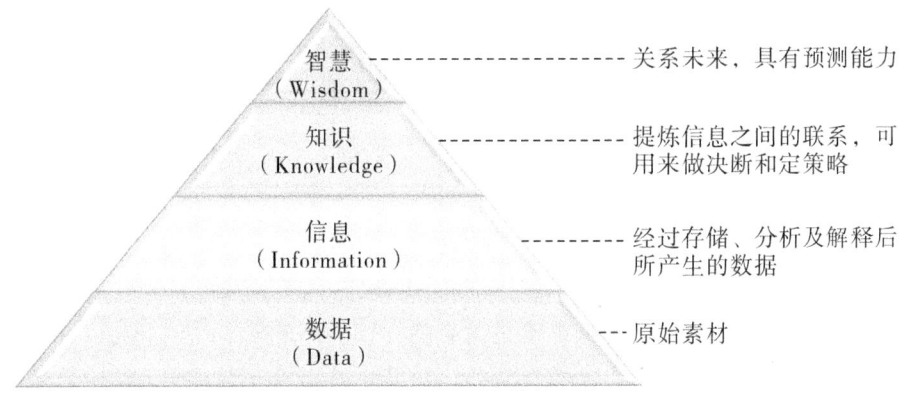

图 1-1 数据-信息-知识-智慧金字塔

综上，情报与数据、信息、知识密不可分，数据、信息、知识不会自动变成情报，人类通过信息组织与管理、知识组织与管理来实现信息、知识、情报的相互转化。系统化了的信息成为知识，而知识中的特定需要部分即是情报[8]，情报是被激活了的知识[9]，而激活是与整序和加工过程相对应的，是一种知识管理和发现的过程[10]。随着大数据时代的来临，情报工作模式也发生着革命性改变，如今的情报用户在决策分析中寻求更深层次的数据分析，寻求专家智慧的介入校正，寻求从数据分析向情报解析的升级。因此，融合大数据思维，对情报源采集与甄选、情报分析与服务的新方式方法进行深入研究，才能使大数据时代的情报分析更加科学和全面。[11]

1.2.2　知识表示方法的相关研究

在 AI 领域，知识表示的主要目标就是将知识符号化，从而描述和存储知识，让程序能够处理，达到人类智慧。知识表示是知识组织的基础和前提，知识表示方法能够影响到知识在使用过程中的完备性、共享性和有效性。到底有哪些知识表示的方法呢？下面着重介绍六种使用较多的知识表示方法。

1. 描述逻辑（Description Logic）

描述逻辑以谓词形式来表示动作的主体、客体，是一种叙述性知识表示方法，也叫概念表示语言。这里的逻辑特指一阶谓词逻辑（first order predicate logic），利用逻辑公式，人们能描述对象、性质、状况和关系。例如，为了表示"所有教师都有自己的学生"，需要定义谓词：$T(x)$ 表示 x 是教师，$S(y)$ 表示 y 是学生，$TS(x,y)$ 表示 x 是 y 的老师，则上面例子可以表示为：$(\forall x)(\exists y)(T(x) \to TS(x,y) \land S(y))$。描述逻辑的真值只有"真"和"假"，使得它的推理都是精确的，但它只能表示确定性知识，远远不能表示人类自然语言所能表达的知识。

2. 产生式表示（Production Representation）

产生式是最早采用的知识表示方法，又被称为规则表示。产生式一般采用"IF P THEN Q"表示具有因果关系的知识，P 是产生式的前提，Q 是一组结论或操作。整个产生式的含义是：如果 P 被满足，则可推出结论 Q 或执行 Q 所规定的操作。例如，确定性规则知识"动物有毛发→哺乳类"的产生式表示为：IF 动物有毛发 THEN 该动物是哺乳类。产生式表示符合人类表达因果关系的知识表示形式，但效率不高，不能很好地表达结构性的知识。

3. 框架表示（Frame Representation）

框架表示法是人工智能之父明斯基（Minsky M）在 1975 年提出的，通过模仿人类知识世界的模式，将现实世界中的事物根据具体的情况抽象成一定的框架（frame）。每个框架［见图 1-2(a)］都有一个框架名，框架中定义了这个事物具有的属性，被称为槽（slot），槽的值（filler）就是事物的属性值。在复杂框架中每个槽还可以拥有若干个侧面（facet），每个侧面可以有一个或多个值（value），用以对槽做进一步说明。例如，一个大学教师框架［见图 1-2(b)］，包括 7 个槽（姓名，性别，年龄，学历，职称，专业，电话),而槽"电话"又包括2个侧面(家庭电话,手机)。框架法的优点在于强大的结构表达能力和接近人类的思维过程,缺点是面对现实世界的复杂性和多样性,框架体系设计的难度太大。一个比较有名的基于框架的知识库是美国加州大学伯克利分校构建的FrameNet。

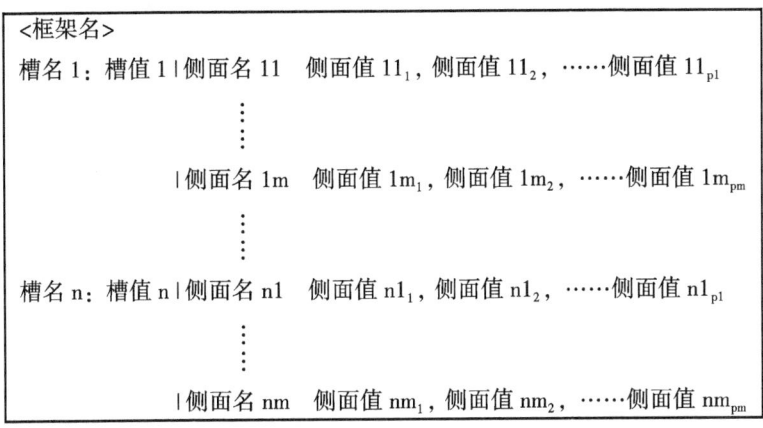

图 1-2 框架结构

4. 语义网络 (Semantic Network)

语义网络是柯林斯(Collins A M)和奎林(Quillian M R)[12]在1969年研究人类联想记忆的一种显式心理学模型时提出的。语义网络是一种有向图,由节点和边组成。其中,节点表示各种事物、概念、情况、属性、动作、状态等;有向边指明它所连接的两个节点间的某种语义关系(如实例关系、分类关系、成员关系等)。

图1-3中Has是语义网络中常用的关系,表示某一个体中包含其他个体;而其他关系如Is、Can则表示该节点对象的一些属性。由此可见,语义网络着重强调事物间的语义联系,体现了人类思维的联想过程,符合人们表达事物间关系的习惯。[13] 语义网络的缺点是推理过程比较复杂,没有公认的逻辑基础。由董振东教授于1988年建立的知网(HowNet)是一个典型的自顶向下构建的语义网络,先由知识工程师设计好完备的知识框架,再由相关领域的专家填充领域知识。

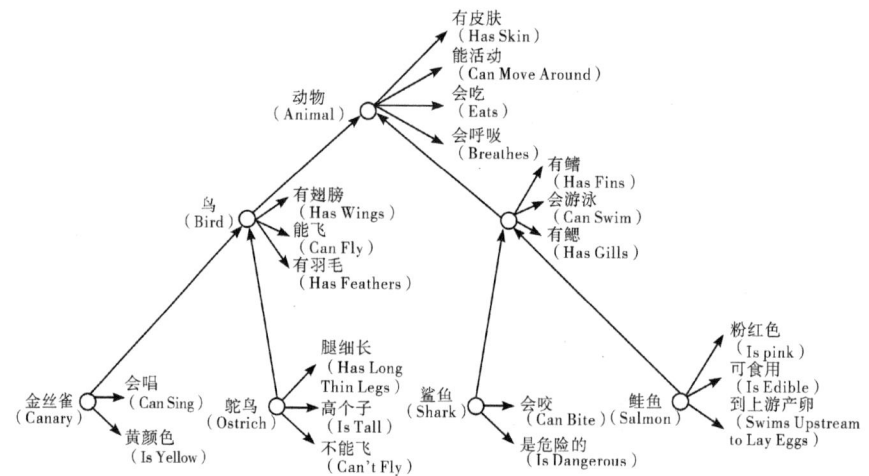

图1-3 语义记忆的层次网络模型

5. 语义网中的知识表示:XML、RDF和OWL

这里的语义网(semantic web)与上面的语义网络不同。语义网络中的节点表示概念或者对象,节点和边的取值完全由用户自己定义,而语义网在节点和边的取值上都做了约束,制定了统一标准,为多源数据的融合提供了便利。1998年,万维网之父伯纳斯·李(Berners-Lee T)在其《语义网路线图》(*Semantic Web Road Map*)一书中系统描述了语义网的思想,即让网页上的内容变得机器可读①,从而实现自动化信息处理。针对语义网的开发,伯纳斯·李还提出了语义网技术栈(见图1-4)。第一层URI(Uniform Resource Identifier,统一资源标识符)和Unicode,是整个语义网的基础,

---

① Berners-Lee T: *Semantic Web Road Map*, 见http://www.w3.org/DesignIssues/Semantic.html。

Unicode 负责编码资源，URI 负责标识资源；第二层 XML，负责将网上资源信息的结构、内容和数据的表现形式进行分离；第三层 RDF+RDFS，用于描述网上资源及其类型；第四层本体词汇层，用于描述各种资源之间的联系；第五层逻辑层，提供公理和推理规则；第六层证明层，执行逻辑层产生的规则，证明其有效性；第七层信任层，提供信任机制，以保证语义网输出的可靠性。

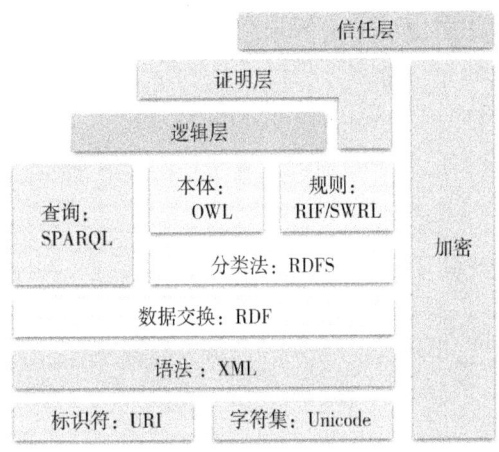

图 1-4 语义网技术栈

其中，XML、RDF 和 OWL 是语义栈中的三种知识描述体系。

（1）XML（eXtensible Markup Language，可扩展标记语言）是最早的语义网络标记语言，是从网页标签式语言向语义表达语言的一次飞跃。与 HTML 不同，XML 取消了显示样式，突出了数据的元素结构描述能力。如表 1-1 是一个 HTML 文档和 XML 文档的实例。

表 1-1 HTML 和 XML 的结构

HTML	XML
<!--<dt>定义一个描述列表的项目/名字--> <html> 　<dt>姓名:约翰</dt> 　<dt>民族:汉</dt> 　<dt>身高:175cm </dt> 　<dt>班级:316 班</dt> </html>	<? xml version="1.0" encoding="gb2312"? > <学生> 　<姓名>约翰</姓名> 　<民族>汉</民族> 　<身高> 175cm </身高> 　<班级> 316 班</班级> </学生>

XML 侧重于如何结构化描述 Web 上的资源,但没有定义其语义,为了让机器能够自动处理 Web 上的内容,就出现了 RDF。

(2) RDF(Resource Description Frame,资源描述框架)是 W3C 组织(World Wide Web,万维网联盟)提出的一种描述万维网上信息资源的语言规范,其核心思想就是提供一个统一标准来描述 Web 上的资源,利用 URI 来标识每个资源,通过指定的属性和相应的值描述资源的性质或资源之间的关系。RDF 在形式上可以表示为三元组形式,即(主体,属性,客体),也可以表示为有标记的有向图。

例如,三元组(网页 https://www.w3school.com.cn/rdf/rdf_example.asp,资源作者,W3School),用有向图展示如图 1-5 所示。

图 1-5 RDF 有向图

图 1-5 左框表示网络资源"网页 https://www.w3school.com.cn/rdf/rdf_example.asp",右框表示属性关系"资源作者=W3CSchool",该三元组也可以用 XML 文件表示为:

<?xml version="1.0"?>
<rdf:RDF xmlns:rdf="http://www.w3.org/1999/02/22-rdf-syntax-ns#">
　<rdf:Description rdf:about="https://www.w3school.com.cn/rdf/rdf_example.asp">
　　<资源作者>W3CSchool</资源作者>
　</rdf:Description>
</rdf:RDF>

但由于 RDF 是对具体资源的描述,并没有对资源及资源之间的关系进行约束,因此,W3C 提出 RDFS(RDF Schema,RDF 模式语言)作为 RDF 的补充,来解决 RDF 表达能力有限的困境。RDFS 在 RDF 的基础上定义了类(rdf: Class)、父类(rdf: subClassOf)、属性(rdf: Property)以及关系(type)来描述资源,并通过属性的定义域(domain)和值域(range)来约束资源。

如图 1-6,在 instance(实例)层有一个三元组(图灵,研究领域,人工智能），RDFS 是在 instance 层的基础上引入 schema（模式）层，这样 instance 层的主体"图灵"、客体"人工智能"分属于 schema 层的"计算机科学家"和"计算机技术"，属性"研究领域"的 domain 被限制为"计算机科学家"，range 被限制为"计算机技术"。

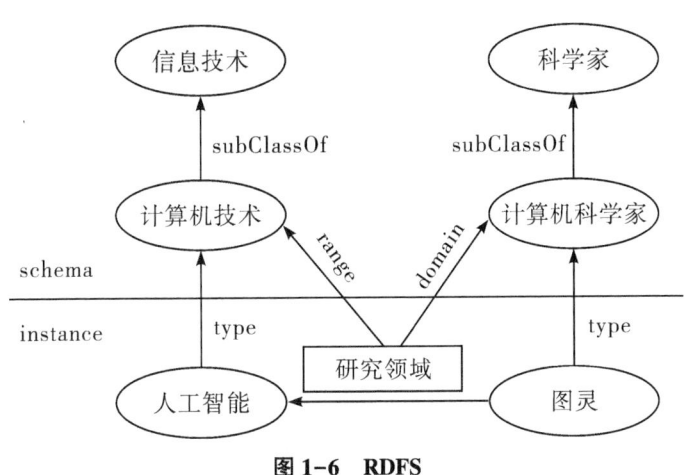

图 1-6　RDFS

（3）OWL（Web Ontology Language，Web 本体描述语言）是 RDFS 的扩展版，不仅扩展了类和实例的词汇表示，还增加了更多关系的表示，如具有传递性（owl: TransitiveProperty）、对称性（owl: SymmetricProperty）和逆反性（owl: inverseOf）等的属性关系，因而具有更强表达及解释能力。例如，我们定义"位于"是具有传递性的属性，若 A 位于 B，B 位于 C，那么 A 肯定位于 C；又如，"引用（Citing）"和"被引用（isCited）"两个属性互为逆反属性。W3C 设计人员针对各类需求制定了三种不同的 OWL 子语言，即 OWL Lite、OWL DL（Description Logic，描述逻辑）和 OWL Full，三种子语言的表达能力逐渐递增。

6. **知识图谱（Knowledge Graph）**

知识图谱的概念由 Google 在 2012 年提出，旨在实现更智能的搜索引擎。其基本组成单位是形为"实体-关系-实体"或"实体-属性-属性值"的三元组，是一个具有图结构的三元组知识库，知识库中的实体作为图的节点，实体间的各种语义关系作为图的边。相较于传统语义网络，知识图谱具有规模巨大和语义丰富的优点。例如，起源于 MIT 媒体实验室众包项目 OMCS（Open Mind Common Sense，开放思维常识）的 ConceptNet 包含了 8000 万个概念和 2100 万个关系[14]，部分示例如图 1-7 所示。

（a）ConceptNet 的浏览界面（https://conceptnet.io）

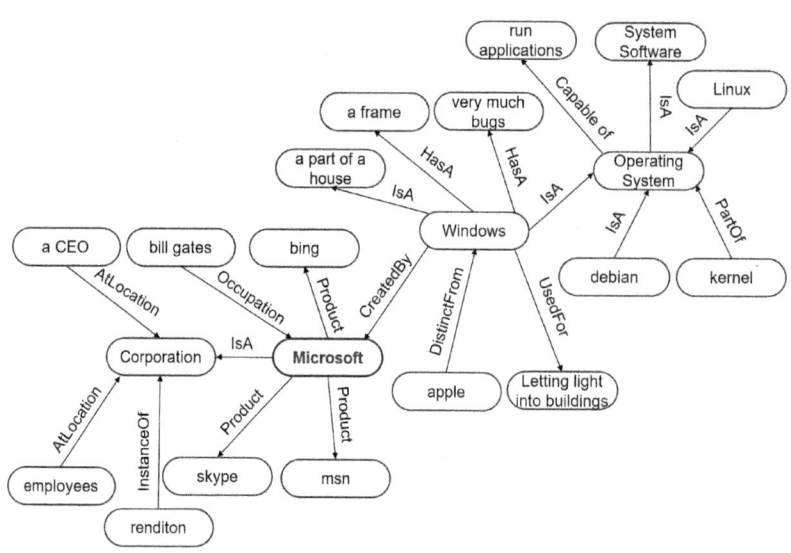

（b）关于概念节点"Microsoft"的语义结构

图 1-7 ConceptNet 知识图谱

通过知识图谱，一方面可以实现概念检索，而不是现有的字符串模糊匹配的检索；另一方面可以以图形化方式向用户展示经过分类整理的结构化知识，从而使人们从人工过滤网页寻找答案的模式中解脱出来。[15]

1.2.3 知识组织的相关研究

1.2.3.1 知识组织单元

人类社会的知识管理活动大致经历了三个时代,即以文献为基本处理单元的文献时代、以信息为基本处理单元的信息时代,以及随着知识经济的发展而出现的以知识元为基本处理单元的知识时代。

文献单元是指以知识的载体——文献作为知识组织单位。在图书馆,它是每一种可以用来独立进行处理的专著出版物如图书、连续出版物如期刊、录音资料如磁带、影像资料如光盘等。[16] 图书馆借助文献单元组织知识,通过分类和主题进行文献标引。这种以文献为基础的知识组织方式只能使知识实现物理空间上的序化,不能很好地满足用户个性化的知识需求。

20世纪90年代,随着计算机技术、网络技术的迅猛发展,"信息"一词开始成为一个普遍和通用的概念词汇,并对图书馆学、情报学、文献学产生了强烈的冲击。文献单元、文献组织也被信息单元、信息组织所取代。文庭孝等人认为文献的外形特征(如题名、分类号、著者、机构、出版社、出版时间等)及其标识即为信息单元,但也指出这些信息单元不是文献本身,也不能有效揭示文献的知识内容,只是控制和处理文献的信息标识。[17] 著名计量学专家邱均平教授也曾提出文献计量学不能停留在篇、册、本为单位的文献单元的计量上,而开始深入到文献的内容对知识单元和文献的相关信息进行计量研究。[18]

美国情报学家斯拉麦卡(Slamecka V)早在20世纪70年代后期就提出了"知识元(knowledge element)"(当时称之为"数据元")的概念,指出知识的控制单位从文献单元深化到文献中的数据、公式、事实、结论等最小的、独立的知识元。[19] 随后关于知识元的相关研究日渐成为知识管理领域的热点。国内,以温有奎、文庭孝为代表的一批学者对知识元的相关理论进行了系统的研究。温有奎认为知识存在结构,且知识结构是由知识的最小单元——知识元组成。[20] 姜永常等人提出知识组织应以知识元为基元,知识元可以是概念、方法、规则、公理等数据或事实以及实例化的知识。[21] 文庭孝进一步指出知识元的不同排列组合构成不同的知识单元,不同的知识单元按照不同逻辑关系组成不同的知识元链接。[22] 索传军等人强调知识单元与知识元是两个截然不同的概念,知识单元是知识元的上位概念,并非专指知识的最小组分。[23] 从对知识元的研究现状来看,大部分学者在"知识元是最小的独立单元"这一认知上达成共识,认为通过抽取大量文献中所包含的知识元,可以实现多层次、多方位地揭示与组织网络信息资源,从而促进网络信息资源的合理利用。

1.2.3.2 知识组织与信息组织、文献组织的关系

知识组织(knowledge organization)最早由美国著名的分类法专家布利斯(Bliss H E)在其著作《知识组织和科学系统》(*The Organization of Knowledge and the System of the Sciences*)中提及。此后很多学者开始关注知识组织的研究,如英国情报学家布鲁克斯(Brookes B C)在1980年提出用"认知地图(cognitive maps)"来组织知识,认为情报工作者应该分析文献中的逻辑内容,找出相互影响及联系的节点,像地图一样把它们标示出来,展示知识的有机结构。[24] 印度情报学家塞恩(Sen S K)将思想基因(idea meme)推广到情报学中,在1981年提出"情报基因(information meme)"的观点,即从文献中找出情报基因,按自然进化方式聚类,形成基因串,编制出新的概念索引,供人们利用。1989年,国际知识组织学会(International Society for Knowledge Organization, ISKO)成立,随后将其学术刊物《国际分类法》更名为《知识组织》,其创始人达尔伯格(Dahlberg I)博士认为:知识组织是一门结构化和系统化的科学,它对知识单元进行组织,根据内在的知识元素和概念的应用以及概念的划分的方式来安排有价值的所有相关事物的知识内容。[25]

我国最早提出"知识组织"一词的是袁翰青先生,他指出:"文献工作是组织知识的工作。"[26] 从国内外知识组织概念的起源可以发现,图书情报学界是最早开始研究知识组织问题的。图书情报学科的发展经历了从文献管理到信息管理,从信息管理到知识管理的变化。传统的知识主要存储于纸质文献中,因此,最初的知识组织实质上就是以文献为单元,对文献的分类、标引、编目、文摘、索引等一系列整序活动。王知津等人认为这是狭义的知识组织。[27] 进入20世纪80年代,知识组织的对象开始由文献单元向信息单元、知识单元转变。到90年代,传统信息组织方式由于自身的局限性,无法有效组织网络资源,这就要求信息组织方式向自动化、智能化的知识组织方式逐渐过渡和发展,知识组织这一概念在学者们的研究下逐渐清晰,已经超越最早被界定的"对书目记录中的信息进行组织"[28]。高凡等人认为知识组织环境的变化使得知识组织不再局限于文献层次,知识组织的目标亦由文

献揭示与序化转变为知识单元的揭示与关联。[29] 周宁通过对文献组织、信息组织和知识组织的比较指出，知识组织的目标不应该再停留在简单地对知识存储进行整序和提供知识，而应该是融合分析、归纳、推理等方法来实现知识挖掘的知识表示过程。[30] 付小红则根据信息、知识、情报三者之间的关系界定，认为信息组织、知识组织和情报组织是各自处于不同层次的社会信息组织活动，从信息组织到知识组织再到情报组织，是逐层深入的过程。[31] 张燕飞还对文献组织和知识组织的区别做了具体的阐述，认为文献组织是粗略的"点到为止"。[32]

1.2.3.3 知识组织方法

知识组织方法既包括传统文献时代的分类法、主题法等，也包括网络时代的主题图、本体等。

1. 分类法

分类法以数字或加些字母作为标识符号，按其结构原理分为等级体系分类法、组配分类法及体系-组配分类法。

体系分类法是指以文献主题内容所属的学科属性为划分标准，以分类号作为检索标识，并依据这些检索标识的层次顺序来组织文献的一种方法。[33] 例如《杜威十进分类法》（Dewey Decimal Classification，DDC）、《美国国会图书馆图书分类法》（Library of Congress Classification，LCC）、我国目前使用范围最广的《中国图书馆分类法》都属于体系分类法。

组配分类法也叫分面分类法（Faceted Classification，FC）。1933年，印度马德拉斯大学图书馆馆长阮冈纳赞（Ranganathan S R）编制了第一部组配分类法——《冒号分类法》。相比体系分类法以固定顺序排列学科，在基本大类下对类目层层划分，组配分类法是在各基本大类下基于某个主题的特征或属性，列出若干分面，每一分面还可以由细分的亚面构成，亚面下面还可以细分为类目。例如，1969年，由米尔斯（Mills J）等人改造完成的《布利斯书目分类法（第2版）》[*Bliss Bibliographic Classification*（*Second Edition*）] 是体系分类法向分面分类法的一次成功的、跳跃性的发展。

体系-组配分类法是上述两种方法的综合，是在保持列举式列表的前提下，大量采用组配方式编制的一种新型分类法。以代表性的《国际十进分类法》（Universal Decimal Classification，UDC）来说，UDC是在DDC的基础上发展起来的，除基本结构和DDC保持一致外，UDC采用了一系列辅助符号作为类号连接、组配和复分之用。[34] 例如，在 UDC 中，$\dfrac{621.395}{电话}:\dfrac{621.375}{放大器}$ 由":"号连接两个类号"电话"和"放大器"，组配成一个范围更狭小的新类"电话放大器"。[35]

2. 主题法

主题法根据信息的主题特征来组织信息。按组配程序分为先组式主题法和后组式主题法；按选词方式又分为标题法、单元词法、关键词法和叙词法。标题法是最早的一种主题法，是将作为研究对象的概念，用规范化的词或词组表示，并按字顺排列，优点是根据标题法编制的检索工具组配固定，不易混乱，缺点是实用性较差，使用不灵活。[36] 单元词法把概念上不能再分解的词——元词（uniterm）作为一个单元，用元词来标识文献内容，优点是使用灵活，缺点是字面组配容易造成组配不当，降低检索效率。关键词法采用从文献内容中直接抽出的关键词来标识文献主题，最大优点是无须编制主题词表，标引速度快，网上几乎所有的搜索引擎都采用基于关键词的检索方法。叙词法是主题法中较晚出现的一种方法，是在吸取组配分类法、标题法、单元词法和关键词法等优点的基础上发展起来的，其基本要素就是叙词（descriptor）。由于叙词是从文献内容中抽取出来的经过标准化、规范化的词汇，叙词法具有较好的族性检索功能，缺点是叙词表一般规模庞大，编制和使用的难度较大。[37]

20 世纪 90 年代，国内展开了主题法在网络信息组织中应用的研究。1979 年由中国科学技术情报研究所与北京图书馆主编、科学技术文献出版社公开出版的第一部大型综合性叙词表《汉语主题词表》是我国叙词语言发展的重要里程碑。[38] 随后，出现了众多以《汉语主题词表》为蓝本编制的专业性主题词表。

3. 主题图

主题图也叫主题地图（topic map），是一种新兴的知识组织技术，由 W3C 提出。类似于传统的书后索引，主题地图通过主题（topic）、事件（occurrence，又称资源出处）和关联（association）三个核心要素，为信息资源建立明晰的结构体系，以利于知识的组织和检索。[39]

如图 1-8 所示，主题地图分为主题域和资源域。主题域是定义在资源域之上的，包括所需的所有主题，如资源的名称、类型等；资源域包括所有的信息资源，如电子文档、数据库文件、网页等；关联是描述两个或多个主题间相互关系的联结元素；事件指可以经由 URI 获取到的信息资源，一个主题可以联结至一个或多个与该主题相关的事件。

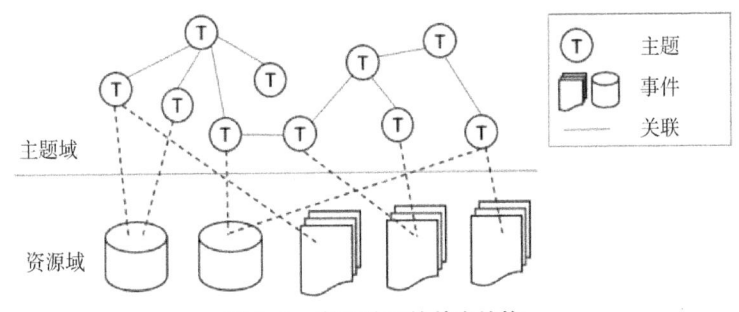

图 1-8 主题地图的基本结构

4. 本体

随着网络信息资源爆炸式增长，分类表和叙词表方法越来越难以满足人们知识序化的需求，于是本体思想被引入知识组织领域。本体（ontology）原是哲学上的概念，派生于希腊语的"onto（存在）"和"logia（箴言录）"，本体论是指关于存在及其本质和规律的学说。[40] 到了20世纪80年代以后，本体逐渐被应用于信息科学和计算机科学领域，指把现实世界中的某个领域抽象为一组概念及概念之间的关系的规范化描述。[41] 通过本体对领域内实体、属性、过程及实体间相互关系的形式化描述，可以提高知识获取的速度和可靠性，便于知识的重用及有助于确定信息系统的需求和规范。[42]

无论是分类法、主题法、主题图还是本体都是知识组织的常用方法，强调的都是对信息的表示、序化和组织。但分类法和主题法属于传统知识组织方法，知识点的一维线性分布使得它们对概念间关系的揭示程度低，随着网络信息资源几何级数的增长，分类法和主题法越来越难以满足人们将大量杂乱的信息和知识进行序化的需求。相比较而言，主题图能体现出信息资源内在内容之间的关联，但是由于特定的语法形式，相比本体，其推理功能不足。也就是说，通过本体能够更有效、准确地表达概念及概念间关系，这也促使本体在知识组织领域快速发展。

1.2.4　知识发现方法的相关研究

知识发现的主要目标是采用有效的算法，从大量现有或历史数据集合中发现并找出最初未知但最终可理解的有用知识，并用简明的方式显示出来。目前知识发现研究主要有两大分支：基于数据库的知识发现（Knowledge Discovery in Database, KDD）和基于文献的知识发现（Literature-Based Discovery, LBD）。[43]

1.2.4.1 基于数据库的知识发现

KDD 这一术语首次出现在 1989 年召开的第 11 届国际人工智能联合会议的专题讨论会上，之后在 1991 年、1993 年、1994 年又陆续举行了 KDD 专题讨论会。从 1997 年开始，KDD 已经拥有了专门的杂志 *Knowledge Discovery and Data Mining*（《知识发现和数据挖掘》）。法耶兹（Fayyad U）等人将 KDD 定义为"识别出存在于数据库中有效的、新颖的、具有潜在效用的乃至最终可理解的模式的非平凡的过程"，并将 KDD 划分为 9 个步骤（见图 1-9）：数据准备、数据选择、数据预处理、数据缩减和转换、确定 KDD 目标、选择数据挖掘算法、数据挖掘、模式解释、知识评价。[44]

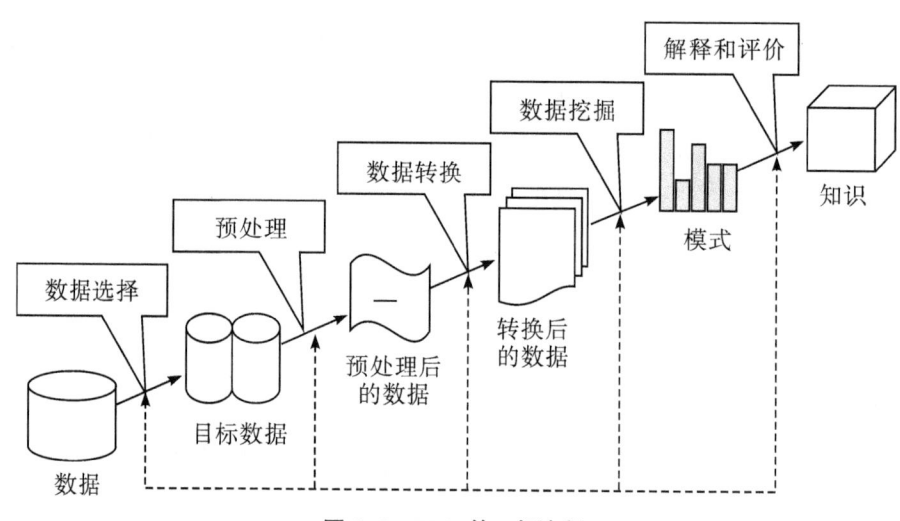

图 1-9　KDD 的一般流程

（1）数据准备：确定研究目标和用户需求。

（2）数据选择：根据用户需求从数据库中提取与 KDD 相关的数据，建立目标数据集。

（3）数据预处理：去除数据噪声和与挖掘主题无关的数据，填充不完整数据，以提高数据挖掘的精度和性能。

（4）数据缩减和转换：根据知识发现的任务，找出能实现数据挖掘目的有用的特征，并修改数据的表示形式，使其成为适合数据挖掘模型的输入形式。

（5）确定 KDD 目标：根据数据挖掘的目的确定适当的数据挖掘方法，如汇总、分类、聚类、回归等。

（6）选择数据挖掘算法：根据所要挖掘的模式类型，选择适当的数据挖掘算法，如模糊逻辑、支持向量机、粗糙集、决策树、规则归纳、聚类分析，以及基于人工神经网络的方法和可视化技术等。

（7）数据挖掘：通过选定方法生成特定的数据集或模式。

（8）模式解释：根据一定评估标准从挖掘结果中筛选出有意义的模式，并对所挖掘的模式进行可视化。

（9）知识评价：将挖掘出来的知识整理并应用到用户的系统中。

以上步骤可以进一步归纳为三大部分：（1）至（4）步称为数据预处理，主要进行数据挖掘前的准备工作；（5）至（7）步进行具体的数据挖掘；（8）（9）步称作数据挖掘后处理，主要包括结果表达和解释。其中，数据挖掘是 KDD 中最重要的一步。

随着数据规模的迅速增长，现有算法的问题逐渐暴露出来：一是大量的已标识数据难以获得，要获得这类数据，就需要对训练样本进行标注，费时费力；二是"维度灾难"导致在特征袋（Bag of Feature）模型中，有些特征甚至高达数万维，直接应用算法无法取得理想效果；三是算法通常只考虑一种类型的数据，无法有效地发现和利用不同类型数据之间的关联；四是复杂类型数据如时间序列数据通常具有动态变化特征且掺杂大量噪声，使得针对这类复杂类型数据的挖掘方法和传统数据挖掘方法又不一样。

1.2.4.2 基于文献的知识发现

LBD 主要针对非结构化数据，按照文献特征关联与否分为基于相关文献的知识发现、基于非相关文献的知识发现和基于全文献的知识发现。张树良、冷伏海从文献计量学考虑，认为文献之间的相关包括两种情况：一是文献外部特征（如标题、著者、机构等）上的相似，二是文献内容上的关联程度（如文献的主题词或关键词的共现频次）。因而，基于相关文献的知识发现就是基于文献的共词和共引理论对彼此在内容上有直接关联的文献进行聚类、比较和分析，从中识别和抽取有价值的信息。[45]

基于非相关文献的知识发现最初是由芝加哥大学斯旺森（Swanson D R）教授提出，他认为两组不相关文献 A 和 C 可以通过某一主题词 B 建立一定的逻辑关联，而这种关联在此前没有在任何文献中有过记录，即"若 A→B，B→C，那么 A→C"，该逻辑推导与斯旺森教授研究的"食用鱼油有助于雷诺病的治疗"及"镁缺乏会引起偏头痛"都被后来的临床研究所证实，为 LBD 开辟了新的研究途径。[46]

基于全文献的知识发现则是通过对数据库中的全部文献进行全文本分析，挖掘文献关联和发现知识，它同时兼顾基于相关文献和基于非相关文献发现的原理和方法。

2000 年以前，LBD 主要以文献的标题字段和摘要来构建初始文本集，信息抽取单元从最初的单词到双词短语、三词短语等，采用的过滤技术是词频分析，很难深层次发现资源之间的逻辑关系。2000 年以后，文本分析范围扩展到了主题词表，并且不再只是对单词短语进行分析，而是转向了语义分析。随着以深度学习为代表的新一代人工智能技术的快速发展，人工智能技术与知识图谱结合起来进行数据驱动的知识发现，将会是未来 LBD 的发展趋势。[47]

1.2.4.3 网络学术资源发现和获取系统应用现状

目前，国内外已有的网络学术资源发现和获取系统主要有三类：一是学术搜索引擎，如 Google Scholar、百度学术等，一般仅提供基于关键词的全文搜索；[48] 二是学术资源发现系统，如国外的 Summon、Primo、EDS 系统和国内的超星发现、智立方等，但存在相关性排序不理想、用户的全文访问体验不足等问题；[49] 三是学科信息门户，国内由于起步较晚，目前建成的学科信息门户屈指可数，如 CSDL 涉及的学科领域包括自然科学领域的数、理、化、生和部分工程领域，而且现阶段主要还是沿用传统的知识组织方法把网络学术资源"整合"在同一页面，既无法展示具有相关语义的检索结果，又缺少深层次的开发。

1.2.5 深度学习在情报分析中的应用

传统的数据分析方法，根据随机采样的先验知识预先人工建立模型，然后依据既定模型进行分析。[50] 这种方法曾经有效，但在面对海量、动态、多源、低质的大数据时就显得力不从心，在有限样本和计算单元情况下对复杂函数的表示能力有限，针对复杂分类问题其泛化能力受到一定制约。随着大数据时代的到来，只有像深度神经网络模型这样更复杂、表达力更强的模型，才能够从源源不断的数据资源中提取有用知识。因此，大数据的情报分析需要深度学习。

深度学习之所以被称为"深度"，是相对传统机器学习中的支持向量机、最大熵等浅层学习方法而言的。2003年，本吉奥（Bengio Y）提出的Word Embedding（词嵌入）方法有效解决了传统词表示的"维度灾难"问题。[51] 2006年，辛顿（Hinton G E）提出深度信任网络的无监督学习算法，开启了深度学习的研究热潮。[52] 我们对CNKI（China National Knowledge Infrastructure，中国知网）收录的2016—2022年间的相关文献进行了文献计量分析，在CNKI的"中国学术期刊全文数据库"中，输入主题词"深度学习"进行检索，共得到39027篇相关文献，并对文献的年度、学科以期刊及基金分布等进行了统计分析，以期能全面了解国内深度学习研究现状（见图1-10）。

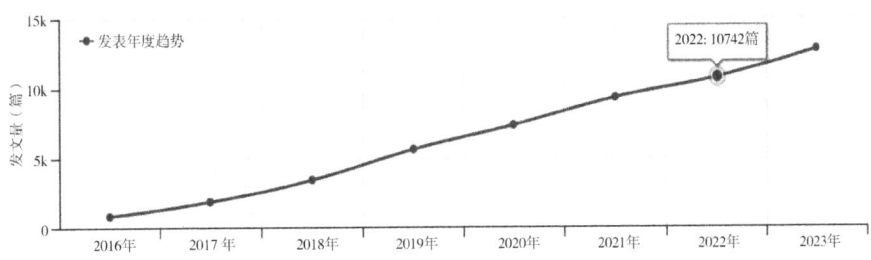

(a) 发文总体趋势分析

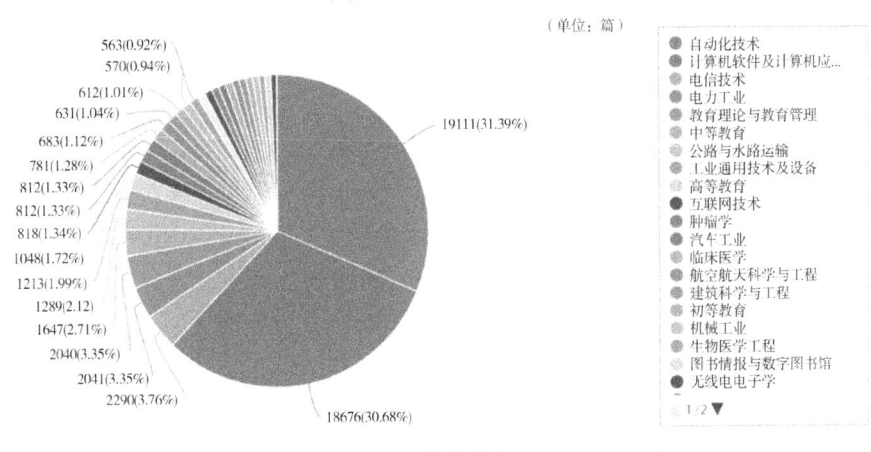

(b) 学科分布

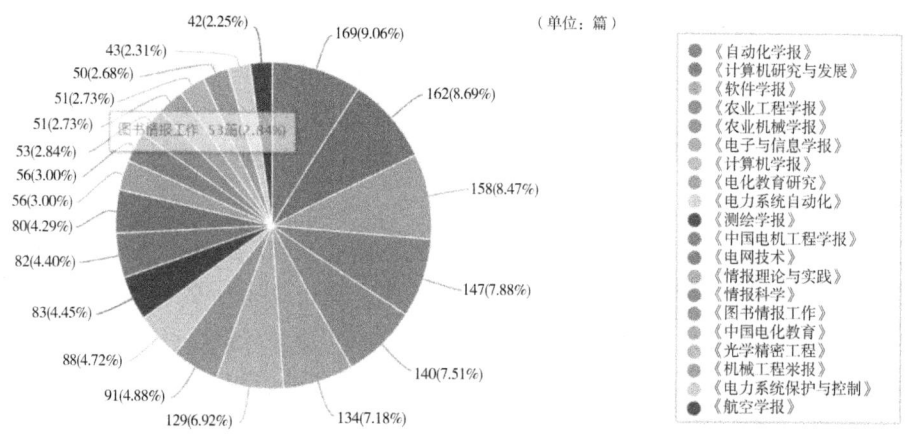

(c) 期刊分布

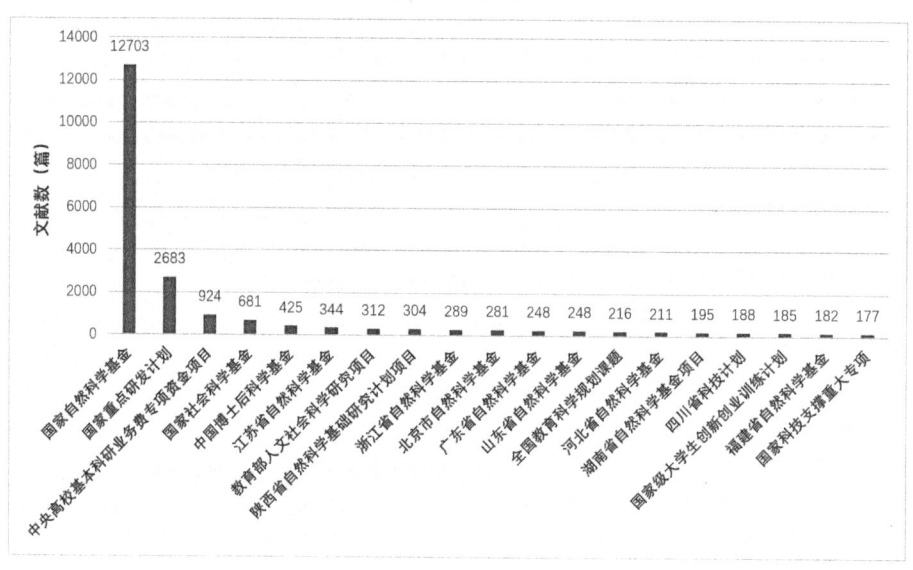

(d) 基金分布

图 1-10 CNKI 文献计量分析

可以看出，2016—2022 年 7 年间国内深度学习研究相关发文量呈稳定增长趋势，2016 年发文量为 796 篇，2022 年则达到 10742 篇，可以看出"深度学习"已成为研究的热点问题。在学科分布中，自动化和计算机学科占比最大，分别为 31.39% 和 30.68%，图书情报学科发文量为 2290 篇，仅占 3.76%，占比有限。按发文量的多少进行统计分析，发文较多的期刊主要是《自动化学报》（169 篇）、《计算机研究与发展》（162 篇）、《软件学报》

(158篇)等自动化和计算机领域的期刊。同时,相关论文也出现在与农业、电力相关的期刊上,而排名前三位的图书情报领域期刊为《情报理论与实践》《情报科学》及《图书情报工作》,分别发文56篇、56篇、53篇。基金资助体现了研究领域的科学热度和需求强度,从图1-10(d)中可以看出,有12703篇文章获得国家自然科学基金资助,占比32.5%,表明该研究领域资助多、需求大。继续对发表在前三的图情领域期刊的论文进行关键词共现、机构共现统计,如图1-11所示。

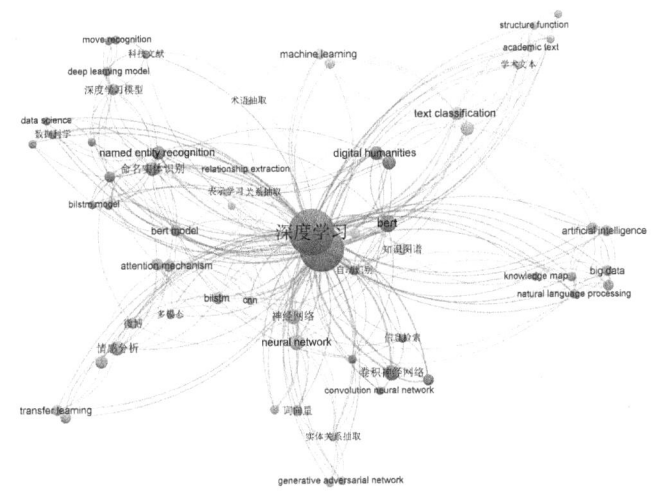

(a)关键词共现可视化图

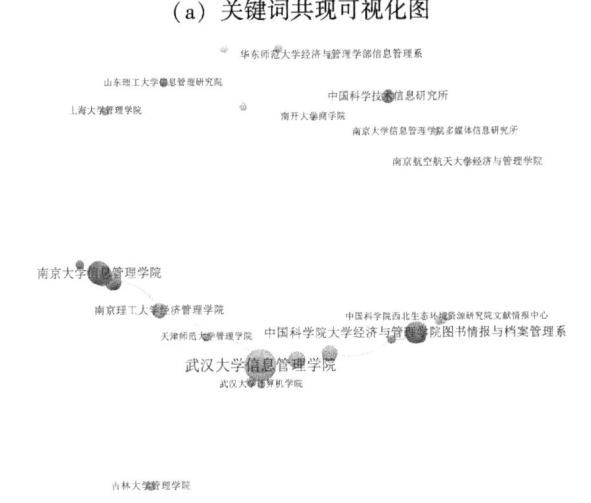

(b)机构共现可视化图

图1-11 前三位图书情报领域期刊发文统计

结合出现频次分析165篇期刊论文可知，当前研究热点主要集中于BERT（Bidirectional Enoceder Representations from Transformers）、卷积神经网络、情感分析、命名实体识别、文本分类、知识图谱等方面。统计第一作者的所属机构共有42个，发文量排名前五的机构依次是武汉大学信息管理学院（27篇）、南京大学信息管理学院（14篇）、中国科学院大学经济与管理学院图书情报与档案管理系（13篇）、中国科学院文献情报中心（12篇）及江苏省数据工程与知识服务重点实验室（11篇）；从机构的性质分析，42个机构中有25个属于高等院校，占比59.5%；从地域分布来看，11个机构位于南京，10个位于武汉，8个位于北京，表明这三个地区在深度学习方面具有雄厚的研究实力和研究基础。

1.3 研究思路

本书紧扣大数据时代背景，将传统的情报学理论和当前科学发展的前沿融为一体，采用"基础理论研究→方法研究→应用研究"三个层次递进的研究思路（见图1-12），既立足于全局，又落实到具体实践，避免导致研究针对性不强、结论可操作性差等问题。

1. 基础理论研究

有计划地收集相关文献资料是本书研究工作开始的第一步。本书通过收集和归纳国内外网络信息资源、知识组织、知识发现、深度学习及情报分析与服务的相关研究，全面把握当下研究境况和热点趋势，明确关键技术的重点和难点。同时，以学科领域的网络信息资源为对象，系统地调研学科领域网络信息资源的类型和分布规律，为深层次开发和利用学科领域的网络信息资源提供理论依据。

2. 方法研究

在明确学科领域的网络资源类型、分布的基础上，我们以多源、海量数据为基础，以深度学习等智能技术为手段，首先沿着本体构建、主题采集、Web信息抽取、基于深度学习的实体及关系抽取等知识获取中的关键技术展开研究，接着对知识发现所关注的知识表示、组织和存储的新方式方法进行深入探索，形成在实践应用上能够实现"从物理层次文献单元向认知层次知识单元的转换"的理论与方法体系,为下一步的应用提供技术支撑。

3. 应用研究

本书希望在已有研究成果的基础上,通过学术情报发现系统将内容和形式各异的资源融会贯通成一个完整的知识网络,形成易于理解和使用、符合用户和信息服务机构需要的知识产品,从而实现"数据—信息—知识—智能"的价值链演变。

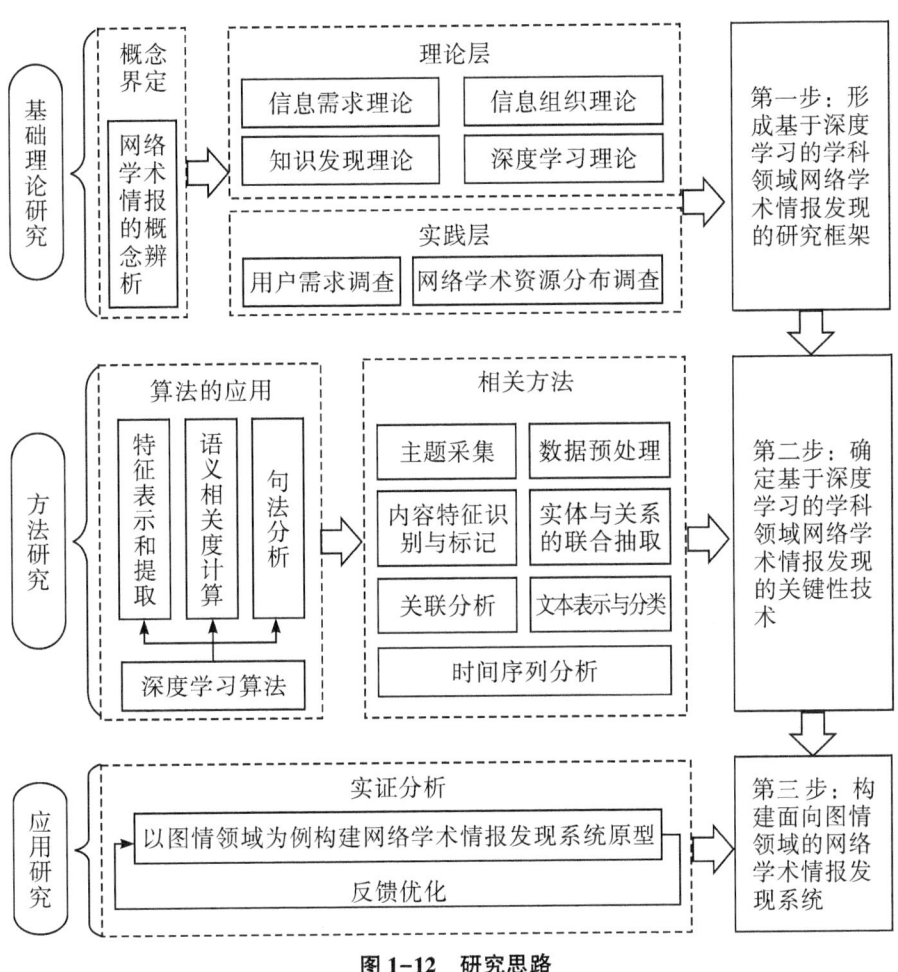

图 1-12 研究思路

1.4 研究方法

本书强调定量分析与定性研究结合,强调理论研究与实证研究结合,强调多学科方法的应用,具体研究方法如下:

1. 文献调研法

有计划地搜集相关文献资料是研究工作开始的第一步。为了构建不同维度、不同粒度、不同功能的智慧产品,我们通过网络数据库、搜索引擎等途径广泛检索国内外相关文献,全面梳理有关信息组织、知识发现、知识聚合、本体构建、深度学习及知识图谱方面的研究内容,把握当下研究境况和热点趋势,明确本书的研究思路和关键技术,为构建基于深度学习的学科领域网络学术情报发现研究提供方法论依据。

2. 文献计量法

对 CNKI 中 2006—2020 年发表的与深度学习、知识聚合相关的文献,从发文量的年代分布、来源期刊、作者和词频等维度进行统计,直观地阐明了国内在深度学习领域的研究现状。对 CNKI 中发表的图情领域的论文的网络引文进行了定量分析,明确了图情领域网站的初始采集 URL(Uniform Resource Locator,统一资源定位器,俗称网址),从而为下一步的网络学术资源的采集做好铺垫。

3. 问卷调查法

为了评价本书构建的基于深度学习的学科领域网络学术情报发现系统的可行性和有效性,我们设计了用户满意度调查问卷,通过测量用户满意度,为系统功能的改进提供参考。

4. 实证研究法

以学科领域网络信息资源为起点,在引入本体、知识图谱、深度神经网络模型的相关理论和方法的基础上,对"基于社会性标注数据的领域本体构建""基于领域本体的非结构化文本主题采集和组织""基于领域本体的知识元划分及其属性和关系模型的构建""注入领域知识的领域命名实体识别""基于提示学习的领域实体及关系的联合抽取"及"基于领域知识图谱的探索式搜索系统构建"等 6 个关键环节进行实证研究,深入探索适用于大数据环境下网络学术情报分析的方法、技术和手段,最大限度地支持细粒度的知识推理与知识发现活动。

1.5 本书组织结构

本书系统地介绍了大数据环境下深度学习在网络学术情报分析中的应用,全书共 11 章。

第 1 章绪论,主要介绍本书的研究背景及意义、研究思路和方法,并从情报的内涵、知识表示、知识组织、情报发现方法、深度学习在情报发现中的应用 5 个方面阐述国内外相关研究情况。

第 2 章面向自然语言处理的深度学习,总结和梳理了深度学习的产生背景和发展历程,分析各常用深度学习模型和主流深度学习框架的优缺点与适用性,以期为后续基于深度学习的应用提供可行性技术途径。

第 3 章图情领域本体的构建,探讨基于开放性内容知识平台的领域本体构建方法,并介绍了算法实现细节。

第 4 章基于领域本体的 Web 资源主题采集,主要是从应用效果的角度,通过主题爬取任务来评价上一章构建的图情领域本体的性能,同时,也为第 5 章知识聚合和第 7 章领域术语抽取的实践提供可靠数据源。

第 5 章基于领域知识元的知识聚合,结合已构建的领域本体,探讨基于领域本体的知识元及其链接模型的构建方法,通过搭建聚合平台验证通过知识元这种细粒度知识组织方式进行网络学术资源解构与重组的可行性和有效性。

第 6 章中文文本的标注,与第 2 章一样,系统地梳理了文本标注的常用工具、代表性算法及应用情况,以期为后续基于深度学习的应用提供可行性技术途径。

第 7 章面向 Web 的领域术语抽取,阐述了面向 Web 资源进行领域术语抽取来补充发展已有领域本体的思想和具体实现方法,为中文本体学习系统的研发提供技术方案。

第 8 章基于深度学习的领域命名实体识别,分析对比了通用预训练模型的优缺点,提出在预训练阶段注入领域知识来提升模型对领域文本的语义理解能力和解决领域内标注数据少、相关知识库缺失的问题。

第 9 章基于 Paddle UIE（Universal Information Extraction）的领域知识图谱构建，不同于 MAG（Microsoft Academic Graph，于 2021 年 5 月停用）、AMiner（Academic Research Network Miner）及 AceKG（Acemap Knowledge Graph）等科学知识图谱是基于文献的外部特征如作者、题名、关键词等构建知识关联，本章重点对图情领域学术文献内容中的实体及其间关系做形式化定义，深入探索了基于提示学习+预训练大语言模型的知识图谱构建方法，为后续基于领域知识图谱的智能知识服务与应用提供技术支撑。

第 10 章基于领域知识图谱的探索式搜索，介绍了基于可交互图情领域知识图谱的原型检索系统的整个实现过程及验证测试结果，为推进领域知识图谱的广泛应用提供参考。

第 11 章结论与展望，对本书的研究工作和成果进行总结，指出有待进一步解决的问题和未来的研究方向。

2 面向自然语言处理的深度学习

深度学习是机器学习的一种，但深度学习是利用深层神经网络（Deep Neural Network，DNN）来处理数据的。DNN 是一种人工神经网络（Artificial Neural Network，ANN）。相对于传统的 ANN 来说，DNN 的网络层次结构更多、更复杂，在输入层和输出层之间通常有 5～10 层的隐藏层，这使得深度学习能够更好地表示数据特征。以下，我们将主要对深度学习的发展历程、常用模型及主流框架等展开介绍。

2.1 人工神经网络的发展历程

ANN 是深度学习的底层技术，为了介绍深度学习的发展历程，我们先从 ANN 的发展讲起。

2.1.1 第一次热潮

1943 年，由神经科学家麦卡洛克（McCulloch W）和数学家皮兹（Pitts W）合作提出的 MP（McCulloch-Pitts）模型[53]，是按照生物神经元的结构和工作原理构造出来的一个抽象和简化了的数学模型，ANN 的大门也由此开启。

在 MP 模型 [图 2-1(a)] 中，x_1，x_2，…，x_n 模拟生物神经网络 [图 2-1(b)] 中来自其他神经元的轴突（axon）传递的信息；ω_1，ω_2，…，ω_n 模拟输入经过突触（synapse）时被赋予的不同连接强度，并以 $\omega_1 x_1$，$\omega_2 x_2$，…，$\omega_n x_n$ 的值传递到当前神经元的树突（dendrite），进入细胞体（cell body）；$\sum$ 模拟神经元的时空整合功能；y 模拟神经元对外输出，通过将 $\sum_{i=1}^{n} \omega_i x_i$ 的值与预先设置的阈值 θ 进行比较来输出 1 和 0，实现简单分类任务。

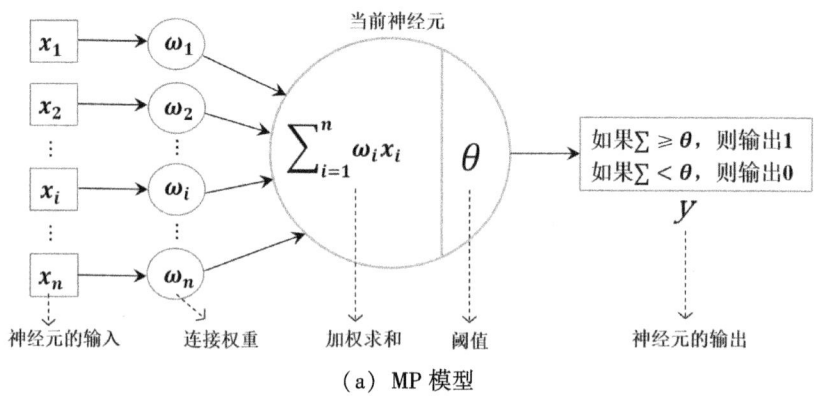

(a) MP 模型

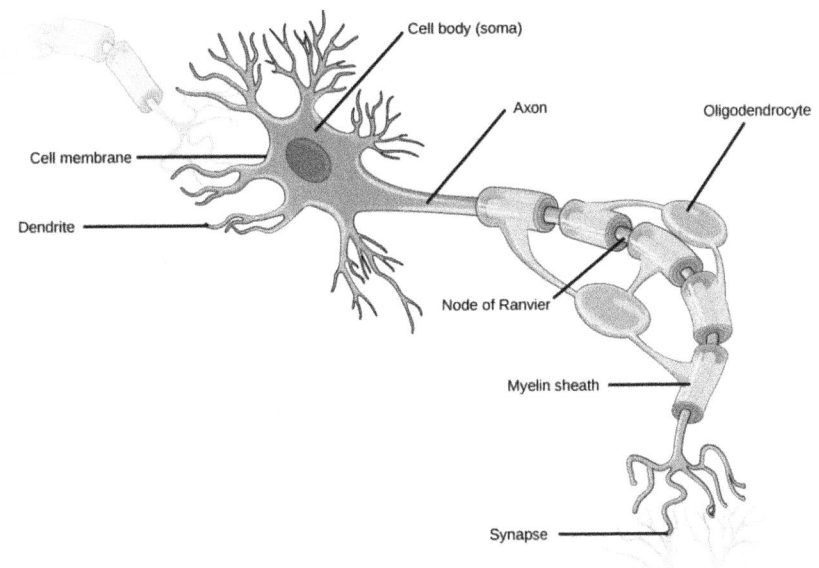

Cell body,细胞体;Axon,轴突;Dendrite,树突;Synapse,突触。
(b) 生物神经元结构①
图 2-1 人工神经网络和生物神经网络

1950 年,计算机科学和密码学先驱图灵(Turing A M)发表了一篇题为 *Computing Machinery and Intelligence*(《计算机器与智能》)[54]的开创性论文,提出了图灵测试,即判断机器是否能够思考的试验,让机器产生智能这一构想开始进入人们的视野。1956 年,达特茅斯学院人工智能夏季研讨会正式使用了 AI(Artificial Intelligence,人工智能)这一术语,标志着 AI 学科的诞生。随后一年,美国心理学家罗森布拉特(Rosenblatt F)提出了第一个可以自动学习权重的神经元模型,称为感知机(perceptron)模型[55],它的提出也引起了第一波神经网络研究热潮。如图 2-2 所示,单层感知机模型是一个二分类的线性分类模型,输入是被感知数据集的特征向量,输出是数据集的类别 $\{+1, -1\}$,ω 是网络的 n 维权重向量,b 是网络的 n 维偏置(bias)向量,用来模拟神经元的敏感性,因为每个神经元的敏感性不同,所以需要一定的偏差来调整汇总值。

---

① OpenStax Biology 2e:*Neurons and Glial Cells*,见 https://courses.lumenlearning.com/suny-osbiology2e/chapter/neurons-and-glial-cells/。

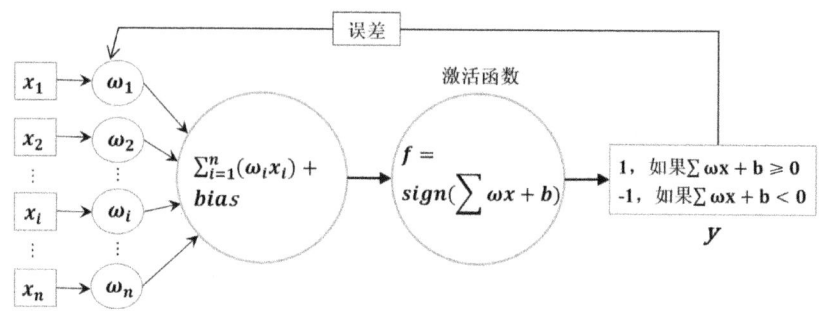

图 2-2 单层感知机模型

与 MP 模型不同,感知机采用激活函数(Activation Function)决定是否传递信号以及要发射给下一个神经元的内容。Sign 函数(见图 2-3)是感知机的早期激活函数,它以阈值 0 为界,大于等于 0 的输入值映射为输出"1",小于 0 的输出"-1",其值呈阶梯式变化,属于"阶跃函数(Step Function)"。因此,可以说单层感知机的激活函数为阶跃函数。后面又陆续演化出一系列的激活函数,如 Sigmoid、Tanh、ReLU 及 Softmax 等激活函数(见图 2-4)。

1. Sigmoid 函数

如图 2-4(a)所示,Sigmoid 函数是一个 S 形曲线,它能将一个 $(-\infty, +\infty)$ 范围内的数值映射为一个(0,1)区间的数值,因此,可以用来做二分类。但 Sigmoid 函数的缺点从图中也可以看到,函数趋近 0 和 1 的时候变化率会变得平坦,导致其网络在 5 层之内就会发生梯度消失现象。①

2. Tanh 函数

Tanh 函数和 Sigmoid 函数的曲线相似,因此,也会有梯度消失的问题。但与 Sigmoid 函数以(0,0.5)为中心对称不同,Tanh 函数的输出以零为中心,区间在-1 到 1 之间。

3. ReLU 函数

ReLU 函数是一种分段线性函数,当输入 x 大于零时,输出等于 x;输入小于或等于 0 时,输出 0。它改善了 Sigmoid、Tanh 的梯度消失问题,在目前的深度神经网络中被广泛使用。

---

① Weilongyitian:《激活函数——(Sigmoid, tanh, Relu, maxout)》,见 https://www.cnblogs.com/missidiot/p/9378079.html。

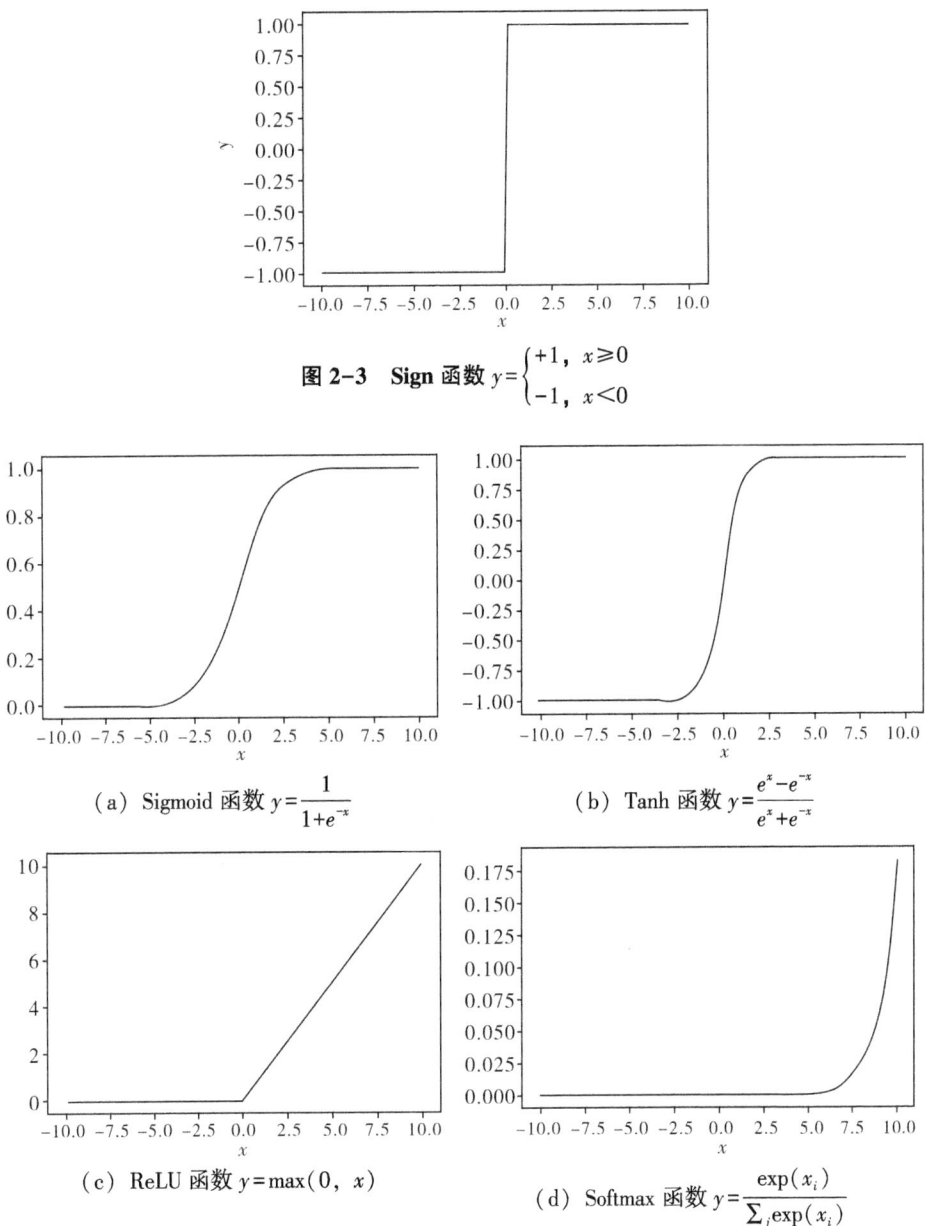

图 2-3 Sign 函数 $y=\begin{cases}+1, & x\geqslant 0 \\ -1, & x<0\end{cases}$

（a）Sigmoid 函数 $y=\dfrac{1}{1+e^{-x}}$

（b）Tanh 函数 $y=\dfrac{e^x-e^{-x}}{e^x+e^{-x}}$

（c）ReLU 函数 $y=\max(0,x)$

（d）Softmax 函数 $y=\dfrac{\exp(x_i)}{\sum_j \exp(x_i)}$

图 2-4 激活函数示例

4. Softmax 函数

Softmax 函数又被称为归一化指数函数，它可以将一个数值向量归一化为一个概率分布向量，且各个概率之和为 1，是二分类函数 Sigmoid 在多分类上的推广。例如我们要识别手写的阿拉伯数字 0～9，这就是一个多分类问题，需要从 10 个数字中选择一个概率最高的作为预测结果。

此外，感知机与 MP 模型在连接权重 ω 的设置上也不同。感知机中的 ω 参数并不是预先设定好的，而是通过构建损失函数来计算模型预测值与真实值间的误差，使其最小化，以此调整参数 ω_1，ω_2，$\cdots\omega_n$，具体训练过程如下：

感知机模型：$f(x) = Sign(\omega x + b)$

输入：训练样本 $(x_1, x_2, \cdots, x_n)$ 及期望值 $d_i \in \{+1, -1\}$，学习率 η（$0 < \eta < 1$）

输出：ω

步骤：Ⅰ. 初始化 ω；

　　　Ⅱ. 根据输入计算实际输出 y_i，并计算误差 $\varepsilon = d_i - y_i$；

　　　Ⅲ. 用 ε 去更新参数为 $\omega \leftarrow \omega + \eta \varepsilon x_i$；

　　　Ⅴ. 当满足收敛条件时，算法结束；若不满足，则转至Ⅱ。通常收敛条件为：ε 小于某个预先设定值；或是迭代的权值变化小于某个值；或是迭代次数超过设定的最大迭代次数。

1969 年，明斯基等人在《感知机：计算几何导论》（*Perceptrons: An Introduction to Computational Geometry*）一书中分析了感知机的局限性，指出单层感知机无法模拟"异或（XOR）"运算［如图 2-5 所示，无论如何画直线，都无法将逻辑输入（0, 0）、（1, 1）划为一类，（0, 1）、（1, 0）划为另一类］。[56] 自此，人们开始意识到单层感知机无法处理一些简单的非线性问题，研究热情一落千丈，神经网络的研究走向低潮，史称人工智能冬天（AI Winter）。

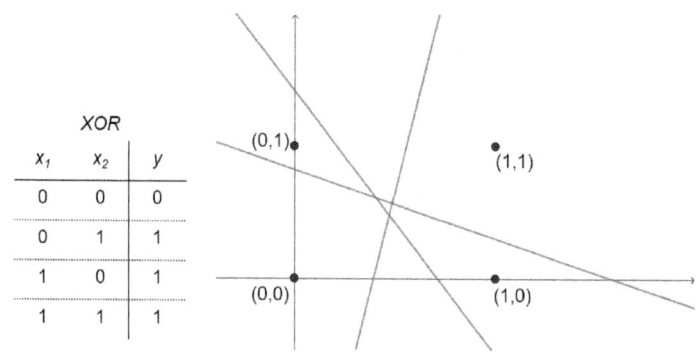

图 2-5　感知机无法解决异或问题

2.1.2 第二次热潮

1983 年，美国物理学家霍普菲尔德（Hopfield J J）提出了一种单层反馈神经网络。[57] 如图 2-6 所示，霍普菲尔德认为每个神经元的输出都将作为其他神经元的输入，即当下任何一个神经元的状态都将影响所有神经元的下一个状态，这种模型后被称为 Hopfield 网络（Hopfield Neural Network，HNN），也是循环神经网络（Recurrent Neural Network，RNN）的雏形。

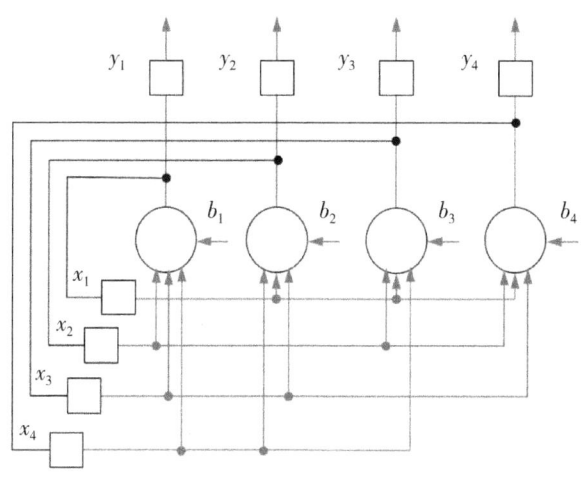

图 2-6　Hopfield 网络结构

1986 年，鲁梅尔哈特（Rumelhart D）和辛顿将反向传播（Back Propagation，BP）算法引入多层感知机（Multi-Layer Perceptron，MLP）的学习过程中，有效解决了梯度下降所需要的复杂计算量问题，带动了神经网络研究的第二次热潮。[58] MLP 是一种多层前馈神经网络（Feedforward Neural Network，FNN），与单层感知机在结构上最大的不同就是增加了隐藏层。在单层感知机中，输入直接传递给输出层，这意味着它只能学习简单的模式，而 MLP 通过增加若干隐藏层，增强了神经网络的非线性表达能力。在 MLP 中引入 BP 算法，则是在传统神经网络正向传播的基础上，增加了误差的反向传播过程。如图 2-7 所示，MLP 由输入层、输出层和一层隐藏层构成，相邻层所包含的神经元之间使用全连接（Fully Connected，即每个神经元之间都有连接）方式进行连接，同一层内神经元之间没有连接。$z_j^{(l)}$ 表示在第 l

层的第 j 个神经元的加权输入，$b_j^{(l)}$ 表示在第 l 层的第 j 个神经元的偏置，$a_j^{(l)}$ 表示第 l 层的第 j 个神经元的激活值，$\omega_{jk}^{(l)}$ 表示从第 $l-1$ 层的第 k 个神经元到第 l 层的第 j 个神经元的链接上的权重，则信号的正向传播过程为：$x = a^{(1)} \rightarrow z^{(2)} \rightarrow a^{(2)} \rightarrow z^{(3)} \rightarrow a^{(3)} = y$。

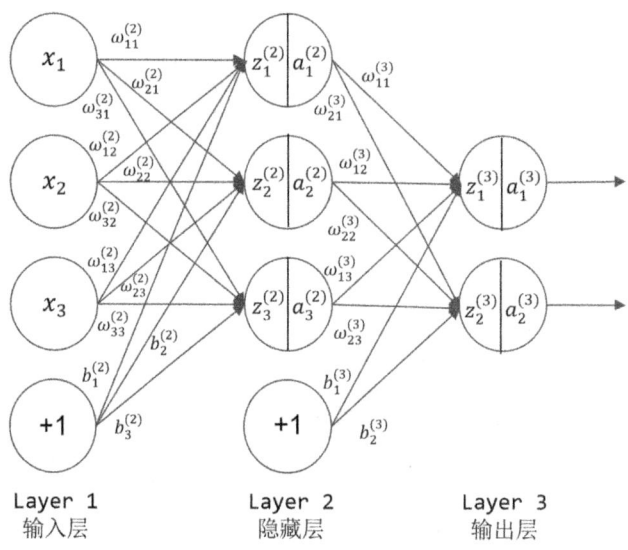

图2-7 含有一层隐藏层的三层感知机模型

以输出层为例，输出层有两个神经元，其加权输入 $z_1^{(3)}$、$z_2^{(3)}$ 及激活值 $a_1^{(3)}$、$a_2^{(3)}$ 为：

$$\begin{cases} z_1^{(3)} = \omega_{11}^{(3)} a_1^{(2)} + \omega_{12}^{(3)} a_2^{(2)} + \omega_{13}^{(3)} a_3^{(2)} + b_1^{(3)} \\ z_2^{(3)} = \omega_{21}^{(3)} a_1^{(2)} + \omega_{22}^{(3)} a_2^{(2)} + \omega_{23}^{(3)} a_3^{(2)} + b_2^{(3)} \\ a_1^{(3)} = f(z_1^{(3)}) \\ a_2^{(3)} = f(z_2^{(3)}) \end{cases} \tag{2-1}$$

那么权重 ω_{jk} 如何确定呢？BP算法的思路是依据当前网络的输出与期望目标之间的误差 ε（如绝对值误差、均方误差、交叉熵等）来调整权重，使误差逐渐变小，这就是反向传播，具体计算如下：

$$\delta^{(l)} = \frac{\partial \varepsilon}{\partial z^{(l)}} \tag{2-2}$$

$$\omega^{(l)} \leftarrow \omega^{(l)} - \eta \frac{\partial \varepsilon}{\partial \omega^{(l)}} = \omega^{(l)} - \eta \frac{\partial \varepsilon}{\partial z^{(l)}} \frac{\partial z^{(l)}}{\partial \omega^{(l)}} = \omega^{(l)} - \eta \delta^{(l)} a^{(l-1)} \quad (2-3)$$

$$b^{(l)} \leftarrow b^{(l)} - \eta \frac{\partial \varepsilon}{\partial b^{(l)}} = b^{(l)} - \eta \frac{\partial \varepsilon}{\partial z^{(l)}} \frac{\partial z^{(l)}}{\partial b^{(l)}} = b^{(l)} - \eta \delta^{(l)} \quad (2-4)$$

这里，η 为学习率，$\frac{\partial \varepsilon}{\partial z^{(l)}}$ 是当前误差 ε 对 z 的偏导数（即梯度）。BP 的目标就是使 ε 下降，最终趋向极小值。

尽管使用了 BP 算法，但模型的一次训练仍然耗时太长，因此，神经网络主要用来构造浅层模型（带有一层或没有隐藏层的一类模型），这导致它不能有效处理具有复杂特征的学习问题。再加上 20 世纪 90 年代中期，由科尔特斯（Cortes C）等人提出的支持向量机（Support Vector Machine，SVM）算法[59]，其实现效率远超 ANN，人们的研究重心转移到以 SVM 为主的浅层机器学习算法上，神经网络的研究又一次跌入低谷，但这个阶段的理论储备为今天的神经网络发展打下了重要的基础。

2.1.3 第三次热潮

不断提高的算力加速了 AI 技术的迭代，2006 年为深度学习的元年，辛顿对传统的神经网络算法进行优化，在此基础上提出了深度信念网（Deep Belief Network，DBN）[60]。

如图 2-8（a）所示，受限玻尔兹曼机（Restricted Boltzmann Machines，RBM）包含两层：底层为可视层，用于输入训练数据；顶层为隐藏层，用于捕捉数据的隐藏特征。[61] RBM 的主要目标是对参数进行调整后，使重构数据尽可能拟合原始数据。DBN 是由若干层 RBM 堆叠而成，从图 2-8（b）可以看出，DBN 采用无监督方法逐层训练 RBM，首先把数据向量和第一层隐藏层 h_1 作为 RBM1，训练出权重 ω_1 及偏置，然后固定参数，把 h_1 视作可见向量 v_2，和第二层隐藏层 h_2 一起训练 RBM2 的参数，再经过有监督训练，微调整个网络以取得全局最优解。DBN 这种逐层"预训练（Pre-training）"方式大幅度减少了训练深层神经网络的时间。

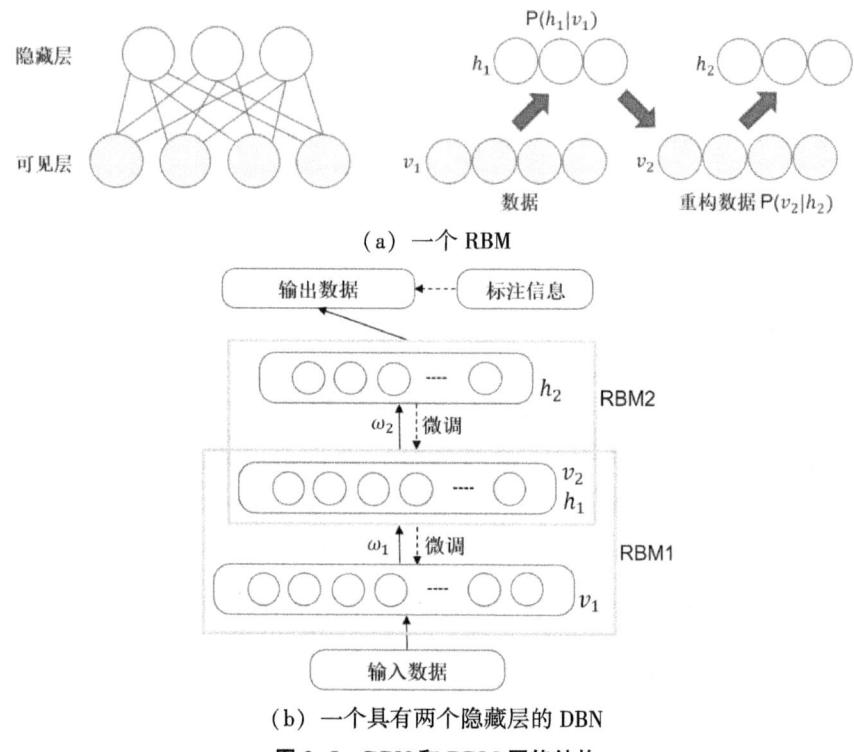

(a) 一个 RBM

(b) 一个具有两个隐藏层的 DBN

图 2-8 DBN 和 RBM 网络结构

随着神经网络层数的不断加深，辛顿将这种深层神经网络上的学习方法命名为"深度学习（Deep Learning）"，此后，掀起了深度学习的热潮。2012 年，Google 大脑项目采用 16000 个 CPU 核的并行计算平台去训练含有 10 亿个节点的 DNN，成功在学习 1400 万张图片后，"认出"了猫。2014 年，FaceBook 的 DeepFace 项目利用 9 层神经网络来获得脸部表征，在人脸识别方面的准确率达到 97.25%，与人类识别的准确率几乎没有差别。沉寂已久的神经网络再一次走到了科研的前沿，并迅速成为诸多领域的研究热点。

2.2 常用深度学习模型

目前常用的深度学习模型有：RNN[62]、卷积神经网络（Convolutional Neural Network，CNN）[63]、长短期记忆网络（Long Short-Term Memory，

LSTM)[64][65] 及 Transformer[66] 等，每个模型都有各自的适用条件和优点。

2.2.1 RNN

RNN 主要包括三个部分：输入层、隐藏层和输出层。与传统的 FNN 不同，RNN 考虑到词的先后顺序对输出的影响，使得它可以在处理序列时保持一种记忆状态，是 FNN 在时间维度上的扩展。RNN 的基本结构如图 2-9 所示。

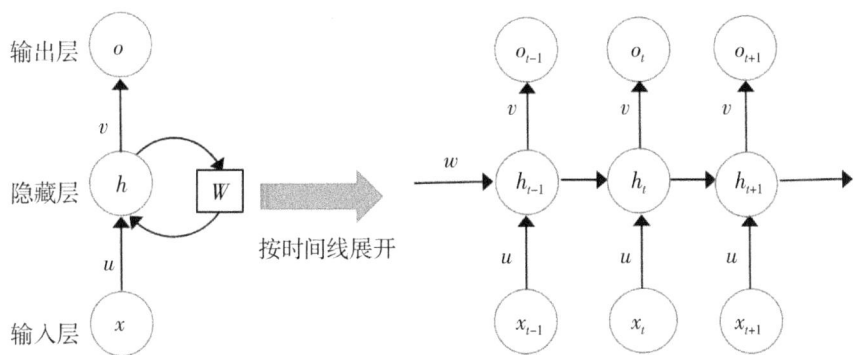

图 2-9 RNN 的基本结构

模型公式如下：

$$h_t = \sigma(\omega h_{t-1} + u x_t + b) \tag{2-5}$$

$$o_t = f(v h_t + c) \tag{2-6}$$

其中，u、b 是输入层到隐藏层的权重和偏置，v、c 是隐藏层到输出层的权重和偏置，σ 通常是 Tanh 函数或 Sigmoid 函数，f 通常是 Softmax 函数。当前时刻的隐藏层状态 h_t 不仅取决于当前的输入 x_t，还取决于上一个时刻的隐藏层状态 h_{t-1}，而 h_{t-1} 的计算需要 h_{t-2}，以此类推，所以 RNN 中某一时刻的状态对过去的所有状态都存在依赖。

RNN 对具有序列特性的数据非常有效，使基于 RNN 的深度学习模型在解决语音识别、文本分析、机器翻译等 NLP 领域的问题时有所突破。但有些情况下，当前的输入不仅依赖于之前的序列元素，还依赖于之后的序列元素，RNN 对于这样的场景就可以引入双向 RNN（Bidirectional RNN，BiRNN）[67]，用来关联更多的信息。

对于图 2-9，我们假设有三个时刻的 RNN 单元，在 $t=3$ 的时刻，计算均方差损失函数为：

$$\begin{cases} h_3 = \sigma(\omega h_2 + u x_3 + b) \\ o_3 = f(v h_3 + c) \\ L_3 = \dfrac{1}{2}(o_3 - y_3)^2 \end{cases} \quad (2-7)$$

那么，使用随机梯度下降法训练 RNN 时，对 t_3 时刻的 u、v、ω 求偏导为：

$$\frac{\partial L_3}{\partial v} = \frac{\partial L_3}{\partial o_3} \frac{\partial o_3}{\partial v} \quad (2-8)$$

$$\frac{\partial L_3}{\partial u} = \frac{\partial L_3}{\partial o_3} \frac{\partial o_3}{\partial h_3} \frac{\partial h_3}{\partial u} + \frac{\partial L_3}{\partial o_3} \frac{\partial o_3}{\partial h_3} \frac{\partial h_3}{\partial h_2} \frac{\partial h_2}{\partial u} + \frac{\partial L_3}{\partial o_3} \frac{\partial o_3}{\partial h_3} \frac{\partial h_3}{\partial h_2} \frac{\partial h_2}{\partial h_1} \frac{\partial h_1}{\partial u}$$

$$= \sum_{k=1}^{t=3} \frac{\partial L_t}{\partial o_t} \frac{\partial o_t}{\partial h_t} \left(\prod_{j=k+1}^{t=3} \frac{\partial h_j}{\partial h_{j-1}} \right) \frac{\partial h_k}{\partial u} \quad (2-9)$$

$$\frac{\partial L_3}{\partial \omega} = \frac{\partial L_3}{\partial o_3} \frac{\partial o_3}{\partial h_3} \frac{\partial h_3}{\partial \omega} + \frac{\partial L_3}{\partial o_3} \frac{\partial o_3}{\partial h_3} \frac{\partial h_3}{\partial h_2} \frac{\partial h_2}{\partial \omega} + \frac{\partial L_3}{\partial o_3} \frac{\partial o_3}{\partial h_3} \frac{\partial h_3}{\partial h_2} \frac{\partial h_2}{\partial h_1} \frac{\partial h_1}{\partial \omega}$$

$$= \sum_{k=1}^{t=3} \frac{\partial L_t}{\partial o_t} \frac{\partial o_t}{\partial h_t} \left(\prod_{j=k+1}^{t=3} \frac{\partial h_j}{\partial h_{j-1}} \right) \frac{\partial h_k}{\partial \omega} \quad (2-10)$$

可以发现，网络层数的加深对 v 没有影响，但因为存在 $\prod_{j=k+1}^{t} \dfrac{\partial h_j}{\partial h_{j-1}}$，导致对 u、ω 求偏导会随着时间序列的拉长产生梯度消失和梯度爆炸的问题，这限制了其对长期依赖关系的建模能力。为了解决这个问题，出现了一些改进的 RNN 变体，如长短期记忆网络和门控循环单元（Gated Recurrent Unit, GRU），通过引入门控机制来控制记忆状态的更新，改善对长期依赖的建模能力。

2.2.2 CNN

"卷积（Convolution）"这一概念最早由法国人工智能科学家杨立昆（Yann L C）提出并应用在手写字体识别上，CNN 因此得名。1989 年，杨立昆构建了更加完备的 LeNet-5，模型在 Mnist 数据集达到 98% 以上的识别准确率，形成影响深远的 CNN 网络结构。如图 2-10 所示，典型的 CNN 结构主要由卷积层（Convolutional Layer）、池化层（Pooling Layer）和全连接层（Fully Connected Layer）组成。其中，卷积层与池化层的叠加实现了对输入数据的特征提取，全连接层通常在神经网络的尾部，用于分类任务。

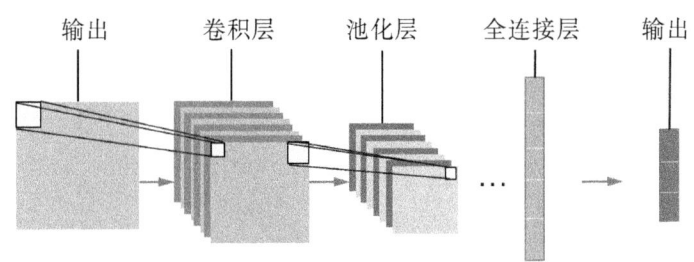

图 2-10　典型的 CNN 结构

1. 卷积层

这一层是 CNN 结构中最重要的一层。卷积层的操作被认为是受生物神经学中"感受野（Receptive Field）"概念的启发，使用卷积核对输入层进行扫描，提取输入的局部特征，并生成相应的特征图。

卷积过程用数学公式表达出来如下：

$$output_i = \frac{input_i + 2 \times padding - kernel_i}{stride} + 1 \quad (2\text{-}11)$$

$$output_j = \frac{input_j + 2 \times padding - kernel_j}{stride} + 1 \quad (2\text{-}12)$$

其中，$output$ 为卷积操作后得到的特征矩阵，$input$ 为输入矩阵，$padding$ 为输入矩阵边界的填充数量，$kernel$ 为卷积核，$stride$ 为卷积操作的步长，i 和 j 分别为矩阵的长和宽。例如，图 2-11 中，$input$ 是一个 3×4 矩阵，$kernel$ 大小为 2×2，$padding$ 为 0，$stride$ 为 1，则计算输出矩阵的大小为：$output_i = \frac{3+2\times0-2}{1}+1=2$，$output_j = \frac{4+2\times0-2}{1}+1=3$，即一个 2×3 的特征图，再使用 2×2 的卷积核对输入从左上角开始，依次向右向下移动进行卷积运算，直至覆盖所有区域，共得到 2×3 矩阵的 6 个元素。

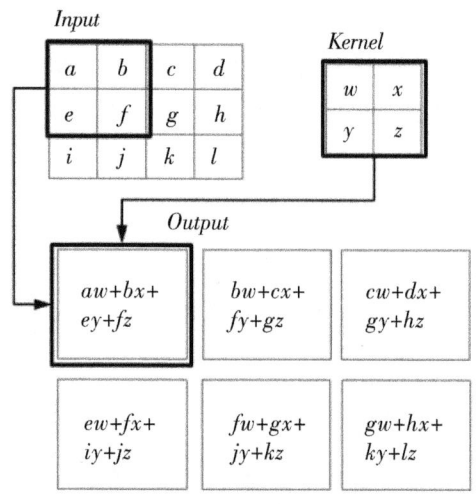

图 2-11 卷积运算示例

2. 池化层

池化的本质就是采样，池化操作是为了降低卷积运算后产生的数据维度，一般有最大池化和平均池化。如图 2-12 所示，对于最大池化，是取当前所在窗口所在的数据中最大的数据；对于平均池化，则是取当前窗口所有值的平均值。

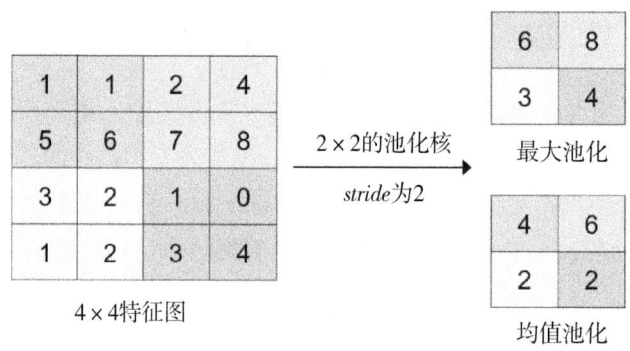

图 2-12 池化操作示例

3. 全连接层

全连接层的每个神经元都与其前一层的所有神经元进行连接。通过在网络的最后一层引入全连接操作，可以将之前层提取的特征映射转化为类别概率或数值预测。

自 2012 年 AlexNet 取得 ImageNet 图像识别冠军后,几乎每年都有新的 CNN 产生,如 ZFNet[68]、VGGNet[69] 及 DPRSNet[70] 等,都取得了很好的效果。

2.2.3 LSTM

LSTM 是一种改进的 RNN,可以解决 RNN 无法处理的长距离依赖问题。原始 RNN 的隐藏层只有一个传输状态 $h_t = \sigma(\omega h_{t-1} + u x_t + b)$ 如图 2-13(a)所示,它对较近的输入敏感,但面对长序列,仅可获取较近的序列信息,而对更早期的序列不具备记忆功能,容易丢失信息。LSTM 则通过增加一个细胞状态 C_t(cell state),如图 2-13(b)所示,让它来保存长期的状态,因此,LSTM 结构中的隐藏状态存储"近期记忆",细胞状态存储"远期记忆",所谓"长短期记忆"就是这两个状态的记忆。

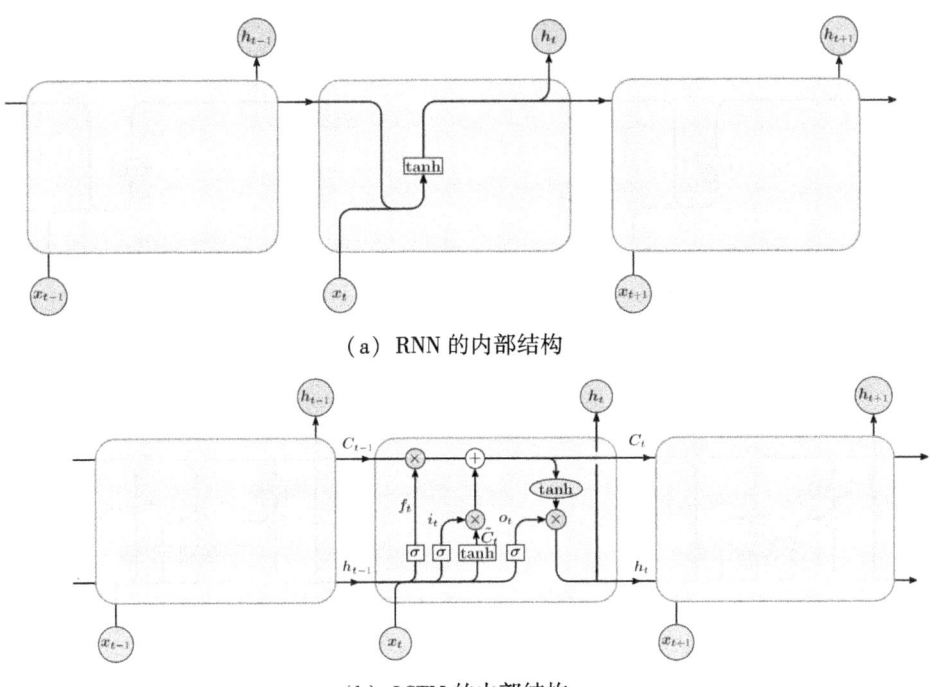

(a) RNN 的内部结构

(b) LSTM 的内部结构

图 2-13 RNN 和 LSTM 比较

LSTM 通过精心设计的门（gate）机制来控制细胞状态中的信息的增加和去除。门是一种让信息选择式通过的方法。LSTM 有三种类型的门结构：

1. **遗忘门（forget gate，f 门）**

LSTM 中的第一步是控制从细胞状态中忘记多少信息，这个操作由 f 门来完成。f 门会读取上一时刻的输出 h_{t-1} 和当前时刻的输入 x_t，经过 Sigmoid 非线性激活函数，输出向量 f_t，计算公式如下：

$$f_t = \sigma(\omega_{fh} h_{t-1} + \omega_{fx} x_t + b_f) \tag{2-13}$$

2. **输入门（input gate，i 门）**

i 门用来确定当前时刻的输入 x_t 有多少被保存到细胞状态 c_t 中，这又包括两步：首先，利用 Sigmoid 产生 i 门的激活值；接着，通过 Tanh 产生能够添加到细胞状态中的候选值 $\widetilde{C}_t$。具体计算为：

$$i_t = \sigma(\omega_{ih} h_{t-1} + \omega_{ix} x_t + b_i) \tag{2-14}$$

$$\widetilde{C}_t = tanh(\omega_{ch} h_{t-1} + \omega_{cx} x_t + b_c) \tag{2-15}$$

3. **输出门（output gate，o 门）**

这一部分真正实现忘记哪些旧的信息，增加哪些新的信息，最后得到当前时刻的细胞状态 C_t，计算公式如下：

$$C_t = f_t C_{t-1} + i_t \widetilde{C}_t \tag{2-16}$$

$$o_t = \sigma(\omega_{oh} h_{t-1} + \omega_{ox} x_t + b_o) \tag{2-17}$$

$$h_t = o_t tanh(C_t) \tag{2-18}$$

对很多需要"长期记忆"的任务来说，LSTM 这种通过门控状态来控制传输状态尤其好用，但也因为引入了很多内容，导致参数变多，使得训练难度加大了很多。

2.2.4 Transformer

CNN、RNN 及其变体模型主要有两个方面的问题：一是计算能力的限制，当需要记住很多"信息"时，模型就要变得更复杂，然而目前计算能力依然是限制神经网络发展的瓶颈。二是优化算法的限制，LSTM 只能在一定程度上缓解 RNN 中的长距离依赖问题，且信息"记忆"能力并不高。[①]

[①] soccer：《Attention 注意力机制与 self-attention 自注意力机制》，见 https://zhuanlan.zhihu.com/p/265108616。

2.2.4.1 编码-解码结构

编码-解码结构是一种深度学习模型结构,许多模型如 CNN、RNN、LSTM 和 Transformer 等都是基于这一架构的。它主要由两部分组成:编码器(Encoder)和解码器(Decoder)。

如图 2-14 所示,编码器是用来做特征抽取的,负责接收输入序列,并将其转换成指定长度的向量。解码器的目标是将编码器产生的向量转换为输出序列。如果输入是中文句子,输出是英文句子,那么这就是机器翻译中应用的编码-解码框架;如果输入是一篇文章,输出是概括性语句,那么这就是文本摘要的编码-解码框架;如果输入是一句问句,输出是一句回答,那么这就是问答系统的编码-解码框架。

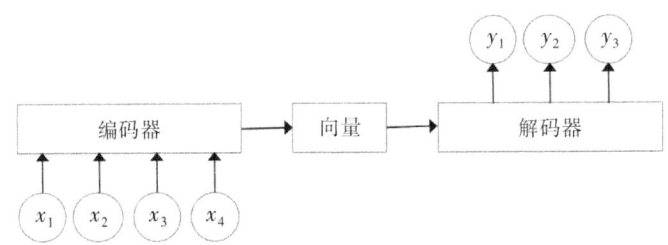

图 2-14 编码器和解码器

2.2.4.2 注意力机制

对于编码-解码结构,中间语义向量的大小通常是固定的,这导致当输入句子比较长时,很多语义信息会被丢失,这就是深度学习中引入"注意力机制(Attention Mechanism)"的重要原因。注意力机制借鉴了人类大脑的"视觉注意力机制",这种机制可以帮助人类在观察外界环境时,迅速扫描全景,并锁定重点关注的目标区域。同样,深度学习中的注意力机制以高权重去聚焦重要信息,以低权重去忽略不相关的信息,并且还可以不断调整权重,使得在不同的情况下也可以选取重要的信息。[71] 如图 2-15 所示,注意力机制的工作原理可以分解为三个步骤:

步骤 1,将输入看成是由一系列<Key, Value>键值对构成,输出看成某个元素的查询 Query,通过计算 Query 和 Key 之间的相关性,得到每个 Key 对应 Value 的权重。常见相关性计算方法包括:

(1) 点积 $S(Q, K) = Q^T \cdot K$ (2-19)

(2) 缩放点积 $S(Q, K) = \dfrac{Q^T \cdot K}{\sqrt{d_K}}$，$d_K$ 为输入信息的维度 (2-20)

(3) Cosine 相似性 $S(Q, K) = \dfrac{Q^T \cdot K}{\|Q\| \cdot \|K\|}$ (2-21)

这是神经网络常用的"软性"选择机制，即考虑所有的输入，而不像硬注意力机制，某一时刻只关注一个位置信息。[72]

步骤 2，引入类似 Softmax 函数对步骤 1 中的结果进行归一化，一方面得到所有权重系数之和为 1 的概率分布，另一方面也可以突出重要元素的权重，计算公式如下：

$$a_i = Softmax(S(Q, K_i)) = \dfrac{e^{S(Q, K_i)}}{\sum_{j=1}^{d_K} e^{S(Q, K_i)}} \quad (2\text{-}22)$$

步骤 3，对输入信息进行加权平均，得到上下文向量如下：

$$Attention(Q, K, V) = \sum_{i=1}^{d_K} a_i V_i \quad (2\text{-}23)$$

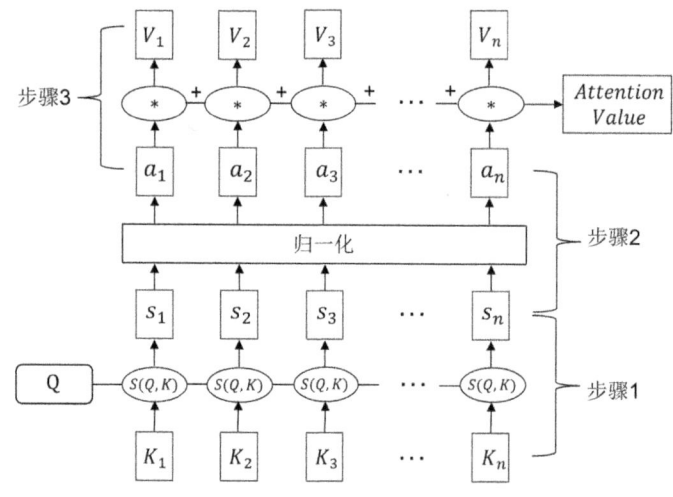

图 2-15　注意力机制的结构

2.2.4.3　Transformer 的结构

Transformer 是 Google 在 2017 年提出的一种 NLP 经典模型，其内部结构如图 2-16 所示，分为输入、编码器组件、解码器组件和输出四部分。句子的输入表示向量由单词嵌入（Word Embedding）和单词的位置嵌入（Positional Embedding）相加得到，然后会被传入编码器组件中。编码器组件一般由 6 个编码器堆叠而成，而一个编码器又由多头注意力（Multi-Head Attention）层和前馈网络（Feed Forward Network）层构成。

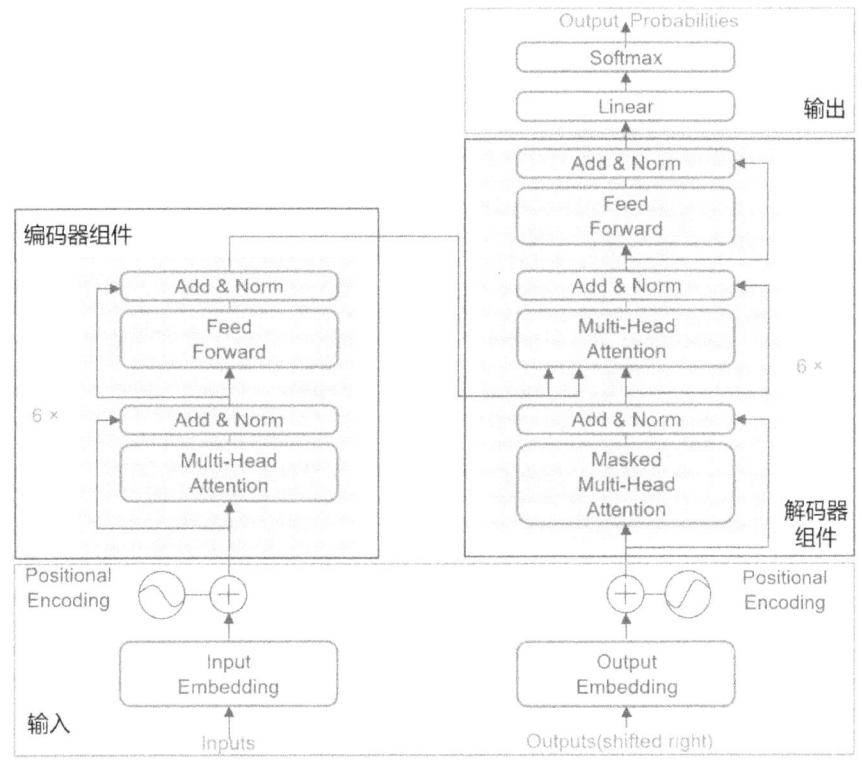

图 2-16 transformer 的内部结构

1. Multi-Head Attention 层

多头注意力层包含多个自注意力（Self-Attention）层。使用自注意力机制是为了允许模型根据输入序列中的不同部分来赋予不同的权重，而多头注意力则通过在多个子空间中并行计算注意力，使模型能够同时捕获和整合不同方面的上下文信息，从而增强对复杂数据内在结构的建模能力。具体计算如下：

$$MultiHead(Q, K, V) = W^O \cdot Concat(head_1, \cdots, head_h) \qquad (2-24)$$

$$head_i = Attention(Q, K, V) = Softmax(\frac{Q \cdot K^T}{\sqrt{d_K}}) \cdot V \qquad (2\text{-}25)$$

$$Q = X \cdot W^Q, \ K = X \cdot W^K, \ V = X \cdot W^V \qquad (2\text{-}26)$$

其中，W^Q、W^K、W^V 及 W^O 是可学习参数，d_K 是输入序列的长度，h 是多头数，通常设为 8 或 16。

2. Feed Forward 层

前馈网络层是一个两层的神经网络，它首先将输入信息做线性变换，然后经过一个非线性激活函数 ReLU 输出，最后再做一个线性变换，结果被用到后续的解码中。

每个子层在其周围有一个 Add & Norm 层，Add 表示残差连接，是为了防止梯度消失；Norm 则用于对每一层的激活值进行归一化。

与编码器不同，解码器包含两个多头注意力层，其中第一个多头注意力层采用了屏蔽（masked）操作。Transformer 模型里面涉及两种屏蔽，分别是填充屏蔽（padding mask）和序列屏蔽（sequence mask），前者是给较短的序列后面填充 0 以实现输入序列的对齐；后者是为了 t 时刻的解码输出只能依赖于 t 时刻之前的输出，而不能依赖 t 时刻之后的输出。

相比于 CNN、RNN，Transformer 的复杂度更小，参数也更少，所以对算力的要求也就更小，并且在 Transformer 中有多个 Self-Attention，可以捕获单词之间多种维度上的相关系数的注意力分数。

2.3 深度学习在自然语言处理中的应用

自然语言处理（Natural Language Processing，NLP）是 AI 领域重要的方向之一，通过 NLP 可以完成自动文摘、机器翻译、命名实体识别、关系抽取、情感分析、机器问答及阅读理解等任务。将文本数据转换为计算机可以识别的表示是 NLP 中非常重要的一个环节，但文本数据与图像、语音数据不同，文本数据比较抽象，传统的文本表示模型对文本特征进行表示，会使文本特征空间的维度很高。2013 年，米科洛夫（Mikolov T）等人提出了 Word2Vec 模型[73][74]，这个模型可以使用 CBOW（Continuous Bag-of-Words，连续词袋）或者 Skip-gram（Continuous Skip-gram，连续跳跃元语）架构来生成词的分布，效果好且效率高，引起了工业界和学术界的关注，极大地推动了深度学习在 NLP 领域的应用。因此，本节从传统的文本表示和基于神经网络语言模型的词表示两个方面介绍文本表示的相关知识点。

2.3.1 传统的文本表示

2.3.1.1 独热表示（One-Hot）

One-Hot 是一种最简单、最直接的词特征表示方法。每一个词的特征都被表示成一个很长的向量，长度等于词表大小，当前词对应位置为 1，其他位置为 0。例如，语料中有以下三段内容：

"I like deep learning"

"I like NLP"

"I enjoy flying"

对其分词后，建立包含 7 个词的词表为 {I, like, deep, learning, NLP, enjoy, flying}。这样，内容 1 "I like deep learning" 中的词用 One-Hot 编码，见表 2-1：

表 2-1 One-Hot 编码

I	[1, 0, 0, 0, 0, 0, 0]
like	[0, 1, 0, 0, 0, 0, 0]
deep	[0, 0, 1, 0, 0, 0, 0]
learning	[0, 0, 0, 1, 0, 0, 0]

依据 One-Hot 编码，三段内容的特征向量是其中每个词的 One-Hot 向量直接相加，即：[1, 1, 1, 1, 0, 0, 0]、[1, 1, 0, 0, 1, 0, 0] 和 [1, 0, 0, 0, 0, 1, 1]。

可以看出，这种方法生成方式简单、生成速度快。但是显而易见的问题是，每个词相互独立，无法衡量不同词之间的关系，无法体现词之间的顺序性和相对重要性，而且随着语料增加，词表将非常庞大，对文本进行编码后得到的是高维稀疏矩阵，会使模型的计算量剧增，造成维数灾难。

2.3.1.2 词袋表示（Bag of Words, BoW）

BoW 在 One-Hot 表示法的基础上，对词表中的每一个词在语料中出现的频次进行记录，以表示当前词在该语料的重要程度。例如，上例中的三段内容用 BoW 表示，则构建的词表为 {I: 3, like: 2, deep: 1, learning: 1, NLP: 1, enjoy: 1, flying: 1}，三段内容使用一个 7 维的向量来表示，见表 2-2。

表 2-2 用 7 维的向量来表示三段内容

I like deep learning	[3, 2, 1, 1, 0, 0, 0]
I like NLP	[3, 2, 0, 0, 1, 0, 0]
I enjoy flying	[3, 0, 0, 0, 0, 1, 1]

采用频次表示无法区分常用词和关键词在文本中的重要程度。为了区分，可以使用 TF-IDF（Term Frequency-Inverse Document Frequency，词频-逆文本频率）[75] 对词特征加权。TF 指某个词在文本中的频数；IDF 指含有某个词的文本在整个语料库中所占比例，一般常用词在语料库中的很多文本中都会出现，故其 IDF 值会小，而关键词只会在某些领域的文本中出现，其 IDF 值会较大些。计算如下：

$$TF(d, w) = \frac{\text{文档 } d \text{ 中词 } w \text{ 的总数}}{\text{文档 } d \text{ 中词的总数}} \tag{2-27}$$

$$IDF(w) = 1 + \log\left(\frac{\text{语料库中所有文档的总数}}{\text{语料库中含有词 } w \text{ 的文档的总数}+1}\right) \tag{2-28}$$

$$TF\text{-}IDF(w) = TF(d, w) \times IDF(w) \tag{2-29}$$

所以，以句子 1 中的词 "I" 为例，计算 $TF = \frac{1}{4} = 0.25$，计算 $IDF = 1 + \log\left(\frac{3}{4}\right) = 0.875$，则 $TF\text{-}IDF(I) = 0.25 \times 0.875 = 0.22$。同理，$TF\text{-}IDF(like) = 0.25 \times 1 = 0.25$，$TF\text{-}IDF(deep) = 0.25 \times 1.176 = 0.29$。最终，三个句子的特征向量则为 [0.22, 0.25, 0.29, 0.29, 0, 0, 0]，[0.29, 0.33, 0, 0, 0.39, 0, 0] 和 [0.29, 0, 0, 0, 0, 0.39, 0.39]。

相比只计算频数的 BoW，停用词 "I" 的权重被降低了，看起来更合理。但这种方式下，词之间仍然是独立的，无法提供词序信息和上下文信息。

2.3.2 基于神经网络语言模型的词表示

2003 年，Bengio[51] 提出神经网络语言模型（Neural Network Language Model，NNLM），由此产生词向量（又叫词嵌入、词的分布式表示）。从大热的 Word2Vec 系列的分布式表示方法，再到现在惊艳的预训练模型 ELMO、BERT 等，技术迭代迅速，这其中包含许多内容需要我们学习。

2.3.2.1 NNLM

NNLM 模型认为句子中某个词的出现与其上文存在很大的相关性，其结构如图 2-17 所示，使用前 $n-1$ 个词来预测第 n 个词 w_t。

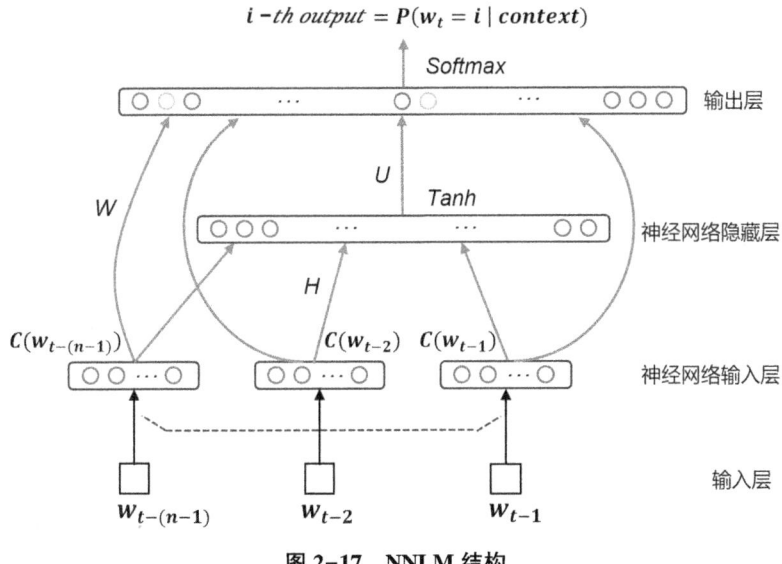

图 2-17 NNLM 结构

1. 输入层

$w_{t-(n-1)}$，$w_{t-(n-2)}$，$\cdots$，w_{t-1} 为输入长度为 $n-1$ 的词序列，这前 $n-1$ 个词通过 One-Hot 编码表示，$w \in R^{1 \times V}$，V 为词表大小。

2. 神经网络输入层

通过随机初始化的投影矩阵 C（$C \in R^{V \times m}$）对输入进行映射，把 One-Hot

表示的稀疏向量从 V 维空间投影到稠密的 m 维空间，并将映射后的词向量 $C_{w_i}(C_{w_i} \in R^{1 \times m})$ 拼接得到最终输入 $x = [(C(w_{t-(n-1)}), \cdots, C(w_{t-1}))]$，传递到使用 Tanh 函数激活的神经网络中。

3. 神经网络隐藏层

$$h = \text{Tanh}(Hx + b) \tag{2-30}$$

其中，H 为输入层到隐藏层的权重，b 为隐藏层的偏置参数。

4. 输出层

通过 Softmax 函数做归一化，得到一个维度为 V 的概率向量，表示预测词 w_t 属于词表中第 i 个词的概率，计算公式为：

$$y = d + Wx + Uh \tag{2-31}$$

$$P(w_t = i \mid context) = \frac{e^{y_i}}{\sum_{j=1}^{V} e^{y_j}} \tag{2-32}$$

其中，W 为输入层到输出层的权重，可以是 0，即 x 对 y 没有影响，U 为隐藏层到输出层的权重，d 为输出层的偏置参数。

在 NNLM 模型中，词向量映射矩阵 C 是作为参数而存在的，训练这个语言模型时，C 也在不断地被训练，导致模型训练时间较长。

2.3.2.2 Word2Vec

Word2Vec 是 Google 开源的训练词向量的工具，它包括 CBOW 和 Skip-gram 两种架构。CBOW 根据某个词前面 $\frac{C-1}{2}$ 个词和后面的 $\frac{C-1}{2}$ 个连续的词来计算某个词出现的概率；相反，从中心词到周边词训练得到词向量的方法就是 Skip-gram。如图 2-18（a），CBOW 的训练过程如下：

步骤 1，输入上下文单词的 One-Hot 向量（C×V），假设单词向量空间为 V，上下文单词个数为 C；

步骤 2，将 One-Hot 分别乘以共享的输入权重矩阵 W(V×N)，N 为指定维度，所得向量相加求和取平均作为隐层向量 h(1×N)；

步骤 3，将 h 乘以输出权重矩阵 W'（维度为 N×V），得到输出向量 1×V，经 Softmax 函数输出概率分布，概率最大的即为预测的中间词。

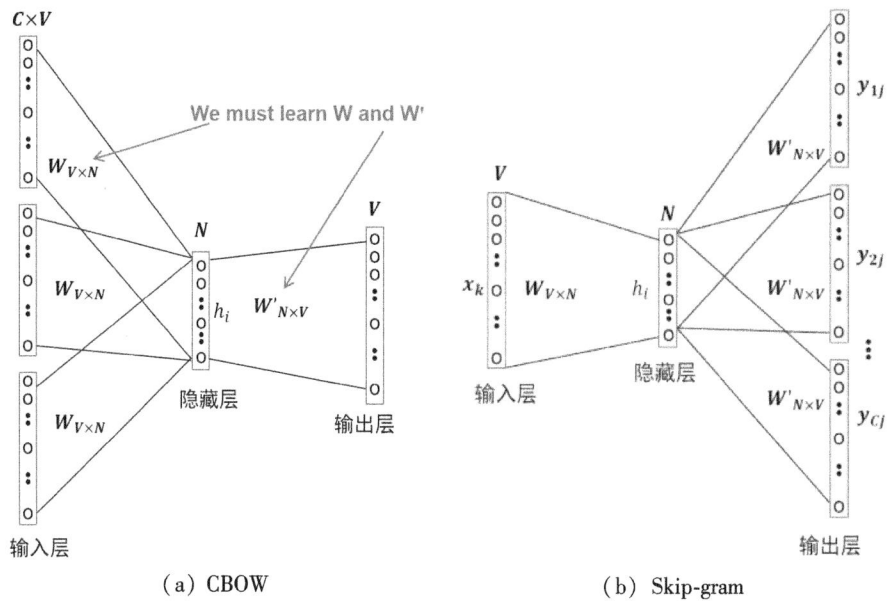

(a) CBOW　　　　　　　　　(b) Skip-gram

图 2-18　Word2Vec 的两种架构

这里，生成词向量的过程就是一个参数更新的过程。Skip-gram 和 CBOW 相似，但进行预测的次数要多于 CBOW，这主要是因为在 Skip-gram 中的每个词作为中心词时，都要使用周围词进行预测一次，这样相当于比 CBOW 的方法多进行了 k 次［如图 2-18（b），k 为窗口大小］，因此训练时间要比 CBOW 长。

2.3.2.3　GloVe 算法

Word2Vec 只能利用一定窗长的上下文环境，即利用局部信息，没法利用整个语料库的全局信息。鉴于此，2014 年，彭宁顿（Pennington J）等人提出了 GloVe（Global Vectors for Word Representation，带有全局向量的词嵌入）算法[76]。GloVe 根据语料库构建一个共现矩阵 X，再根据以下公式近似地表示词向量和共现矩阵的关系：

$$w_i^T w_j + b_i + b_j = \log(X_{ij}) \tag{2-33}$$

其中，w_i 和 w_j 是要求解的词 i 和词 j 的词向量，b_i 和 b_j 是两个词向量的偏置参数，X_{ij} 为词 i 和词 j 在特定大小的窗口内共同出现的次数。

建立损失函数如下：

$$J = \sum_{i,j=1}^{V} f(X_{ij})(w_i^T w_j + b_i + b_j - \log(X_{ij}))^2 \quad (2-34)$$

其中，V 是语料库中词的数量，J 是一个带权的均方误差函数，$f(X_{ij})$ 为权重，计算见公式 2-35。

$$f(x) = \begin{cases} \left(\dfrac{x}{x_{max}}\right)^{0.75} & if\ x < x_{max} \\ 1 & otherwise \end{cases} \quad (2-35)$$

2.3.2.4 ELMO

2018 年，彼得斯（Peters M E）等人首次提出了 ELMO（Embeddings from Language Models，来自语言模型的词嵌入）模型。[77] 它主要由两个对称的模型组成，如图 2-19 所示，一个是前向网络，一个是后向网络。前者通过前面的词 [T_1, T_2, …, $T_{(k-1)}$] 来预测下一个词 T_k，后者需要通过后面的词预测前一个词。ELMO 计算词向量的方法如下：

步骤 1，从静态的词向量表里查找词的词向量 E_1, E_2, …, E_n 用于输入；

步骤 2，将词向量分别输入第 1 层前向 LSTM 和后向 LSTM，得到前向输出 $\overrightarrow{h}_{k,1}$ 和后向输出 $\overleftarrow{h}_{k,1}$；

步骤 3，再将 $\overrightarrow{h}_{k,1}$ 和 $\overleftarrow{h}_{k,1}$ 分别传入第 2 层前向 LSTM 和后向 LSTM，得到第 2 层前向输出 $\overrightarrow{h}_{k,2}$ 和后向输出 $\overleftarrow{h}_{k,2}$，则最终可以得到的词向量包括 E_k、$\overrightarrow{h}_{k,1}$、$\overleftarrow{h}_{k,1}$、$\overrightarrow{h}_{k,2}$ 和 $\overleftarrow{h}_{k,2}$，如果采用 L 层的 BiLSTM 则最终可以得到 $2L+1$ 个词向量。

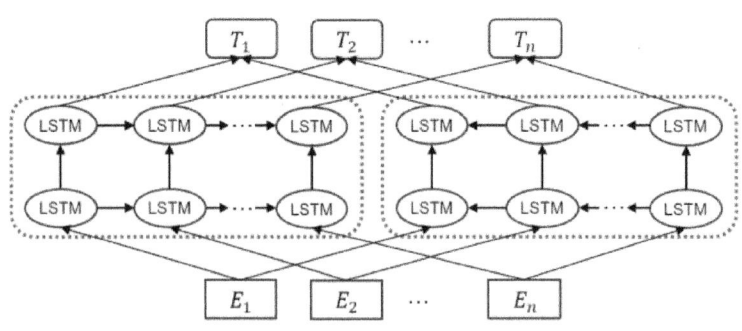

图 2-19 ELMO 结构

传统的 Word2Vec 和 GloVe 等模型都属于静态词嵌入，词的分布式表示是一个固定的向量，不随词在文本中上下文的变化而变化，是一种不包含上下文语境信息的静态词向量，无法解决一词多义的问题。而 ELMO 模型通过事先用语言模型在一个大的语料库上学习好词的表示，再训练一个多层 BiLSTM 的语言模型来创建动态词向量，实现在不同语境中表达不同的语义。

2.4 主流深度学习框架对比

深度学习框架是一种底层开发工具，是使用预建和优化的组件来定义的模型以实现对人工智能算法封装、数据调用和计算资源使用的一种工具。依托深度学习框架，开发者可像搭积木一样，根据自身行业特点和场景需要选择基于框架定制开发，或者从模型库中选择、组装自己想要的模型，采用零门槛平台导入场景数据进行训练，最终实现部署。换句话说，深度学习框架的出现降低了入门的门槛：首先节省了编写大量底层代码的精力，用户不需要从复杂的神经网络开始编代码；其次省去了部署和适配环境的烦恼。

深度学习领域的五大巨头：国外的 Google、Facebook、微软、亚马逊，国内的百度。它们都有各自的深度学习框架，如 Google 有 TensorFlow、Facebook 有 Torch、微软有 CNTK、亚马逊有 MXNet，百度则有 PaddlePaddle。① 表 2-3 列举了一些优秀的深度学习框架及各自特点，用户可以在学习工作时做出合适的选择。

表 2-3 主流深度学习框架对比

框架名称	发布方	支持的语言	特点	使用情况
Theano[78] theano	2007 年，由加拿大蒙特利尔大学的 LISA 实验室研发	Python	第一个开源深度学习框架，最大特点是灵活，对语言建模有较好的支持，但速度较慢，只支持单 GPU	停止开发

---

① ZOMI 酱：《TensorFlow、Pytorch、OneFlow、MXNet、MindSpore 这些框架谁最好用？》，见 https://www.zhihu.com/question/446540609。

续表2-3

框架名称	发布方	支持的语言	特点	使用情况
Caffe[79]	2013年，由伯克利人工智能研究小组和伯克利视觉和学习中心研发	C++/Python/Matlab	具有非常出色的CNN实现，但缺少灵活性，不适用于文本、声音或时间序列数据等其他类型的深度学习应用	停止开发
Caffe2	2017年，由Facebook发布	C++/Python	相比Caffe，规模更小、训练速度更快、对计算性能要求较低，是一个在手机上也能运行的神经网络模型	2018年，并入PyTorch
TensorFlow[80]	2015年，由Google Brain团队设计研发	C++/Python/Java/R	可以部署在各种服务器和移动设备上，有活跃的社区和完善的文档，但底层运行机制复杂，编程入门难度较大	占比高
CNTK[81]	2015年，由微软在CodePlex上开源	C++/Python/C#/.NET/Java	适合做语音任务，通过CNTK和Azure GPU实验室的结合，让微软公司能够建立和训练Cortana语音识别任务	占比低
MXNet[82]	2016年5月，由Amazon设计研发	C++/Python/Javascript/Matlab/R等	分布式能力较强，还注重灵活性和效率，文档也非常详细，但缺乏对RNN的支持，社区相比PyTorch和TensorFlow来说相对小众	占比低
PyTorch[83]	2017年，由Facebook人工智能研究院推出	C/C++/Python	具有较好的灵活性和速度，可以很简单地在此基础上实现自己的算法，目前已被广泛应用于学术界	占比高
PaddlePaddle[84]	2016年，由百度自主开发	C++/Python	中国首个开源的深度学习框架，支持千亿规模参数的高效并行训练，具有完善的中英双语使用文档	占比高

56

续表2-3

框架名称	发布方	支持的语言	特点	使用情况
Jittor[85] Jittor 计图	2020 年，由清华大学开源	Python	是国内第一个由高校开源、完全基于动态编译、使用元算子和统一计算图的深度学习框架	占比低

GitHub 是一个让大家把用 Git 这种版本管理工具管理的内容（项目）集中在一起，互相交流、改进的社区。① 图 2-20 是深度学习框架 GitHub 的综合指数。

排名	框架名	Commits	Fork	Star	Contributors
国外框架					
1	TensorFlow	124494	86300	163000	3056
2	PyTorch	43390	14800	53700	2137
3	"Theano"	28127	2500	9500	352
4	"CNTK"	16116	4400	17100	201
5	MXNet	11776	6900	19800	868
国内框架					
1	MindSpore	37308	514	2700	267
2	PaddlePaddle	33753	4300	17500	524
3	MegEngine	2282	462	4100	32
4	OneFlow	7621	351	3000	99
5	Jittor	1266	235	2300	31

注：Commits 代表开源代码提交的次数，表征开源项目活跃度；Fork 代表代码复刻、分叉，表征开源项目被引用情况；Star 代表点赞数，表征开源项目关注度；Contributors 代表贡献者，表征开源项目贡献者规模。

图 2-20　2022 年深度学习框架 GitHub 社区数据②

---

① herock：《GitHub 是个什么网站?》，见 https://www.zhihu.com/question/19968479。
② E＄word：《2022 年国产 AI 深度学习框架使用占比》，见 https://blog.csdn.net/Ejzq1/article/details/124237225。

从图 2-20 GitHub 指标来看，国外深度学习框架方面，TensorFlow 的各项指标均高居榜首，并远超第二名，是全球目前活跃度最高、应用最广的深度学习框架。近年来在学术领域表现亮眼的后起之秀 PyTorch 紧随其后，虽在顶会占据了主流地位，但与 TensorFlow 相比仍略逊一筹。MXNet 表现也较为亮眼，但与前两者不在同一量级。国内，华为昇思 MindSpore 是目前活跃度最高的框架，在贡献者方面也已集聚了一定规模使用群体。百度飞桨 PaddlePaddle 开源时间较早，在关注度方面较其他框架有一定优势。随着框架数量的不断增加，框架自身版本和功能的快速迭代，作为底层基础设施的深度学习框架未来将迎来更加激烈的竞争和发展。

2.5　本章小结

机器学习的发展大致经历了两次浪潮：浅层学习和深度学习。相较于传统的浅层学习，深度学习更强调模型结构的深度，一般有 5 层至 10 多层的隐层来学习更有用的特征。深度学习带来了机器学习的一个新浪潮，也推动了"大数据+深度模型"时代的来临。[86]《中国算力白皮书（2022 年）》指出，截至 2021 年底，全球总算力规模达到 521 EFLOPS（每秒一百亿亿次浮点运算），其中，美国和中国的算力位列前两名，分别为 160 EFLOPS、140 EFLOPS。[87] 算力规模的快速增长为基于深度学习的各种任务的计算性能带来了提升。但是，这种对算力的过度依赖也限制了深度学习对其性能的改善程度。从 Transformer 的 1 亿参数量，到 BERT 的超 3 亿规模的参数量，再到 ERNIE3.0、GPT-3 超过百亿的参数量，模型参数一个比一个多，而这种具有海量参数的模型训练几乎完全依赖于算力支撑，在硬件发展步伐放慢的今天，如何优化深度学习算法、如何通过性能工程提高软件的效率①需要进一步深入研究。

---

① AI 科技评论：《MIT 警示"深度学习过度依赖算力"，研究三年算法不如用 10 倍 GPU》，见 https://zhuanlan.zhihu.com/p/170215618。

3 图情领域本体的构建

本体原本是哲学领域的概念，20世纪80年代以后，本体逐渐被应用于信息科学和计算机科学领域。作为包含概念与概念关系的语义化知识组织工具，本体具有良好的结构化表示信息的能力，为学科领域知识的描述提供含义明确的术语，在诸如智能检索、知识问答、机器翻译、知识管理等方面发挥重要作用。为此，本章针对领域本体构建中的两个基本任务——概念抽取及概念间关系抽取进行探讨，并给出算法实现。

3.1 领域本体构建方法探讨

本节研究的目的主要是对领域本体构建方法进行对比，了解国内外方法的发展趋势，为本书中的特定领域本体构建提供借鉴。

3.1.1 领域本体概述

为了操作和使用不同领域、不同性质或用于不同目的的知识，人们开发出各种不同的知识系统，但由于采用不同的表示和推理机制，这些系统之间的知识难以相互共享。即使在同一领域内，因为领域知识包括概念、概念的性质、概念之间的各种关系等，如果没有良好的组织形式，知识也很难被理解、共享和应用。而本体的引入，为领域知识的描述提供含义明确的术语，同时为机器能自动理解语义提供最根本的支持，为各种不同或者相同的知识系统之间的知识共享、互操作和重用提供手段，促进知识工程及其关联领域的知识获取。

早在1991年，AI领域学者内奇斯（Neches R）等人就对本体进行了定义，认为"本体是构成主题领域词汇的基本术语和关系，以及组合这些术语和关系以定义词汇扩展的规则"[88]。根据这个定义，本体不仅包括在其中明确定义的术语，还包括可以使用规则推断的术语。随后，1993年，格鲁伯（Gruber T）给出本体最经典的定义："本体是概念化的明确规范。"[89] 1997年，博斯特（Borst W N）经过进一步研究，指出："本体是共享概念化的形式化规范。"[90] 格鲁伯和博斯特关于本体定义的主要缺点是没有对其中的"概念化"给出明确的说明。而斯图特（Sutder B）和他的同事则对上述定义做出如下解释："概念化（conceptualization）指通过确定世界上某个现象的相关概念而得到这个现象的抽象模型；明确性（explicit）意味着所使用的概念类型及对其使用的约束被明确定义，没有二义性；形式化（formal）指本体应该是机器可读的；共享（share）反映了本体体现出的是共同认可的知识。"[91] 总的来说，本体是可以作为知识表达的基础，避免重复的领域分析，并通过统一的术语和概念达成知识共享的目的。[42]

本体的分类明确了不同本体之间的区别与联系，目前比较流行的本体分类方法有如下四种：

（1）瓜里诺（Guarino N）提出以描述的详细程度作为本体的划分基础。[92] 详细程度是描述或刻画建模对象的深度，深的称为参考本体（reference ontology），浅的称为共享本体（share ontology）。

（2）除了上一种分类方法，瓜里诺在 2000 年还提出以对某领域的依赖程度作为本体的划分基础。其中，顶层本体（top-level ontology）研究最普通的概念及概念间关系，如空间、时间、对象、事件、行为等，完全独立于特定的问题或者领域，因而可以在很大的范围内共享。[93] 领域本体（domain ontology）研究与一个特定领域相关的概念定义和概念之间的关系。应用本体（application ontology）用于描述特定的应用，它既可以引用特定的领域本体中的概念，又可以引用任务本体中的概念。与其他本体不同的是，任务本体（task ontology）主要涉及动态知识，而不是静态知识。

（3）李景根据本体是否具有推理功能进行划分：不具备逻辑推理功能的轻量级本体（lightweight ontology），如叙词表和 WordNet；具有简单的逻辑推理功能、可以识别一阶谓词逻辑表达式的中级本体（middle ontology）；具有复杂的逻辑推理功能、可以识别更加复杂的二阶谓词逻辑表达式的重量级本体（heavyweight ontology），如 CYC 系统。[94]

（4）曹存根按照研究主题将本体分为 5 种类型：知识表示本体（representational ontology）、通用或常识本体（generic ontology）、领域本体、语言学本体（linguistic ontology）以及任务本体。[95]

本体的分类方法很多，不过学者们对领域本体的概念已达成共识，即领域本体是用于描述特定领域知识的一种专门本体。本章所要研究的内容就是领域本体的构建方法。

3.1.2 领域本体的构成

1999 年，佩雷斯（Perez A G）和本杰明（Benjamins V R）用分类法组织了本体，并归纳出本体的 5 个基本建模元语[96]。

（1）概念（concept）：指任何事务，如任务、功能、行为、策略和推理过程等。

（2）关系（relation）：领域概念之间的一种交互作用，例如二元关系

subclass-of（子类）和 connected-to（连通）。

（3）函数（function）：关系的特例，该关系的前 n-1 个元素可以唯一决定第 n 个元素，形式化的定义为 $F: C_1 \times C_1 \times \cdots \times C_{n-1} \to C_n$。

（4）公理（axiom）：代表永真断言。

（5）实例（instance）：表示元素。

从语义上讲，基本的关系共有 4 种，见表 3-1。

表 3-1 基本的关系种类

关系名	关系描述
Kind-of	反映概念的上位概念与下位概念间的隶属关系，类似于面向对象中的父类与子类的关系
Part-of	反映特定的整体部分关系
Instance-of	反映概念及其下具体个体（实例）的关系，类似于面向对象中对象和类的关系
Attribute-of	反映概念的特征，不同的概念有着不同的属性

在实际构建的过程中，不一定要严格地按照上述 5 类基本建模元语来创建领域本体，概念间的关系也不限于上面列出的 4 种基本关系，可以根据领域的具体情况定义相应的关系，以满足应用的需要。[97]

3.1.3 领域本体的构建

本体构建主要有两种常见方法：一种是依靠专家手工构建，另一种是基于机器学习方法自动或半自动地构建。

3.1.3.1 本体构建的工程思想

相对于一般的系统，本体更强调共享、重用，因此，构建本体时要按照一定的规范和标准。[98] 比较有名的本体构建工程思想有 IDEF-5、骨架法、TOVE 法、七步法和 METHONTOLOGY 法等。

1. IDEF-5 方法

IDEF（ICAM Definitions method，集成化计算机辅助制造的定义方法）系列是美国 ICAM（Integrated Computer Aided Manufacturing）项目的研究成果。

其中，IDEF-5 是 KBSI 公司开发的一套用于描述和获取企业本体的方法。[99]

2. 骨架法

骨架法又称 EO（Enterprise Ontology，企业本体）法，其基本流程如图 3-1 所示，包括 6 个步骤：明确本体应用的目的和范围、本体分析（即定义本体内所有概念的意义及概念之间的关系）、本体表示、整合现存本体、本体评价及本体建立。在本体评价时，一般按照清晰性（即概念应被无歧义地定义）、一致性（即概念之间的关系逻辑上应一致）、完整性（即本体的概念应包括该领域内所有概念）和可扩展性（即在该领域发展过程中能加入新的概念到本体中）等标准进行检验，满足标准的以文件形式存放，否则重新进行本体分析。[100]

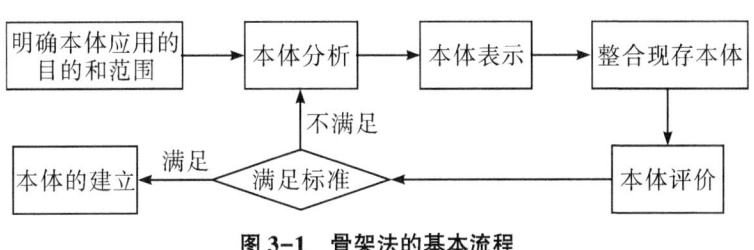

图 3-1 骨架法的基本流程

3. TOVE 法

TOVE 法是加拿大多伦多大学企业集成实验室在开发 TOVE（Toronto Virtual Enterprise，多伦多虚拟企业）项目时提出的。这种方法通过先建立本体的非形式化描述说明，再将这种描述形式化以构建知识逻辑模型。[101]

4. 七步法

七步法是由斯坦福大学医学院开发的用于领域本体构建的方法，它提倡尽可能地复用现有本体，并采用步步递进的方法构建本体。具体步骤如图 3-2 所示。

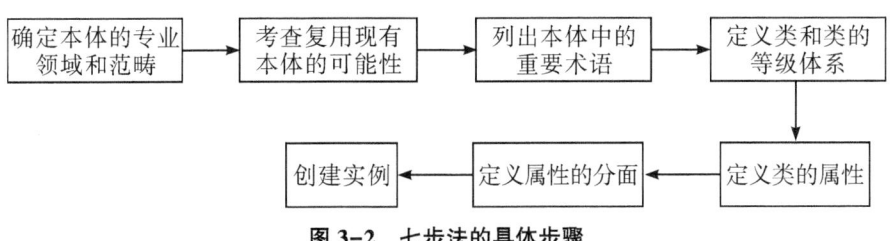

图 3-2 七步法的具体步骤

5. METHONTOLOGY 法

METHONTOLOGY 法是由西班牙马德里技术大学 AI 实验室提出的，专用于构建化学本体。METHONTOLOGY 法使用本体生命周期的概念来管理本体的开发过程，接近于软件工程开发方法，具体包括 3 个阶段：工程管理阶段、开发阶段和维护阶段。

总的来说，由于不同领域的概念具有不同特点，本体构建的理论和方法目前尚无统一的标准，因而难以在不同领域本体的构建中保持一致。对于任何专业领域，都不存在某一种唯一适合的途径或模式。

3.1.3.2 领域本体的学习

从 1997 年出现的 Ontolingua，到 2000 年的 Protégé-2000，再到现在，已经出现了很多本体构建工具。这些工具提供了友好的图形化界面和一致性检查机制，借助这些工具，用户可以把精力集中在本体内容的组织上，而不必了解本体描述语言的细节。但是，这些工具需要手工输入，易出现倾向性错误，且及时动态更新困难。为了提高本体构建的自动性，本体学习（Ontology Learning）应运而生。本体学习是指采用机器学习技术从数据源中半自动/自动地提取本体对象以支持本体构建，提高构建效率。

一般来说，领域本体学习包括 2 个最基本的任务：领域概念的学习和概念间关系的学习。[102] 这里，我们将领域本体学习任务分为以下 5 个子任务：

1. 领域概念学习

领域概念是某一特定领域内公认的核心概念。领域概念学习就是通过一定的学习方法，以自动或半自动化方式从学习源中识别出领域概念。

2. 概念间的等级关系学习

概念间的等级关系也称上下位关系、属分关系，是领域概念之间的一种最基本的重要关系。在特定情况下，为满足族性检索的需要，特定的整体部分关系可视为属分关系处理。[103] 概念间分类关系学习就是以自动或半自动化方式从学习源中识别出上位词、下位词。

3. 实例关系学习

实例是概念下的具体个体，是本体中的底层对象。实例关系学习就是以自动或半自动的方式从学习源中获取实例集合以及实例和概念之间的关系集合。

4. 属性关系学习

属性是不同概念的特征，概念间的差异通过属性来区分，不同的概念有着不同的属性。属性关系的学习通常分为两个阶段：概念-属性的获取和实例-属性值的获取。这里，我们主要研究实例-属性-属性值的获取。

5. 概念间同义关系学习

同一个概念可由多个不同词来表达，领域本体中具有同义关系的概念就是表达同一概念的同义词。概念间同义关系学习就是以自动或半自动化方式从学习源中识别出概念的同义词。

其中，3、4、5又合称为非等级关系。

常见的等级关系获取方法可分为基于模式匹配的方法、基于概念聚类的方法、基于词典的方法和混合方法。中谷（Nakaya N）等人使用 WordNet 来获取概念间的继承关系。[104] 刘（Liu X Q）等人基于微软的知识库 Probase 构建了汽车保险领域的概念层次结构。[105] 国内，方卫东等人通过语境"<某些>N_0<如>N_1［N_2，…，<及|或>N_i<等>］"来提取概念间的显式的 is-a 关系。[106] 中国科学院刘磊等人针对模式上下位关系获取中遇到的下位概念获取问题，给出一种从符合"是一个"模式的句子中获取下位概念的方法，利用半自动获取的词典和句型对"是一个"模式进行分析。[107]

非等级关系的获取方法大多结合统计分析和不同程度的语言技术。魏塞尔布朗（Weichselbraun A）借助 DBpedia 和 OpenCyc 结构化数据抽取领域专有关系标签，采用 TF-IDF 方法过滤掉部分动词，基于动词与已有关系标签的相似度抽取新的关系标签。[108] 于娟采用领域隶属同义词分析法进行概念学习，再基于概念的特征词模型来计算两个概念之间的相关程度，学习非类属关系。[109] 李卫针对术语关系类型的多样化问题，提出基于多策略的术语关系自动获取模型，包括基于规则的术语同义关系获取、基于结构相似性的术语层级关系获取、基于完全加权关联规则的术语非层级关系获取、基于粒子群的术语聚类等。[25] 古凌岚利用语义角色标注和依存语法分析思想，分析得到句子的语义依存结构，提取其中具有语义依存关系的动词框架，通过计算语义相似度，发现了动词框架中的非等级关系。[110]

针对不同的输入源数据，领域本体的学习方法又可以分为基于结构化数据的学习、基于半结构化数据的学习和基于无结构化数据的学习。[111] 结构化数据源主要指关系数据库，这类数据源易于抽取，但蕴含的语义不够丰富。半结构化数据源有着良好的形式和结构，如语义词典、知识库、XMLS/RDFS 模式文件等。最初研究人员利用领域叙词表进行本体转化，叙词表与本体同为知识组织方法，两者都用来描述特定学科知识，都包含一套概念体系，体系中又都包含了一组概念和概念之间的相互关系，利用现有的叙词表构建本体可以说是事半功倍。例如，美国锡拉丘兹大学（Syracuse University）探索将 GEM（Gateway to Educational Materials，教育资料网关）中的受控词表转换成本体的原理和规则框架。[112] 荷兰阿姆斯特丹大学将 AAT（The Art & Architecture Thesaurus，艺术和建筑叙词表）转换成一个描述艺术对象的本体。[113] 联合国粮农组织在农业本体服务项目中将农业多语种结构叙词表（AGROVOC Multilingual Thesaurus）改造成语义关系丰富的农业本体。①

国内，谷建军参考斯坦福大学的七步法，基于《中医古籍标引模版词汇表》和《诸病源候论》构建了一个以"病证"概念为核心的中医古籍文献领域本体模型。[114] 鲜国建使用本体描述语言 OWL，将《农业科学叙词表》中的叙词及间关系进行了表示和描述，并实现了叙词表向本体的自动批量转化，转换结果在 Protégé 中顺利通过检验。[115] 林晶靓利用《中国图书馆分类主题词表》和《汉语叙词表》中规范的叙词和关系来搭建图情博客领域本体的基本框架体系，同时，充分搜集图情学术博客上的新鲜词汇和期刊论文中的专业用语，保证本体概念的完整性和专业性。[116] 丁晟春基于航天科技叙词表，利用 OWL Lite 将叙词表中的知识结构和语义关系向领域本体进行了自动转化，最终形成了包含 25671 个概念、65188 个关系的本体。[117] 基于叙词表的本体构建方法较为方便，但叙词表中的知识点是线性的、一维的，词间关系没有经过严格的定义，表达过于宽泛和模糊，影响本体的构建质量。

近年来，研究人员开始探索如何从自由文本中学习本体。[118][119] 从大量的自由文本中挖掘概念以及概念之间的关系虽然取得了一定的成果，但由于基于自由文本创建本体的难度较大，且噪音数据大量存在，这类方法的效果难以令人满意。社会性标注系统的迅猛发展为人们提供了大量蕴含着大众智慧的社会性标注数据，正如米卡（Mika P）指出的："众多的、相互关联的个体在相互交互中最终会产生一种可以被看作语义的全局效应。"[120] 与自由文本相比，社会性标注数据包含丰富的词汇，更新迅速及时，并有着良好的形式和结构，且知识密度高，与本体比较相似。因此，使用社会性标注数据

---

① Dagobert S: *Building a Rich Ontology from AGROVOC*，见 http://www.dsoergel.com/cv/B93.ppt。

作为本体学习的输入数据源能够获得更好的效果。[121]

3.2 维基百科语义挖掘的分析

传统的语义相关性计算主要依赖于大规模语料库或专家编撰的语义词典,这些语义知识资源构建不易并且领域覆盖范围小,可扩展性不够。因此,很多研究人员开始研究利用大型共享知识库进行语义计算。基于此,本章选用中文维基百科这一开放性内容知识平台进行领域概念的相关性研究。

3.2.1 维基百科介绍

维基百科,英文"Wikipedia",是由"wiki"(一种可供协作的网络技术)和"encyclopedia"(百科全书)合成的词,也被称作"人民的百科全书",其目标和宗旨是为全人类提供一部自由的百科全书。维基百科的构建是一种自底向上的方式,体现了不同知识背景的一群人的集体智慧,用户可以非常容易地实时去编辑,因此,维基百科作为一个百科知识库具备以下优点:

(1)覆盖面广:在覆盖面上,维基百科几乎已经超越了其他所有的百科全书。哈拉瓦斯(Halavais A)和拉克夫(Lackaff D)使用美国国会图书馆3000篇随机文章与维基百科进行对比,发现维基百科除了在法律和医学领域稍逊之外,对其他领域都很好地进行了覆盖。[122]

(2)准确度高:维基百科的词条一般是由大众共同编辑出来的,受最多人认同的、标准的词条名。贾尔斯(Giles J)将维基百科与《大英百科全书》进行了对比,抽查了42个科学方面的词条,结果发现二者出现重大错误(如对关键概念的错误解释等)的概率差别不大。[123]

(3)结构化强:维基百科通过"学科分类"对概念进行有效组织,并且其中的每个条目都有一个唯一的URI作为统一的资源标识符,URI的存在便于有效解决一词多义和多词一义的问题。此外,条目中还包含密集的链接结构、层次化的类别目录和描述实体属性的信息盒等结构化数据。施特鲁布(Strube M)等利用维基百科的分类图计算了语义相关度,证明维基百科与

WordNet在不同的测试集上各具优势。[124] 孟新萍等利用人物类维基文本信息盒中的"人物姓名-属性-值"三元组关系,实现了从维基百科中自动获取人物属性的方法。[125]

(4)数据易得:与普通Web网站不同,维基百科一般每隔一段时间就会将其所有数据或部分数据进行打包压缩,发布在网上,以便用户下载使用。

以上这些特点使得维基百科成为一个非常有效的知识抽取的语义数据源。随着维基百科的不断更新和完善,它已经越来越多地被应用到自然语言处理的方方面面。[126]-[128]

3.2.2 维基百科的基本元素

1. 条目(entry)

维基百科中最基本的元素是条目。每一个条目描述了一个确定含义的实体(entity),如"麦尔威·杜威""中国国家图书馆"等。条目的页面内容是对该实体的描述和解释。

如图3-3是维基百科对条目"中国国家图书馆"的解释页面。从图中可以看到,解释页面的第一段是对条目的概述,后续章节段落分别围绕条目从历史、现状、馆藏、历任馆长等各个角度展开具体阐述。页面内通常有一个结构化的信息盒(infobox),以表格的形式呈现,分为两列,第一列为属性名,第二列为属性值,就如图3-3中的信息盒提供了"中国国家图书馆"的国家、类型、建立时间、地址、坐标、隶属、藏品、馆长、电话、官方网站等属性。解释页面中含有大量的链接信息,这些链接可以分为两类:内部链接(internal link)和外部链接(external link)。内部链接是由某个条目指向其他条目的链接,例如在阅读"中国国家图书馆"这篇文档时,人们可以通过链接跳转到和其相关的其他条目如"音像制品"的解释页面。外部链接是那些指向维基百科之外的互联网上的一些页面,比如链接到中国国家图书馆主页。这些丰富的链接信息是维基百科中的宝贵资源,方便了用户在阅读条目时获取更多的与之相关的知识。

2. 类别(category)

每个条目都被分到一个或几个类别中去,类别提供了对条目有效组织和索引的方式,便于人们对知识进行访问和浏览。例如,图3-3描述的实体

3 图情领域本体的构建

"中国国家图书馆"被分到"北京十大建筑""1909年建立""北京公共图书馆"等7个类别中。

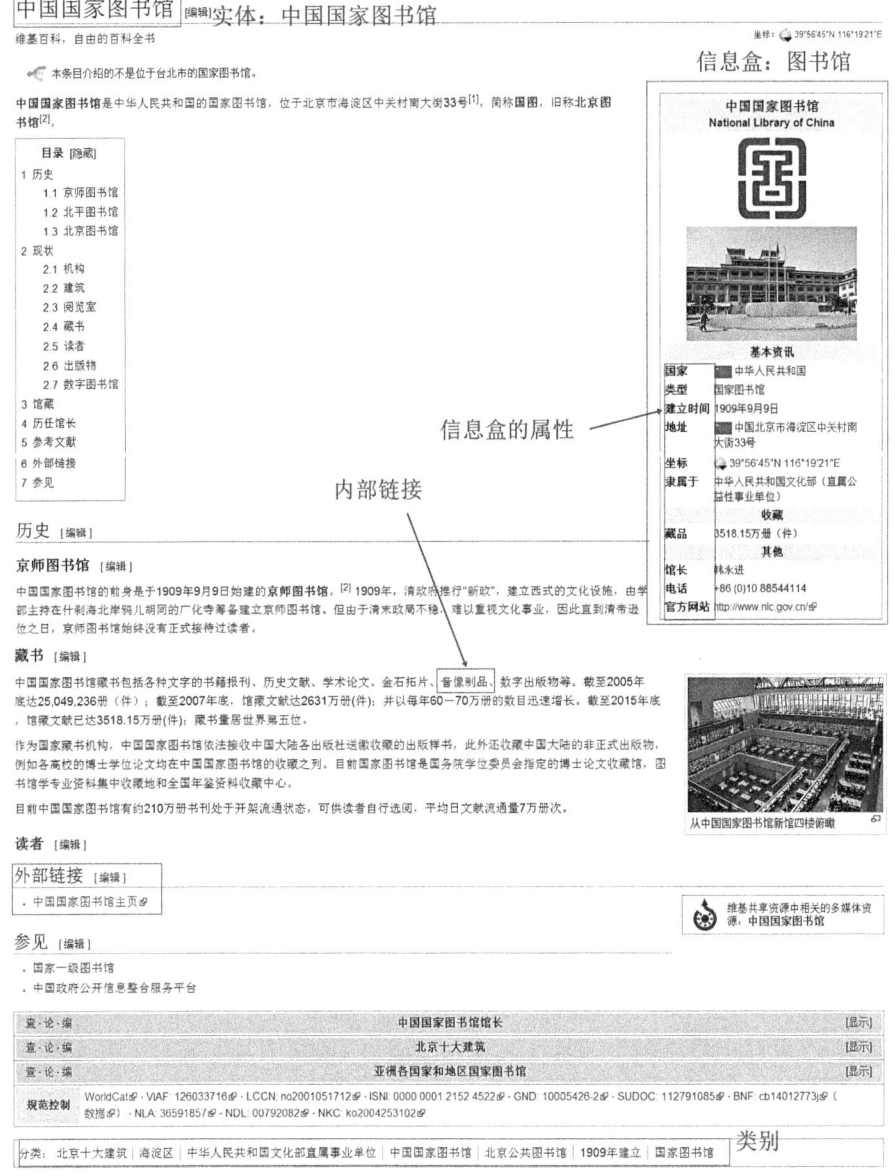

图 3-3 维基百科的基本元素

3.3 基于维基百科的领域本体构建

维基百科包含了对其基本组成单元——"概念"描述的解释文档（即概念的释义内容），并通过"学科分类"对概念进行有效组织。分类与子分类、分类与解释文档之间形成了一个反映语义关系的层次结构，为快速发现概念与概念之间的关系提供了依据。

3.3.1 基于分类图的概念层次结构

维基百科的分类关系比其他语义词典或语义网络都更为复杂、灵活。维基百科的分类方式是"依学科分类"，主要参考杜威十进制图书分类法的学科分类方法，还会参考中国图书分类法及赖永祥中国图书分类法对不足之处做适度调整。① 一个分类节点可以包含任意多个上层分类节点和下层分类节点，这使得维基百科的分类体系不是严格意义的树形结构，但也不是如李赟[129]、汪祥[130] 提出的有向无环图。

图3-4是维基百科分类体系的示意图，可以看到，"图书馆"是"图书资讯科学"的一个子分类，但同时"图书资讯科学"又是"图书馆"的一个子分类，导致在这两个分类之间形成了一个环。另外，在分类图中，从一个节点到另一个节点之间不仅仅只有一条路径，而是经常有多条路径。例如，从"图书资讯科学"到"图书馆2.0"有两条路径："图书资讯科学→图书馆2.0"和"图书资讯科学→图书馆→图书馆类型→数字图书馆→图书馆2.0"。而概念层次结构上下层概念之间是严格的上下位关系，即将所包含的概念以层次化的方式组织起来，按照互相之间存在的关系对领域概念建立连接，含有泛化意义的领域概念相对于具体化的概念一般处于上层。[131] 因此，概念层次树需要满足以下条件：

（1）图中不存在回路；
（2）代表某一特定领域的根节点没有"上义（概念上外延更广）"节

---

① 维基百科：《分类：页面分类》，见 http://zh.wikipedia.org/wiki/Category：页面分类。

点,有多个"下义(概念上内涵更窄)"节点;

(3)一个节点(非领域根节点)可以同时拥有多个"下义"节点,但只能有一个"上义"节点。

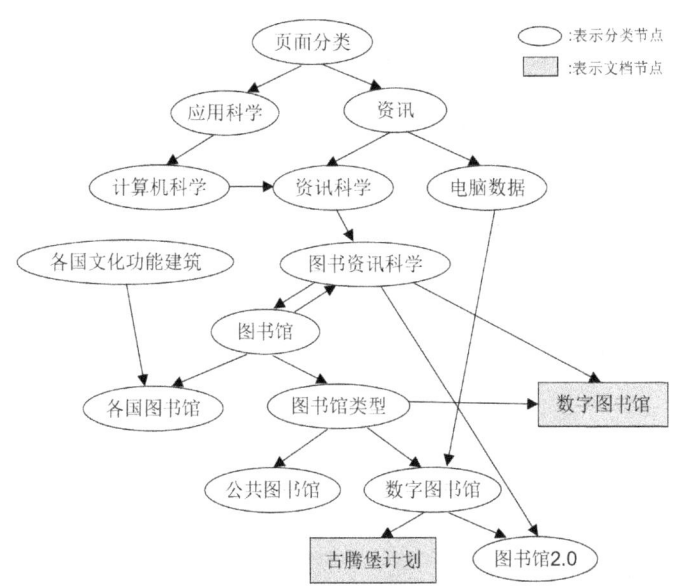

图 3-4 中文维基百科分类体系结构部分实例

由于维基百科分类图存在多余路径和环,必须先清除,进而生成一棵严格意义的概念层次树。我们借鉴广度优先遍历(Breadth-First-Search,BFS)算法[132],提出一种基于自顶向下的概念层次树生成算法,利用该算法从分类图中生成一个没有多余路径和回路的树。

广度优先遍历算法的基本思想是保证遍历到图中与领域根节点连通的所有节点,同时每个节点只被遍历一次。具体来说:首先在分类图中指定某一特定领域概念作为领域根节点 v,并且标记其"已访问过",然后从该节点出发,访问它的邻接节点(即下义节点、下位节点或下位概念)w_1,w_2,……,并均标记为"已访问过",然后再按 w_1,w_2,……的次序,访问每个节点的所有未被访问过的邻接节点,并均标记为"已访问过",下一步再从这些节点出发访问与这些节点相连且未被访问的节点。如此下去,直到所有的与领域根节点有路径连通的节点均被访问为止。

算法思想如下:

概念层次树生成算法
输入：分类节点图、领域根节点
输出：概念层次树
步骤：1. 初始化队列 Q 为空；
   2. 领域根节点 v 入队列 Q；visited$[v]$=1；
   3. 当队列非空时，循环执行以下步骤：
    3.1 $v=$队列 Q 的队头元素；队列 Q 的队头元素出队；
    3.2 访问节点 v，取得其全部下位节点集合 w；
    3.3 将 w 中所有未被访问过的节点 w_i 入队列 Q；visited$[w_i]$=1；
   4. 重复步骤 3，直到队列 Q 为空。

例如，图 3-5(a) 中的"图书资讯科学"为图书情报领域根节点，从该根节点开始向下遍历。

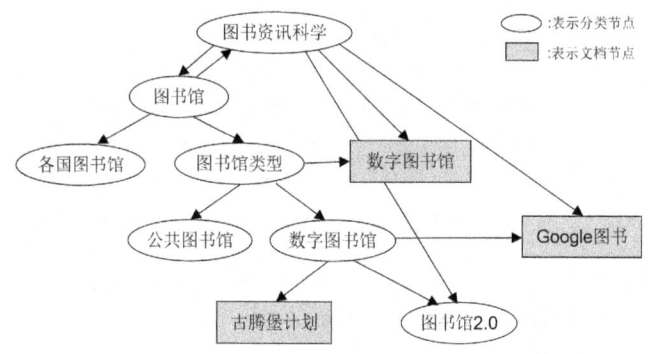

（a）算法前的分类图

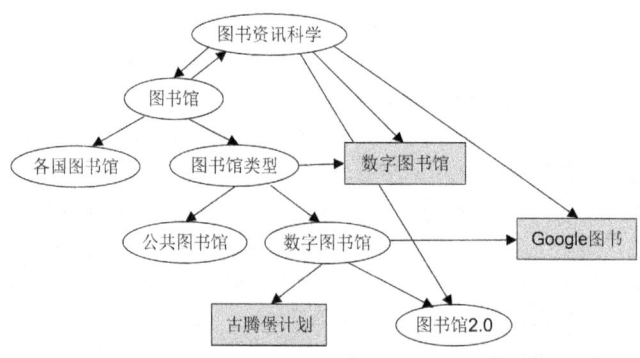

（b）算法后的分类图

图 3-5 概念层次树的生成示例

第一次循环:"图书资讯科学"的第一个下位节点是未被访问过的"图书馆",将其入队,并设置 visited $[w_1]$ =1。接着,继续依次访问"文献学""图书馆学家""元数据""图书分类法""图书资讯科学小作品""目录学""文献检索数据库""分类系统""图书馆 2.0"和"书目计量学"这 10 个"图书资讯科学"的下位节点。

第二次循环:当前队头元素"图书馆"先出队,再将其下的 5 个未被访问过的下位节点"冠以人名的图书馆""博物馆小作品""各国图书馆""图书馆类型""图书馆题材作品"进入队列。而"图书资讯科学"由于已被访问过,就不需要入队,亦即图 3-5(a) 中的环"图书资讯科学↔图书馆"中存在的路径"图书馆→图书资讯科学"被删除,形成单向路径 [图 3-5 (b)]。以此类推,第一次循环中的剩余节点同理。

第三次循环:当前队头元素"图书馆类型"先出队,再将其下的 5 个未被访问过的下位节点"数字图书馆""大学图书馆""公共图书馆""国会图书馆""经济学图书馆"分别入队。第二次循环中的剩余节点同理。

第四次循环:"数字图书馆"的下位节点"图书馆 2.0"在第一次循环中已经被访问过,不进入队列,因此,"数字图书馆→图书馆 2.0"这条路径被删除,"图书资讯科学"到"图书馆 2.0"的多余路径"图书资讯科学→图书馆→图书馆类型→数字图书馆→图书馆 2.0"也因此被删除。

直到分类图中的所有与领域根节点连通且不形成回路的节点均被访问过,循环结束,此时,形成一个单向的、严格的层次结构。

3.3.2 基于语义相关度的实例关系获取

3.3.2.1 词语的语义相关度计算方法

维基百科中的条目通常是对一个实体的描述,我们可以认为一个条目就是本体中的一个实例。实例关系(Instance-of)是实例和类别概念之间的关系。例如,图 3-5 中的条目"古登堡计划"就是类别概念"数字图书馆"的实例,而条目"数字图书馆"是类别概念"图书馆类型"的实例。一个类别概念可以有多个实例,但一个实例只能隶属于一个类别概念。通过实例关系的获取,可以将实例归入不同的语义类别,增强本体知识的完备性。然而,维基百科的条目存在多个类别,例如,图 3-3 中的条目实体"中国国家图书馆"就有"北京十大建筑""1909 年建立""北京公共图书馆"等 7 个类别。针对条目的唯一类别标签如何确定这一问题，我们给出了一种基于语义相关度的计算方法，相关度越高，则条目与候选类别越相关，相关度最高的候选类别即为实例的类别。

词语之间的语义相关度度量的是两个词语互相关联的程度，语义相关度一般也是一个［0，1］之间的实数。[133] 语义相关度和语义相似度是两个不同的概念，两者之间容易混淆。雷斯尼克（Resnik P）采用举例的方法来解释相关度和相似度的关系："汽车和汽油"比"汽车和自行车"更加相关，但是后者之间更加相似。[134] 相似性反映的是词语之间的可替代性，两个相似的事物必然有其相似点。相关性则反映的是词语的关联程度，即看到一个词语，是不是可以想到另外一个词语，因此，可以用两个词语在同一语境下共同出现的可能性来衡量这两者的相关度。杜迈斯（Dumais S T）和兰道尔（Landauer T K）基于此提出了著名的潜在语义分析（Latent Semantic Analysis，LSA）算法，主要思想是把高维的空间向量模型表示的文档通过对检索词、文件矩阵的奇异值分解映射到低维的潜在语义空间中，进而计算词语的语义相关度，但是 LSA 算法受数据稀疏和数据噪声的影响比较大，计算结果可能出现较大的偏差。[135]

在认识到基于大规模语料库方法的不足之处后，人们开始研究基于表达概念之间关系的语义词典的方法，选择基于半结构化或结构化的语义词典中的人工编辑的语义信息来进行语义相关度计算。基于语义距离的方法是通过概念节点在分类体系树结构中的距离来反映概念间的相关度。距离越短，两个概念越相关。拉达（Rada R）等把两个概念节点之间的最短路径长度作为衡量相关度的一种方法。[136] 利科克（Leacock C）等提出了深度加权的路径长度方法，除了考虑最短路径，还增加了节点在层次结构不同位置的深度信息。[137] 吴（Wu Z）等使用在层次结构中寻找最近公共父节点（Least Common Subsumer, LCS）的方法来计算两个概念的语义相关度[138]，计算公式如下：

$$Rel_{wup}(c_1,c_2) = \frac{2 \times depth(lcs(c_1,c_2))}{length(c_1,lcs) + length(c_2,lcs) + 2 \times depth(lcs(c_1,c_2))} \quad (3-1)$$

其中，$length()$ 表示两个概念间的最短路径长度，$depth(lcs(c_1,c_2))$ 表示概念节点 c_1 和 c_2 在 WordNet 层次结构中的最近公共父节点 lcs 在层次结构中的深度。

基于信息量的方法是用概念间的共享信息来度量相关度性。前面提到的雷斯尼克使用信息论中信息量的量化公式 $IC(c) = -\log P(c)$ 来计算语义相关度。依据雷斯尼克的思想，两个概念的语义相关程度等于这两个概念共同拥有的最大信息量。赛柯（Seco N）等则认为一个概念的信息量可以不用依据该概念在语料库中出现的概率 $P(c)$ 来计算，而是直接通过该概念在WordNet层次结构中拥有的后代概念（即下位节点）数目来计算。[139] 一个概念拥有越多的下位节点，它所蕴含的信息量就越少。基于此，赛柯提出了基于内在信息内容（Intrinsic Information Content，IIC）计算语义相关度的方法，计算公式如下：

$$Rel_{seco}(c_1,c_2) = 1 - \frac{\log(hypo(lcs)+1)}{\log(C)} \qquad (3-2)$$

其中，C 为整个WordNet层次结构中概念节点的总数，$hypo(lcs)$ 为概念节点 c_1 和 c_2 的最近公共父节点 lcs 所有下位节点的数目。

基于文本重叠的方法最早是由莱斯克（Lesk M）提出。[140] 莱斯克用同一词语的不同含义释义词语集的重叠程度来分析词语在上下文中的含义。班纳吉（Banerjee S）等对莱斯克的方法进行了改进，提出扩展的注释重叠度方法，效果较前者有所改进。[141] 在班纳吉看来，一个包含 n 个词语的文本片段要比包含单个词的文本片段出现的几率小，因此，班纳吉的文本重叠度计算公式为：

$$overlap(t_1, t_2) = \sum_{i=1}^{n} m_i^2 \qquad (3-3)$$

其中，n 表示在文本 t_1 和文本 t_2 中共同出现的文本片段的个数，m_i 对应着第 i 个文本片段所含词语数目。施特鲁布（Strube M）等人[124]综合采用了莱斯克和班纳吉的方法，通过计算维基百科概念的解释文档的文本重叠度来计算语义相关度，计算公式如下：

$$Rel_{str}(c_1,c_2) = tanh\frac{overlap(t_1,t_2)}{length(t_1)+length(t_2)} \qquad (3-4)$$

在两个概念 c_1 和 c_2 对应的解释文档 t_1 和 t_2 的字长固定的情况下，解释文档的文本重叠度越高，两个概念就越相关。

3.3.2.2 综合语义距离和信息量的语义相关度计算

当前基于中文维基百科的语义相关度计算研究主要是李赟提出的综合维基百科分类图和文档图的"多路径搜索"算法，基本思路是在链接图中寻找两个关键词节点间的多条路径，综合路径长度、链接节点权重等信息计算语义相关度。[129] 汪祥对李赟在计算某一条路径的语义相关度时只采用基于路径长度倒数的方法进行了改进，提出了综合使用经典的基于语义距离和基于信息量的语义相关度计算方法。[130] 上述方法在计算时为了避免繁重的文本处理工作，仅利用维基百科的链接结构信息，没有涉及作为概念释义的解释文档的文本内容。而实际上，维基百科中的解释文档富含丰富的、明确定义的语义知识。为此，我们充分利用维基百科的分类体系结构和概念释义内容，提出了基于这两者线性组合来计算语义相关度的新方法，以提高条目和类别概念相关性判断的准确度。

中文维基百科的分类体系是参考杜威十进制图书分类法的学科分类体系，"页面分类"作为整个分类体系的最高级，其下一层包括"总类""哲学""宗教""社会""应用科学"等22个子类别。而解释文档描述的内容是和唯一一个概念密切相关的，可以被看作是这个概念的释义。这两者都提供了丰富的语义知识，基于其中任何一者都可以进行语义相关度计算，那么将两者结合起来使用会不会产生更好的效果呢？我们尝试通过线性加权组合的方法将两者结合起来进行语义相关度计算。以下将使用 Rel_{cat} 表示基于分类体系结构的方法，使用 Rel_{text} 表示基于概念释义内容的方法，那么两个概念 c_1 和 c_2 的语义相关度定义为：

$$Rel(c_1,c_2) = a \times Rel_{cat}(c_1,c_2) + (1-a) \times Rel_{text}(c_1,c_2) \tag{3-5}$$

其中，$a(0 \leq a \leq 1)$ 为调节系数，通过它来决定分类体系结构与概念释义内容对相关度的影响。对于基于分类体系结构的方法 Rel_{cat}，我们分别使用了上一小节中介绍的 Rel_{wup} 和 Rel_{seco} 方法。在计算两个概念的文本重叠度 Rel_{text} 时，则采用了基于全文内容的 Rel_{str_full} 方法。

以条目"Google图书"和它的三个类别"图书资讯科学""数字图书馆"和"图书馆2.0"为例，定义公式（3-2）中的参数 C 为"图书资讯科学"这个概念下的子分类节点数，公式（3-4）中的参数 t_1 为"Google图书"，t_2 分别为"图书资讯科学""数字图书馆"和"图书馆2.0"，根据公式（3-1）、（3-2）、（3-3）、（3-4），得到表3-2。

表3-2 基于三种方法分别得到的实例与类别的相关度值

	$depth(lcs)$	$hypo(lcs)$	C	$overlap(lcs)$	$length(t_1)$	$length(t_2)$	Rel_{wup}	Rel_{seco}	Rel_{str_full}
图书资讯科学	1.0	12.0	223.0	160	3701	6	0.6667	0.5404	0.0431
数字图书馆	4.0	2.0	223.0	384	3701	5	0.8889	0.0718	0.1032
图书馆2.0	2.0	1.0	223.0	360	3701	3	0.8	1.0	0.0968

那么，我们提出的基于 $Rel_{wup}+Rel_{str\_full}$ 方法和基于 $Rel_{seco}+Rel_{str\_full}$ 方法计算 "Google 图书" 和它的三个候选类别 "图书资讯科学" "数字图书馆" 和 "图书馆 2.0" 之间的相关度公式为：

（1）基于 $aRel_{wup}+(1-a)Rel_{str\_full}$ 方法

$$Rel(c_1, c_2) = \begin{cases} 0.6667a+0.0431(1-a) & \text{与 "图书资讯科学"} \\ 0.8889a+0.1032(1-a) & \text{与 "数字图书馆"} \\ 0.8a+0.0968(1-a) & \text{与 "图书馆 2.0"} \end{cases} \quad (3-6)$$

（2）基于 $aRel_{seco}+(1-a)Rel_{str\_full}$ 方法

$$Rel(c_1, c_2) = \begin{cases} 0.5404a+0.0431(1-a) & \text{与 "图书资讯科学"} \\ 0.0718a+0.1032(1-a) & \text{与 "数字图书馆"} \\ 1.0a+0.0968(1-a) & \text{与 "图书馆 2.0"} \end{cases} \quad (3-7)$$

图 3-6 是公式（3-6）、（3-7）两种线性组合方法计算的语义相关度随调节系数 a 变化而变化的情况，a 值每隔 0.1 计算一次。

利用背景知识，可以直观地判断出条目 "Google 图书" 与类别 "数字图书馆" 的相关度应该大于其与另外两个类别的相关度。而依据图 3-6（b），"Google 图书" 与类别 "图书馆 2.0" 的相关度最大，与背景知识不符，说明 Rel_{seco} 计算准确度低于 Rel_{wup} 方法。另外，$aRel_{seco}+(1-a)Rel_{str\_full}$ 的线性组合计算准确度在 $a>0$ 时都小于 Rel_{str_full} 单独计算的准确度，说明 Rel_{seco} 方法在组合方法中呈现负贡献，这主要是由于概念层次树在构建时存在某些路径被误删的问题，使得 Rel_{seco} 方法下位节点数目求解存在偏差。

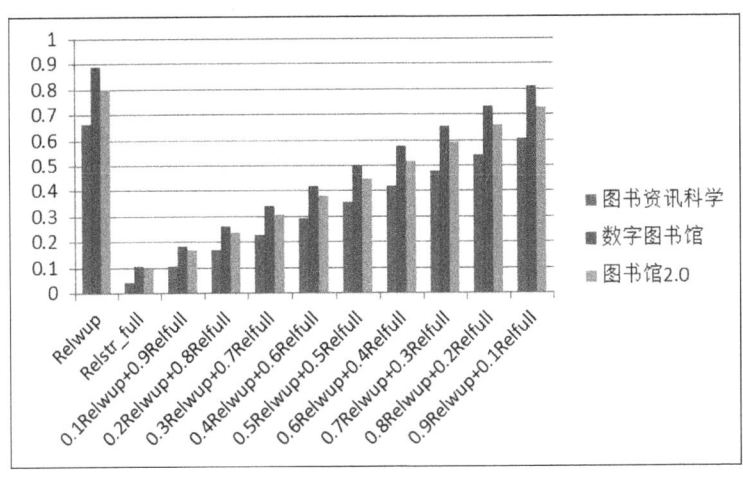

(a) $aRel_{wup}+(1-a)Rel_{str\_full}$ 方法

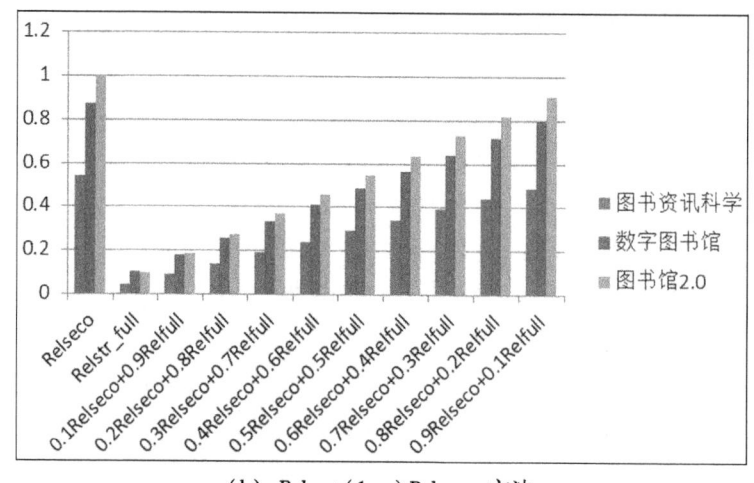

(b) $aRel_{seco}+(1-a)Rel_{str\_full}$ 方法

图 3-6 语义相关度随调节系数 a 变化而变化的情况

3.3.3 基于依存句法分析的属性关系获取

3.3.3.1 维基百科的实体属性模型

属性是不同类别事物的特征，类别间的差异通过属性来区分，不同的类别有着不同的属性。例如，人物类别有生日、籍贯、性别、身高等属性；大学类别有校训、校长、学生人数、教师人数等属性。属性关系是不同类别的实例概念所特有的语义关系，属性关系表示为（实例，属性名，属性值）三元组形式。属性关系获取包括属性获取和属性值获取。在领域本体知识库构建中，属性关系是必不可少的。

前面提到的方法都是从条目的信息盒里抽取属性关系，抽取效率比较高，但维基百科中信息盒对于条目的覆盖率还是很有限的。据苏查内克（Suchanek F M）统计，只有接近一半的条目页面含有信息盒，这也导致很多条目将无法进行属性关系的抽取。[142] 而实际上，维基百科条目页面中有该条目的详细描述，在条目非结构化文本和半结构化信息盒中都含有大量的属性关系。基于此，我们提出可以综合使用三部分页面特征来抽取条目的属性信息。

（1）信息盒特征。信息盒是维基百科词条文档中的结构化信息。信息盒模板决定了每个模板实例可能拥有的属性。根据信息盒实例描述的词条，就可以得到该属性对应的值。通过信息盒实例，可以获得拥有该信息盒实例的关系三元组，即（实例名，属性名，属性值）。图 3-7 是图 3-3 条目"中国国家图书馆"的信息盒及其 HTML 表示。

```
<table class="infobox vcard" cellspacing="3" style="border-spacing:3px;width:22em;text-align:left;font-size:small;line-height:1.5em;">
<tr>
<th colspan="2" style="text-align:center;font-size:125%;font-weight:bold;background:#FFE8AD;"> 中国国家图书馆 <br />
</tr>
<tr>
<th colspan="2" style="text-align:center;background:#FFE8AD;;"> 基本资讯 </th>
</tr>
<tr>
<th scope="row" style="text-align:left;white-space:nowrap;;"><span style="white-space:nowrap;"> 国家 </span></th>
<td style=";;"><a href="/wiki/%E4%B8%AD%E5%8D%8E%E4%BA%BA%E6%B0%91%E5%85%B1%E5%92%8C%E5%9B%BD" title=" 中华人民共和国 "> 中华人民共和国 </a></td>
</tr>
<tr>
<th scope="row" style="text-align:left;white-space:nowrap;;"> 类型 </th>
<td style=";;"><a href="/wiki/%E5%9B%BD%E5%AE%B6%E5%9B%BE%E4%B9%A6%E9%A6%86" title=" 国家图书馆 " class="mw-redirect"> 国家图书馆 </a></td>
</tr>
<tr>
<th scope="row" style="text-align:left;white-space:nowrap;;"> 建造时间 </th>
<td style=";;">1909 年 9 月 9 日 </td>
</tr>
……
</table>
```

属性名（指向"类型"）
属性值（指向"1909 年 9 月 9 日"）

图 3-7 条目"中国国家图书馆"的信息盒及其 HTML 表示

(2) 首句特征。维基百科首段的第一句往往是对条目的定义或说明，因此，可以被抽取出来作为实例的"定义"这一属性。

例如，图3-8中条目"APA格式"的首句"APA格式是一个为广泛接受的研究论文撰写格式，特别针对社会科学领域的研究，规范学术文献的引用和参考文献的撰写方法，以及表格、图表、注脚和附录的编排方式"。其中，"APA格式"为实例名，"是一个"为"定义"属性的指示词，后面的语句即为"定义"属性的属性值了。我们将描述"定义"属性的指示词进行总结，如表3-3所示，利用规则对指示词进行识别，从而抽取"定义"属性的属性值。

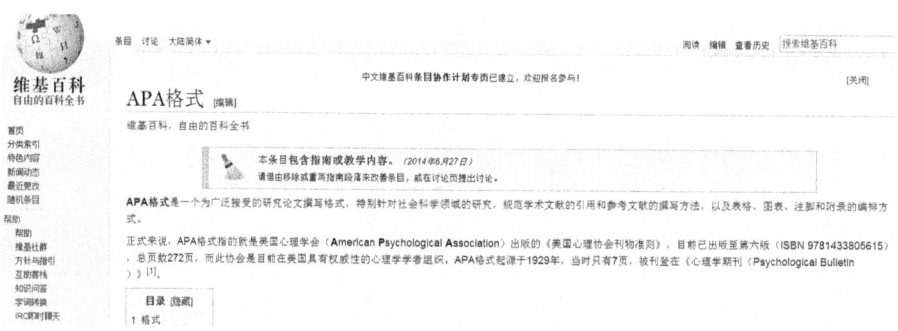

图3-8　条目"APA格式"的页面内容

表3-3　"定义"属性的指示词分类

指示词	例子
……是指	影响因子是指某一期刊的文章在特定年份或时期被引用的频率，是衡量学术期刊影响力的一个重要指标
……是一部	《本草经集注》是南北朝时道士陶弘景在系统整理《神农本草经》并总结之前药学经验基础上编写的一部医书
……是一种	主题地图是对知识进行表示和交互的一种标准
……是一个	标识符是一个用来识别物件的名称，物件可能是概念、具体可数的物体或是不可数的物质
……是一门	档案学是以档案和档案工作为研究对象的一门社会科学
……就是	信息系统就是为了支持决策和组织控制而收集（或获取）、处理、存储、分配信息的一组相互关联的组件

（3）目录特征。条目页面中半结构化的目录内容也包含大量的属性信息。例如，图 3-9 中的标签<h1></h1>标识出一级标题，也就是条目名"中国国家图书馆"。标签<h2></h2>标识出二级标题"目录"，目录里面的层级结构通过标签<ul></ul>（无序列表）和<ol></ol>（有序列表）进行标识，而层级结构里的内容（即列表项目）则通过标签<li></li>进行标识。

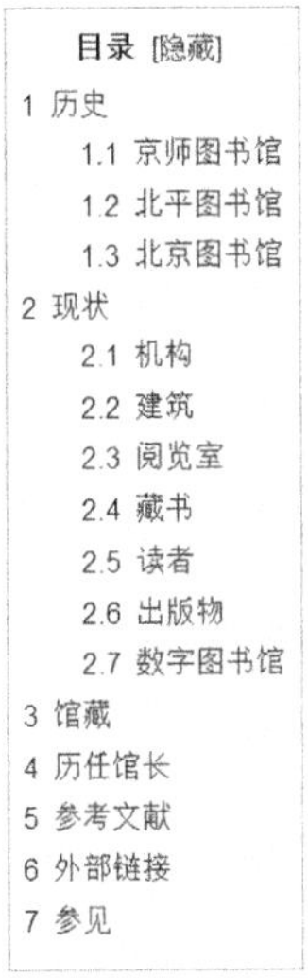

```
目录 [隐藏]
1 历史
    1.1 京师图书馆
    1.2 北平图书馆
    1.3 北京图书馆
2 现状
    2.1 机构
    2.2 建筑
    2.3 阅览室
    2.4 藏书
    2.5 读者
    2.6 出版物
    2.7 数字图书馆
3 馆藏
4 历任馆长
5 参考文献
6 外部链接
7 参见
```

```
<h1 id="firstHeading" class="firstHeading" lang="zh-CN"><span dir="auto"> 中国国家图书馆 </span></h1>
......
<h2> 目录 </h2>
<ul>
<li class="toclevel-1 tocsection-1"><a href="#.E5.8E.86.E5.8F.B2"><span class="tocnumber">1</span> <span class="toctext"> 历史 </span></a>
<ul>
<li class="toclevel-2 tocsection-2"><a href="#.E4.BA.AC.E5.B8.88.E5.9B.BE.E4.B9.A6.E9.A6.86"><span class="tocnumber">1.1</span> <span class="toctext"> 京师图书馆 </span></a></li>
......
<li class="toclevel-2 tocsection-4"><a href="#.E5.8C.97.E4.BA.AC.E5.9B.BE.E4.B9.A6.E9.A6.86"><span class="tocnumber">1.3</span> <span class="toctext"> 北京图书馆 </span></a></li>
</ul>
</li>
......
<li class="toclevel-1 tocsection-13"><a href="#.E5.8E.86.E4.BB.BB.E9.A6.86.E9.95.BF"><span class="tocnumber">4</span> <span class="toctext"> 历任馆长 </span></a></li>
......
<ol>
<li><a href="/wiki/%E4%BB%BB%E7%BB%A7%E6%84%88" title=" 任继愈 "> 任继愈 </a>（1987 年 5 月 -2005 年 1 月）（1998 年该馆更名"中国国家图书馆"）</li>
......
</ol>
```

图 3-9　条目"中国国家图书馆"的目录及其 HTML 表示

3.3.3.2 依存句法分析

句法就是研究句子中各个组成部分之间的关系。句子的成分可以分为主语、谓语、宾语、定语、状语、补语等。成分的关系主要有主谓关系、动宾关系、定中关系、状中结构及动补结构等。依存句法分析就是识别句子中的语法成分，并分析这些成分之间的关系。

哈工大语言云平台是以哈工大社会计算与信息检索研究中心研发的句法分析工具——语言技术平台（Language Technology Platform，LTP）[143]为基础的中文自然语言处理平台。LTP 将一个文档以 DOM（Document Object Model，文档对象模型）形式存储在计算机内存中，处理完成后以 XML 文件形式保存起来。其主要功能包括分词（Word Segmentation，WS）、词性标注（Part-of-speech Tagging，POS）、命名实体识别（Named Entity Recogntion，NER）、依存句法分析（Dependency Parsing，DP）、语义角色标注（Semantic Role Labeling，SRL）、语义依存分析（Semantic Dependency Parsing，SDP）等。

词性标注是给句子中每个词一个词性类别的任务，LTP 的词性标注①采用了 863 词性标注集，如表 3-4 所示。

表 3-4 LTP 词性标注集及含义

tag	description	example	tag	description	example
a	adjective	美丽	ni	organization name	保险公司
b	other noun-modifier	大型，西式	nl	location noun	城郊
c	conjunction	和，虽然	ns	geographical name	北京
d	adverb	很	nt	temporal noun	近日，明代
e	exclamation	哎	nz	other proper noun	诺贝尔奖
g	morphemeo	茨，甥	o	nomatopoeia	哗啦
h	prefix	阿，伪	p	preposition	在，把
i	idiom	百花齐放	q	quantity	个

---

① 哈工大社会计算与信息检索研究中心：《附录词性标注集》，见 https://ltp.readthedocs.io/zh_CN/latest/appendix.html。

续表3-4

tag	description	example	tag	description	example
j	abbreviation	公检法	r	pronoun	我们
k	suffix	界,率	u	auxiliary	的,地
m	number	一,第一	v	verb	跑,学习
n	general noun	苹果	wp	punctuation	,。!
Nd	direction noun	右侧	ws	foreign words	CPU
nh	person name	杜甫,汤姆	x	non-lexeme	萄,翱

LTP 制定的依存句法关系如表 3-5 所示。

表 3-5 LTP 依存句法关系及含义

关系类型	tag	description	example
主谓关系	SBV	subject-verb	我送她一束花(我 ← 送)
动宾关系	VOB	verb-object	我送她一束花(送 → 花)
间宾关系	IOB	indirect-object	我送她一束花(送 → 她)
前置宾语	FOB	fronting-object	他什么书都读(书 ← 读)
兼语	DBL	double	他请我吃饭(请 → 我)
定中关系	ATT	attribute	红苹果(红 ← 苹果)
状中关系	ADV	adverbial	非常美丽(非常 ← 美丽)
动补结构	CMP	complement	做完了作业(做 → 完)
并列关系	COO	coordinate	大山和大海(大山 → 大海)
介宾关系	POB	preposition-object	在贸易区内(在 → 内)
左附加关系	LAD	left adjunct	大山和大海(和 ← 大海)
右附加关系	RAD	right adjunct	孩子们(孩子 → 们)
独立结构	IS	independent structure	两个单句在结构上彼此独立
标点	WP	punctuation	。
核心关系	HED	head	整个句子的核心

图3-10是利用哈工大的语言云平台对句子"信息源即信息的来源"标注了依存关系类型的依存结构图。

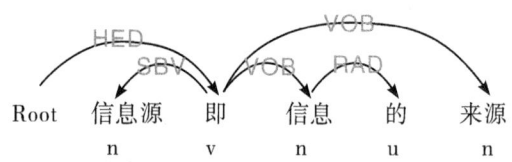

```
<?xml version="1.0" encoding="utf-8" ?>
<xml4nlp>
    <note sent="y" word="y" pos="y" ne="y" wsd="y" srl="y"/>
    <doc>
        <para id="0">
            <sent id="0" cont=" 信息源即信息的来源 ">
                <word id="0" cont=" 信息源 " pos="n" ne="O" parent="1" relate="SBV" semparent="1" semrelate="Agt">
                    <sem id="0" parent="1" relate="Exp"/>
                </word>
                <word id="1" cont=" 即 " pos="v" ne="O" parent="-1" relate="HED" semparent="-1" semrelate="Root">
                    <sem id="0" parent="-1" relate="Root"/>
                    ……
            </sent>
        </para>
    </doc>
</xml4nlp>
```

图3-10 LTP句法分析和XML解析结果示例

从分析结果我们可以看到,"即"是"信息源"的谓语,"信息源"是"即"的主语,两者之间构成主谓关系,因此,在该依存结构中,存在一条由"即"指向"信息源"的有向弧,弧上关系为SBV。其中,依存弧箭头指向的一端为从属词(也叫修饰词),另一端为支配词(也叫核心词)。为了表述一致,文中将依存关系对统一记为:(修饰词,修饰词的词性,核心词,核心词的词性,依存关系类型)。因此,对图3-10抽取"信息源"和"即"的依存关系对为(信息源,n,即,v,SBV)。

3.3.3.3 实例-属性-属性值三元组的抽取

我们将(实例名,属性名,属性值)定义为属性关系的抽取单元。短语是构成句子的基础,我们的研究受到短语句法结构研究[144][145]的启发,通过对大量语句中的实例、属性名和属性值进行观察,发现抽取单元的构成确实"满足一定的句法关系，且这些句法关系是有规律可循的、可总结的、而非杂乱无章的"[146]。实例名、属性名可以是名词性短语、动词性短语以及单句型短语，而属性值表现为一组连续出现的词组，可以是名词性短语、形容词性短语、动词性短语或是由前面三种组合而成的单句型短语（见表3-6）。

表3-6 短语的句法结构划分

	名词性短语 np	形容词性短语 ap	动词性短语 vp	单句型短语
构成模式	n/ws/j n+!n/n+u+!n a+!n/a+u+!n v+!n/v+u+!n n+n/n+c+n	a/b/i n+!a a+!a/d+a+!a d+!a/d+d+!a !a+u+q/!a+u+a !a+v/!a+u+v/!a+v+u a+a/a+c+a	v a+!v d+!v !v+m/!v+m+q/!v+u+m+q !v+n/!v+u+n/!v+q+n !v+v/!v+d+v !v+a/!v+d+a/!v+u+d+a v+!v/v+u+!v/v+r+!v v+v/v+c+v	vp+np/vp+u+np/vp+m+np vp+ap/vp+u+ap vp+vp/vp+u+vp/vp+q+vp ap+vp ap+ap/ap+u+ap np+vp ap+np/ap+u+np
句法功能	主语、宾语、定中结构的定语和中心语、联合结构的前后项	谓语、动补结构的动词和补语、定语、状中结构的状语和中心语、联合结构的前后项	谓语、动宾结构的动词、动补结构的动词、状中结构的中心语、联合结构的前后项	主语、谓语、宾语

注：a，形容词；b，修饰名词的词；c，连词；d，副词；i，习语；j，缩写词；m，数词；n，名词；q，量词；r，代词；u，助词；v，动词；ws，外来词；"!"表示它后面所标记的词语是这个短语的中心词。

实例名主要处在主语位置、宾语位置、定语位置，属性名主要处在谓语位置、定中结构的中心语位置、主语位置以及动宾结构的动词位置，而属性值则主要处在动宾结构的宾语位置、动补结构的补语位置、状中结构的状语位置以及定语位置。只要应用相应的规则召回句子中的主谓语、动宾语、动补语，就可以召回实例-属性-属性值三元组单元。因此，我们根据评价对象和评价短语可能的句法位置，设定了6种基本的依存关系SBV、VOB、ATT、CMP、ADV和COO进行研究，利用词性和词对间的依存关系，我们制定了如下抽取规则。

（1）实例处于主语位置。

规则1：当句中存在SBV和CMP，并且SBV的修饰词=实例名，CMP的核心词=v，SBV的核心词=CMP的核心词，那么抽取（实例名，SBV的核心词，CMP的核心词）。

规则2：当句中存在SBV和VOB，并且SBV的修饰词=实例名，VOB的核心词=v，SBV的核心词=VOB的核心词，那么抽取（实例名，SBV的核心词，VOB的核心词）。

（2）实例处于定语位置。

规则3：当句中只存在VOB和ATT，并且ATT的修饰词=实例名，ATT的核心词=VOB的核心词，VOB的修饰词POS=n或ws或i或q或j或nt，抽取（实例名，VOB的核心词，VOB的修饰词）。

规则4：当句中存在SBV、VOB和ATT，并且ATT的修饰词=实例名，ATT的核心词=VOB的修饰词，SBV的修饰词POS=n或ws或i或j，SBV的核心词=VOB的核心词，VOB的修饰词POS=n或ws或i或q或j或nt，那么抽取（实例名，VOB的修饰词，SBV的修饰词）。

（3）实例处于宾语位置。

规则5：当句中只存在VOB和ADV，并且关系对中VOB的修饰词=实例名，核心词POS=v，ADV的核心词=VOB的核心词，那么抽取（实例名，VOB的核心词，ADV的修饰词）。

规则6：当句中存在SBV、VOB，并且VOB的修饰词=实例名，核心词POS=v，SBV的核心词=VOB的核心词，那么抽取（实例名，VOB的核心词，SBV的修饰词）。

规则7：对于上面的规则1~6，在抽取实例、属性和属性值时，需要通过ADV/ATT链修正其边界。

例1："以乐治天下是乐记的深层背后中心思想。"

在进行实例、属性和属性值抽取时，首先对该语句进行依存句法分析，结果如图3-11所示。

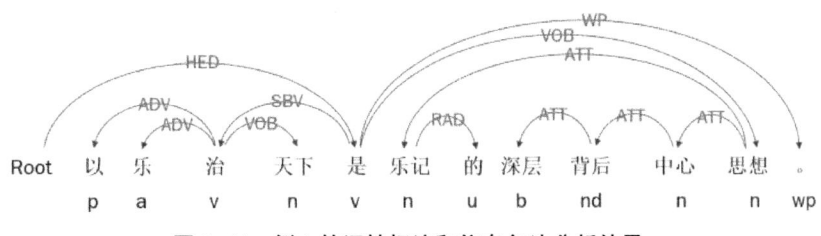

图3-11 例1的词性标注和依存句法分析结果

根据规则4抽取三元组（乐记，思想，治），由于属性名"思想"前面词出现ATT关系，属性值"治"前面词出现ADV关系，因此利用规则7进行修正，这样就得到了新的三元组（乐记，中心思想，以乐治天下）。需要注意的是，规则2～6只在VOB关系中抽取三元组单元，这就可能造成实例、属性、属性值的语义不完整。

例2："NLM（National Library of Medicine，NLM）创建并负责更新MeSH。"

如图3-12所示，由COO/VOB混合链（负责，v，创建，v，COO）→（更新，v，负责，v，VOB）→抽取出来的符合"vp(v+c+v)+vp(v)"形式的单句型短语"创建并负责更新"作为属性名，显得准确，抽取出来的三元组为（Mesh，创建并负责更新，NLM）。

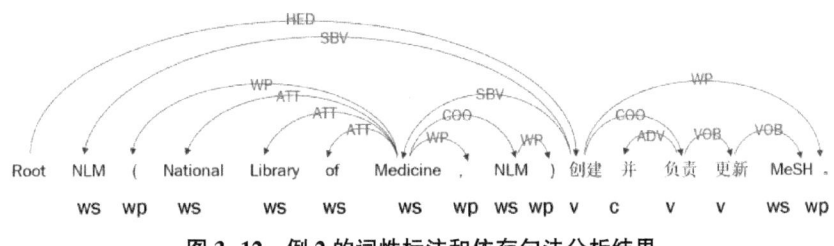

图3-12 例2的词性标注和依存句法分析结果

因此，这里补充一条规则如下：

规则8：在利用VOB抽取依存关系对时，需要通过VOB链、COO链或VOB/COO混合链修正边界。

3.3.3.4 基于LTP的依存句法分析模块

由于LTP云平台的功能是最新版本，因此我们采用Java语言开发，通过API（Application Programming Interface，应用程序编程接口）调用其Web服务，并通过指定参数pattern=ws | pos | ner | dp | sdp | srl | all 来指明分

析任务，对维基百科页面的正文进行处理，获取对应的 XML 结果。以上一节的例 1 为例，指定 "pattern = all"，其返回的结果为 XML 格式数据，具体如下：

```xml
<xml4nlp>
  <note sent="y" word="y" pos="y" ne="y" parser="y" semparser="y" wsd="n" srl="y"/>
    <doc>
      <para id="0">
        <sent id="0" cont="以乐治天下是乐记的深层背后中心思想,">
          <word id="0" cont="以" pos="p" ne="O" parent="2" relate="ADV" semparent="1" semrelate="mPrep">
          </word>
          <word id="1" cont="乐" pos="a" ne="O" parent="2" relate="ADV" semparent="2" semrelate="Datv">
          </word>
          <word id="2" cont="治" pos="v" ne="O" parent="4" relate="SBV" semparent="-1" semrelate="Root">
          </word>
          <word id="3" cont="天下" pos="n" ne="O" parent="2" relate="VOB" semparent="4" semrelate="Exp">
          </word>
          <word id="4" cont="是" pos="v" ne="O" parent="-1" relate="HED" semparent="2" semrelate="dCont">
            <arg id="0" type="A1" beg="5" end="10" />
          </word>
          <word id="5" cont="乐记" pos="n" ne="O" parent="10" relate="ATT" semparent="9" semrelate="Poss">
          </word>
          <word id="6" cont="的" pos="u" ne="O" parent="5" relate="RAD" semparent="5" semrelate="mAux">
          </word>
          <word id="7" cont="深层" pos="b" ne="O" parent="8" relate="ATT" semparent="9" semrelate="Feat">
          </word>
          <word id="8" cont="背后" pos="nd" ne="O" parent="9" relate="ATT" semparent="9" semrelate="Sco">
          </word>
          <word id="9" cont="中心" pos="n" ne="O" parent="10" relate="ATT" semparent="10" semrelate="Poss">
          </word>
          <word id="10" cont="思想" pos="n" ne="O" parent="4" relate="VOB" semparent="4" semrelate="Clas">
          </word>
          <word id="11" cont="," pos="wp" ne="O" parent="4" relate="WP" semparent="2" semrelate="mPunc">
          </word>
        </sent>
      </para>
    </doc>
</xml4nlp>
```

以上为 LTP 数据表示标准，根据语言技术平台云 LTP-Cloud 官网①可知：节点标签分别为 xml4nlp、note、doc、para、sent、word、arg 共 7 种。

（1）"xml4nlp"为根节点，无任何属性值。

（2）"note"为标记节点，具有的属性分别为 sent（分句）、word（分词）、pos（词性标注）、ne（命名实体识别）、parser（依存句法分析）、srl（语义角色标注）。属性值为"n"，表示未做；属性值为"y"，则表示完成。例如，属性 pos="y"，表示已经完成了词性标注。

（3）"doc"为篇章节点，以段落为单位包含文本内容，无任何属性值。

（4）"para"为段落节点，需含 id 属性，其值从 0 开始，即<para id="0">。

（5）"sent"为句子节点，需含属性为 id（段落中句子序号，其值从 0 开始）和 cont（句子内容）。

（6）"word"为分词节点，需含属性为 id（句子中的词的序号，其值从 0 开始）和 cont（分词内容，可选属性为 pos、ne、parent、relate、semparent、semrelate，其中，parent 与 relate 成对出现，parent 为依存句法分析的父节点 id 号，relate 为相对应的关系；semparent 与 semrelate 成对出现，semparent 为语义依存分析的父节点 id 号，semrelate 为相对应的关系）。

（7）"arg"为语义角色信息节点，任何一个谓词都会带有若干个该节点，其属性为 id（序号，从 0 开始）、type（角色名称，核心的语义角色共 6 种：A0 表示动作的施事，A1 表示动作的影响，A2～A5 根据谓语动词不同会有不同的语义含义）、beg（开始的词序号）、end（结束的序号）。

Jsoup 是一款解析 HTML、XML 的 Java 工具包，提供了方便的 API 对 HTML 文本内容进行处理，因此，这里使用 Jsoup 来解析分词及依存关系结果，结合词性、短语句法结构和依存语法分析，对维基百科条目内容进行实例-属性-属性值三元组抽取，算法核心代码见附录 A。

3.3.4 同义关系的获取

除了概念解释页面外，维基百科还包含重定向页。设置重定向页主要是为了把含义相同而表述不同的概念用同一个页面来解释。因此，当用户输入

---

① 哈工大社会计算与信息检索研究中心：《语言云使用文档》，见 http://www.ltp-cloud.com/document2。

的检索词匹配到一个重定向页面时，重定向的机制就会启动，维基百科会自动将用户导向主词条页面，以获取对该词的详细解释。

如图 3-13 所示，"国图"是"国家图书馆"的简称，它们代表同一概念，因此，"国图"条目并没有对"国家图书馆"进行重复解释，只包含了一个指向"国家图书馆"条目的链接。用户搜索"国图"时，会自动被引导至"国家图书馆"的主词条页面。进一步分析可以发现，在实际的解释文档中还有很多表示同义关系的指示词。

例 3："一次文献或称第一手资料。"
例 4："本体工程，又称为本体论工程。"
例 5："信息学，旧称情报学。"

以上 3 个句子，一次文献和第一手资料、本体工程和本体论工程、信息学和情报学表达的都是两个概念间的同义关系，从中我们可以总结出表达同义关系的 17 个关系模板："X 又称（为）Y""X 亦称（为）Y""X 或称（为）Y""X 旧称（为）Y""X 被称（为）Y""X 俗称（为）Y""X 也称（为）Y""X 又叫（为）Y""X 亦叫（为）Y""X 原名（为）Y""X 命名（为）Y""X 更名（为）Y""X 又名（为）Y""X 或译（为）Y""X 又译作 Y""X 缩写（为）Y"以及"X 简写（为）Y"等。

图 3-13 维基百科重定向页

3.3.5 本体存储

随着本体规模越来越大，本体查询和管理的效率成为人们普遍关注的问题,目前已经出现了很多本体存储管理系统。本体存储按照存储介质不同可以分为基于内存、基于文件及基于关系数据库三种存储方式。[147]

(1)基于内存的存储方式,是将本体数据全部导入内存,按照某种数据结构进行组织,然后在内存上执行本体的查询、更新操作。此方法具有很高的执行效率,但只能处理有限规模的数据。

(2)基于文件的存储方式,是将本体以文件的形式(如 XML、RDF、OWL 等)存储在本地,系统启动时将本体数据从文件中读入内存,然后在内存中操作本体库。基于文件的存储方式实现起来比较简单,很多本体相关工具如 protégé 都支持对文件格式的本体进行存取。但是,这种方式效率低且只适用于规模比较小的本体。

(3)基于关系数据库的存储方式。目前关系数据库技术发展成熟,关系模式容易建立查询,便于事务处理和备份,有充分的技术支持,所以,国内外关于本体存储方法的研究绝大部分都是基于关系数据库进行的。基于关系数据库的存储包括水平、垂直、分解和混合四种存储模式。国外,阿格瓦尔(Agrawal R)等提出了水平表模式,该模式只在数据库中保留一张通用的表,本体中的每个实例都是该表中的一行(即记录),表中的列(即字段)是本体中的属性,本体有多少属性,存储它的表就要有多少列。[148] 这种存储模式比较简单,但有两个问题:一是属性数目太多会导致不能存储,目前的数据库系统都对一张表拥有的字段数目加以限制,如 DB2 和 Oracle 中都限制数据库的字段数目最多为 1012 个,这对很多大型本体来说是远远不够的;二是属性数目太少会导致数据库的表结构稀疏。麦克布莱德(McBride B)[149]、阿列克萨基(Alexaki S)[150] 等使用垂直表存储模式。这种模式包含一张三元组表,表中的每行都对应于一个 RDF 三元组,前提是需要将本体中的所有信息都使用 RDF 三元组来表示。该模式设计简单且通用性好,但可读性差,设计有关的查询语句比较困难。分解模式与前两种模式的最大区别是将数据库表进行了拆分。现有的分解模式主要是基于类的分解和基于属性的分解模式。基于类的分解模式以类名为表名,为本体中的每个类创建一个单独的表;而基于属性的分解模式则以属性名为表名,为每个属性创建一个单独的表。在数据库表非常"宽"(即列数多)但查询仅使用少数列时,这种基于类和属性的分解模式的响应时间较快,但需要随着本体的更新和修改而不断创建和删除数据表,效率低、代价大。国内,陈光仪设计并实现了一种混合存储模式 ROSP(Rdb-based Ontology Storing Pattern,基于关系数据库的本体存储模式），并构建了一个模型系统实现 OWL 本体文件的自动解析和数据存储。[151]

3.4 本体构建实验及结果分析

3.4.1 数据源

我们采用维基百科中文版（zh.wikipedia.org）镜像文件，下载了"解释文档基本信息"（page.sql.gz）、"解释文档到所属分类信息"（categorylinks.sql.gz）、"重定向信息"（redirect.sql.gz）三个文件，共约 1.2 GB。经过整理，得到了便于实验研究所需的三个数据库表，导入到 MySQL 数据库中（见表3-7）。

表 3-7　处理后的中文维基百科资源数据

表名	规模	数据表含义
wcategory	149708 个	分类体系的基本信息表
wpagecategory	709873 个	解释文档到所属分类的基本信息表
wcategorydepth	19 层	分类体系的深度信息表
wredirect	493842 个	重定向信息

由于整个中文维基百科分类体系包含 149708 个类别、709873 个条目页面，数据量巨大，因此，本节只选择与"图书情报学"领域相关的数据进行分析。从拓扑结构（见图3-14）上看，所有与图书情报相关的类别节点及概念都从属于"图书资讯科学"这个父节点，并逐步细分直到叶子节点。"图书资讯科学"位于整个分类体系结构的第 4 层，经统计，"图书资讯科学"下共有 222 个子分类节点和 1907 个条目。

图 3-14　"图书资讯科学"分类的拓扑结构

3.4.2 概念及分类关系获取实验

选取"图书资讯科学"为自顶向下的广度优先遍历算法的领域根节点，从该节点开始对其子分类进行遍历，最终生成8层共223个概念的概念层次结构，部分上下位概念示例如表3-8和图3-15所示。

表3-8 图书情报领域上下位概念示例

概念编号	概念名称	父类别	层次
0	图书资讯科学	-1	1
1	图书馆	0	2
39	各国图书馆	1	3
40	图书馆类型	1	3
53	中国图书馆	39	4
87	大学图书馆	40	4
115	中国各省图书馆	53	5
108	中国大学图书馆	87	5
191	清华大学图书馆	108	6

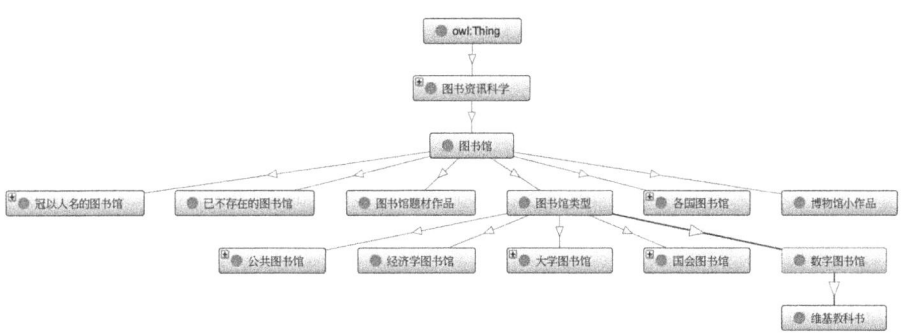

图3-15 图书情报领域上下位概念示例

层次表示概念的分类关系，节点"图书资讯科学"位于整个分类关系的顶层（即第1层），节点"数字图书馆"是"图书馆类型"的下位概念，位于第 4 层，节点"维基教科书"又是"数字图书馆"的下位概念，位于第 5 层。

3.4.3 实例关系获取实验

为验证前文提出的利用维基百科的分类体系结构和概念释义内容进行实例关系的获取算法的有效性，我们使用准确率来评价实验结果，其计算公式如下：

$$准确率 = \frac{正确获取实例关系的个数}{实例总数} \tag{3-8}$$

我们从维基百科的 1907 个条目集合中随机选择了 50 个条目，人工标注了条目所属父类，然后使用前面提出的组合方法来计算条目及其候选父类的语义相关度，实例关系获取结果随调节系数 a 变化而变化的情况见表 3-9、表 3-10，a 值每隔 0.1 计算一次。

表 3-9 $aRel_{wup}+(1-a)Rel_{full}$ 实例关系获取随调节系数 a 的变化情况

条目	分类	是否正确										
		0.0	0.1	0.2	0.3	0.4	0.5	0.6	0.7	0.8	0.9	1.0
Google 图书	数字图书馆	✓	✓	✓	✓	✓	✓	✓	✓	✓	✓	✓
三次文献	文献学	×	✓	✓	✓	✓	✓	✓	✓	✓	✓	✓
参考图书馆	图书馆类型	✓	✓	✓	✓	✓	✓	✓	✓	✓	✓	✓
广东省立中山图书馆	广州的图书馆	✓	✓	✓	✓	✓	✓	✓	✓	✓	✓	✓
麦尔威·杜威	美国图书馆学家	✓	✓	✓	✓	✓	✓	✓	✓	✓	✓	✓

表 3-10 两种组合方法准确度随调节系数 a 的变化情况

	0	0.1	0.2	0.3	0.4	0.5	0.6	0.7	0.8	0.9	1.0
$aRel_{wup}+(1-a)Rel_{full}$	0.88	0.92	0.94	0.98	0.98	0.98	0.98	0.98	0.96	0.94	0.64
$aRel_{seco}+(1-a)Rel_{full}$	0.88	0.92	0.82	0.8	0.78	0.74	0.7	0.66	0.64	0.64	0.6

实验结果表明：

（1） $aRel_{seco}+(1-a)Rel_{full}$ 计算准确度普遍比 $aRel_{wup}+(1-a)Rel_{full}$ 低，再次说明 Rel_{seco} 方法在前文提出的组合方法中对相关度计算的准确度呈现负贡献。

（2） 组合使用 Rel_{wup} 和 Rel_{full} 比单独使用基于分类体系结构的 Rel_{wup} 和单独使用概念释义内容的 Rel_{str_first} 准确度要高。由此证明这种组合方法能比单独使用结构或内容的方法取得更好的效果。

（3） 在调节系数 $a=0.3\sim0.7$ 时， $aRel_{wup}+(1-a)Rel_{full}$ 的准确度最高，这为我们下一步对所有的 1907 个条目进行所属分类选择提供了技术上的支撑。

图 3-16 是我们从 1907 个条目（即实例）所获取的实例关系的部分示例。从图中可以看到，概念"数字图书馆"包括 9 个实例，分别是"中国哲学电子化计划""ArXiv""马克思主义文库""古腾堡计划""图书扫描""青空文库""Google 图书馆计划""JSTOR"和"Google 图书"。

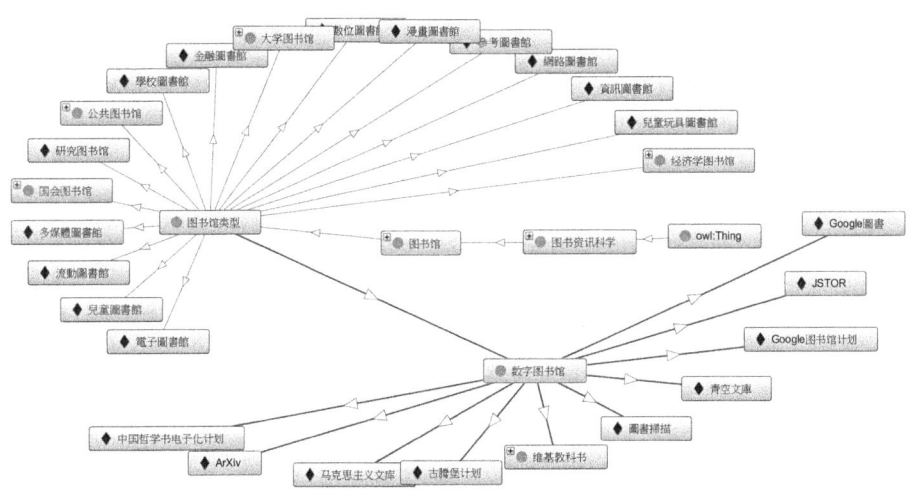

图 3-16　图书情报领域实例-分类示例

3.4.4　属性关系获取实验

为验证综合使用三部分特征（信息盒、首句和目录）来描述目的属性信息，并结合短语句法结构和依存语法分析进行实例-属性-属性值三元组抽取算法的有效性，我们继续使用第 3.4.3 节中选择的 50 个条目进行实验。实验结果采用标准的准确率和召回率作为评价指标，定义如下：

$$准确率 = \frac{抽取出的正确三元组的个数}{抽取出的三元组总个数} \qquad (3-9)$$

$$召回率 = \frac{抽取出的正确三元组的个数}{人工标注的三元组总个数} \qquad (3-10)$$

通过观察表 3-11 可以看出，虽然包含信息盒的条目数只有 8 个，占总数的 16%，但由于此处是基于条目中的三部分特征信息来抽取三元组，所以抽取性能符合预期效果。在未来的工作中，我们会考虑进一步提炼更具有普适意义的抽取规则，提升召回率。

表 3-11 与人工标注实例-属性-属性值对比统计

测试集	含有信息盒条目数（个）	标注对数（对）	抽取总数（个）	正确对数（对）	准确率	召回率	示例
50 个条目	8	627	580	560	96.55%	89.31%	（七略，完成时间，公元前 5 年） （上海市立图书馆，所在，上海市杨浦区） （加布里埃尔·阿德里亚诺·伯纳多，知名于，图书馆学、目录学） （H 指数，提出者，美国加利福尼亚大学圣地亚哥分校的物理学家乔治·希尔施） （OPAC，定义，电脑化的在线图书馆资源目录）

3.4.5 同义关系的获取

综合利用维基百科的重定向页和面向条目首段的模式匹配，我们共获取了 365 对同义关系，见表 3-12。

表 3-12 同义关系示例

概念	同义概念	概念	同义概念	概念	同义概念
OPAC	图书馆联机目录	三略	黄石公三略	信息抽取	IE
一次文献	第一手资料	上海图书馆	上图	分众分类法	大众分类法
元数据编码和传输标准	METS	信息检索	IR	何日章中国图书十进分类法	何氏十进分类法
H 指数	H index	本体工程	本体设计	科学引文索引	SCI
索引典	叙词表	自动标引	关键词抽取	齐夫定律	Zipf's law

3.4.6 本体的存储

我们选择 MySQL 作为混合模式本体存储的关系数据库,共设计了 4 张数据表,表之间通过关键字字段相关联。

1. 概念层次表

(cid, catid, cname, parentid, layer),其中,cid 表示概念序号,取值范围为 1~223,catid 表示概念在维基百科中的编号,cname 表示概念名称,parentid 表示上位概念序号,layer 表示概念所在层次,取值范围为 1~8。

2. 实例表

(iid, iname, cid, cname),其中,iid 表示实例序号,取值范围为 1~1907,iname 表示实例名称,cid 表示实例所属概念序号,cname 表示实例所属概念的名称。

3. 属性表

(pid, superid, pname, pvalue),其中,pid 表示属性序号,取值范围为 1~19516,superid 表示属性所属概念的序号,pname 表示属性名称,pvalue 表示属性值。

4. 同义词表

(sid, sname, cid, cname),其中,sid 表示同义词序号,取值范围为 1~365,sname 表示同义词名称,cid 表示同义词所对应概念的序号,cname 表示概念名称。

具体的数据库整体结构如图 3-17 所示。

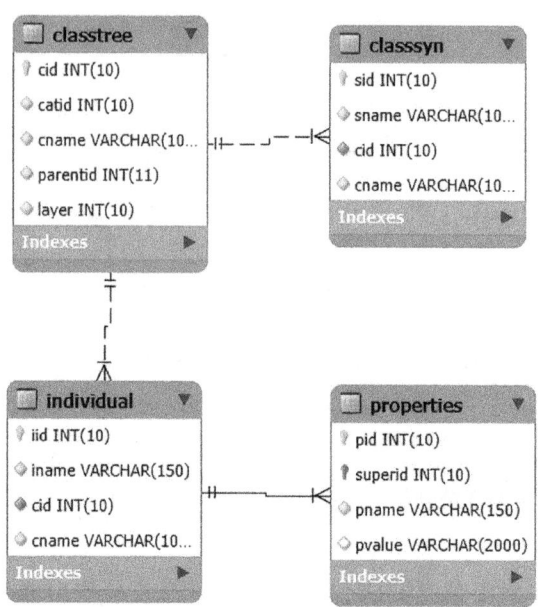

图 3-17　本体的关系数据库混合模式

图 3-17 给出了上述表以及表与表之间的关联。主表（classtree）保存本体的概念与概念间的分类关系，通过字段 parentid 就能找到当前概念的上位概念，再通过关键字 cid，就能找到当前概念的实例和同义关系概念。这种模式结构清晰，便于实现本体的查询。实例表（individual）和同义关系表（classsyn）中的每一行分别代表一个概念的实例和同义词，增加一个实例或是同义词，就直接将其值插入到表中即可。实例的属性表（properties）中存放的是概念的实例所包含的属性名和属性值，如果需要增加实例属性的某个特征，只需在属性特征表中增加一行，模式结构不用改变，这就减少了数据库系统的维护代价。

3.5　本章小结

知识具有显著的领域特性，而领域本体澄清了领域知识的结构，提供了对该领域内知识的共同理解。所以，通过领域本体可以更为合理而有效地进行领域知识的表示，为知识共享和重用打好基础。

本章使用维基百科这一开放性内容知识平台进行领域概念的相关性计算。与其他基于维基百科的相关性研究不同的是，我们将维基百科依学科分类的层次结构和概念的释义内容结合起来进行计算。实验结果表明，我们提出的方法得到了更好的效果，从而为挖掘相关的领域概念，进而实现领域本体构建、面向领域的信息检索等应用奠定理论基础。当然，目前构建的本体存在一个更新问题，社会的进步、科技的发展，会导致新的概念、新的属性等本体要素不断涌现，而与这些新概念对应的关系也需要及时进行调整。如何使用更多、更高效的机器学习方法进行本体构建必然会成为未来本体构建的重要研究方向。

4 基于领域本体的 Web 资源主题采集

领域知识获取的首要问题是领域知识源的获取。目前，领域知识源主要包括专业知识、工具书和 Web 知识。[152] 随着计算机技术、网络技术和数据交换技术的日益成熟，开放的 Web 环境逐步演变成为人们获取信息的重要知识源，这使得针对网上学科领域的主题信息采集技术显得尤为关键。本章首先从网络引文的角度来分析学科领域用户利用网络信息资源的规律，为主题采集提供技术依据；接着结合领域本体技术，进行主题爬虫的研究与实现。

4.1 网络信息资源概述

2011年5月,美国著名咨询公司麦肯锡研究院发布报告《大数据:创新、竞争和生产力的下一个前沿》,首次提出"大数据"概念,认为大数据是指其大小超出了常规数据库工具获取、储存、管理和分析能力的数据集。① 据IDC 2019年预测,全球数据圈将从2018年的33 ZB增至2025年的175 ZB,而中国数据圈增速最为迅速,平均每年的增长速度比全球快3%,预计到2025年将增至48.6 ZB,占全球数据圈的27.8%。[153] 这也为以数据采集和信息处理与分析为基础的情报分析带来前所未有的机遇和挑战。面对如此大容量(volume)、快速率(velocity)、多样性(variety)以及高价值(value)的数据,有必要对网络信息资源的类型、特点进行分析,以便于更好地利用网络信息资源,为大数据环境下网络学术情报分析提供有力的支持。

4.1.1 网络信息资源的定义

赵志荣认为网络信息资源是信息资源的下位概念,因此,它的定义应该建立在对信息资源理解的基础上,是指人类在网络节点上选取、组织、序化的有用的数字化形式的信息集合,与传统信息资源的不同主要表现在信息载体、传播手段、表达形式等特点上。[154] 胡昌平等认为网络信息资源就是指通过计算机网络可以利用的各种信息资源的总和。[155] 杨先明等认为网络信息资源是电子出版发展到高级阶段的产物,与传统信息资源不同的是网络信息资源通过计算机技术、通信技术及多媒体技术相互融合而形成网络发布。[156] 本书的研究对象是网络信息资源的一部分,是那些能够为学术研究所利用,具有研究和利用价值的学术资源,[157] 与一般的网络信息资源相比,具有学术性强、前瞻性强等特点,能让用户快速及时地了解已有的学术成果和当前学术研究中的最新动向。

---

① 数据控:《大数据的概念》,见https://zhuanlan.zhihu.com/p/269069453。

4.1.2 网络信息资源的类型

网络信息资源由于其自身丰富、海量、复杂等特点，分类方式以及类型也不同。李媚等为了更好地满足不同层次用户的信息需求，把网络信息资源按正式出版信息、非正式出版信息和灰色信息进行分类。[158] 其中，正式出版信息指受到一定的产权保护，信息质量可靠，利用率较高的知识性、分析性信息，如电子期刊、电子图书、网络数据库、图书馆目录等；非正式出版信息指流动性、随意性较强，信息量大，信息质量难以保证和控制的动态性信息，包括电子邮件、论坛、电子学术会议等；灰色信息，又称非正式交流学术信息，指受到一定产权保护但没有纳入正式出版信息系统中的信息，如一些政府部门、公司企业、大学、研究机构、商业部门介绍宣传自己或其产品的描述性信息。蓝曦还将正式出版信息细分为：一次出版信息（网上电子图书、电子期刊、电子报纸）、二次出版信息（搜索引擎、网络数据库、OPAC、网络导航）和三次出版信息（网络述评、网站推荐）。[159] 中国高等教育文献保障系统（China Academic Library & Information System，CALIS）的资源类型表将网络信息资源类型设定成一个二级体系，一级属于数据库层次，包括参考资源、全文资源、教学资源、多媒体资源、黄页资源、交互资源、事件及其他；二级为用户端层次，供标引和网页呈现，如资源导航、辞典与百科全书、数据库、电子期刊、协会/学会、大学院系、专家学者等。[160] 吴平根据网络共享学术资源簇群和资源类型将其划分为新闻信息、动态信息、规范出版的全文信息和书目信息，其中，新闻信息中具有学术价值的是各种专门性的门户网站、与教学科研有关的机构网站、传统新闻媒介的网络版等发布的各种新闻中对学术研究有参考价值的部分信息；动态信息主要是一些学术机构发布的有关学术活动的信息、学术研究个人的某些可以公开的信息、企业有关产品研发和技术支持的信息等；规范出版的全文信息和书目数据库主要包括图书信息、期刊论文信息、会议信息、专利标准信息、学位论文信息、科技报告信息、政府出版物信息等。[161]

综上所述，对于网络信息资源的分类没有准确的标准，由于我们涉及的主要是学科领域的网络信息资源，因此，在划分类型时参考了CALIS重点学科网络资源表①，将网络信息资源分为两级类目：一级类目包括参考资源、

---

① 西安交通大学图书馆：《CALIS"重点学科网络资源导航库"资源类型表》，见 http://www.lib.xjtu.edu.cn/lib75/daohangku/zylx.htm。

全文资源、教学资源、黄页资源、交互资源、事件资源共六大类；二级类目中再详细划分为导航资源、辞典与百科全书、研究报告、政府出版物、大学院系/研究机构等。具体分类如表 4-1 所示。

表 4-1 网络信息资源的二级类目

分类		说明
参考资源	学科导航	包括垂直性学科门户和主题性指南、资源列表和网站链接等
	辞典与百科全书	包括在线字典、词典、传记辞典、百科全书、名录、指南、手册等
	文献/索引	包括以数据库形式和以页面列表形式提供使用的文献和索引
	其他参考类资源	包括标准与规范、专利文摘等
全文资源	开放存取电子期刊	包括收费电子期刊和免费电子期刊
	共享文档	包括可供上传、下载的各类文档
	研究报告	包括网上发表的集合性的论文、综述、工作论文等
教学资源	教学资料	主要指为教学和自学服务的相关资料
黄页资源	协会/学会	该学科领域主要的国际、地区性组织
	大学院系/研究机构	该学科领域主要的国内外大学院系或研究机构
	商业公司	提供与学科领域相关的商业服务或企业网站
	政府机构	国家、地区政府机构发表的报告、文件、法律、法规等
	非营利机构	与学科领域相关的各类非营利性质机构
	图书馆	与学科领域相关的各地区图书馆网站
交互资源	个人主页	该学科领域专家、学者等的个人主页
	博客/微博	学术相关博客和微博
	专业论坛	学科领域内专业网络交流平台
	搜索引擎	国内外知名的综合性和专题性搜索引擎
事件资源	会议网站	提供学科领域内重要会议通知
	新闻网站	提供学科领域内新闻、资讯等

4.1.3 网络信息资源的特点

当前,网络信息资源具有以下几个特点:

1. 信息量大、传播范围广

据中国互联网络信息中心(China Internet Network Information Center,CNNIC)统计,截至2021年12月,中国网页数量为3350亿个,较2020年12月增长6.2%[见图4-1(a)]。[162] 网民规模达10.32亿人,较2020年12月新增网民4296万人,互联网普及率提升2.6%[图4-1(b)]。搜索引擎用户规模达8.29亿人,较2020年12月增长5908万人,占网民整体的80.3%[见图4-1(c)]。

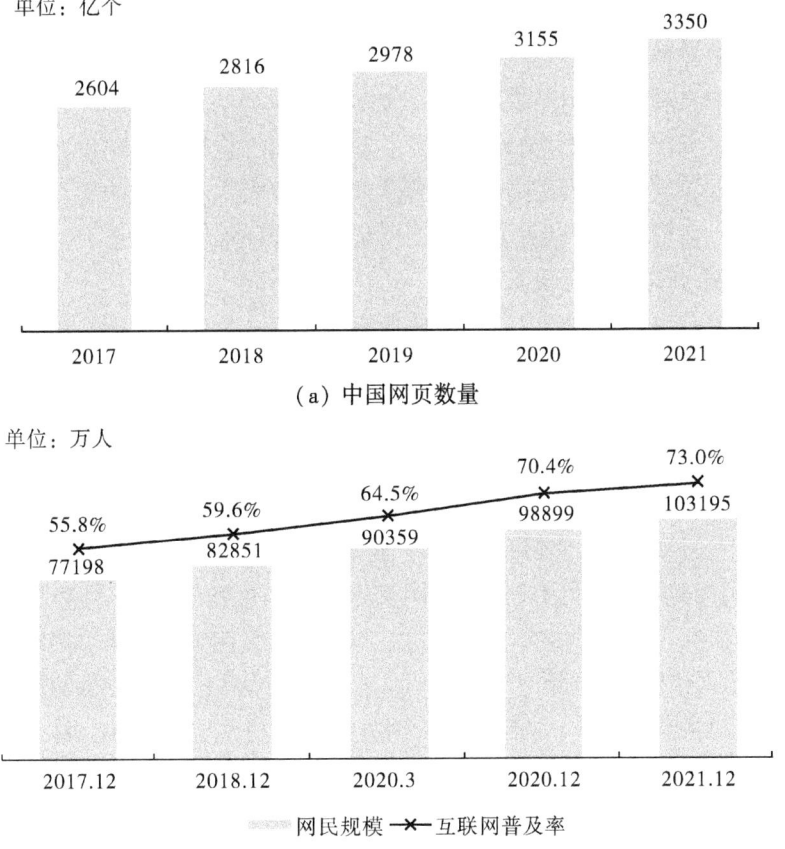

(a) 中国网页数量

(b) 网民规模和互联网普及率

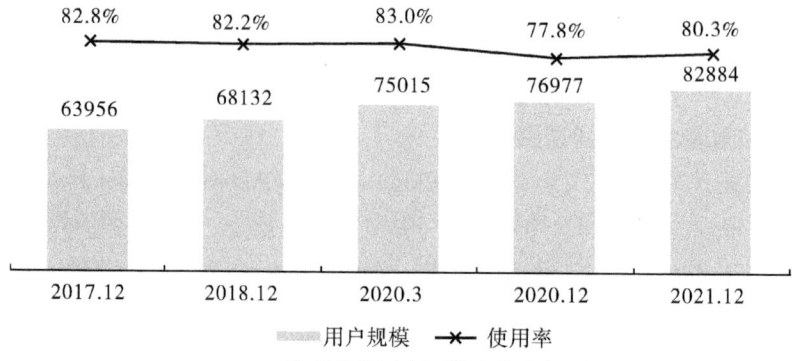

(c）搜索引擎用户规模及使用率

图 4-1　2017—2021 年中国互联网络发展状况统计

2. 资源分散、庞杂无序

从前面对网络信息资源类型的阐述中可以看出，网络信息资源内容包罗万象，有来自政府的、研究机构的、大学的、学会的、企业的、个人的，而且网络信息资源呈全球化分布，各类信息被存储在全球不同国家、不同地区的服务器上，这些服务器采用不同的操作系统及数据结构，缺乏集中统一的管理机制，在形式上，信息资源呈无序状态，管理难度大。

3. 动态变化、不断更新

网络信息资源的更新是指网络信息资源在载体形态、数据组织方式、网址等外在特征不变的情况下，所含知识和情报在内容上的变化。网络信息资源的消失是指网络信息资源无论出于何种原因被从系统中删除，不能再被访问和利用。[163] 传统文献信息以年、月的速度增长，在正常情况下可以长久保存，而网络信息资源可能每时每刻经历内容更新、地址更换、消失等变化过程。宜兰（Ilan J B）等对信息计量学领域的网络学术信息进行历时 8 年的追踪研究，结果表明，约有 68% 的网页在 1 年内被删除。[164] 克勒（Koehler W）等的研究[165] 表明 97% 的网站在 6 个月内会发生变化，当观察时间延长至 1 年时，该比例上升为 99%[166]，还有 12.2% 的网站和 20.5% 的网页 6 个月后不能再被访问到，1 年后，该比例分别上升到 17.7% 和 31.8%。马克文（Markwen J）和布鲁克斯（Brooks D W）历时 14 个月，每隔一个月均对选定的教育科学网络资源的 URL 可访问的比例进行研究，发现 16.5% 的 URL 失效或者内容发生了变化，其中失效最快的是域名 edu、com 和 org 的

URL。[167] 美国数字信息基础架构和保存计划（National Digital Information Infrastructure and Preservation Program，NDIIPP）在报告中指出，Web 信息的平均寿命为 44 天。[168] 奥尔特加（Ortega J）等人从 1997 年开始，历时 7 年，对 738 个网站进行观察，发现原有网页有 75.22% 消失了，死链接增长到 74.28%，而新网页则以 1568% 速度增长。[169]

4.2 网络引文概述

网络信息资源建设的首要任务是资源采集，而资源采集的第一步工作是网络信息资源地址的收集，其次是对信息源的学术内容和质量进行评估。本节通过文献调研，探讨网络引文的国内外研究现状，意在明确网络引文的科学性，从而实现基于网络引文的特定领域重要网站的判断。

4.2.1 网络引文的定义

在传统的科学交流模式中，科研人员获取信息主要有两种渠道：一是通过正式交流渠道，科学情报创造者首先要将其科学思想、发现、发明等写成手稿，经过编辑出版等工序加入科学技术文献系统，科学情报使用者通过直接阅读科技文献获取科学情报；二是通过非正式交流渠道，科学情报创造者和科学情报使用者通过直接对话、参观实验室和展览、演讲、交换书信和著作预印本、撰写科研成果进行交流。[170]

在印刷型文献为主要信息载体的大环境下，传统科学交流模式确实发挥了积极而又巨大的作用，在一定程度上满足了科学研究的需要。但随着信息技术的飞速发展和网络信息资源的日益丰富，人们获取和交流信息的渠道发生了改变，网络已经逐渐成为人们获取和交流信息的主要渠道。美国博物馆和图书馆服务协会在 2008 年 3 月发布的调查报告显示，远程登录并利用公共图书馆服务的用户数增长了 73%。① 德拉瓦勒（Dellavalle R P）等曾对 Science 等影响因子较高的三种杂志的文献加以分析，发现 30% 的文献中至少

---

① Institute of Museum and Library services：Interconnections：A National Study of Users and Potential Users of Online Information，见 http：//interconnectionsreport.org/。

含有 1 篇网络引文，所有引文中有将近 26% 的网络文献。[171] 卡塞利（Casserly M F）等调查了发表于 1999—2000 年图书情报学期刊上的 1425 篇论文，其中 3582 条（10%）参考文献来源于网络。[172] 谢春枝和梁宜对武汉大学图书馆网络系统在 2005 年的使用量统计显示，网站首页点击量为 8665 万次，公共查询系统访问量为 154 万次，各类电子资源数据库首页访问量达到 415 万次，较 2003 年分别增长了 10.1%、40% 和 60.2%。①[173] 在这样的大背景下，网络信息资源逐渐成为人们参考和利用的对象，并在参考文献中以网络引文的形式加以体现。因此，网络引文成为学者研究网络学术信息分布的一个重要渠道，它可以反映学者们利用网络信息资源的情况。

网络引文在英文文献中的表述有多种形式，如 Web Citation、Web References、Internet References、Web-based Citation、Internet-based Citation、URL Citation、Online Citation 等。其在中文研究中的表述也有网络引文、网络参考文献、电子参考文献、Web 引文等多种形式[174]，但截至当前的研究进程，国内对其名称表述主要集中于网络引文和网络参考文献，我们选择网络引文作为其表述形式。

由于国内外对网络引文的研究起步时间不同，主要研究方向存在差异，使得人们对网络引文的含义也有很多不同的理解，目前还没有统一明确的定义。国内，郝熠光通过研究发现网络引文应当具备学术规范性、施引文献的网络性质、处于网络中、宏观性四个条件，将其概念界定为"施引文献以网络资源形式存在，出于正式学术动机对被引文献进行引用的引文关系"。[175] 杨思洛以 ISI Web of Knowledge 为数据源进行计量分析，发现国外学者将网络引文分为 P-P（Print-to-Print，传统文献－传统文献）、P-W（Print-to-Web，传统文献－网络文献）、W-P（Web-to-Print，网络文献－传统文献）、W-W（Web-to-Web，网络文献－网络文献）网络引文四大类（见表 4-2），而目前国内的研究主要针对 P-W 网络引文。[176]

---

① 谢春枝、梁宜：《图书馆数据知多少》，武汉大学图书馆馆讯 2006 年第 5 期，见 http://old.lib.whu.edu.cn/tsggx/200639.asp。

表 4-2　网络引文四大类

类别	描述
P-P 网络引文	指网络环境下的传统文献间的引证关系，主要集中在各类网络传统文献数据库中引证关系的研究
P-W 网络引文	探讨传统论著参考文献中的网络成分，突出表现是参考文献中有网址（URL）
W-P 网络引文	从网络文学引证纸质文献（包括期刊论文、会议文献、手册指南、专著等）
W-W 网络引文	源文献和引证文献都属于网络文献，在早期被认为属于链接分析的概念范畴

4.2.2　国内外网络引文研究

网络引文以其时效性强、检索方便等优点深受研究人员青睐，成为研究人员查找资料、解决问题的重要途径。国外，自从阿曼德（Almind T）和英格沃森（Ingwersen P）于 1997 年提出"网络计量学（Webometrics）"这一概念以来，网络引文开始逐渐受到各方学者的关注，相关探索与研究亦随之展开。戴维斯（Davis P M）对网络引文的变化现象曾展开研究，他在 2001 年对研究生论文的引文状况进行分析，发现在调查的四年间传统文献引文占比有明显的下降，而网络引文的比例在逐渐上升。[177] 两年后他又对同一样本进行了统计分析，发现不仅网络引文的利用率持续提升，其准确性和可追溯性也有一定的改善。[178] 英佩（Impe V S）在其研究中明确了网络链接和网络引文的异同，他认为与网络链接相比，网络引文由于与原文献直接关联而具有一定的持续性，但网络链接动态性较强，一旦指向对象改变即会失效，而且由于网络引文既可以是 HTML 网页，也可以是传统印刷文献，因而较之仅依赖 URL 的网络链接更具可靠性。[179] 萨姆帕斯（Sampath K B T）等通过研究 2000—2009 年间四种期刊所载文献网络引文的半衰期，发现可获取率与网站类型相关，科技论文类的网络引文可获取率明显高于社会科学类，并且得出科技论文类和社会科学类的网络引文的半衰期分别为 11 年和 9 年。[180]

国内，刘丽娜统计分析了图情专业的 14 种核心期刊的网络文献著录现象,总结了现有网络参考文献著录格式上存在的问题,如网络文献网址的选择、电子期刊的分类等。[181]苏雪梅在其研究中指出参考文献应当具有可追溯性,但网络文献因其本身更新快的特点,往往可追溯性较差,尤其在论文发表一定年限后,网络引文的追溯率就会变得非常低,这对论文的持续研究有较大的影响。[182]张培运在研究中除了提出目前网络参考文献存在的规范性不足、权威性不够、继承性较差等问题之外,还提出可以从作者科学选择、编辑严谨把关、构建文献数据库三个方面入手,充分实现网络参考文献价值。[183]张翠英等人对2002年CNKI期刊数据库中各类学科的论文进行了网络引文计量分析,发现不同学科的网络引文量存在显著差异,其中电子技术、信息科学、政治经济与法律、社会科学等学科的引用频次较高,其研究中发现《情报学报》《计算机工程科学》这两种期刊的网络引文量明显高于其他期刊,印证了情报学、信息科学等学科在网络资源利用中的前沿性,同时揭示了其他学科对网络资源的整合与应用存在明显不足。[184]丁敬达通过对2005—2010年间四种核心期刊的论文统计分析发现,ASP、JSP、PHP、CFM等动态类网络引文占比高达50.93%,略高于静态类网络引文的50.03%,不同域名的网络引文的可追溯性亦存在差异,其中.edu教育类网站的可追溯性最低。[185]张丽敏针对P-W型网络引文进行深度分析,不仅验证了学界此前关于不同域名、网页类型网络引文的可追溯性存在差异的结论(网络机构以及商业公司类的网络引文可追溯性明显高于教育、政府类),并且发现P-W型网络引文的URL深度也对可追溯性有影响,表现为URL层级越低,网络引文的可追溯性就越高。[186]袁毅基于CSSCI(中文社会科学引文索引)对1998—2002年文献引用网站的动态研究显示五年内引用网站数量从1998年的184个增至2002年的3938个,增长了约20.4倍,表明网站资源越来越多地被学者引用;其研究还提出一个新的评价指标——网站被文献引用数,并通过实证研究的方式验证其可行性与可靠性,结果发现利用网站被文献引用数这一指标可以判断重要学术网站、网站的核心资源以及网站的稳定性。[187]

综上所述,既有研究对网络信息需求与利用的探讨,多以P-W型网络引文作为实证对象。

4.3 基于网络引文的图情领域网络信息资源分布研究

本研究采用综合 P-W 和 W-W 网络引文形式，力求全面地分析和研究用户的网络信息资源需求和利用状况，探索网络信息资源利用的一般规律，从而更好地发挥网络信息资源的效用。

4.3.1 数据来源

我们以 CNKI 期刊全文数据库和中文维基百科为统计源，具体如下：

1. 基于 CNKI 的 P-W 网络引文

CNKI 是目前我国收录期刊最全、文献量最大的综合性文献数据库之一，因此，基于数据的全面性、权威性、准确性和可获取性等方面进行综合比较，我们选择 CNKI 作为 P-W 网络引文的数据来源。在选取研究样本时输入"中国分类号=G25"，以模糊查询的方式提取 2013—2015 年所发表的共 3000 篇论文后的参考文献作为研究对象，删除不是网络链接的参考文献，另外，由于只对中文网络信息资源利用现状进行分析，我们还删掉了所有的外文网络引文，最终共得到 264 篇网络引文，相关统计如表 4-3 所示。

表 4-3 CNKI 2013—2015 年图情领域中文网络引文统计

	硕博论文	2013 年期刊	2014 年期刊	2015 年期刊	会议论文	合计
引文数量（篇）	1404	5996	5997	5996	1620	21013
网络引文数量（篇）	65	53	60	67	19	264

2. 基于中文维基百科的 W-W 网络引文

维基百科是基于维基系统协同构建的全球最大的开放性内容知识平台之一，其设有较为完善的参考文献规范，明确规定"凡是引用前人（包括作者自己过去）已发表的文献中的观点、数据和材料等，建议都要对它们在文中出现的地方予以标明,并在文末列出参考文献表"①。因此,本节选择中文维基百科作为 W-W 网络引文的数据来源。文末以列表形式呈现的参考文献在维基百科中存在多种命名方式,如图 4-2 所示。

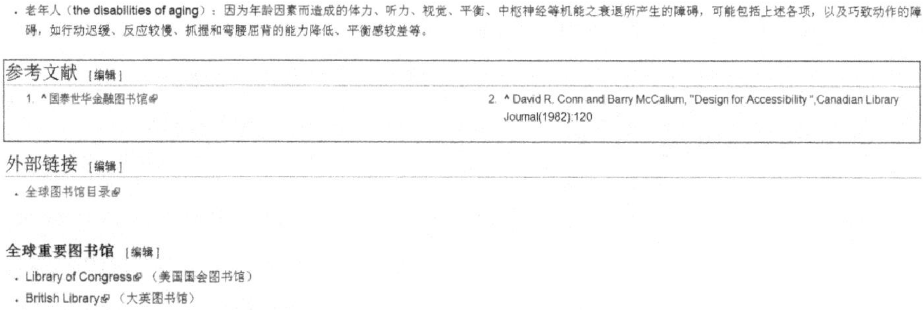

- 老年人(the disabilities of aging): 因为年龄因素而造成的体力、听力、视觉、平衡、中枢神经等机能之衰退所产生的障碍,可能包括上述各项,以及巧致动作的障碍,如行动迟缓、反应较慢、抓握和弯腰屈背的能力降低、平衡感较差等。

参考文献 [编辑]
1. ^ 国泰世华金融图书馆
2. ^ David R. Conn and Barry McCallum, "Design for Accessibility ",Canadian Library Journal(1982):120

外部链接 [编辑]
- 全球图书馆目录

全球重要图书馆 [编辑]
- Library of Congress (美国国会图书馆)
- British Library (大英图书馆)

(a)参考文献

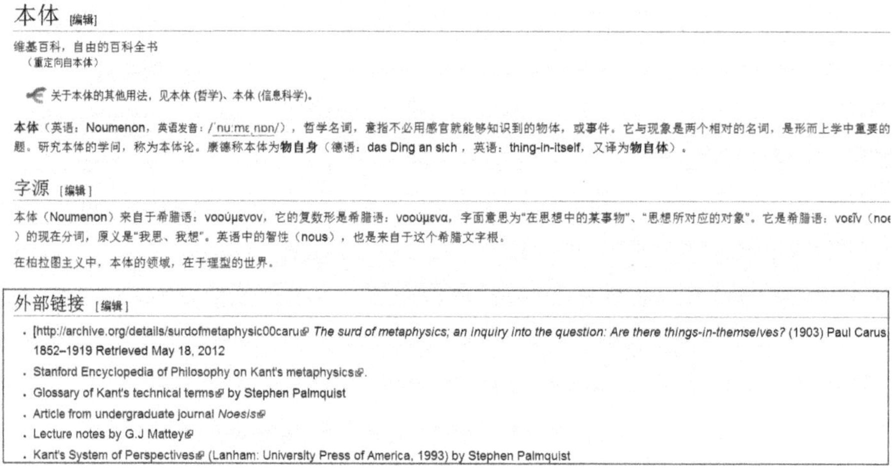

本体 [编辑]

维基百科,自由的百科全书
(重定向自本体)

关于本体的其他用法,见本体(哲学)、本体(信息科学)。

本体(英语:Noumenon,英语发音:/ˈnuːmɛnɒn/),哲学名词,意指不必凭感官就能够知识到的物体,或事件。它与现象是两个相对的名词,是形而上学中重要的题。研究本体的学问,称为本体论。康德称本体为**物自身**(德语:das Ding an sich,英语:thing-in-itself,又译为**物自体**)。

字源 [编辑]

本体(Noumenon)来自于希腊语:νοούμενον,它的复数形是希腊语:νοούμενα,字面意思为"在思想中的某事物"、"思想所对应的对象"。它是希腊语:νοεῖν(noe)的现在分词,原义是"我思、我想"。英语中的智性(nous),也是来自于这个希腊文字根。

在柏拉图主义中,本体的领域,在于理型的世界。

外部链接 [编辑]
- [http://archive.org/details/surdofmetaphysic00caru] The surd of metaphysics; an inquiry into the question: Are there things-in-themselves? (1903) Paul Carus. 1852–1919 Retrieved May 18, 2012
- Stanford Encyclopedia of Philosophy on Kant's metaphysics.
- Glossary of Kant's technical terms by Stephen Palmquist
- Article from undergraduate journal Noesis
- Lecture notes by G.J Mattey
- Kant's System of Perspectives (Lanham: University Press of America, 1993) by Stephen Palmquist

(b)外部链接

图 4-2 中文维基百科的网络引文

与其他普通 Web 网页不同,维基百科一般会每隔 10~15 天的时间备份当前版本的数据给用户使用。例如,图 4-2 中出现的"外部链接"就以"zhwiki-20160920-externallinks.sql.gz"压缩文件形式出现在维基百科的数据下载入口页面。但由于数据量大,这里我们直接使用上一章的 1907 篇图情

---

① 《列明来源》,见 https://zh.wikipedia.org/wiki/Wikipedia:列明来源。

领域的条目作为样本，提取出 2341 篇网络引文。先删除无效链接，再删掉所有外文网络引文，最终得到 276 篇中文网络引文。

4.3.2 网络引文类型分布统计

综合基于 CNKI 的 P-W 网络引文和基于中文维基百科的 W-W 网络引文，我们共得到 540 篇网络引文。部分网络信息资源见表 4-4。

表 4-4 网络信息资源示例

资源 URL	名称	资源类型
http://xh.5156edu.com/html5/108153.html	在线汉语词典	辞典与百科全书网站
http://baike.baidu.com/view/1191025.htm	百度百科中科院国家科学数字图书馆	辞典与百科全书网站
http://www.las.ac.cn/others/gongkai3.jsp	中国科学院文献情报中心	大学院系网站/研究机构网站
http://www.sjtu.edu.cn/info/1735/31313.htm	上海交通大学	大学院系网站/研究机构网站
http://www.bengu.cn/homepage/library/rda_brochure_v4_chinese.htm	顾犇博士个人主页	个人主页
http://ip-science.thomsonreuters.com.cn/press/press20121102/	汤森路透知识产权与科技	商业网站
http://www.lib.whu.edu.cn/freshman/intro.asp	武汉大学图书馆	图书馆网站
http://www.docin.com/p-748132578.html	豆丁网	文档共享类网站
http://epub.cnki.net/kns/brief/result.aspx?dbPrefix=CYFD	中国知网	文献与索引
http://news.xinhuanet.com/taiwan/2005-07/11/content_3204931.htm	新华网	新闻网站
http://www.199it.com/archives/62230.html	中国互联网数据资讯中心	研究报告类网站
http://www.cstm.org.cn/eapdomain/home/about.jsp?show_div=kjggg&info_id=5909	中国科学技术馆	政府网站

资源类型分布情况如表 4-5、图 4-3 所示。

表 4-5 图书情报领域网络引文类型分布

(单位：篇)

参考资源			全文资源			黄页资源				交互资源				事件资源	
学科导航	辞典与百科全书	文献与索引	开放存取电子期刊	共享文档	研究报告	协会/学会	大学院系/研究机构	商业网站	政府网站	图书馆网站	个人主页	博客/微博	专业论坛	搜索引擎	新闻网站	会议网站
3	76	54	4	39	6	19	28	48	30	69	6	5	6	1	145	1
133			49			194				18				146	

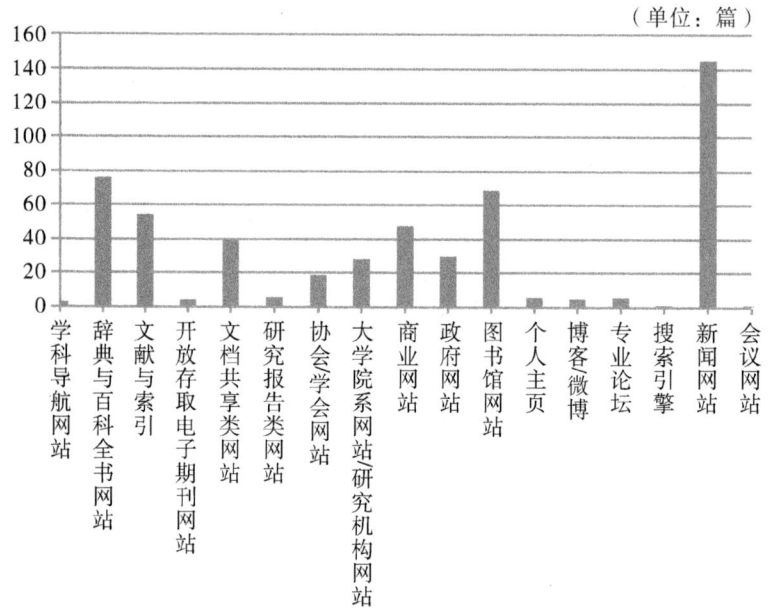

图 4-3 被引网站类型分布

在大类划分中，黄页资源、事件资源与参考资源的被引频次比较高，占主要被引资源总量的 87.59%，全文资源和交互资源仅占总量的 12.41%，而教学资源的被引次数则为 0。这表明，参考资源和黄页资源因兼具较强的学术性、权威性及真实性,更易获得用户的青睐。接着,我们又对其二级类目进行分析,在 17 种被引网站类型中占比例最大的为新闻网站,高达 26.85%,第二为辞典与百科全书,占比 14.07%。其余依次为图书馆网站(12.77%)、文献与索引(10%)、商业网站(8.88%)、共享文档(7.22%)、政府网站(5.56%)、大学院系(5.18%)及研究机构网站(3.52%)。新闻网站远超排在第二的词典与百科全书 12.78 个百分点,这主要是因为其信息的提供比较全面且更新及时,因而经常被作为学术研究的对象或者数据来源。而用户对辞典与百科全书的引用主要集中于词语释义或相关概念阐释,对图书馆网站、政府网站、大学院系/研究机构网站以及协会/学会网站的引用多涉及规章制度、通知公告等规范性文件,对商业网站的引用则多以技术前沿动态等内容为主。

4.3.3 网页 URL 特征分析

针对网络引文链接 URL 的特征,我们进行了网页类型以及深度的统计分析。

1. 基于 URL 的网页类型统计

根据网络引文的格式类型,将扩展名为 htm、html、shtm、shtml、xhtml、pdf、doc、ppt、txt 的归为静态类网络引文;将扩展名为 asp、aspx、jsp、php、do、pl、action 以及网址中含有"?"的归类为动态类网络引文。从 540 篇网络引文中剔除无文件扩展名的链接(形如 http://blog.jrj.com.cn/0056516090、http://www.nstl.gov.cn/等),最终得到的 437 篇网络引文均包含明确的文件扩展名。其中,网络引文为静态网页共 365 篇,占网页总数的 83.52%;网络引文为动态网页共 72 篇,占总数的 16.48%。具体分布见表 4-6。

表 4-6 网络引文的网页类型分布

网页类型	静态网页						动态网页					
	.htm	.html	.shtm	.shtml	.xhtml	.pdf	.asp	.aspx	.jsp	.php	.do	.pl	.action
篇数(篇)	175	131	1	55	1	2	21	23	3	19	3	1	2

2. 被引 URL 深度分布

URL 深度是基于其结构计算的层级指标,域名界定为第一层,路径中每增加一个"/",深度值递增 1。例如,http://tech.sina.com.cn/d/2009-04-28/11133045284.shtml 的 URL 深度为 4,而 http://www.dye.cnki.net/的深度为 1。统计被引 URL 深度的分布结果如表 4-7、图 4-4 所示。

表 4-7 被引 URL 深度分布统计

	学科导航	辞典与百科全书	文献与索引	开放存取电子期刊	共享文档	研究报告	协会/学会	大学院系/研究机构	商业网站	政府网站	图书馆网站	个人主页	博客/微博	专业论坛	搜索引擎	新闻网站	会议网站
最大	6	5	4	5	3	3	6	9	7	8	6	4	6	5	1	7	2
最小	1	3	1	2	1	1	2	1	1	1	1	1	3	2	2	1	2
平均	3	3	2	4	2	2	5	4	4	5	3	4	3	4	1	5	2

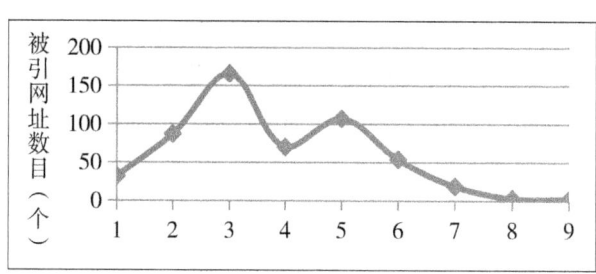

图 4-4 被引 URL 深度分布

通过深度分布曲线可以发现,曲线走向表明网络引文的链接深度多集中分布在深度为 2~5 的区间内,深度为 6 及以上的 URL 数量很少。其中链接深度为 3 的网络引文数量最多,占到总数量的 30.74%。其次是深度为 5 和 2 的网络引文,分别占到了 19.81% 和 16.11%。而深度为 6 及以上(≥6)的链接数只占总量的 14.44%。由此,我们认为链接深度在 2~5 之间容易发现用户需要的信息内容。

4.3.4 高被引网站分析

网络链接的基本语法格式为"传输协议://域名/资源路径/文件名"。在分析高被引频次网站时,一般去除链接的路径和文件名,仅保留域名。统计得到前20个高被引频次网站,具体如表4-8所示。

表4-8 高被引频次网站

序号	网站名称	网址	频次
1	百度百科	http://baike.baidu.com	61
2	新华网	http://news.xinhuanet.com	22
3	豆丁网	http://www.docin.com	16
4	中国知网	http://www.cnki.net	14
5	道客巴巴	http://www.doc88.com	12
6	新浪网	http://news.sina.com.cn	11
7	calis高校机构知识库	http://www.calis.edu.cn	7
8	中国科学院文献情报中心	www.xinhuanet.com	6
9	中国国家图书馆	http://www.nlc.gov.cn	6
10	互动百科	http://www.baike.com/wiki	5
11	百度文库	http://wenku.baidu.com	5
12	上海交大	http://www.sjtu.edu.cn	5
13	汤森路透知识产权与科技	http://www.thomsonscientific.com.cn	4
14	维普网	http://lib.cqvip.com	4
15	顾犇博士个人主页	http://www.bengu.cn/homepage	3
16	武汉大学图书馆	http://www.lib.whu.edu.cn	2
17	小木虫论坛	http://muchong.com	2
18	中国图书馆学会	http://www.lsc.org.cn	2
19	上海图书馆	http://www.library.sh.cn	2
20	Nalsi的西文编目笔记	http://nalsi.net/posts	2

从表4-8可以看到,高被引频次网站集中于百度百科、文献/索引网站如知网和calis、共享文档如豆丁网和道客巴巴、图书馆网站如中国国家图书馆、新闻网站如新华网等。这些网站提供的信息和数据大多具有学术性、真实性、可靠性、及时性、稳定性和权威性。这些网站中大部分隶属于图书情报学科领域的学会、专业机构和图书馆,在其学术领域内具有较大的影响

力，表明用户在利用网络信息资源时，倾向于优先选择该领域的核心权威网站，且网络信息资源的来源呈现多元化特征。

4.4 基于领域本体的主题爬虫

巨大的分布式信息空间中蕴含着大量有价值的知识，海量的、异构的、动态的 Web 信息使得有学术需求或有决策需求的用户搜索信息耗时耗力，网络信息的采集和抽取变得越来越重要。

4.4.1 主题爬虫

4.4.1.1 主题爬虫的定义

信息采集技术从早期的以 Archie 为代表的简单信息检索系统，到以 Yahoo 为代表的分类目录搜索引擎，再到当前相对成熟的基于超链分析的搜索引擎，共经历了三个发展阶段。[188] 自 1993 年格雷（Gray M）开发了世界上第一个网络爬虫——互联网漫游者（World Wide Web Wanderer）以后，爬虫技术已日趋多样。Yahoo、Google、微软等公司相继建立了自己的通用搜索引擎。国内也有百度、搜狗、有道、搜搜、北大天网等众多通用搜索引擎。但不论使用哪种搜索引擎，也不能覆盖网上全部资源。据 NEC 研究院研究显示，搜索引擎只能覆盖网上不到 1/4 的信息[189]，因此，通过搜索引擎查找信息具有一定的局限性。网络爬虫（Web Crawler）的出现正是为了解决这个问题。网络爬虫也称网络蜘蛛（Web Spider），是一种能够跟踪网上的链接结构，并不断进行网络信息资源发现与采集的程序。通用网络爬虫（General Purpose Web Crawler）通常只关注于网页链接的获取，以及网页的整体抓取，爬行范围和数量巨大，但对网页内容基本不做分析与处理，无法满足对特定领域信息检索服务的专业性、个性化、准确性要求。主题网络爬虫（Topical Web Crawler）又称为聚焦爬虫（Focused Crawler），只依据一定的规则采集与预先定义好的主题相关的页面，使特定领域的用户能够获得更好的信息服务。

4.4.1.2 主题爬虫的系统结构

主题爬虫的工作起始于需要访问的 URL 列表（也可以叫作种子或 seed），根据既定的目标主题对网页进行有选择性的爬行。爬取从一个初始 URL 队列开始，顺着这些 URL 中的超链接，以一定的爬行策略在网上抓取网页，下载、存储网页并对网页进行分析，提取出其中的文字和链接信息，之后对网页和 URL 进行相关性评价，相关网页存入网页库，相关 URL 如果指向未访问页面存入 URL 队列，否则丢弃。不断重复这个过程，直到 URL 队列为空或者到达了系统给定的停止条件。一个典型的主题爬虫系统结构主要由 6 个模块组成，如图 4-5 所示。

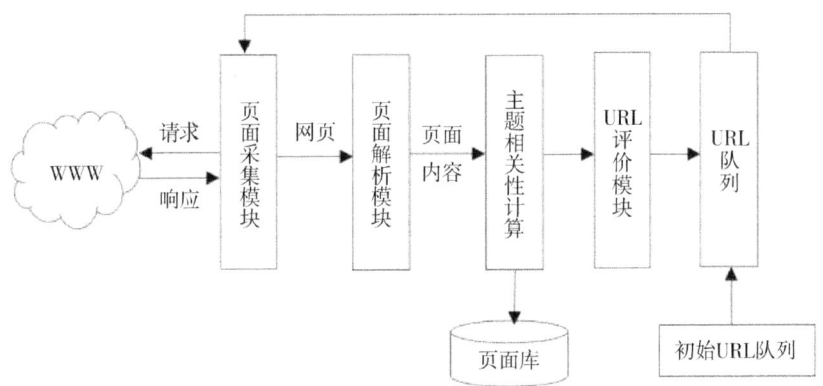

图 4-5 主题爬虫的结构图

（1）初始 URL 队列。初始采集集合对于采集系统的准确性十分重要，一般是通过人工预选质量较高的主题 URL 作为初始种子集合。

（2）页面采集模块。模拟客户端向 URL 对应的网页发送 HTTP 请求，得到响应后下载网页。

（3）页面解析模块。从下载的网页中抽取文本信息和 URL。

（4）主题相关性计算。对于已下载的网页来说，需要对网页内容进行评价，运用相关的文本相似度算法，来评价网页与主题内容集合的相关程度。如果计算结果大于某一给定的阈值，就表明页面内容是与主题相关的，则将页面存入库中，否则丢弃。

（5）URL 评价模块。用于评价从页面中解析出的 URL 与主题的相关程度，运用某种爬行策略来规范网络爬虫的搜集路径。URL 的相关度越高，则重要度越高,爬行的优先级也就越高。若通过评价模块,发现该链接与主题无关,则将该链接删除,不会爬取该链接指向的网页。

(6) URL 队列。存放待爬行的 URL。

主题爬虫每次从待爬行 URL 队列中选择最有希望的链接进行爬行,其目标是保持在主题相关的网页的周围而不偏离主题。因此,主题爬行在很大程度上能节省硬件和网络资源,提高检索结果的查准率和质量,保证爬行的时新性。主题爬虫可以有效减少无关页面文档的搜集,增加采集页面的规范程度,同时节约带宽,提高信息搜索的效率。因此,开展主题爬虫的研究是十分有必要的。

4.4.1.3 主题爬虫的采集策略

互联网其实就是一个大的有向图,网络爬虫从一个节点,沿着这个有向图遍历到其他节点。通常有 3 种遍历策略:广度优先搜索、深度优先搜索和最佳优先搜索。

1. 广度优先搜索

广度优先搜索(Breadth-First Search)是"层次优先"的一种网络爬虫算法,指每次按照链接被发现的时间顺序进行搜索,在完成当前层的搜索后才进行下一层的搜索,在本书的第 3.3 节曾借助其实现概念层次树的生成。广度优先搜索通常采用先进先出队列,这样就保证了浅层的 Web 网页先被处理,适合搜索尽可能多的网页,但是需要花费较长的时间才能到达深层的 Web 页面,并且随着抓取网页的增多,大量的无关网页将被下载,算法效率变低。

2. 深度优先搜索

深度优先搜索(Depth-First Search)的基本爬行机制是依次访问下一层的网页链接,直到不能再深入为止,再返回到上一层节点,继续搜索该节点的其他链接,当所有链接都已遍历之后,搜索任务结束。其优点是比较适合搜索深层次 Web 页面;缺点是在很多情况下会导致爬虫的陷入(trapped)问题。[190]

3. 最佳优先搜索

最佳优先搜索(Best-First-Search)策略是一种局部优先搜索算法,搜索过程中,它会对下载的 URL 链接进行预测,并继续搜索预测认为"有用"的 URL 链接。其优点是可以减少下载的无关网页数量,提高搜索性能,但如何评价和预测链接的"重要程度"是决定搜索性能的关键。

4.4.2 网页采集关键技术分析

4.4.2.1 动态网页的采集

根据 CNNIC 的《第 49 次中国互联网络发展状况统计报告》[162]，截至 2021 年 12 月，中国静态网页数量为 2256 亿个，占网页总数量的 67.4%，较 2020 年 12 月增长 4.7%；动态网页数量为 1093 亿个，占网页总量的 32.6%，较 2020 年 12 月增长 9.4%。大量动态网页的应用在很大程度上为用户提供了更加人性化的交互方式，但也给信息采集工作带来了很大的挑战。常见的动态页面一般有两种。

1. 使用脚本动态加载的内容

静态页面的主体内容及其内部包含的 URL 是直接嵌入页面的源码中，通过对 HTML 源码的分析，可以直接提取出需要的 URL 地址及文本内容。而动态页面大多采用后加载技术，即页面源码中内容比较少，更多的内容是采用脚本语言动态加载的。如图 4-6 所示，在 CNKI 搜索论文，从打开的搜

图 4-6 CNKI 采用 AJAX 技术动态加载"参考文献"内容

索页面所对应的 HTML 源码 "<div id="MapArea">…</div>" 中是看不到论文参考文献的内容的，这些内容都是采用 AJAX（Asynchronous JavaScript and XML, 异步交互网络开发）技术，通过 JavaScript 驱动的异步请求/响应机制加载出来的。如果用传统的网络爬虫来抓取，由于爬虫不会执行页面中的脚本代码，因此无法抓取到这部分动态加载的内容。

2. Deep Web 数据内容

根据蕴含信息的"深度"可以将整个 Web 划分成 Surface Web（表层网络）和 Deep Web（深层网络）两类。Surface Web 一般是指可以通过传统搜索引擎搜索的页面集合；Deep Web 则是指不能被传统搜索引擎搜索到的页面集合，需要经由表单输入或者检索后得到返回结果的页面所包含的内容，这些数据"隐藏"在网络检索窗口后端，存储在 Access、Oracle、SQL Server、DB2 等数据库系统中。[191] 相对于 Surface Web, Deep Web 中包含的信息量是 Surface Web 的 400～500 倍，包含的高质量内容是 Surface Web 的 1000～2000 倍[192]，因此，针对 Deep Web 的研究是很有必要的。问题是当需要检索数据时，必须在检索窗口中输入检索条件，后台服务器响应请求后，将相应的检索结果按一定的排序显示在前台网页上。从图 4-7 中可以看到，在页面源码的"<div id="ModuleSearchResult"></div>"里都是没有内容的，内容是动态加载的。传统的网络爬虫只会顺着链接机械地搜集资源，遇到这种表单形式的数据，只能停止搜索，造成大量资源无法被采集。

针对上述动态网页的采集，我们选择采用"Selenium WebDriver+PhantomJS+Jsoup"技术架构。Selenium 是专门为实现多平台 Web 应用程序测试而设计的自动化测试工具套件，主要由 Selenium IDE、Selenium RC、Selenium WebDriver 和 Selenium Grid 四个工具构成。[193] 其中，Selenium IDE 是编写 Selenium 测试脚本的集成开发环境；Selenium Grid 支持分布式，允许用户在多个浏览器上并行执行测试案例；Selenium RC 在浏览器中运行 JavaScript 应用；而 Selenium WebDriver 是 Selenium2.0 以后的核心，通过原生浏览器支持或者浏览器扩展直接控制浏览器①，实现诸如"打开网页""点击链接""填写表单"等的自动执行。不过，Selenium 需要一个真实的浏览器窗口来执行测试，而我们则希望在后台运行这些自动化任务，因此，我

---

① Mr. 南柯：《Selenium2 的发布》，见 http://www.51testing.com/html/87/300987-829950.html。

们选择将 Selenium 与 PhantomJS 结合使用,既能进行后台的自动化操作,又能实现网页内容的快速爬取。PhantomJS 是一个支持 JavaScript API 的无界面、运行在服务端的 WebKit 环境。[194] 使用 PhantomJS 时,由于脚本的执行就像在浏览器中执行一样,因此一般的 DOM 脚本以及 CSS 选择器能够正常地工作。

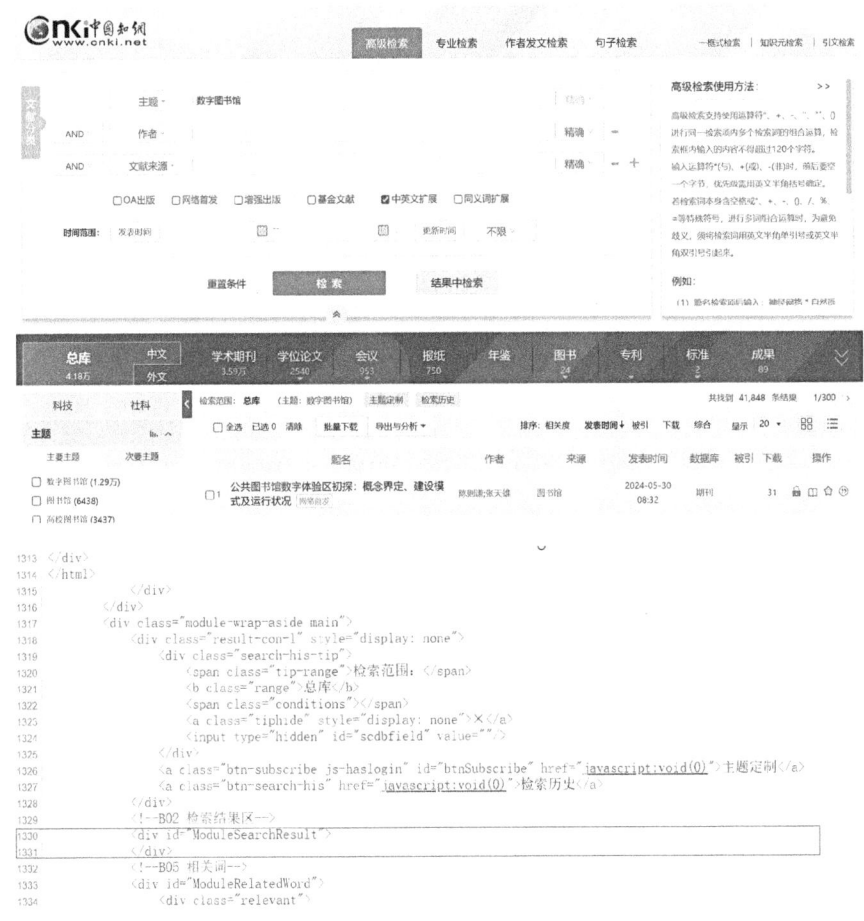

图 4-7 Deep Web 页面示例

以图 4-7 为例,我们首先通过 Selenium WebDriver API 驱动浏览器内核 PhantomJS,模拟浏览器输入检索条件"数字图书馆",点击检索按钮;接着动态获取<div id="ModuleSearchResult"></div>里的内容,得到和图 4-7 页面呈现一致的页面内容（见图 4-8），不断自动翻页，抓取所有检索结果，再通过 Jsoup 解析页面内容，至此，动态页面采集问题得到真正解决。

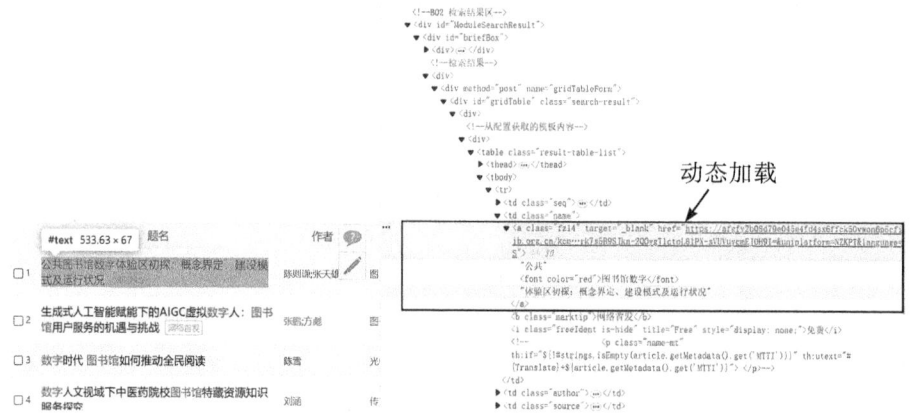

图 4-8　模拟浏览器运行示例

4.4.2.2　基于行块的网页正文提取

网页正文提取在信息采集中有重要的作用。大多数网页是由 HTML 语言编写，由导航、正文内容、相关链接、广告、装饰、版本声明等多种信息组成，因此，网页中除了包含有用信息（正文）外，还包含许多噪声信息。如果一个主题爬虫是基于网页正文内容进行的，那么系统只需查找出正文部分和主题匹配的网页返回给用户即可。因此，从语义的角度上讲，网页不应该是最小单元，把语义块作为信息的最小单元更加合理，而且可以过滤掉大量的噪音信息。网页的一个块（block）被认为是网页中一个具有方形形状的紧密封装的区域。对应的将 Web 网页分割成块的过程称为网页分块（web page segmentation）。[195] 如何对网页进行有效的分块呢？科研人员已经对此展开了很多工作。刘秉权等人采用基于结构树解析的方法来实现中文网页正文的提取，首先通过 HTML 解析器把网页解析成一个 DOM 树的结构，树中每个节点都是由网页中的标签对构成的，然后按照从上到下、从左到右的顺序遍历 DOM 树，去掉标记为文本格式（如<b>、<font>、<strong>、<style>等）的节点和信息量小于阈值的节点，剩余的内容即为正文信息，但这种方法只适用于格式比较规范的网页。[196] 赵欣欣等人提出基于标记窗（tag window）的网页正文提取方法，将出现在标签<title></title>之后的且是成对出现的 HTML 标签及其内部包含的文本定义为一个标记窗（比如<h1>text</h1>中 text 就是标记窗内的文本），计算文章标题序列与每个标记窗文本序列的词语距离，如果距离小于阈值 q，则将此标记窗中的文本看作正文信息。[197] 黄玲认为主题型网页中的正文信息是成堆出现的，在网页源码<body></body>之间通常只有一个网页正文标题，网页正文通常处在网页标题的下级内容块中，因此，从网页标题位置开始分别向前和向后搜索页面布局标签，搜索成功的当前位置即为网页正文内容块的开始位置。[198] 蒲宇达将网页源代码进行线性化重构，利用重构后的代码进行网页噪声的初步去除，再经过文本分类、聚类得到网页正文的脉络段落，最后通过吸收伪噪声段落生成网页正文。[199]

为了方便浏览和引起注意，当前 Web 网页包含多种用 HTML 标记或属性表示的可视化信息，如颜色、块、字体等，以实现网页的可视化布局显示。[200] 可视化信息对于网页分块是很有用的，微软亚洲研究院提出的基于视觉特征的网页分隔算法 VIPS（Vision-based Page Segmentation）就是从用户视觉角度出发，利用一些视觉特征，如背景颜色、字体颜色和大小、边框、逻辑块和逻辑块之间的间距等来分辨页面语义块，再根据这些语义块检测它们之间的分隔条，最后基于分隔条重新构建 Web 页面的语义结构。[201] 这种方法能在一定程度上满足复杂页面对算法的要求，但视觉特征较为复杂，制定匹配规则较为困难。

综上所述，以上方法存在一个共同问题：正文提取必须依赖于 HTML 标签。不可否认，标签对文字的修饰作用在词权确定上有很大作用，但是也正因为标签和正文之间互相交织的复杂和不规范性，使得对网页的正文抽取变得难以实现。基于此，我们采用了哈工大信息检索研究中心陈鑫提出的基于行块分布函数提取网页正文的方法①。该方法不用建立 DOM 树，与 HTML 标签无关。具体算法如下：

---

① coder1479：《网页正文抽取（一）——基于行块分布函数的算法》，见 https://blog.csdn.net/m0_48742971/article/details/122441192，算法作者：陈鑫（xchen@ir.hit.edu.cn，哈工大信息检索研究中心）。

> 基于行块的正文提取算法
>
> 输入：网页的 HTML 源码
>
> 输出：网页的正文
>
> 步骤：Ⅰ. 从 HTML 源码中去除所有的标签，只保留正文内容，并保留标签去除后的所有空白位置信息，得到一个称为 Content（正文）的纯文本内容。
>
> Ⅱ. 定义行块分布函数：以 Content 中的第 i 行为起点，取其周围 N 行（上下文均可，这里取 $N=3$，方向向下），合起来称为一个行块 Block(i)。
>
> 其中，N 定义为行块厚度，将行块中的所有空白符（如换行符、回车符、制表符等）去除后的字符总数则为行块长度。行块分布函数就是以 Block(i) 为 x 轴，其行块长度为 y 轴。
>
> Ⅲ. 在行块分布函数上，找出骤升和骤降两个边界点，这两个边界点所包含的区域即为当前网页的正确文本区域，该区域满足两个条件：一是行块长度最大值，二是连续的。

这里，以网页"数字图书馆"为例，在示例图 4-9(a) 中的框选区域就是一个行块，其对应的网页编码如图 4-9(b) 所示。我们首先去掉编码中的 CSS 代码（形如 < style > …… </style >）、JavaScript 脚本（形如 < script ></script>、注释（形如<! -->……<-->）以及 HTML 标签（形如<div>……</div>、……、<a>……</a>等），得到按照"\ n"分行的文本。接着，对于每个文本行，去掉所有空格，累加当前行到当前行+N 行的文本长度，即为行块长度。

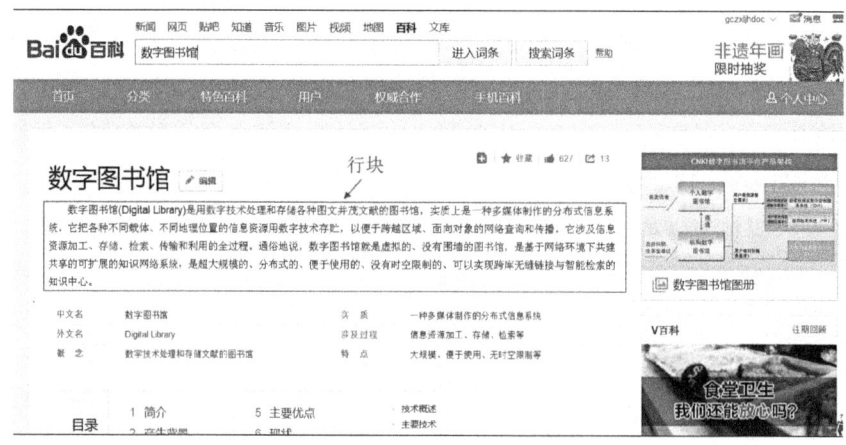

(a) 网页"数字 图书馆"的内容

```
<!DOCTYPE html>
<!-- saved from url=(0073)http://baike.baidu.com/item/%E6%95%B0%E5%AD%97%E5%9B%BE%E4%B9%A6%E9%A6%86 -->
<html><head><meta http-equiv="Content-Type" content="text/html; charset=UTF-8"><script async=""
src="./数字图书馆_百度百科_files/dp.csp.min.js"></script><script async=""
src="./数字图书馆_百度百科_files/feature.min.js"></script><script async=""
src="./数字图书馆_百度百科_files/element.min.js"></script><script async=""
src="./数字图书馆_百度百科_files/monkey.min.js"></script><script async=""
src="./数字图书馆_百度百科_files/speed.min.js"></script><script async=""
src="./数字图书馆_百度百科_files/dp.min.js"></script><script charset="utf-8" async=""
src="./数字图书馆_百度百科_files/snippetcacher.php"></script><script type="text/javascript" async=""
src="./数字图书馆_百度百科_files/mcdm"></script>
<meta charset="UTF-8">
<meta http-equiv="X-UA-Compatible" content="IE=Edge">

<!--[if lte IE 9]>
<script>
    (function() {
      var e =
      "abbr,article,aside,audio,canvas,datalist,details,dialog,eventsource,figure,footer,header,hgroup,
      mark,menu,meter,nav,output,progress,section,time,video".split(","),
        i = e.length;
      while (i--) {
        document.createElement(e[i]);
      }
    })();
  </script>
<![endif]-->
<link rel="stylesheet" type="text/css" href="./数字图书馆_百度百科_files/wiki-lemma_7850da5.css"><link

<div class="para" label-module="para">数字图书馆(Digital Library)是用<a target="_blank"
href="http://baike.baidu.com/view/1090132.htm">数字技术
</a>处理和存储各种图文并茂文献的图书馆，实质上是一种多媒体制作的分布式信息系统。它把各种不同载体、不同地理
位置的信息资源用数字技术存贮，以便于跨越区域、面向对象的网络查询和传播。它涉及信息资源加工、<a
target="_blank" href="http://baike.baidu.com/view/87682.htm">存储</a>、<a target="_blank"
href="http://baike.baidu.com/view/677662.htm">检索
</a>、传输和利用的全过程。通俗地说，数字图书馆就是虚拟的、没有围墙的<a target="_blank"
href="http://baike.baidu.com/subview/17618/19990705.htm" data-lemmaid="345742">图书馆
</a>，是基于网络环境下共建共享的可扩展的知识网络系统，是超大规模的、分布式的、便于使用的、没有时空限制的、
可以实现跨库无缝链接与智能检索的知识中心。</div>
</div>
<div class="configModuleBanner">
```

（b）网页编码

图 4-9　行块示例

求出行块分布函数如图 4-10 所示，其中有 12 个区域出现骤升和骤降，即可求出正确文本区域行号：269－273，359－372，383－387，404－405，416-430，445－467，486－499，512－531，550－551，563－564，575－600，615-621。

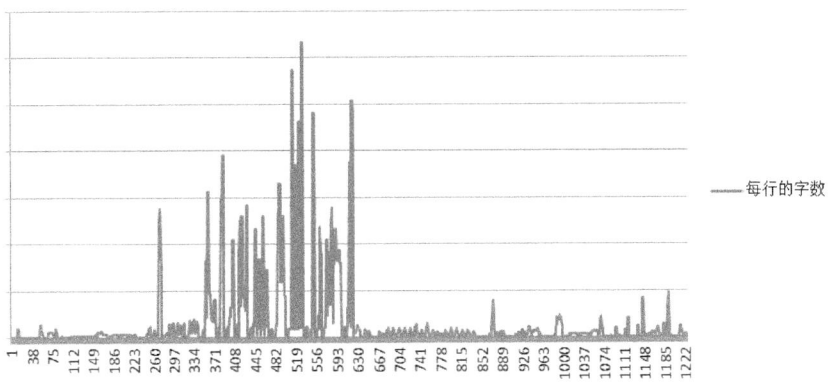

图 4-10　网页"数字图书馆"

4.4.3 主题描述

主题爬虫是一种主题特定的爬虫，主题爬虫在 Web 中爬行时遵循一定主题搜索策略，优先搜索主题相关度高的页面。首先要进行主题描述，限定主题范围；其次判断爬取网页的主题相关性，即主题相关度计算，将主题相关网页保存下来。主题描述的准确性将直接影响网页主题相关度计算的结果，进而会影响主题爬虫的性能。[202] 一方面，如果主题描述得太泛，主题的区分能力不强，那么会导致搜集的网页数量很多但相关性不高。另一方面，如果主题描述得太具体，会将爬行的范围限制得很小，搜集的网页虽然相关度很高，但数量可能会太少。因此，主题爬虫需要一种合适的主题描述方法来描述给定的信息需求（主题），并用来引导自己到达相关的 Web 网页，这是主题爬行的前提与基础。

主题是表示一个领域的集合性名词，单一的词语并不能全面描述领域的含义，为了更准确地爬取主题相关网页，通常使用若干具有代表性的词语表示主题。主题类别是一个抽象的概念，需要采取一定方法将其具体特征表示出来。目前主题描述方法主要有三种：基于关键词的主题描述、基于分类结构样本的主题描述和基于语义概念的主题描述。[203]

（1）基于关键词的主题描述一般通过文本分词、去停用词等方式得到若干能够反映网页文档含义的关键词，即文本的词项。龙沙旺（Rungsawang A）等人从与指定主题相关的网页的标题和锚文本中抽取出现频率高的关键词来描述主题。[204] 这种方法简单、实用性强，但是该方法认为关键词之间是彼此独立的，没有考虑关键词之间的关联性。

（2）基于分类结构样本的主题描述将已有知识库作为蓝本，利用概念之间形成的知识网来描述主题。门泽（Menezer F）在 2001 年提出从 Yahoo 的层次分类法中获得主题，[205] 又在 2004 年提出选中 ODP（Open Directory Project）的一个主题节点，将从根到该主题节点的路径上的所有节点的标签的并集作为主题关键词。[206] 该方法的优点在于一方面可以根据树型分层结构，将不同的分类均表示为主题，可以用于多主题的主题描述；另一方面能够根据概念之间的关系，反映同一主题的不同概念或不同主题概念之间的联系。但是该描述方法主要依靠的是一个人工维护的大型分类目录，该分类目录修改困难，并不适用于更新较快的主题。

（3）基于语义概念的主题描述是一种新型的主题描述方法，它是在关键词与知识库基础上发展起来的，一般使用本体知识树来描述主题，具有良好的语义描述优势。

由于维基百科包含了对其基本组成单元——条目描述的解释文档（即条目的释义内容），并通过"学科分类"对概念、条目进行有效组织。分类与子分类、分类与条目之间形成了一个反映语义关系的层次结构，与本体相似。因此，我们提出基于维基百科的条目释义内容实现主题描述，采用上一章介绍的文本重叠方法，将特定主题映射到维基百科条目的释义内容上，以提高主题描述的全面性与准确性。计算公式如下：

$$overlap(q, t) = tanh \frac{\sum_{i=1}^{n} m_i^2}{length(q) + length(t)} \tag{4-1}$$

其中，n 表示经过分词后的主题词 q 和一个维基百科条目对应的解释页面首段 t 中共同出现的文本片段的个数，m_i 对应着第 i 个文本片段的字长，$length(q)$ 和 $length(t)$ 分别为主题词 q 和解释页面首段 t 的字长。文本重叠度越大，则主题词与条目的相关性越高。

以主题"检索反馈"为例，为了更加全面和准确地描述该主题，我们需要将该主题映射到维基百科的一个条目的释义内容上。我们选择维基百科的两个条目"关联反馈""仙剑奇侠传—逍遥游"进行映射示例。两个条目对应的释义内容首段通过分词、停用词表、词性过滤，得到如下集合：

关联反馈 = {能够/1 利用/2 给定/1 假/1 新/1 执行/1 系统/1 查询/2 是否/1 区分/1 信息检索/1 结果/3 形式/1 反馈/6 有效/1 相关反馈/1 信息/1 盲/1 显/1 观点/1 隐/1 特征/1 返回/1}

仙剑奇侠传—逍遥游 = {北京/2 资讯/1 游/1 大宇/2 开发/2 宠物/1 合作/1 旗/1 牌/1 队伍/1 版/1 软/2 子公司/1 逍遥/1 正式/1 游戏/4 仙剑/1 核心/1 朋友/1 宪/1 剑奇侠/2 收集/1 历代/1 角色/1 系列/1 怪物/1 经典/1 仙/2 制作/1 桌面/1 玩/2 作/2 星/2 卡/1 父/1 展开/1 竞赛/1 扮演/1 姚壮/1 挑战/1 家/2 竞争/1}

主题词"检索反馈"与这两个集合的重叠词语集为 {反馈/7} 和 { }，根据公式（4-1）得到：

$overlap$(检索反馈，关联反馈) = 0.275521

$overlap$(检索反馈，仙剑奇侠传—逍遥游) = 0

因此，相对于"仙剑奇侠传—逍遥游"，"关联反馈"与主题"检索反馈”更为相关，这样主题“检索反馈”就映射到“关联反馈”这个条目(见图 4-11) 上了。

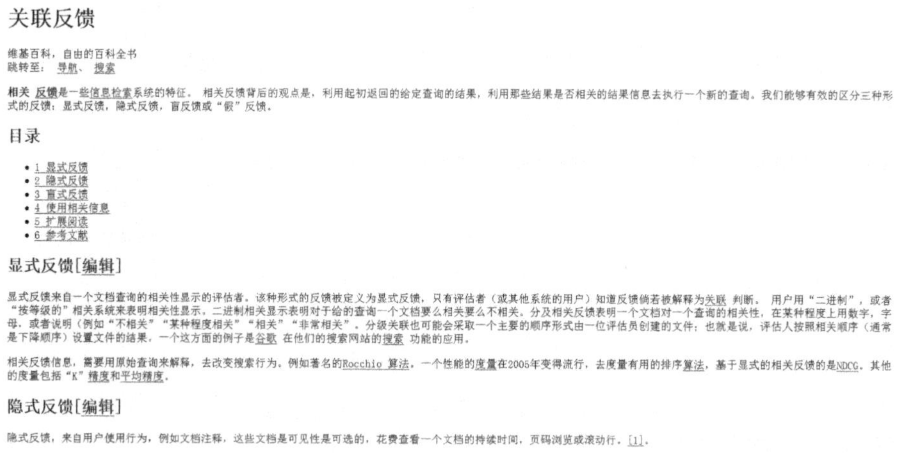

关联反馈

维基百科，自由的百科全书
跳转至： 导航、 搜索

相关 反馈是一些信息检索系统的特征。 相关反馈背后的观点是，利用起初返回的给定查询的结果，利用那些结果是否相关的结果信息去执行一个新的查询。我们能够有效的区分三种形式的反馈：显式反馈，隐式反馈，盲反馈或“假”反馈。

目录

- 1 显式反馈
- 2 隐式反馈
- 3 盲式反馈
- 4 使用相关信息
- 5 扩展阅读
- 6 参考文献

显式反馈[编辑]

显式反馈来自一个文档查询的相关性显示的评估者。该种形式的反馈被定义为显式反馈，只有评估者（或其他系统的用户）知道反馈倘若被解释为关联 判断。 用户用“二进制”，或者“按等级的”相关系统来表明相关性显示。二进制相关显示表明对于给的查询一个文档要么相关要么不相关。分及相关反馈表明一个文档对一个查询的相关性，在某种程度上用数字，字母，或者说明（例如“不相关”“某种程度相关”“相关”“非常相关”。分级关联也可能会采取一个主要的顺序形式由一位评估员创建的文件：也就是说，评估人按照相关顺序（通常是下降顺序）设置文件的结果。一个这方面的例子是谷歌 在他们的搜索网站的搜索 功能的应用。

相关反馈信息，需要用原始查询来解释，去改变搜索行为。例如著名的Rocchio 算法。一个性能的度量在2005年变得流行，去度量有用的排序算法，基于显式的相关反馈的是NDCG。其他的度量包括“K”精度和平均精度。

隐式反馈[编辑]

隐式反馈，来自用户使用行为，例如文档注释，这些文档是可见性是可选的，花费查看一个文档的持续时间，页码浏览或滚动行。[1]。

图 4-11 “关联反馈”条目的释义内容

4.4.4 基于领域本体的网页相关性计算

4.4.4.1 主题爬虫相关度算法研究

在语义相关性研究的早期，基于字符串计算主题和网页相关度的算法最多，也最为成熟，如 FishSearch 算法[207]、SharkSearch 算法[208] 就是利用主题词和网页内容之间的简单布尔匹配。两个算法都是首先对网页文本和主题词进行分词，计算出两者关键词集合的交集，从而得到网页与主题的相关度。不同的是，FishSearch 算法将不相关的网页的相关度设置为 0.5，相关网页的相关度设置为 1；而 SharkSearch 算法的相关度为一连续值 [0, 1]。以上算法本质上都是通过关键词的匹配评估网页内容的主题相关度，在对文本内容处理时忽略了大量的语义信息，存在的“一词多义”和“多词一义”等问题会对相关度计算产生干扰。

为了提高抓取精度，防止主题漂移，基于机器学习的主题爬虫算法被提出来。查克拉巴蒂（Chakrabarti S）采用半监督学习的方法，构造分类器制导的主题爬虫系统，通过从开放的分类目录中指定的样例页面定义主题，以此为训练样本构造分类器，并加入在线学习的思想，通过计算网页的主题相关度为抓取路径的选择提供反馈信息，不断优化抓取路径。[209] 同年，雷尼（Rennie J）提出基于增强学习的爬行策略。[210] 但是，基于机器学习的算法对训练样本的质量要求较高，随着样本规模增大，算法复杂度也随之增大。于是研究人员开始将文本包含的语义信息加入相关度的计算当中。国外许多研究者利用语义词典 WordNet[211] 和 Roget's Thesaurus[212] 中的语义信息进行语义相关度计算。国内，葛斌等人提出利用知网的义原层次树，考虑树的深度、密度等因素对义原节点权重的影响，得到义原相似度，通过分析义项的描述语言结构，将关系义原和关系符号描述结构进行加权合并计算义项相似度。[213] 林碧霞根据现有本体层次树的概念之间相似度、相关度的计算方法，改进了本体层次树的各节点的语义相似度及相关度，并给出了上下文主题关键词集合的综合方法，再根据上下文的主题描述提出了对应的网页相关度与链接相关度的算法。[214] 可见，概念间语义关系的定量计算决定了语义层相关度算法的效果与效率。

4.4.4.2 基于 VSM 的相关性计算

VSM（Vector Space Model，向量空间模型）是索尔顿（Salton G）等人在 20 世纪 70 年代提出来的，被认为是最简捷有效、应用最为广泛的相似度计算模型，也是一种高效的文本相关度计算模型之一。[215] 在 VSM 中，文档的内容特征可以用它所含有的项（字、词、词组或短语）来表示，文档由项集表示为 $(t_1, t_2, \cdots, t_n)$，对于每一项 t_i，根据其在文档中的重要程度赋以一定的权值 ω_i，并将 $t_1, t_2, \cdots, t_n$ 看成一个 n 维坐标系中的坐标轴，$\omega_1, \omega_2, \cdots, \omega_n$ 为对应的坐标值。我们称 $D = D(t_1, \omega_1; t_2, \omega_2; \cdots; t_n, \omega_n)$ 为文本 D 的向量空间模型，那么，两个文档 D_i 和 D_j 在向量空间模型中的表示如图 4-12 所示。

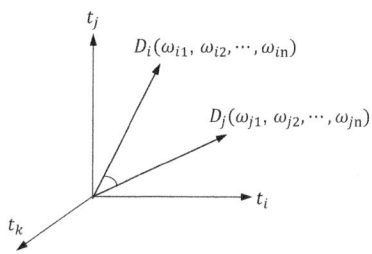

图 4-12　向量空间中的两个文档

两文档之间的内容相关度 $Sim(D_i, D_j)$ 可以借助两个文档的 n 维向量之间的距离来表示,而距离的衡量方法主要有以下几种:

(1) 内积:$Sim(D_i, D_j) = \sum_{k=1}^{n} \omega_{ik} \omega_{jk}$ (4-2)

(2) Jaccard 系数:$Sim(D_i, D_j) = \dfrac{\sum_{k=1}^{n} \omega_{ik} \omega_{jk}}{\sum_{k=1}^{n} \omega_{ik}^2 + \sum_{k=1}^{n} \omega_{jk}^2 - \sum_{k=1}^{n} \omega_{ik} \omega_{jk}}$ (4-3)

(3) Dice 系数:$Sim(D_i, D_j) = \dfrac{2 \sum_{k=1}^{n} \omega_{ik} \omega_{jk}}{\sum_{k=1}^{n} \omega_{ik}^2 + \sum_{k=1}^{n} \omega_{jk}^2}$ (4-4)

(4) 余弦系数:$Sim(D_i, D_j) = \cos\theta = \dfrac{\sum_{k=1}^{n} \omega_{ik} \omega_{jk}}{\sqrt{\left(\sum_{k=1}^{n} \omega_{ik}^2\right)\left(\sum_{k=1}^{n} \omega_{jk}^2\right)}}$ (4-5)

特征项权重 ω_i 表示该特征项 t_i 对于文本内容的重要程度,权重越高越能反映文本的内容特征,常用计算方法有卡方统计、互信息、文档频率等。这里,我们利用 TF-IDF 方法计算两向量之间的夹角余弦值,根据公式(4-5) 定义其权重为:

$$\omega_{ik} = \dfrac{tf_{ik} \times \log\left(\dfrac{N}{df_k}\right)}{\sqrt{\sum_{k=1}^{n} \left[tf_{ik} \times \log\left(\dfrac{N}{df_k}\right)\right]^2}} \quad (4\text{-}6)$$

其中,tf_{ik} 为特征项 t_k 在解释文档 D_i 出现的词频,N 为全部解释文档的数量,df_k 为含有特征项 t_k 的解释文档数量。两向量的夹角余弦值越大,说明夹角越小,两篇文档越相关。

这种方法把对文本内容的处理简化为向量空间中的向量运算,大大提高了文本处理的速度和效率。但是基于 TF-IDF 的向量空间模型方法也有不足之处:首先,只有当文本所包含的词语足够多时,采用该方法的效果才会比较好。因为它是一种基于统计的方法,只有当文本包含的词数多时,相关的词才会重复出现,这种统计的效果才会体现出来。其次,TF-IDF 方法只考虑了词在上下文中的统计特性,而没有考虑词本身的语义信息,因此对计算结果的可靠性会造成一定的影响。

4.4.4.3 基于领域本体的相关性计算

通过对已有的技术研究,基于本体的相关性计算主要应该考虑4个因素:语义重合度、语义距离、节点所处层次深度和层次差。我们综合采用上述因素进行基于领域本体的网页相关度计算,具体算法如下:

输入:下载的网页集合及主体描述。

输出:网页的相关度值。

步骤:1. 先确定主题的上下位概念、同义概念和实例。

2. 对待判断网页做分词、停用词过滤、统计词频。

3. 对于网页中的高频词(关键词),判断是不是主题概念。

  3.1 如果是的话,先记下 $Rel_{WUP}=1$(使用吴在文献[138]中提出的最近公共父节点 lcs 的方法来计算高频词与主题概念之间的语义相关度 Rel_{wup}(高频词,主题概念)$= \dfrac{2 \times depth(\text{主题概念})}{length(\text{高频词},\text{主题概念})+length(\text{主题概念},\text{主题概念})+2 \times depth(\text{主题概念})}$

$= \dfrac{2 \times depth(\text{主题概念})}{0+0+2 \times depth(\text{主题概念})}=1$),接着继续在本体中查找该概念的"同义关系"概念,将文中出现同义关系的概念全部替换成统一的概念。

  3.2 如果不是的话,就判断是不是主题的实例。

    3.2.1 如果是的话,先记下 $Rel_{WUP}=1$。

    3.2.2 如果不是的话,继续在本体中查找该概念的直接下位概念。

      3.2.2.1 如果是下位概念,就记下 $Rel_{wup}=\dfrac{2depth(\text{主题概念})}{1+2depth(\text{主题概念})}$,接着继续在网页中查找是否还有下位概念的同义概念,有的话,就全部替换。

      3.2.2.2 如果不是的话,就判断是不是直接上位概念。

        3.2.2.2.1 如果是上位概念,就记下 $Rel_{wup}=\dfrac{2depth(\text{上位概念})}{1+2depth(\text{上位概念})}$,接着继续在网页中查找是否还有下位概念的同义概念,有的话,就全部替换。

        3.2.2.2.2 如果不是的话,就判断是不是本体中的其他概念。

          3.2.2.2.2.1 如果是的话,直接计算 $Rel_{wup}=\dfrac{2depth(lcs(\text{高频词},\text{主题概念}))}{length(\text{高频词},lcs)+length(\text{主题概念},lcs)+2depth(lcs)}$。

          3.2.2.2.2.2 如果不是的话,结束。

4. $Rel=aRel_{wup}+(1-a)Rel_{str}$,其中 $Rel_{str}=tanh\dfrac{overlap(t_1,t_2)}{length(t_1)+length(t_2)}$(施特鲁布在文献[124]中提出的通过高频词所在网页 t_1 和主题描述文档 t_2 的文本重叠度来计算语义相关度的方法)。

4.4.4.4 实验结果及分析

为验证我们提出的基于领域本体的网页相关度算法的可行性和有效性，我们精心设计了一个用于测试的网页集合，包含了与"数字图书馆"相关网页 47 个，不相关网页 56 个。对上面讨论的两种相关度算法在正确率 P（采集结果中所有与主题相关的网页数目占采集结果总数目的百分比）、召回率 R（采集结果中所有与主题相关的页面数目占所有主题相关网页的百分比）及运行时间方面展开实验比较。

实验是在 CPU 为 Intel i5-3427U（1.8 GHz）、内存为 2.17 GB、操作系统为 Windows7 的机器上进行的。我们没有设计专门的分词算法，而是直接使用了中国科学院计算技术研究所 NLPIR/ICTCLAS2013 分词系统的 Java 接口并补充了自定义词典对需要比较的文档进行分词，再通过停用词表和词性选择将无实际语义特征词语从切分过的文档中过滤掉。在 VSM 的相关度算法中，综合考虑精度、时间复杂度、空间复杂度等方面的要求，设定特征项个数 =60，实验结果见表 4-9、图 4-13。

表 4-9 基于 VSM 的相关度计算结果

	>0.01	>0.02	>0.03	>0.04	>0.05	>0.1	>0.15
总的抽取个数	62	49	37	32	25	9	4
正确抽取个数	41	32	28	24	21	9	4

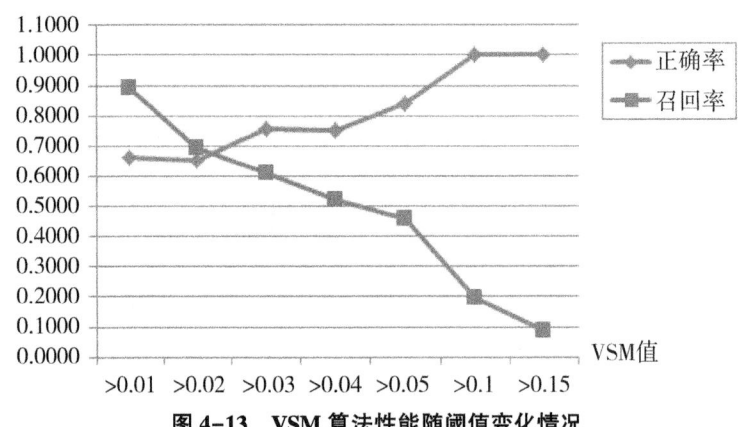

图 4-13 VSM 算法性能随阈值变化情况

从图 4-13 可以看出，随着相关度的增加，VSM 算法的正确率也逐步提升。当相关度在 0.1 时，正确率达到最大，为 100%；然而，随着正确率的提升，召回率却是呈直线下降的，在相关度为 0.1 时，召回率只有 19.15%，大量的相关网页被丢弃，这时就要权衡阈值的设置来综合正确率和召回率。如图 4-14 所示，我们考察 $F_1 = \dfrac{2 \times 正确率 \times 召回率}{正确率 + 召回率}$ 的值，发现在相关度 = 0.01 时，F_1 值最大，因此设置阈值为 0.01。

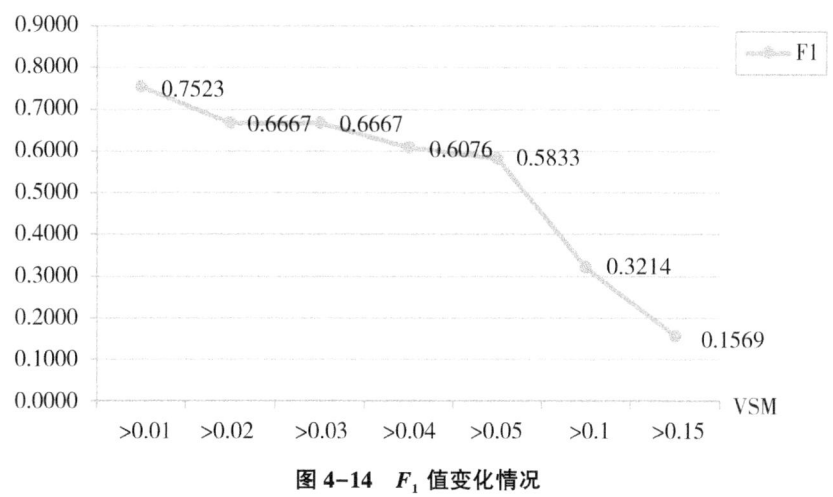

图 4-14　F_1 值变化情况

表 4-10 和图 4-15 是 $aRel_{wup} + (1-a)Rel_{str}$ 线性组合方法计算的语义相关度随调节系数 a 变化而变化的情况，a 值每隔 0.1 计算一次。

表 4-10　基于领域本体的相关度计算结果

		wup	0.1wup	0.2wup	0.3wup	0.4wup	0.5wup	0.6wup	0.7wup	0.8wup	0.9wup	full
>0.3	正确抽取	43	43	43	43	42	42	42	43	43	43	43
	抽取总数	55	49	48	48	47	48	51	53	54	55	50
>0.4	正确抽取	36	41	40	41	40	40	40	40	37	37	40
	抽取总数	38	41	40	41	40	40	40	40	37	37	40
>0.5	正确抽取	34	33	34	36	35	33	33	33	33	31	31
	抽取总数	34	33	34	36	35	33	33	33	33	31	31

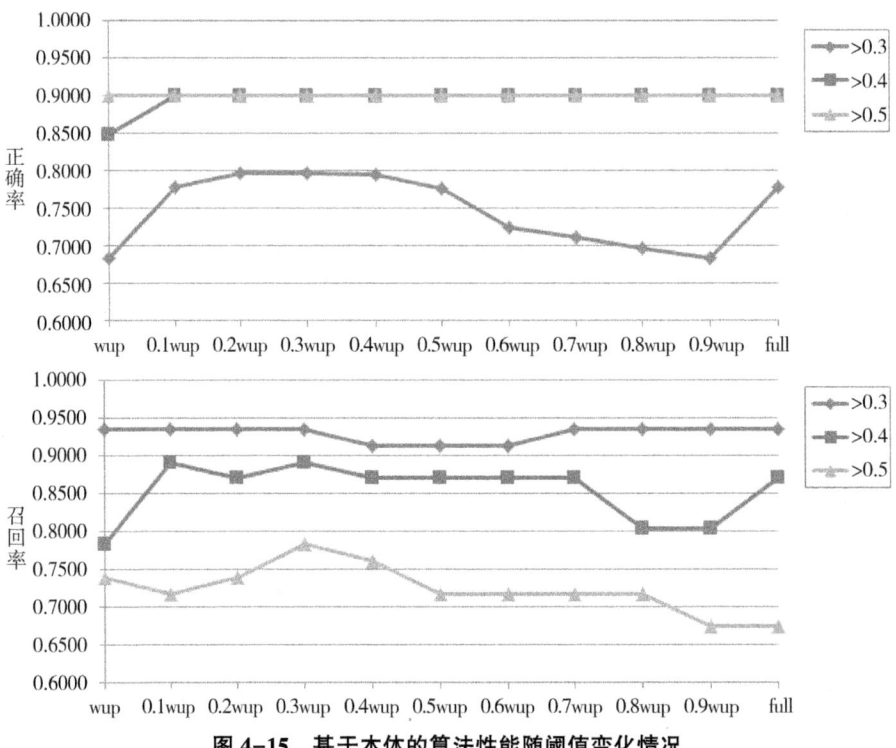

图 4-15 基于本体的算法性能随阈值变化情况

在图 4-15 中，我们发现基于领域本体的相关度计算的整体性能都比较符合预期目标。在 $a=0.3$ 时，基于 $0.3Rel_{wup}+0.7Rel_{str}$ 计算相关度的性能较好。因此，我们继续设定 VSM 算法中阈值为 0.01，基于领域本体算法中的阈值为 0.3，得到了正确率、召回率及运行时间的结果（见表 4-11）。

表 4-11 相关度计算结果对比

算法	正确率	召回率	运行时间（秒）
基于 VSM	0.6531	0.6957	4.546
基于领域本体	0.8696	1.0000	2.480

通过表 4-11 不难看出：相对于传统 VSM 相关度计算方法，基于领域本体的相关度计算方法使爬虫的正确率和召回率都得到较大改善，分别提升 21.65 个百分点和 30.43 个百分点，而运行时间反而降低了 2.066 秒。考虑实验选取的 VSM 的特征项个数为 60，计算文档个数为 103，可以想象，如果

特征项和文档个数增加，基于 VSM 的相关度算法所花费的时间代价会更多，充分证明了基于本体方法的可行性和有效性。

4.4.5　基于 Heritrix 的图情领域采集系统

本系统是一套针对特定领域的数据采集系统，可以根据用户自定义的任务配置，从指定网站的种子网页 URL 爬虫开始，采用广度优先策略，仅识别抓取符合过滤规则的目标网页；无论是静态网页还是动态网页，都能批量而精确地采集网站中的网页文本信息，并转化为结构化记录保存到本地数据库。

4.4.5.1　Heritrix 介绍

主流爬虫框架的实现语言与功能各不相同，例如 Nutch、Heritrix[①]、WebMagic 是在 Java 领域比较优秀的开源爬虫框架，Scrapy、Pyspider 则是在 Python 领域比较优秀的开源爬虫框架。其中，Heritrix 采用模块化设计，开发者可以任意选择或扩展 Heritrix 的各个组件，实现特定的抓取逻辑。其架构设计如图 4-16 所示。

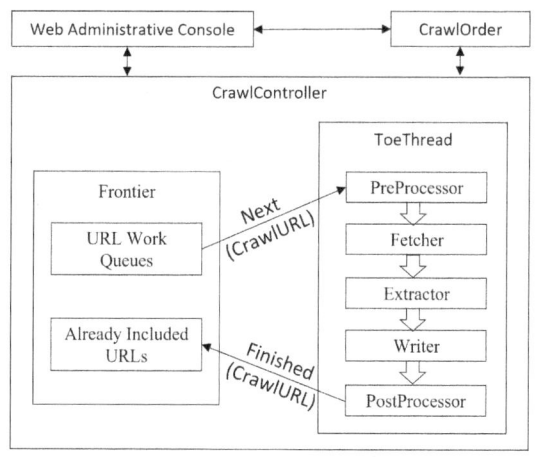

图 4-16　Heritrix 系统架构

---

① Internetarchive：*Heritrix is the Internet Archive's Open-source, Extensible, Web-scale, Archival-quality Web Crawler Project*，见 https://github.com/internetarchive/heritrix3。

(1) Web Administrative Console (Web 管理控制台)：方便管理员通过 Web 界面来设置爬虫运行时使用的模块。

(2) CrawlOrder (爬取规则)：对爬虫任务进行配置，是爬取任务的起点。

(3) CrawlController (中央控制器)：是爬取系统的核心组件，决定了整个爬取任务的开始、处理与结束。它从 Frontier 中获得 URL，然后传递给线程池 (ToePool)，线程池会根据用户设置的工作线程数目启动 ToeThread (工作线程)，开始真正的抓取工作。

(4) Frontier (边界控制器)：是一个 URL 处理器，内部设置一个待处理队列 (URL Work Queues) 和一个已处理队列 (Already Included URLs)。当从网页中提取到 URL，控制器会将这些 URL 和已处理队列做对比，做去重处理。

(5) Processor (处理器)：包括预处理器 PreProcessor、抓取器 Fetcher、解析器 Extractor、记录器 Writer 以及后处理器 PostProcessor。收到 URL，先由 PreProcessor 完成抓取前的准备工作；接着调用 Fetcher 来解析网络协议，如 FetchDNS、FetchHTTP 和 FetchFTP 等会分别解析 DNS、HTTP 和 FTP 协议，保证顺利抓取；然后通过 Extractor 解析返回的网页信息，包括 HTML、CSS、SWF、JS、PDF、DOC 和 XML 等不同类型的信息；再由 Writer 将网页保存到本地存储；最后由 PostProcessor 完成扫尾工作。

在 Heritrix 的使用中，我们主要使用 Processor 中的部件进行控制和改写，这样才能构建出符合系统需求的爬虫程序。

4.4.5.2 软件运行环境

1. 服务器端

硬件配置要求：2 核 CPU 为 PⅢ 及其以上型号或以上、内存为 42 GB 或以上、硬盘容量为 100 GB 或以上。

软件要求：Windows Server 2003 或 Windows Server 2008 或 Linux，JRE1.8，MYSQL5.0。

2. 客户端

硬件配置要求：CPU 为 PⅢ 及其以上型号、内存为 2 GB 或以上、硬盘容量为普通 PC 电脑。

软件要求：JRE1.8，推荐使用火狐浏览器。

4.4.5.3 系统运行

(1)用户输入用户名、密码认证后登录系统,登录后主界面如图4-17所示,通过点击系统主界面左侧所列的功能模块菜单,可进入各功能模块进行相关操作。进入主界面后,直接打开控制台界面,在控制台界面可以查看采集状态,包括任务数量、已用内存等,还可以控制采集系统开始工作或暂停工作。

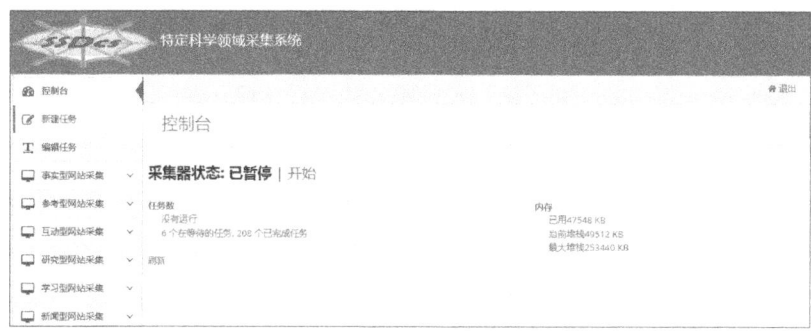

图 4-17 系统登录主界面

(2)当建立采集任务后,可在控制台查看当前采集任务的状态(见图4-18),包括已下载数量、速率等,还可以暂停、终止当前任务。

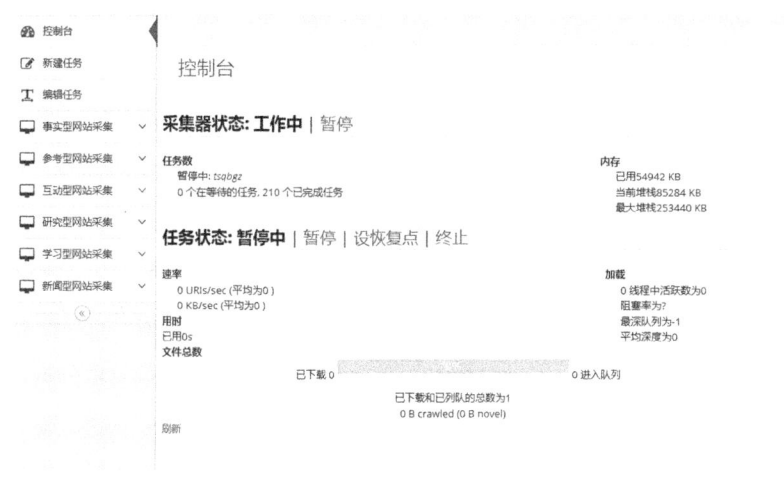

图 4-18 采集任务状态

（3）在新建任务模块中，用户输入新任务名称、说明和种子 URL，点击创建按钮，就可以根据设定好的通用模板创建新的任务，采集种子 URL 指向的网站相关网页内容（见图 4-19）。

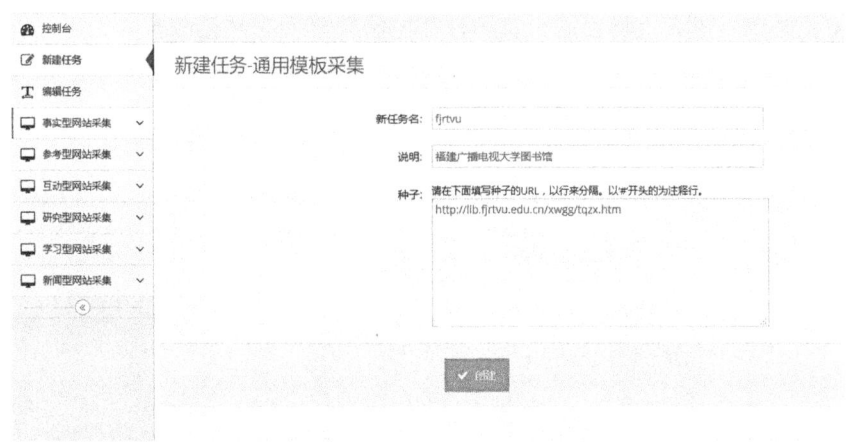

图 4-19　新建通用模板采集任务

（4）在编辑任务模块中，用户可以查看按照通用模板创建的采集任务的任务 ID、任务名称、任务描述和状态（"等待中""运行中""暂停中""非正常退出"以及"已完成" 5 种状态），并可以删除任务（见图 4-20）。

图 4-20　任务列表

4.4.6 基于图情领域本体的主题采集

4.4.6.1 初始 URL 选择

初始 URL 是网络爬虫进行搜索的起点，起点的选择不同将会影响信息采集的效果。因此，主题爬虫初始 URL 的选择是比较关键的，这里采用前面袁毅提出的学术网站功能的评价指标——网站被文献引用数来判断领域内的重要网站。如果一个网站被引数明显高于平均被引数，那么这个网站就是我们已知的、领域内有影响的网站。反之，如果一个网站在多个检索系统中被引数均为零，那么就可以怀疑该网站的重要程度。因此，我们通过统计网络引文中被引网站的频次，就可以将高频次网站的 URL 作为初始 URL。

根据前面对图情领域网络信息资源类型和分布的分析，我们确定初始 URL 如表 4-12 所示。

表 4-12 主题采集的种子网站

网站名	网站类型	URL
顾犇博士个人主页	个人主页	http://www.bengu.cn/
图林老姜的博客	博客	http://blog.sina.com.cn/tllj
小木虫论坛	论坛	http://muchong.com/
武汉大学图书馆	图书馆	http://www.lib.whu.edu.cn/web/default.asp
中国科学院文献情报中心	研究机构	http://www.las.ac.cn/
中国图书馆学会	学会	http://www.lsc.org.cn/cn/index.html
上海图书馆学会	学会	http://www.libnet.sh.cn/tsgxh/
中国图书馆学报	开放存取电子期刊	http://www.jlis.cn/jtlsc/ch/index.aspx
数字图书馆研究资源门户	学科导航	http://www.libnet.sh.cn/sztsg/
中国互联网数据资讯中心	研究报告类	http://www.199it.com
百度百科	词典/百科全书	https://baike.baidu.com/
中国知网(2013—2015)	文献/索引	http://www.cnki.net/
豆丁网	共享文档	http://www.docin.com/
汤森路透知识产权与科技	商业网站	http://www.thomsonscientific.com.cn/
工业和信息化部	政府网站	http://www.miit.gov.cn/
新华网	新闻网站	http://www.xinhuanet.com/

4.4.6.2 主题采集统计

我们设置采集主题为"数字图书馆",采集下来的网页统计信息如表4-13所示。

表4-13 采集网页和相关网页统计

网站名	采集网页数目	相关网页数目
顾犇博士个人主页	1126	0
图林老姜的博客	8800	248
小木虫论坛	1081	1081
武汉大学图书馆	802	20
中国科学院文献情报中心	911	911
中国图书馆学会	806	806
上海图书馆学会	40	40
中国图书馆学报	168	168
数字图书馆研究资源门户	214	214
中国互联网数据资讯中心	9	6
百度百科	9	9
中国知网(2013—2015)	4627	4627
豆丁网	201	201
汤森路透知识产权与科技	2	2
工业和信息化部	44	0
新华网	370	370
合计	19210	8706

4.4.6.3 资源描述

在收集到学科领域的网络信息资源以后,必须通过一定的资源描述方法对资源进行更有针对性、更深入的揭示,以便后续研究工作可以更好地加以利用。目前已经有多种描述网络信息资源的方法,这里主要介绍 MARC 和 DC 两种。

MARC(Machine Readable Catalogue,机器可读目录),简称机读目录,就是以代码形式和特定结构记录在计算机存储介质上,用计算机识别和阅读的目录。[216] 由于 MARC 主要用于描述印刷型文献，在网络信息资源日益庞大的今天，要用 MARC 来完成对网络信息资源的描述是比较困难的。因此，元数据（Metadata）格式应运而生。元数据被定义为关于数据的数据，用于描述信息资源的外部特征和内容特征。为方便统一的信息资源管理，一些元数据规范被提出，应用比较广泛的要数都柏林核心（Dublin Core，DC）元数据。DC 的 15 个元素依据其所描述内容的类别和范围可分为 3 组，如表 4-14 所示。

表 4-14 DC 元素描述

内容类别	内容元素	名称	描述
对资源内容的描述	Title	题名	资源的名称
	Subject	主题词	资源内容的主题
	Description	描述	关于资源内容的简要描述
	Relation	关联	与其他资源的关系
	Source	来源	产生该资源的其他资源
	Language	语种	资源所使用的语言
	Coverage	覆盖范围	资源地理、时间或管理的范围
对知识产权的描述	Author or Creator	作者	资源内容的主要创建者
	Contribution	合作者	对资源内容做出贡献的其他实体
	Publisher	出版单位	资源的提供、发表、出版者
	Right	权限	资源所属或管理的权限信息
对外部属性的描述	Date	日期	与资源生命周期中的一个事件相关的时间
	Format	格式	资源的物理或数字表现形式
	Identifier	文献信息标识	对资源进行识别的标识信息
	Type	文献信息类型	资源内容的类别

DC 的 15 个元素中，每个元素都是可选的，也是可以重复的，并且各元素排列顺序可以是任意的，没有特殊意义。因此，我们采用 DC 元数据格式对图情领域的网络信息资源进行描述，删除了一些元素，也对 DC 中没有涉及的内容加以补充，如资源类型等，具体见表 4-15 至表 4-25。

表 4-15 论坛

题名	发帖人	等级	资源 URL	发帖日期
奉献非常全的国外数字图书馆资源-共享-课件资源-小木虫论坛	whb1974929	铁虫（初入文坛）	http://muchong.com/bbs/viewthread.php?tid=529280&fpage=1&target=blank	2007-07-18

表 4-16 机构

（包括学科领域内的协会/学会、大学院系/研究机构、商业公司、政府机构、非营利机构和图书馆）

机构名	描述	来源	资源 URL	入库日期
北京大学数字图书馆研究所	1999年9月成立的"北京大学数字图书馆研究所"是一个跨领域跨专业的综合性学术研究团体，由CALIS管理中心、北京大学图书馆和北京大学信息科学中心联合发起并组织，旨在发挥北大的整体优势构建一个从信息资源、服务方式、服务质量和信息技术诸方面都能达到国际先进、国内领先水平的数字信息服务环境	数字图书馆研究资源门户	http://www.idl.pku.edu.cn/#	2002-7-10

表 4-17 共享文档

篇名	分享人	关键字	摘要	文档来源	全文 URL	分享时间
浅议我国数字图书馆建设与发展	lishifeng881	图书馆学，数字图书馆，网络	据统计，1994—2001年，我国图书馆学、情报学22种核心期刊上的数字图书馆论文中，有关国内数字图书馆发展、建设和……因此，在新的实践基础上开展图书馆学研究，发展和创新图书馆学成为数字图书馆知识管理的重要内容。图书馆员立足于丰富多彩……	豆丁网	http://www.docin.com/p-246346.html	2008-06-25

表 4-18　开放存取电子期刊

篇名	作者	关键词	摘要	期刊名	全文 URL	出版时间
关于建设中国数字图书馆工程的问题	周和平	数字图书馆，DC 图书馆应用纲要，元数据，网络信息资源	李岚清副总理最近指出："建设数字图书馆的主要目的，是有效利用和共享图书信息资源，有巨大的社会效益。国家图书馆应为我国数字图书馆的核心。要防止重复建设。"中国数字图书馆工程是由国家图书馆实施的全国数字图书馆建设的核心工程，对全国数字图书馆建设具有统带作用。中国数字图书馆工程规模大，但已具备建设条件。它的建设会对我国图书馆事业产生重大影响	《中国图书馆学报》	http://www.jlis.cn/jtlsc/ch/reader/create_pdf.aspx?file_no=20000501&flag=1&journal_id=jtlsc&year_id=2000	2000

表 4-19　会议

会议名	描述	来源	资源 URL	入库日期
"数字图书馆——新世纪信息技术的机遇与挑战"国际研讨会	2002 年 7 月 8—12 日在中国北京召开，主题为"加强国际交流与合作，推进数字图书馆的可持续发展"。此次会议旨在进一步促进业界对数字图书馆及相关领域进行更广泛和深入的研究与探讨，加强数字图书馆领域的国际合作与交流，同时博采世界各国先进理念与技术，为中国数字图书馆工程的有效实施做好充分准备	数字图书馆研究资源门户	http://www.nlc.gov.cn/dloc/	2002-7-12

表 4-20 研究报告

题名	描述	来源	资源 URL	入库日期
美国皮尤研究中心：调查显示数字时代图书馆仍有未来	美国调查机构皮尤研究中心最近公布了一项题为"数字时代的图书馆服务"的调查。调查结果不是特别有震撼性，但它表明还是有很多人重视图书馆的价值，同时图书馆负责人们……	中国互联网数据资讯中心	http://www.199it.com/archives/91814.html	2013-1-22

表 4-21 新闻

题名	作者	描述	来源	资源 URL	更新日期
黄勇凯副馆长一行参加省独立学院图书馆技术交流研讨会	杨蕾	11月27日，由湖北省高校图工委独立学院分委会与湖北省高校数字图书馆自动化专业委员会共同主办、华中科技大学武昌分校承办的湖北省独立学院/民办高校图书馆技术交流研讨会在华中科技大学武昌分校图书馆总馆学术报告厅举行。我馆黄勇凯副馆长等代表省高校数字图书馆自动化专业委员会参加了本次会议，并作大会发言。会上，黄勇凯副馆长以"CALIS共享域建设"为主题，从图书馆用户需求、数字图书馆框架、CALIS三期介绍及使用三个方面展开报告，解释了如何在资金不充足的情况下利用CALIS实现资源共享	武汉大学图书馆工作网	http://gzw.lib.whu.edu.cn/pe/Article/ShowArticle.asp?ArticleID=1851	2014-12-2

表 4-22　博客

题名	作者	描述	来源	资源 URL	更新日期
云图书馆促读书活动向数字化延伸	徐平	2月1日,由红旗出版社、中国妇女报社、人民网联合主办的第五届"书香三八"读书活动在京启动。与前4届活动有所不同,本届读书活动在图书出版与全民阅读互动的基础之上,将阅读分享活动由纸质阅读向数字阅读延伸。家庭数字图书馆正在流行,家庭云图书馆是红旗出版社为促进"书香三八"读书活动的深入开展而开发建设的一个针对家庭用户的数字图书馆,为用户提供数字馆藏服务和阅读分享交流服务,其目的是将落地读书活动向网络空间延伸	图林老姜的博客	http://www.chinaxwcb.com/201612/15/content_349422.htm	2016-12-15

表 4-23　标准

题名	来源数据库	标准号	标准类型	来源	出版时间
图书馆馆藏资源数字化加工规范 第4部分：音频资源	标准文献信息中心	GB/T 31219.4—2014	中国国家标准	中国科学院文献情报中心	2014

表 4-24　图书

书名	作者	摘要	出版社	来源	出版时间
数字图书馆建设体制与发展模式	郑建明	本书内容包括：数字图书馆建设体制及其发展模式基础理论、数字图书馆建设体制及其发展模式、数字图书馆系统架构及其管理模式、数字图书馆管理体制与发展模式的相关问题等	科学出版社	中国科学院文献情报中心	2013

表 4-25 文献/索引

篇名	作者	关键字	文摘	文献出处	来源	出版时间
我国数字图书馆协同管理研究进展	马岩，徐文哲，郑建明	数字图书馆；协同理论；协同管理；协同服务；资源协同	文章对我国数字图书馆和协同理论融合的过程进行了介绍，并从三个层面：微观层面的数字图书馆协同管理——数字图书馆具体服务的协同、中观层面的数字图书馆协同管理——系统内及区域内数字图书馆协同管理和宏观层面的数字图书馆协同管理研究——跨系统或跨平台数字图书馆协同管理，总结和分析我国已开展的数字图书馆协同管理的探索和实践，指出其中存在的问题，提出构建更加宏观的数字图书馆协同管理框架和全国范围的数字图书馆信息集群的观点	《图书馆学研究》	CNKI	2014-12

4.5 本章小结

在开始本章研究工作之前，我们已经使用百科类数据作为本体学习的数据源，构建了一个图情领域本体。为了评价构建本体的性能，本章从应用效果的角度，通过设置主题爬取任务来评价我们所构建的图情领域本体。首先综合研究了 P-W 和 W-W 中的网络引文，分别选取 CNKI 中的图情领域论文和中文维基百科中"图书资讯科学"分类下的条目作为样本，系统地对学科领域网络信息资源的类型、分布规律进行了实证分析，科学地确定了领域知识源的采集范围，再基于 Heritrix 进行扩展，设计了一个基于本体的图情领域网络信息资源的主题爬虫。在进行主题描述时，该爬虫采用文本重叠方法，将主题映射到维基百科条目的释义内容上，以提高主题描述的全面性与准确性。在进行主题相关性计算时，该爬虫一方面基于领域本体找到概念的同义关系，进行给定主题的语义扩展来提高爬虫的召回率；另一方面借助第 3 章结论，基于 Rel_{wup} 和 Rel_{str} 的线性组合来计算语义相关度的新方法，以提高相关性判断的准确度。实验结果表明，该方法有效地去除了噪音网页，提高了主题爬虫的性能。但百科类数据毕竟不可能涵盖全部领域知识，而且相对于呈爆炸式增长的 Web 资源来说更新也较慢。因此，如何合理地利用互联网这个巨大的知识库，从中自动识别和抽取相关领域本体概念及概念间关系以便丰富已有的领域本体，成为一个既具有挑战性又具有实际应用价值的课题。

5 基于领域知识元的知识聚合

知识聚合旨在通过一定的方法对知识单元进行凝聚,以形成多维多层且相互关联的知识体系,[217] 进而提供准确的、有针对性的知识服务。然而,现阶段以网页为粒度的粗粒度聚合使得大量有价值的知识资源无法得到有效组织,也就无法发挥其效用。因此,如何有效表示、有序组织知识,将原本分散的网络信息资源进行细粒度切分并聚合成有机联系的知识化聚合单元是必须解决好的关键问题。这里,我们将本体引入对领域知识元的研究中,以实现从细粒度层面对知识进行深度解构、挖掘和重组,形成不同维度、不同粒度及不同功能的知识聚合结果,达到科学组织和有效利用知识的目的。

5.1 知识聚合的相关研究

本章旨在对基于知识元的知识揭示与知识组织的方法进行探讨，分析基于知识元的知识聚合的必要性，从而完善细粒度层次上的知识聚合研究。我们对 CNKI 收录的 2006—2020 年间的相关文献进行了文献计量分析，在 CNKI 的"中国学术期刊全文数据库"中，分别输入主题词"知识聚合"和"资源聚合"进行检索，并进行规范整理，共得到 350 篇相关文献。对文献的年度分布、来源期刊、作者以及词频分布等进行了统计分析，对文献中有关知识聚合的方法及应用进行了总结，以期能全面了解国内知识聚合研究现状。

5.1.1 2006—2020 年有关知识聚合的文献计量学分析

1. 年度分布、来源期刊及词频分布统计

从表 5-1 中的"来源期刊"可以看出，2010 年以前，聚合主要是 RSS（Really Simple Syndication，简易信息聚合），指的是网站通过内容聚合器将网上的海量信息进行内容挑选、整理、分析和归类，最后为网民提供有用的、更具针对性的信息内容。[218] 自 2010 年起，"资源聚合""信息资源聚合"开始出现在图书情报领域期刊（如《图书馆情报工作》《图书馆学刊》《中国图书馆学报》《情报理论与实践》等）。2014 年以后，图书情报领域期刊有较大量且数目稳定的知识聚合相关文献发表，发表文献最多的是 2018 年，有 63 篇。图书情报领域关于聚合的研究热点还是集中在"资源聚合"方面。

表 5-1 2006—2020 年发表知识聚合相关文献统计

时间	发文量（篇）	来源期刊（前三名）	关键词词频（>3 次）
2006	3	《河北大学学报》《中外管理》《计算机时代》	RSS、传播

续表5-1

时间	发文量（篇）	来源期刊（前三名）	关键词词频（>3次）
2008	7	《北京航空航天大学学报》《机械管理开发》《吉首大学学报（自然科学版）》	聚合、RSS
2009	7	《电化教育研究》《科技信息》《宁波广播电视大学学报》	RSS、聚合
2010	4	《北京邮电大学学报》《开放教育研究》《图书馆情报工作》	资源聚合
2011	3	《中外企业家》《图书与情报》《图书馆学刊》	知识
2012	3	《中国图书馆学报》《情报理论与实践》《图书馆学刊》	聚合、RSS
2013	13	《情报理论与实践》《图书情报工作》《中国图书馆学报》	资源聚合、馆藏资源、语义、本体、信息可视化
2014	32	《数字图书馆论坛》《图书情报工作》《图书馆学研究》	语义、资源聚合、馆藏资源、知识聚合、可视化、共现分析、聚合模式、深度聚合、数字资源聚合
2015	33	《情报资料工作》《情报科学》《情报理论与实践》	资源聚合、语义、数字资源聚合、关联数据、馆藏资源、数字图书馆、聚合、深度聚合、知识发现、知识聚合、主题
2016	30	《图书馆学研究》《情报科学》《大学图书情报学刊》	本体、聚合、语义、关联数据、数字图书馆、大数据、信息资源聚合、元数据
2017	52	《情报科学》《图书馆学研究》《图书馆学刊》	资源聚合、知识聚合、数字图书馆
2018	63	《图书馆学刊》《数字图书馆论坛》《图书情报工作》	知识聚合、资源聚合、数字图书馆、知识服务
2019	42	《现代情报》《情报科学》《中国金融家》	知识聚合、资源聚合
2020	58	《图书情报工作》《情报理论与实践》《情报科学》	知识聚合、资源聚合

2. 作者分析

普赖斯定律认为："某一特定的领域中，学术活跃作者的发文量应为论文总数的 1/2。"[219] 表 5-2 列出了以第一作者身份发文量排序前 16 位的作者。根据普赖斯定律的计算公式

$$M_P = 0.749 \times \sqrt{N_{pmax}} \tag{5-1}$$

其中，N_{pmax}=统计年限中最高产作者发表论文数，M_P=确定学术活跃作者的最低发表论文数。由表 5-2 可知，N_{pmax}=15，所以，$M_P \approx 0.749 \times 3.87 \approx 3$。然而，实际发表论文数在 3 篇及其以上的作者有 15 名，共发表 70 篇论文，占论文总数的 20%，距离学术活跃作者发文量应达论文总数的 50% 的标准还有一定差距，这也说明国内关于知识聚合的研究还没有形成稳定的、学术水平高的核心作者群体，整体研究仍处于发展探索阶段。发文作者机构比较集中，6 名作者来自吉林大学，3 名作者来自中国人民大学。

表 5-2　2006—2016 年发表知识聚合相关文献的作者及单位统计

序号	作者	单位	发文量（篇）	序号	作者	单位	发文量（篇）
1	毕强	吉林大学管理学院	15	9	李洁	吉林大学管理学院	4
2	邱均平	武汉大学中国科学评价研究中心	6	10	魏扣	中国人民大学劳动人事学院	4
3	肖璐	南京财经大学新闻学院	5	11	郝琦	中国人民大学劳动人事学院	4
4	赵蓉英	武汉大学信息管理学院	4	12	张海涛	吉林大学管理学院	3
5	张向先	吉林大学管理学院	4	13	陈果	南京理工大学经济管理学院	3
6	闫晶	东北电力大学	4	14	曹树金	中山大学资讯管理学院	3
7	陶兴	吉林大学管理学院	4	15	张莉曼	吉林大学管理学院	3
8	李子林	中国人民大学信息资源管理学院	4	16	王红梅	辽宁大学图书馆	2

5.1.2 知识聚合的方法研究

知识聚合的实现方法多样,基于元数据、基于社会标签、基于关联数据及基于计量的聚类方法得到了广泛的讨论。

1. 基于元数据的聚合

曹树金等总结了内容聚合元数据 RSS 和 ATOM 的元数据规范,描述 RSS/ATOM 在网络信息资源方面的特点,并与 DC 元数据进行详细比较,最后探究了 Web2.0 内容聚合元数据的框架模式。[220] 黄文碧根据现有馆藏数据库的特点,提出利用元数据关联实现馆藏资源聚合,针对主题、作者、出版社、分类等分面,采用元数据值匹配关联方法;针对内容分面,通过计算元数据项的语义相似性建立起元数据相似性关联。[221] 刘伟从关联聚合的角度,将科技资源元数据分类为外部特征元数据、内容特征元数据和服务特征元数据三类。[222]

2. 基于社会标签的聚合

社会标签是在资源共享与管理的系统中,用户为了方便对资源进行组织和管理而对其创建的内容进行分组或分类检索的一种方法。赵蓉英将社会标签作为 Web 资源描述的元数据进行共现分析,设计了基于社会标签共现分析的 Web 资源聚合流程,并以 LibraryThing 中"history"主题的资源对象的社会标签为研究对象,进行了实证研究。[223] 王珉等利用用户标注的标签词对兴趣相似的用户进行聚类,提出了一种标签共现网络的用户聚合算法 TBKM (Tagging Based K-Means),并基于大众分类法(Folksonomy)的流行网站——Delicious 中的用户及标签实证研究了 TBKM 方法,研究结果表明利用标签能对用户进行较好的聚合。[224] 资源关联主要基于标签间的相似程度来判定,这种单一维度的聚合在语义表达上略有不足,因此相关聚合研究中往往会结合其他具有强语义性的方法进行互补融合。张云中等通过分析专家分类法(Taxonomy)和大众分类法在社会化标注系统资源聚合与导航问题上的角色和作用,总结出形式概念分析视角下的 Tax-Folk 混合导航模型的生成机理,以更好地促进社会化标注系统资源聚合与导航。[225]

3. 基于关联数据的聚合

2006 年,伯纳斯·李提出了关联数据(Linked data)的概念,并制定了关联数据关于内容描述的四大基本原则,即采用 RDF 数据模型,使用 URI

命名数据实体,来发布和部署实例数据和类数据,从而可以通过 HTTP 协议揭示并获取这些数据,同时强调数据的相互关联、相互联系以及有益于人机理解的语境信息。[226] 丁楠讨论了当前关联数据在图书馆中的主要应用,在此基础上构建了基于关联数据的图书馆信息聚合模型,并从数据层、聚合层和应用层三个层次进行了研究。[227] 游毅利用关联数据 URI 复用与 RDF 链接的关联数据聚合机制,阐述了基于关联数据的馆藏资源聚合模式,包括馆藏资源关联数据化与图书馆关联数据链接管理两部分。[228]

4. 基于计量的知识聚合

信息计量学主要以元数据作为研究对象。邱均平等通过对信息计量学和语义网进行理论和可视化应用的类比研究,发现基于计量分析的馆藏资源语义化在语义关系深度、计算机自动处理程度、可重复性和实用性方面比基于元数据和领域本体的馆藏资源语义化方法更好,[229] 在文献中还将馆藏文献资源聚合模式总结为 8 种,即基于机构、基于学者、基于主题、基于知识、基于文献、基于期刊、基于用户需求的关联聚合,以及研究主体-研究客体-研究载体交叉关联聚合。[230]

当前研究重点关注的信息资源、数字资源和馆藏资源等方面的聚合,对于知识聚合的研究,尤其是在知识元等细粒度层面的研究相对较少且不够全面和深入。

5.1.3 知识聚合的应用研究

知识聚合旨在通过将碎片化的知识单元有机连接起来,进而提供准确的、有针对性的知识服务。[217] 2009 年开始,以北京大学图书馆、上海交通大学图书馆等高校图书馆为代表的知识服务机构率先引进知识发现系统,聚合了本地馆藏数据和其他网络学术信息资源,在海量的数据资源中快速准确地获取读者所需的知识。[218] 胡媛等根据用户与资源间的关联关系进行社区知识资源(包括用户注解的知识资源和用户分享的知识资源)的重组与聚合,通过构建知识服务推送平台,不仅能有效提升用户的服务体验,还能推进数字图书馆发展和社会化知识创新。[231] 王伟等综合了关联数据聚合与分众分类聚合的优势,将来源异构、内容异构、展现异构的徽文化数字资源有序重组,有效展示所搜集的徽州文化数字资源的主要知识群落与知识单元细节,提升了用户知识获取体验。[232] 郭顺利将知识聚合理论和方法引入社会化问答社区知识服务,分别从知识单元、知识单元关联关系、句子三个关联维度设计用户生成答案知识聚合方法及相应的知识服务模式,最终提出促进社会化问答社区用户生成答案知识聚合及服务能力的策略。[233]

5.2 基于知识元的知识组织

以文献或以如作者、机构、引文等文献的外部特征为基础的聚合,仅仅是"知识组织和利用的'物理解',而非'情报解'"[234],不能有效揭示文献的知识内容,会导致知识聚合的粒度较粗、聚合的层次较浅,难以满足用户的实际需求。随着知识研究的深化,人们致力于通过更微观的层次发现资源之间的逻辑关系,建立知识关联。

5.2.1 知识元概述

5.2.1.1 知识元的界定

从美国情报学家斯拉麦卡首先提出"知识元"的概念以后,关于知识元的相关研究日渐成为知识组织领域的热点。国内,以温有奎、文庭孝为代表的一批学者对知识元的相关理论进行了系统的研究。虽然学界对知识元的定义有一定差别,有学者称之为知识元素、知识因子、知识节点,也有学者称之为知识单元,还有学者称之为知识元,但大部分学者都认为知识元是最小的独立单元。基于此,我们认为:

1. 作为最小单元,基于知识元的文本抽取可以实现细粒度的知识切分

不同知识背景的用户对知识需求是不一样的。文献单元主要依据文献本身物理上独立的部分如篇、章、节、段、句等进行划分,信息单元则主要依据文献的外部特征如标题、分类号、作者、机构、引文、出版社等进行划分,但无论是文献单元还是信息单元都只是表面地、粗糙地和不精确地揭示知识的某些特征,[22]无法有效地对知识内容本身进行深入揭示。而作为构成知识最小单元的知识元,可以是一个概念、一种事物(如"图书馆""文献"等),[27]或是规律、规则、学科等,[235]它克服了传统知识组织方式所带来的聚合粒度大、层次浅的问题,有助于深入挖掘主题知识内容,过滤掉无关知识，提取出主题知识，从而帮助用户找到自己所需的知识资源，提高知识资源的利用效率。

2. 作为独立单元，基于知识元的知识关联有助于知识序化的呈现

知识元具有的"独立性"使得知识元可以自由独立地存储、自由独立地应用、自由独立地组合、自由独立地创新和自由引导链接。[20] 这样，通过知识元构成的知识网络，可以更加有效地揭示出知识之间的本质联系，使网络信息资源有序化、知识化地呈现给用户。

5.2.1.2 知识元的类型

针对知识元类型的划分，不同学者提出不同的看法。如 Zhao 根据产品创新设计的知识特点，将知识元分为描述性类型（包括信息报告、名词解释、数值、问题描述、引言和评价）和工艺类型（包括程序、方法、定义、原则、经验等）。[236] 廖开际等从知识系统工程的角度出发，结合知识元理论对应急文档知识进行结构化建模，通过逻辑结构分析将知识元分为事件型知识元（解决"about what"的问题）、主体型知识元（解决"about who"的问题）和任务型知识元（解决"about who""about when""about how"的问题）。[237] 赵蓉英等认为智库成果区别于一般学术论文的是更突出研究结论和专家观点的阐述，并选择中国国际问题研究中心 2015 年全部可获得的智库研究成果为样本，进行成果知识元的抽取，经过人工选择、精炼抽取结果后，共归纳总结出中文智库成果的两大类知识元，即陈述型知识元和程序型知识元，前者包括事实知识元、定义知识元、结论知识元等陈述型文字内容，后者包含方法知识元和关系知识元等具有内在结构的文字内容。[238] 秦春秀等通过对科技文本内部属性的语义分析，将科技文本的内容划分成主题/类别知识元、研究领域知识元、背景知识元、问题知识元、理论/原理知识元、方法/方案知识元、定义/内涵知识元、模型知识元、实验/案例知识元、算法知识元、系统知识元、评价知识元、应用领域知识元等 13 个大类，这些知识元一旦被提取并用细粒度的科技文本内容描述框架和链接数据的技术来表示，它们就可以被集成在推理链中，帮助用户快速进行语义检索、知识重用、科学成果验证等。[239]

5.2.1.3 知识元的表示

知识元的表示是对知识进行符号化和形式化处理的过程，是为了描述知识而做的一组约定。随着知识管理领域的不断发展，众多学者提出不同的知识元表示方法，并在知识元研究领域取得了一定进展，这里列举如下。

1. 二元组

周宁采用二元组（name，value）标记知识元，name 表示知识元的内容，value 是被抽取的信息，并使用框架来表示知识元，如图 5-1 所示。[240]

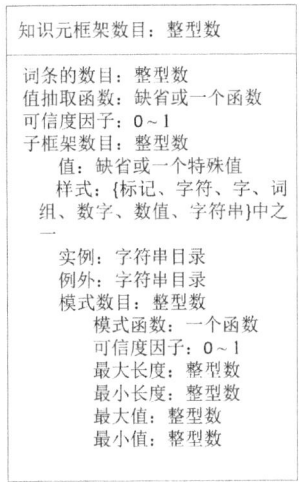

图 5-1　知识元框架表示法及实例

每个框架由多个槽和 1 个子框架集组成。一个框架的词条数定义了子框架的数目。每个子框架又可以有多个槽，值槽指明了通过这个子框架返回的值；样式槽指明了词条的数据类型，包括标记、字符、字、词组、数字、数值、字符串等；实例槽包括正确的关键词目录；例外槽包括错误的关键词目录等。

2. 三元组

Zou 等人设计了一个基于树的知识元模型，如图 5-2 所示，该模型由标识（KE-ID，KE-Name）、内容（KE-Who，KE-What，KE-Where，KE-When，KE-Why，KE-How）和链接（KE-First-Child，KE-Next-Sibling）三部分组成。[241] 其中，内容中的"5W1H"是一种用"什么、何时、在哪里、谁、为什么、如何"来描述事实的方式；链接中 KE-First-Child 和 KE-Next-Sibling 表示每个知识元素都与其最左边的子元素和下一个兄弟元素相连。

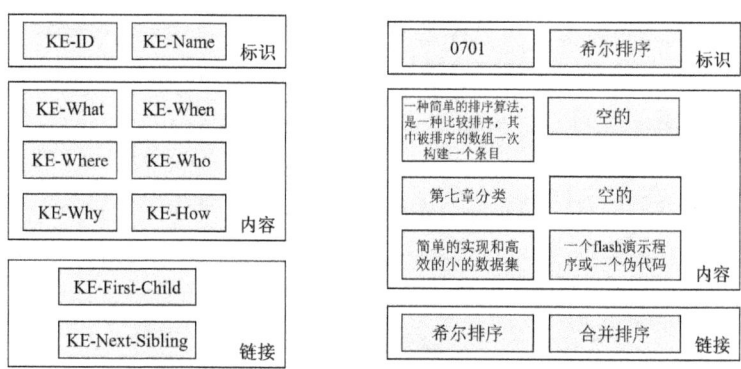

图 5-2　Zou 的知识元模型及实例

温有奎采用面向对象法，对数值型知识元的特征加以抽象，建立了数值型知识元模型[242]为（对象，（领域，特性，对象与对象值的关系，特性值集合），状态），由此一条具体的数值知识元结构如表 5-3 所示。

表 5-3　一条具体的数值知识元实体示例

对象			工业总产值
属性	领域		电子信息产业
	特性		时域，地域，领域，数值单位，来源
	对象与对象值的关系		达
	特性值	时域	2001 年
		地域	中国
		领域	电子信息产业
		数值单位	亿元
		来源	2002 年中国信息年鉴
	对象值		13572 亿元
状态			工业总产值增速达 20%

肖怀志利用 RDF 数据模型来描述历史年代知识元。[243] 在其框架中，一条历史年代知识元可用三元组（历史年代，内容，出处）来表示，具体描述如下：

<rdf:Description rdf:about="http://www.history.cn/sanguozhi#中平六年">

　　　　<history:occur>冬十二月,始起兵于己吾,是岁中平六年也</history:occur>
　　　　<history:source>三国志卷一魏书一武帝纪第一</history:source>
</rdf:Description>

3. 五元组

毕经元以汽车零部件行业为背景,采用五元组(名称,内容,作用,链接,来源)来表示知识元的属性结构。[244] 其中,名称指知识元对象名称及别名;内容指知识元的基本内容;作用指知识元的应用范畴;链接指与其他知识元的逻辑关系;来源指知识元标引自知识单元名称。因此,在一个汽车零部件知识管理系统中,"助力特性知识元"可以如表5-4来表示。

表5-4 "助力特性知识元"表示示例

名称	理想转向特性曲线,别名:折线型助特性曲线
内容	理想转向特性曲线可以分为直线行驶区Ⅰ、强路感区Ⅱ和轻便转向区Ⅲ,……
作用	理想的助力特性能协调好助力力矩与路感力矩的关系,……
链接	液压转向助力特性曲线;电动转向助力特性曲线,以及电液混合助力特性曲线
知识来源	见文献[8]

4. 六元组

肖洪定义了一个六元组(时间,主体,指标,谓词,数值,单位)来表示宏观数值知识元(表5-5)。其中,"主体"是数值知识元的描述对象,如行政区域、行业等。[245]

表5-5 数值知识元结构

时间	主体	指标	谓词	数值	单位
2005	盘龙区	工业总产值	完成	62.93	亿元

王宇等在知识元库的基础上提出了一种基于六元组知识元(编号、导航、来源、类型、特征词、内容)的期刊文献知识仓库的构建方法。[246] 其中,"编号"用于知识元的标识;"导航"表示知识元在期刊文献中的逻辑

结构信息;"来源"指知识元来自的期刊文献信息;"类型"包括理论知识型知识元、事实型知识元和数值型知识元;"特征词"则是针对知识元内容提取的具有一定描述知识元信息能力的词语或短语;"内容"是知识元所蕴含的期刊文献知识资源信息。[247] 知识元之间的重复与否便是看"内容"一项之间的相似性,详细展示如表5-6所示。

表5-6 知识元展示

编号	该自然段第一知识元
导航	第一自然段
来源	情报科学的进展与深化
知识元类型	理论知识型
特征词	情报学
知识元内容	情报学(Information Science)的概念源于欧美国家。中国学者认为,情报学是研究情报的产生、传递、利用规律和用现代化信息技术与手段使情报流通过程、情报系统保持最佳效能状态的一门科学

5. 七元组

王洋洋[248] 描述了一个七元组知识元模型:KE = <id, T, CT, st, tc, $title$, did>。其中,id 表示知识元的序列号,为原始文献号;T 是知识元的术语集;CT 是术语集的核心术语,属于 T,指示知识元的语义主题或者描述对象;st 是知识元的语义模型,属于 {定义,描述,属性,分类,方法,结构,区别,例子,演变};tc 是知识元的文本;$title$ 是文献标题、章节标题或段落标题;did 是知识元出现的文献序列号。

通过对已有的知识元结构的理论研究分析,可以看到目前关于知识元结构的研究主要有两个问题:一是,没有充分考虑知识元结构在具体应用中的可操作性,缺乏实践研究,如周宁提出的二元组表示方法,Zou、温有奎、肖怀志提出的三元组表示方法都是侧重于对知识元的描述,没有考虑该知识元结构是否可以应用于知识元标引中,缺乏对后续知识元间关联关系构建的支持;二是,由于研究领域不同,学者们对知识元结构的定义有很大的差异性,如肖怀志的历史年代知识元含有"历史年代",毕经元的汽车零部件知识元含有"作用"等。

5.2.2 基于知识元的知识关联

知识关联是组成知识网络的基本要素之一，也是进行知识组织、知识检索和知识服务等知识管理活动的基础。[249] 通过知识关联的揭示，能够使知识网络化、有序化，从而更加有效地发现和利用知识。知识之间存在很多种关联，文庭孝等从知识关联的结构出发，认为知识关联主要有三种形式，即知识关联链、知识关联树和知识关联网络，引文链就是一种典型的知识关联链，众多错综复杂的引文链交织在一起就构成了引文网络。[250] 刘晓英从知识载体关联和知识内容关联的角度来探究，指出知识载体关联就是基于各类知识物质载体所形成的知识关联，包括文献知识关联和非文献知识关联。[251] 其中，文献知识关联又包括基于文献外部特征（如分类号、作者、引文、标题、机构、期刊等）的关联和基于文献内容特征（如主题词、关键词、摘要等）的关联；非文献关联则包括作者关联（如合著）、机构关联等。而知识内容关联反映的是概念间的关联。王众托院士从网络的"节点"和"边"的性质来看，指出网络的节点可以是参与知识活动的个人或者组织，网络的连线是它们之间的技术、经济或者社会联系，如豆瓣网通过共同感兴趣的内容将人、相关信息、相关活动联系起来，构成知识主体关联网络。[252]

图 5-3 为 CNKI 一篇节点文献的引文网络图，从图中可以看出，每一篇文献都与其后面的参考文献进行链接，同引证文献、共引文献、同被引文献都有直接的链接，而与二级参考文献和二级引证文献都是间接链接，参考文献与共引文献、同被引文献和引证文献之间也建立了两两之间的链接。通过引文这种外部特征将全文文献与其引证文献链接起来，既可以追溯知识源头，掌握知识的发展脉络，还可以反映学术研究中的继承和借鉴。

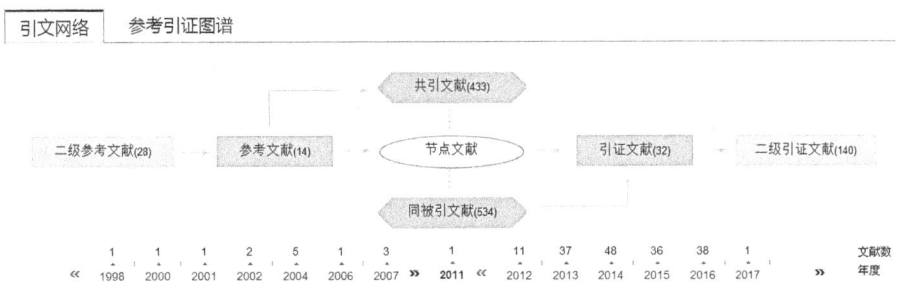

图 5-3　CNKI 文献的引文网络示例

图 5-4 是一个应用 Pajek 绘制的基于关键词共词矩阵的知识关联网络。网络中的节点是文献中的关键词，通过对一组词两两统计它们在同篇文献中出现的次数，发现这些词之间的亲疏关系，进而揭示这些词所代表的学科或主题的研究热点与趋势。

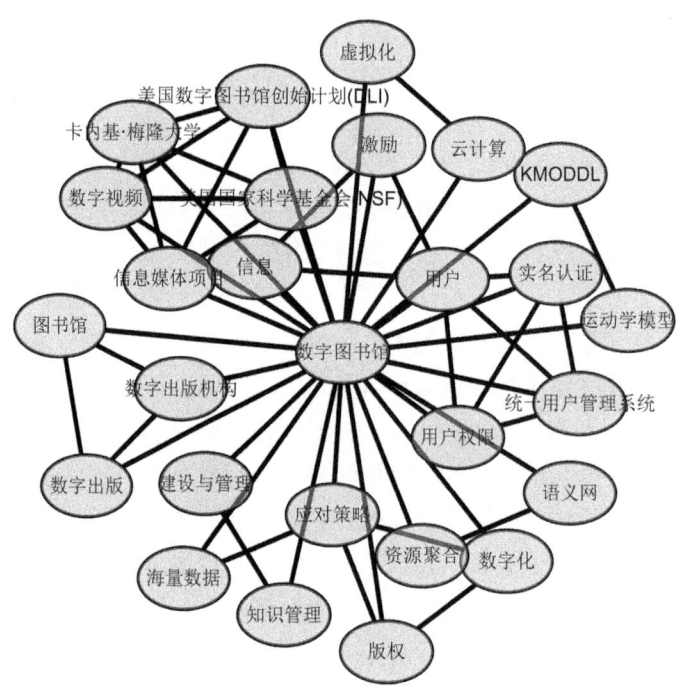

图 5-4　基于关键词共词矩阵的知识关联网络

与图 5-3 的引文网络相比，图 5-4 的研究对象为关键词，知识载体从文献知识单元变为概念知识单元，粒度较小。但这两类知识关联网络中的节点还停留在以文献外部特征和文献内容特征为单元，揭示知识内容方面显得较为粗糙。而知识元具有的"独立性"使得知识元可以自由独立地存储、自由独立地应用、自由独立地组合、自由独立地创新和自由引导链接。这样以知识元为单元对现有的知识进行切分和存取，通过知识元之间蕴含的丰富的关联关系，构成知识网络，从而更加有效地揭示出知识之间的本质联系，使网络信息资源有序化、知识化地呈现给用户，方便用户快捷获取所需资源。本章后面部分将通过对知识元模型的构建，对知识元关联的类别进行分析，揭示关联关系的规律，实现准确的链接。

5.3 基于领域本体的知识元模型构建

知识元是构造知识结构的最小元素，如何把握"最小"这个粒度，这是我们进行知识元相关研究所无法回避的问题。然而由于知识元的不确定性、知识表达的自由性、知识本身的连续性和不可分割性，导致我们很难找到一个固定的标准来进行知识元的切分和抽取。相比于谓词逻辑表示、产生式表示、框架表示等知识表示方法，本体对知识体系以及知识间的关系具有非常强大的表达能力，能支持计算机根据语义关联关系进行逻辑推理。因此，可以考虑引入本体对知识元和知识元间的关系进行形式化说明。

5.3.1 领域本体描述

很多学者在研究知识元的应用时，都是基于领域本体的。比如前面我们提到的肖怀志进行了基于本体的历史年代知识元在古籍数字化中的应用研究。陈雪龙等借鉴本体论的思想，从非常规突发事件应急管理客观系统本原的角度出发构建其知识元模型，为非常规事件的应急管理提供综合的知识支持。[253] 在本书第 3 章，我们基于百科类数据集构建了一个包含 8 层，223 个概念、1907 个实例关系、19516 个属性关系和 365 对同义关系的轻量级图情领域本体，其部分上下位、实例和属性关系示例如图 5-5 所示。

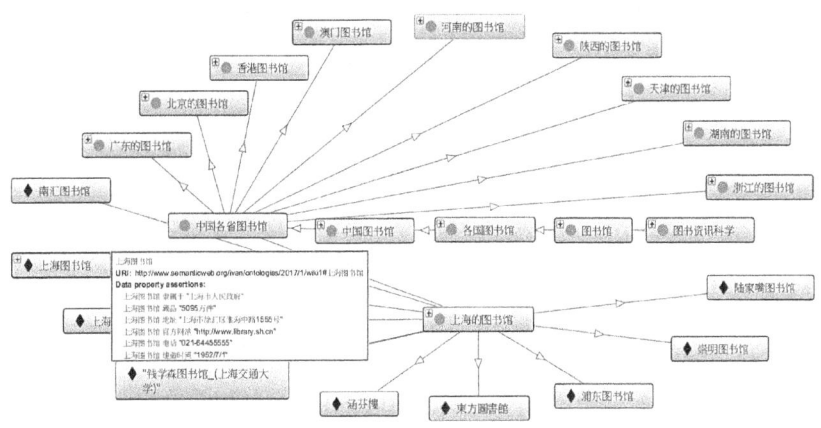

图 5-5 图书情报领域上下位概念示例

图 5-5 中,"中国图书馆"是"中国各省图书馆"的上位概念,"上海的图书馆"是"中国各省图书馆"的下位概念,"上海图书馆"是概念"上海的图书馆"的实例,属性包括(上海图书馆,隶属于,上海市人民政府)、(上海图书馆,藏品,5095万件)、(上海图书馆,地址,上海市徐汇区淮海中路1555号)、(上海图书馆,官方网站,http://www.library.sh.cn)、(上海图书馆,电话,021-64455555)、(上海图书馆,建造时间,1952/7/1)等。

5.3.2 基于本体实例关系的知识元划分

本体中的概念也就是类(class),是从知识分类的角度对知识的集合,而概念的实例也就是类的个体(individual),是对主题概念的集合,每一个主题都能从属于某一个类,以分类形成的纵向结构与以主题形成的横向结构就构成一个多维度的、网状的语义结构系统,为深度揭示知识与知识间的关系提供了保证。[254] 因此,我们可以用本体概念来表达具体的知识,用本体的实例来表达一个一个的知识元个体。

我们对已构建好的图情领域本体的 1907 个实例关系进行分析,共提取出 118 个分类,部分类和其实例关系如表 5-7 所示。

表 5-7 图情领本体中部分实例

概念	实例	概念	实例
广州的图书馆	广东省立中山图书馆 孙中山文献馆 广州图书馆	美国公共图书馆	圣塔克拉拉郡图书馆 圣荷西图书馆 西雅图中央图书馆 马丁路德金博士图书馆
图书馆学家	加布里埃尔·阿德里亚诺·伯纳多 胡道静	美国图书馆学家	麦尔威·杜威 本杰明·富兰克林
与图书馆相关组织	联机计算机图书馆中心 Lyrasis 文华图书馆学专科学校	经部礼类	三礼图 仪礼 周礼 大戴礼记

续表5-7

概念	实例	概念	实例
纪事本末体	宋史纪事本末 左传纪事本末 普法战纪 玉镜新谭 万寿盛典初集 通鉴纪事本末	本体_（计算机科学）	Swoogle 受控词表 基因本体 本体编辑器 正规概念分析法 网络本体语言
受控医学词表	SNOMED_ CT 一体化医学语言系统 观测指针标识符逻辑命名与编码系统	文献检索数据库	PubMed WorldCat 社会科学引文索引 科学引文索引

付小红认为"任何一种知识组织方法，都有其特定的原则。知识组织活动必须同时面向两个方面：一是面向知识客体本身，因为知识客体是所有知识组织活动的直接本体对象；二是面向用户，即须按用户需求去组织知识"。[255] 我们借鉴此思想，采用层次划分方法，将知识分割为底层、中层、顶层三层知识体系（见图5-6），再对分类进行人工标注，共得到专家作者、机构、理论方法工具、图书馆、事件和文献等六大类知识元个体。

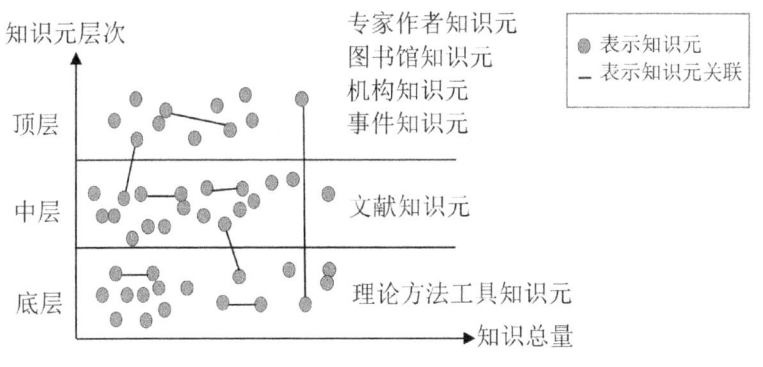

图 5-6 知识元层次

1. 顶层：专家作者知识元、图书馆知识元、机构知识元以及事件知识元

顶层知识元是指与其学科领域相关的人、物及其相关事件。人主要指知识的提供者，这里主要指学科领域内的专家作者。物主要指知识组织的相关环境，如图书馆、机构等。事件包括与学科领域相关的会议、新闻等。

2. 中层：文献知识元

文献承载了丰富的知识资源，每一篇文献都是文献作者针对某一领域的知识的阐述，通论文中的关键词、作者、引文等信息只能表现出该文献某一个方面的内容，显然不能代表文献内容的全部。而知识元具有的多维性、分和性、重组性和再生性等特征，可以为用户呈现非线性、动态性、活化性的知识。

3. 底层：理论方法工具知识元

理论方法工具知识元包括思想、方法论、概念、公理、原理、定律、软件、平台、实验装置，以及正在探究中的观念、观点、理念、方法与技巧等。

这样划分，既符合知识元的独立性，每一个知识元都能够独立地表达一个完整的对象、事实、原理、方法等；不同的知识元还可以按照不同逻辑关系组成不同的知识元链接，从而实现知识的有效利用。

5.3.3 基于本体属性关系的知识元属性获取

知识元是指构成整个知识集合系统的最基本单元形态，这是从人类所能具有的抽象思维、形象思维、直觉思维来定义的，而不是指某一种思维，因此，作为知识元来说就不能仅仅是概念及其集合态，而应当与大脑内部主观知识形态的所有知识元相对应。[256] 回顾前面我们曾讨论过的知识元表示方法，周宁提出的二元组表示方法，Zou、温有奎还有肖怀志提出的三元组表示方法都是侧重于对知识元的描述，忽略了对知识元之间关系的描述，而七元组的表示方法又会增加计算机对自然语言处理的难度。基于此，我们在已有的知识元结构研究的基础上，提出一个五元组的知识元模型，表示为：

图情领域知识元＝{编号，类别，名称，属性，来源}

其中，"编号"表示知识元存储在计算机中的号，也是进行知识元索引的重要字段，通过这个具有唯一性的编号，可以把知识元个体区分开，实现准确、迅速的知识元检索；"类别"表示知识元所属的大类，即专家作者、图书馆、机构、事件、文献及理论方法工具六大类别；"名称"一般就用知识元的标题来表示，是标识知识元的重要特征信息；"属性"由知识元所属类别来确定;"来源"指包含该知识元的载体。

基于领域本体的属性关系进行知识元属性的获取,可以充分利用"类继承"的方式来简化对属性的定义。比如在概念层次结构中,底层概念的实例中的属性可以通过直接继承上层概念的实例中的属性来获取,这样不仅有助于自动化的属性获取,而且也在一定程度上减少了属性定义的冗余。

以"图书馆"知识元模型为例,我们对人工标注类别为"图书馆"的分类下的实例属性进行抽取(见表5-8),对抽取出来的属性集合并整理,就得到了"图书馆"知识元的属性集为{类型;藏品;特色馆藏;行政主体;前身;成立时间;开放时间;接纳人次;历任馆长;现任馆长;公共交通;官方网站;馆址;电话}。这样通过抽取和整理本体概念下的实例属性,我们建立了6类知识元的属性集,如表5-9所示。

表5-8 "图书馆"类别下的部分实例的属性集

实例名	属性集
全国人大图书馆	定义;馆址;历史;职责;机构设置
北京大学图书馆	馆址;藏品;馆藏种类
科教图书馆	馆址
中国国家图书馆	国家;类型;成立时间;馆址;坐标;行政主体;藏品;现任馆长;电话;官方网站;规模;职责;历任馆长
上海图书馆	占地;馆外书库;国家;成立时间;馆址;坐标;行政主体;规模;电话;官方网站
上海少年儿童图书馆	藏品;国家;类型;成立时间;馆址;规模;官方网站

表5-9 图情领域的知识元属性

知识元名称	知识元元组表达
专家作者	性别;研究领域;籍贯;单位;职称;职业;学术成果;联系方式
图书馆	类型;藏品;特色馆藏;行政主体;前身;成立时间;开放时间;接纳人次;历任馆长;现任馆长;公共交通;官方网站;馆址;电话
机构	官方网站;前身;理事长;成员;成立时间;行政主体;电话;地址
事件	发生时间;发生地点;事件单位
文献	关键字;中图分类;作者;发表日期;发表刊物
理论方法工具	定义;提出时间;提出者

接下来，我们通过两个实例来对知识元描述模型做更具体的说明。这两个知识元实例是从第4章存储了"机构"的数据表中得到一个"武汉大学图书馆"知识元，从存储了"会议"的数据表中得到的一个"'数字人文与语义技术'研讨会通知"知识元，具体表示如下：

知识元 1

编号：knl-002

类别：图书馆

知识元名称：武汉大学图书馆

类型：大学图书馆

藏品：截至2015年12月，文献资源总量达1651万余册

特色馆藏：有21个学科的藏书被评为"研究级藏书"

行政主体：武汉大学

前身：-

成立时间：1917年

开放时间：图书借阅区08:00—22:00；每周四11:30—18:00为职工学习和整理内务时间

接纳人次：-

历任馆长：-

现任馆长：王新才

公共交通：从武昌火车站出站后，可到出站口不远处的出租车乘车点，乘出租车到武汉大学，车费约20元

官方网站：http://www.lib.whu.edu.cn/

馆址：湖北省武汉市武昌区珞珈山武汉大学校园内

电话：027-68752903（总馆）

来源：http://www.lib.whu.edu.cn/web/default.asp

知识元 2

编号：kne-015

类别：事件

知识元名称："数字人文与语义技术"研讨会通知

发生时间：2014年6月20日

发生地点：上海

事件单位：上海市图书馆学会

来源：http://society.library.sh.cn/node/322

5.4 基于知识元的知识关联模型

在构建好的知识元模型的基础上,我们基于知识元属性关系去构建知识元与知识元之间的关联模型。对于给定任意知识元网络节点 v_p 和 v_q,其属性集分别为 $\{p_1, p_2, p_3, \cdots, p_m\}$ 和 $\{q_1, q_2, q_3, \cdots, q_n\}$,那么通过不同节点属性的交集,我们就可以一定程度上自动生成知识元之间的关联关系。本章中的事件、专家作者、图书馆、机构、文献与理论方法工具知识元之间有很多种关系,我们结合其属性特征,概括出两大类关联关系。

5.4.1 同类知识元的关联

同类知识元之间的关联关系主要分为5种类型:第一、二种用来描述理论方法工具知识元之间的"从属"关系和"同义"关系;第三种用来描述同类知识元之间的"同一属性"关系;第四、五种用来描述事件、文献知识元之间的"共现"关系和"时序"关系,并且知识元之间的关联具有明显的层次性和结构性。图5-7梳理了所有同类知识元之间存在的关联关系。

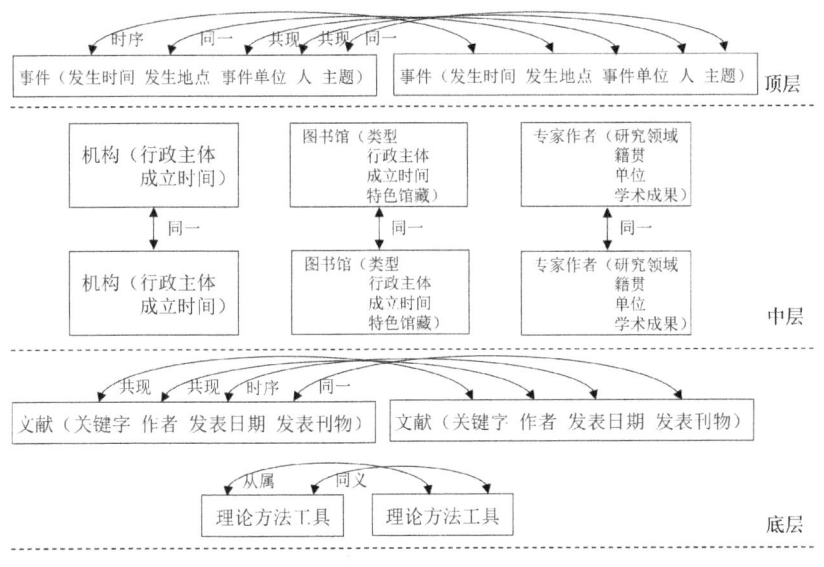

图5-7 同类知识元之间的关联

事件知识元之间通过共现属性"事件单位""事件人"、同一属性"发生地点"、时序属性"发生时间"等建立关联；机构知识元之间通过同一属性"行政主体""成立时间"等建立关联；图书馆知识元之间通过同一属性"类型""行政主体""成立时间"等建立关联；专家作者知识元之间通过同一属性"研究领域""籍贯""单位"等建立关联；文献知识元之间可以通过共现属性"关键字""作者"、同一属性"发表刊物"和时序属性"发表日期"等建立关联；理论方法工具知识元之间则依据其在本体中的关系建立关联关系。我们以两个事件知识元个体为例进行具体说明。

知识元 1
编号：kne-015
类别：事件
知识元名称："数字人文与语义技术"研讨会通知
发生时间：2014 年 6 月 20 日
发生地点：上海
事件单位：上海市图书馆学会
来源：http://society.library.sh.cn/node/322

知识元 2
编号：kne-017
类别：事件
知识元名称：中南六省区高校图书馆2014年学术年会在湖北恩施隆重召开
发生时间：2014 年 10 月 16 日
发生地点：湖北恩施
事件单位：湖北省高等学校图书情报工作委员会，武汉大学图书馆，湖北民族学院图书馆
来源：http://gzw.lib.whu.edu.cn/pe/Article/ShowArticle.asp? ArticleID=1787

"kne-015"知识元的属性"发生时间"=2014 年 6 月 20 日，"kne-017"知识元的属性"发生时间"=2014 年 10 月 16 日，我们可以按同年（2014）或先后日期（2014-10-16>2014-6-20）的时序关系来生成两个知识元的关联。

5.4.2 异类知识元的关联

异类知识元的关联关系主要分为 6 种类型：第一种是"隶属"关系，用

来描述专家作者与机构、图书馆之间的关系；第二种是"提出"关系，用来描述专家作者与理论方法工具之间的关系；第三种是"发表"关系，用来描述专家作者和文献之间的关系；第四种是"出版"关系，用来描述机构和文献之间的关系；第五种是"参与"关系，用来描述事件和图书馆、机构、专家作者之间的关系；第六种是"涉及"关系，用来描述事件、文献和理论方法工具之间的关系。图5-8绘制了不同类知识元之间的关联关系结构。

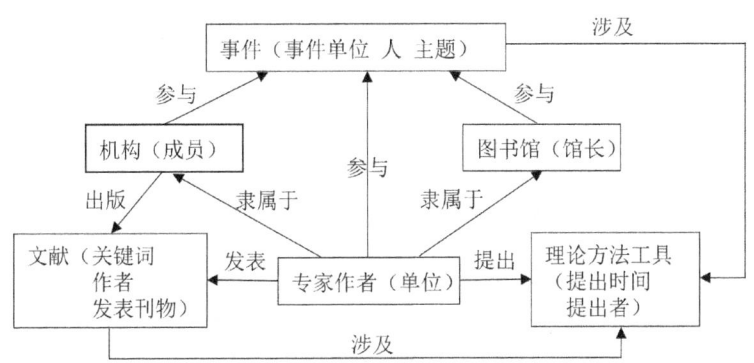

图 5-8 异类知识元之间的关联

知识元的"编号"是标识知识元的一个重要字段，同时，它也是异类知识元之间相互关联的重要字段。除了"参与"关系，其他关系都有其逆属性，分别为被隶属于、被提出、被发表、被出版、被涉及，知识元之间的关联关系具有明显的相互性和传递性。[48] 这里同样选择两个不同知识元个体为例进行具体说明。

知识元 1

编号：knd-010

类别：理论方法工具

知识元名称：H 指数

定义：混合量化指标，可用于评估研究人员的学术产出数量与学术产出水平

提出时间：2005 年

提出者：乔治·希尔施

来源：https://zh.wikipedia.org/wiki/H 指数

知识元 2

编号：knp-003

类别：专家作者

知识元名称：乔治·希尔施

性别：男

研究领域：文献统计

籍贯：阿根廷裔美国人

单位：加州大学圣地亚哥分校

职称：教授

职业：普通物理学老师

学术成果：h 指数

联系方式：-

来源：https://zh.wikipedia.org/wiki/乔治·希尔施

"knd-010" 知识元的属性 "提出者" =乔治·希尔施，"knp-003" 知识元的属性 "学术成果" =h 指数，我们可以通过 "提出" 和 "被提出" 在两个知识元之间建立关联。这样，原本零碎的领域知识通过知识元之间的关联关系组成了一个完整的知识网络体系，这将有助于提高知识发现的效率，减轻用户信息查询过程中的认知负荷以及花费的时间，从而有效地提升知识的利用率。

5.5 基于逻辑结构和依存句法分析的知识元抽取

知识元往往是隐含的，没有明确的标记。因此，准确地将知识元从资源中分割出来，继而建立一种独立于原文的，可独立存放、检索和推理的知识实体单位显得非常重要。目前，国内学者所提出的方法大致可分为基于文本结构的抽取方法与基于规则的抽取方法两种类型。

1. 基于文本结构的抽取方法

典型代表有两个：一是姜永常等提出基于文本物理结构和逻辑结构的抽取方法，通过对文本物理结构（即 {标题，作者，机构，章，节，段，句，词，引文}）的分析，建立文本的逻辑结构（即 {主题，层次，段落，句子，主题词，标识词，分类号}），从中抽取标题、小标题、段首、段尾、结论、引文等作为引导知识元的向导信息。[21] 二是周宁等提出的一种基于 XML 平台的知识元抽取模型，首先根据结构约束来抽取文本片段，接着用长度解析器来检查文本片段的最大和最小长度,最后使用内容解析器将文本片段解析成仅包含单词线性表并在此基础上生成知识元。[240]

2. 基于规则的抽取方法

典型代表是蒋玲提出的基于规则的知识元抽取方法。[257] 该方法选取了知识元描述模型中具有代表性的4个元素(知识元名称、知识元描述、知识元属性和知识元来源)作为具体的研究对象。在人工标引分析的基础上,发现知识元描述的句法特征,建立知识元的提取规则,提出了一种基于规则的知识元标引方法。

由于中文文本书写的连续性和非标志性特征,使得人们很难找到一个固定的标准来对知识单元的大小进行衡量,导致目前的抽取算法离真正实现知识元的准确、高效抽取这一目标还有很长的距离。我们尝试采用基于物理结构和依存句法分析相结合的方法对第3章下载下来并存放在数据库表中的信息资源进行知识元抽取,以尽可能地提高知识元抽取的准确率和有效性。从表5-10可以看出,存放在数据库表中的特定主题的网络信息资源的粒度比较粗,无法表达内容的知识细节,我们有必要将信息组织的单位延伸到知识元。

表5-10 "数字图书馆"会议的数据库表结构

会议名	描述	来源	资源URL	入库日期
"数字人文与语义技术"研讨会通知	上海市图书馆学会将于2014年6月20日在上海召开2014图书馆前沿技术论坛:"数字人文与语义技术"专题研讨会。	上海图书馆学会	http://society.library.sh.cn/node/322	2014-12-24

我们基于知识元的五元组结构(编号,类别,名称,属性,来源),先对全部数据库表结构(见表5-11)进行分析。

表5-11 "数字图书馆"相关的全部数据库表结构

表名	表中字段
组织机构	(机构名,描述,来源,资源URL,入库日期)
会议	(会议名,描述,来源,资源URL,入库日期)

续表5-11

表名	表中字段
期刊	（篇名，作者，关键字，摘要，中图分类，发表刊物，发表时间，来源）
图书	（书名，作者，摘要，中图分类，出版社，来源，出版时间）
标准	（题名，描述，来源，中图分类，资源URL，入库日期）
新闻	（题名，作者，描述，来源，资源URL，更新日期）
博客	（题名，作者，描述，来源，资源URL，更新日期）

可以发现，通过数据表中的字段可以直接抽取出知识元结构中的"类别""名称"及"来源"。其中，从期刊、图书、标准数据表中还可以抽取出文献知识元结构中的"作者""关键字""发表刊物""发表时间"等属性。但是，对于这些表中都存在的字段"描述"中的内容，由于粒度太粗，没有办法直接抽取，需要进行依存句法分析。这里，我们基于第3.3.3节有关依存句法分析的研究可知，知识元名称主要处在主语位置、宾语位置、定语位置，属性名称主要处在谓语位置、定中结构的中心语位置、主语位置以及动宾结构的动词位置，而属性值则主要处在动宾结构的宾语位置、动补结构的补语位置、状中结构的状语位置以及定语位置。只要应用相应的规则召回句子中的主谓语、动宾语、动补语，应该就可以抽取出形如（知识元名称，属性名称，属性值）的三元组单元。因此，利用词性和词对间依存关系，制定如下抽取规则。

规则1：当句中存在SBV和VOB，并且SBV的核心词=VOB的核心词，VOB的核心词POS=v，VOB的修饰词POS=n或ws或i或j，继续判断是否存在ADV和POB，并且ADV的核心词=VOB的核心词，ADV的修饰词=POB的核心词，POB的修饰词POS=nt或ns，如果是，则抽取（SBV的修饰词，POB的修饰词，VOB的修饰词）。

规则2：对于上面的规则，在抽取时，需要通过ADV/ATT链修正其边界。

这样抽取出来的三元组，再通过人工整理，即为知识元"属性"中机构、图书馆、时间、地点、知识元名称等的内容。

图5-9是我们利用哈工大的语言云平台对表5-10中"描述"字段中的内容标注了依存关系类型的依存结构图。在进行抽取时，根据规则1抽取出三元组（学会，20日，研讨会）、（学会，上海，研讨会），由于"学会"

前面出现 ATT 关系,"20 日"前面出现 ATT 关系,"研讨会"前面出现 ATT 关系,因此利用规则 2 进行修正,这样就得到了新的三元组(上海市图书馆学会,2014 年 6 月 20 日,"2014 图书馆前沿技术论坛:"数字人文与语义技术"专题研讨会)、(上海市图书馆学会,上海,2014 图书馆前沿技术论坛:"数字人文与语义技术"专题研讨会),通过人工整理,就形成一个新的事件知识元(kne-001,事件,属性(2014 图书馆前沿技术论坛:"数字人文与语义技术"专题研讨会,2014 年 6 月 20 日,上海,上海市图书馆学会),http://society.library.sh.cn/node/322)。

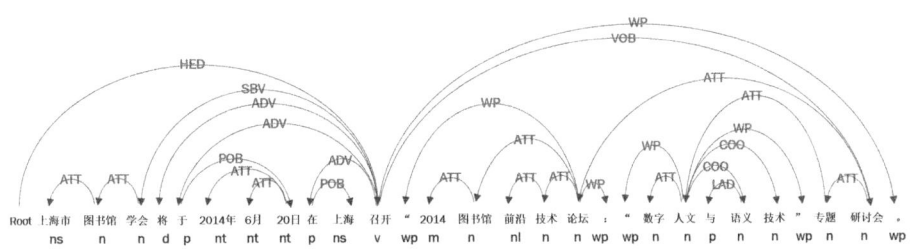

图 5-9　LTP 句法分析结果

5.6　知识元的存储

知识系统所使用的知识元模型与关系数据库使用的关系模型处于问题的不同抽象层次,知识元模型是信息世界的概念模型,而关系模型是存在于机器世界的数据模型,通过 SQL 语言操作关系数据库非常方便且读写效率高。因此,要想通过关系数据库系统存储知识元,首先要完成知识元模型向关系数据库数据模型的转换。

1. 知识元模型向关系模型的转换

一个知识元模型转换为一个关系模型,知识元结构中的"编号"就作为关系模型中的关键字,"名称"转换为关系模型中叫"名称"的字段,知识元结构中各个"属性"也都转换为关系模型中的相应字段。例如,机构知识元(编号,类别,名称,属性(官方网站,前身,理事长,成员,成立时间,行政主体,电话,地址),来源)转换为关系数据表如表 5-12 所示。

表 5-12　机构关系模型

knunit（机构）									
knuid	name	website	precursor	chairman	member	Establishment Date	Administrative Subject	tel	address	URL
编号	名称	官方网站	前身	理事长	成员	成立时间	行政主体	电话	地址	来源

2. 知识元关联模型向关系模型的转换

与知识元模型向关系模型转换不同，知识元关联模型在向关系模型转换过程中，必须先向关系数据表中添加必要的知识元关联信息。这里我们共设计了9张数据表（见表5-13），表之间通过知识元标引字段相关联（见图5-10）。

表 5-13　知识元关联模型中各表结构说明

表名	描述	字段
onto-kn	知识元标引表	(okid, okname, cid, knsid)
knsource	知识元总表	(knsid, name, type, attrid, origin)
classsyn	同义关系表	(csid, csname, cid, cname)
kndefine	理论方法属性表	(kndid, content, knpid, person, datetime)
knevent	事件属性表	(kneid, name, city, datetime, unit, knuid, knpid)
knjournal	文献属性表	(knjid, title, keywords, clc, knpid, author, datetime, issue)
knperson	专家作者属性表	(knpid, name, sex, field, origo, unit, knuid, ranks, job, achievement, knjid, contacts)
knlibrary	图书馆属性表	(knlid, name, libtype, collection, SpecialCollection, website, precursor, EstablishmentDate, AdministrativeSubject, OpeningTime, person-times, FormerCurator, FCknpid, curator, Cknpid, tel, address, routes)
knunit	机构属性表	(knuid, name, website, precursor, chairman, member, EstablishmentDate, AdministrativeSubject, tel, address)

5 基于领域知识元的知识聚合

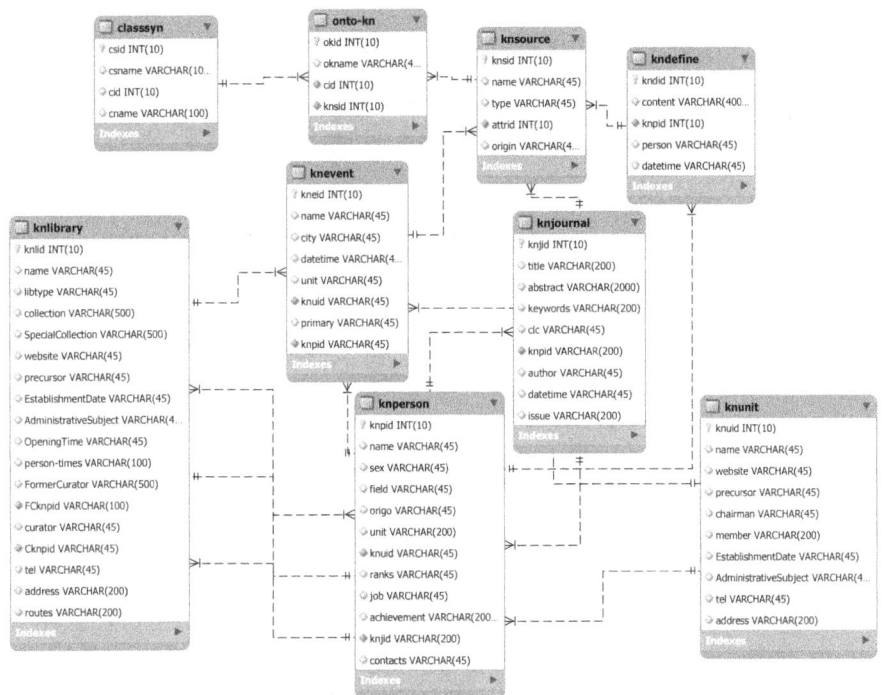

图 5-10 知识元关联模型

传统的知识标引是指通过对文献的分析,选用可用于检索的检索标识,例如标题词、关键词等,并通过人工或自动标引,给文献赋予检索标识,用来明确文献内容特征的主题类属。表 5-13 中的知识元标引表(onto-kn)就是用来做知识元的主题标引,其中,字段 okid 为标识号,okname 为主题名称,knsid 为知识元编号。知识元编号是知识元的唯一标识,也是我们对知识元进行索引和查找的重要字段。通过 knsid 字段的匹配检索,就可以在知识元总表(knsource)中找到相应的知识元,该知识元的编号、名称、类别、来源通过 knsource 表就可以获取,属性部分则通过其字段 attrid 进行获取,将 attrid 分别与 kndid、kneid、knjid、knpid、knlid、knuid 进行匹配,如果匹配成功,则找到相应的知识元类型的属性表。

5.7 基于知识元的图情领域知识聚合平台

知识需求者通过一定方法搜索到资源后,要经过某种方式去浏览和获取,因此,聚合平台所支持的输出格式和方式的多少也成为知识需求者对其评价高低的一个重要指标。[258] 为了验证我们所提出方法的聚合效果,我们以"数字图书馆"为主题,将聚合结果和 CNKI 知识搜索平台的搜索结果进行了对比。

5.7.1 国内外聚合平台建设现状

1. VIVO 系统

VIVO 系统是康奈尔大学图书馆在 2007 年利用 RDF、OWL、Jena 和 SPARQL 等技术构建的一个对科研人员、科研项目、科学数据、科研成果以及文献资源等进行语义化的知识揭示,为科研人员提供关联知识发现服务的系统。目前 VIVO 系统已经覆盖了康奈尔大学所有院系的人员、机构、学术活动和科研信息,并实现了彼此之间的关联。① (见图 5-11)

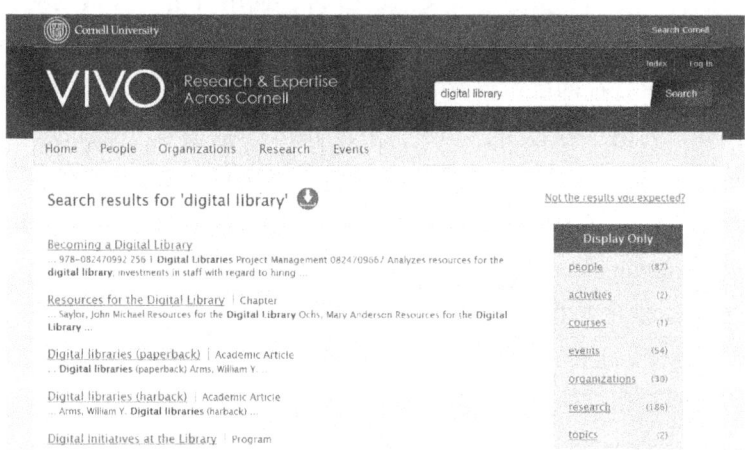

图 5-11 VIVO 系统中有关 "digital library" 的聚合界面

---

① VIVO: A Research and Discovery Tool,见 http://vivo.cornell.edu 或 https://vivo.weill.cornell.edu/。

2. 欧洲数字图书馆项目

2006年9月，欧洲数字图书馆项目EDL（European Digital Library，现已更名为Europeana）正式启动。该项目基于RDF框架，通过使用异构的数字文化资源元数据标准，如数字图书馆领域的METS（Metadata Encoding and Transmission Standard，元数据编码与传输标准）、档案管理领域的EAD（Encoded Archival Description，编码档案描述）、博物馆领域的LIDO（Lightweight Information Describing Objects，轻量级对象描述信息）等，开发出能够映射事件、主题、人物、地点、时间和概念的语义检索服务。欧洲数字图书馆项目旨在使欧洲的文化和科学遗产在联机的环境下更容易、更有趣地用于工作、学习或娱乐。该项目将建立一个高规范、多语种的门户网站（WebPortal），用户通过这一门户网站可以访问欧洲各文化机构的数字资源。（见图5-12）

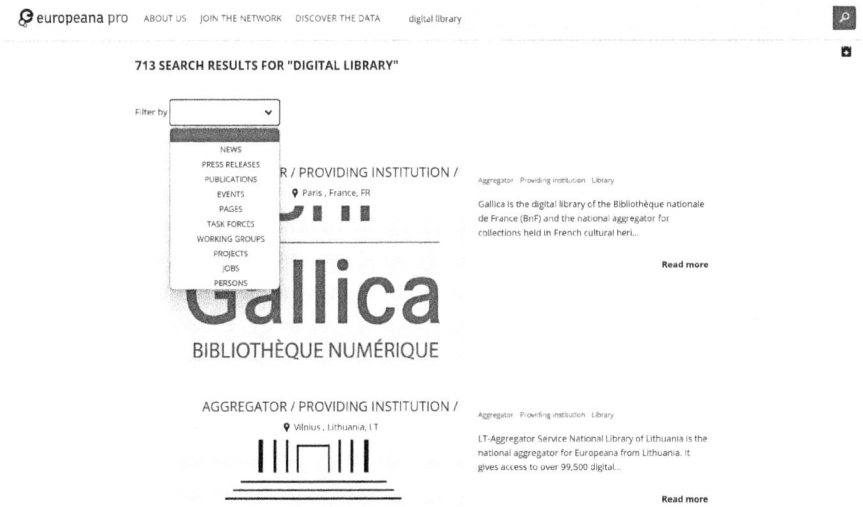

图5-12　EDL系统中有关"digital library"的聚合界面

3. 超星发现

超星公司是中国规模最大的数字图书馆解决方案提供商和数字图书资源提供商，于2000年建成世界最大的中文数字图书馆。其产品"超星发现系统"以近十亿海量元数据为基础，通过多维分面聚类（搜索结果按各类文献的时间维度、文献类型维度、主题维度、学科维度、作者维度、机构维度、权威工具收录维度等进行任意维度的聚类）[259]、立体引文分析（实现图书与图书之间、期刊与期刊之间、图书与期刊之间，以及其他各类文献之间的相互参考、相互引证关系分析）、知识关联分析（将发现数据及分析结果以表格、图形等方式直观展示出来）等实现高价值学术文献发现、纵横结合的深度知识挖掘、可视化的全方位知识关联。（见图5-13）

图5-13 超星发现有关"数据图书馆"的聚合界面

4. 搜狗知立方

纵观国内市场，搜狗历时一年多研发，于2012年11月22日首次推出中文的知识图谱——知立方。与传统搜索单纯抓取网页数据的方式不同，知识库搜索通过整合海量的互联网碎片化信息，试图通过"语义理解"技术准确理解用户的搜索意图，从而将最核心的信息直接展现给用户，使得用户的搜索结果更精准、更有效。目前，搜狗知立方主要支持明星及影视剧的知识图谱，例如，当搜索"李娜"时，它会根据用户以前的搜索记录，判断用户想搜索的是网球运动员、歌星、舞蹈家还是跳水运动员，真正理解用户搜索，返回结果。

5 基于领域知识元的知识聚合

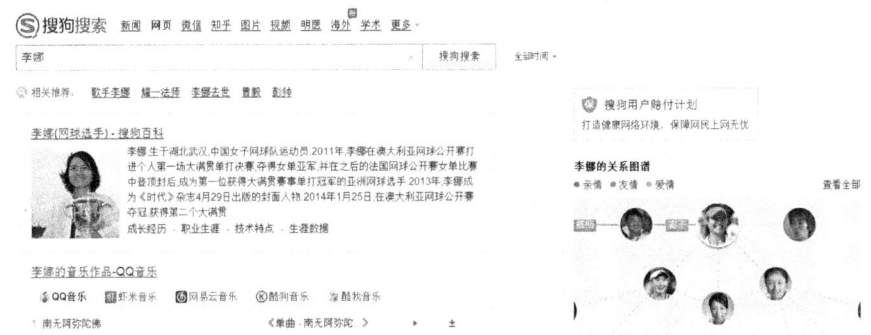

图 5-14 搜狗知立方的知识图谱

5.7.2 聚合平台框架设计

上一节提到的聚合平台所提供的关联都是基于文献与文献之间、网页与网页之间的关联，聚合粒度仍然大，没有涉及知识内容本身。在借鉴现有相关研究和系统的基础上，我们提出基于知识元的聚合平台的建设思路，通过揭示知识元之间的关联有效地组织知识，在用户浏览或查阅知识的同时，将相关知识组织并展现到用户面前，以方便用户进一步理解现有知识或获取相关知识，提高知识的利用价值。平台框架如图 5-15 所示。

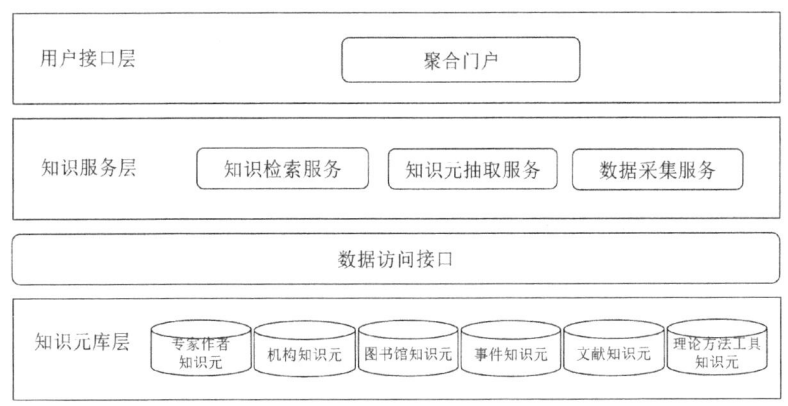

图 5-15 聚合平台框架结构

1. 知识元库层

知识元库层负责存储系统中的各类知识元。

183

2. 数据访问接口

数据访问接口负责知识元库层与知识服务层之间的数据访问。通过引入数据访问接口，可以降低知识服务层与知识元库层之间的耦合度，提高系统的灵活性。

3. 知识服务层

知识服务层主要提供知识检索服务、知识元抽取服务、数据采集服务，它与知识元库层、数据访问接口一起组成了 B/S 结构的服务器端。

4. 用户展示层

用户展示层是用户进行知识获取时的应用入口，用户知识查询的提交和知识查询结果的返回等信息都是通过用户展示层来完成。它主要采用 JSP 服务器端技术实现，用户只需要安装标准的浏览器便可以访问系统。

5.7.3 聚合效果分析

CNKI 知识搜索平台具有学术权威性，其资源覆盖正式出版的学术期刊、博士及硕士论文、报纸、会议论文和工具书等文献类型。功能方面，CNKI 数据库除了具有完善的知识检索功能外，还提供了一定程度的知识关联分析功能，CNKI 链接系统利用文献来源名（sid）、论文题名（title）、第一作者（aufirst）、年卷号（volume）和期数（issue）等作为建立链接的规则，动态建立相关链接[260]，可以初步揭示知识单元间的主题关联、作者关联、引文关联等深层隐含关系。例如，我们在搜索框输入"数字图书馆"，就可以在结果呈现中看到"数字图书馆"的英文对照、在学术文献中的解释、相关高频被引文章、研究相关问题的主要学者以及出版相关文献的期刊（见图 5-16）。

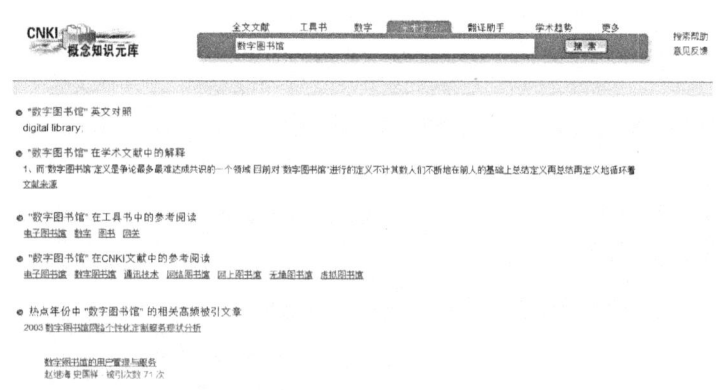

图 5-16　CNKI 概念知识元库有关"数字图书馆"的查询界面

但如果要查询"数字图书馆"的同义词"数位图书馆",从图 5-17 中可以看到,CNKI 概念知识元库只返回一个定义记录,并且通过这个定义也看不出其与"数字图书馆"的相关性。

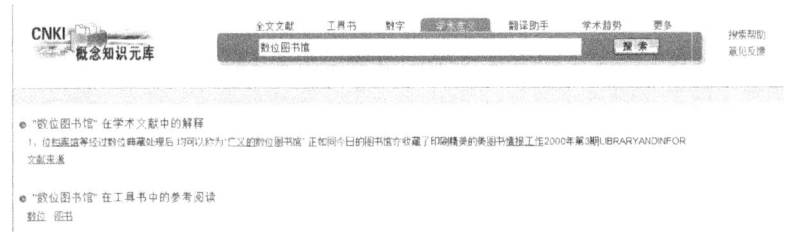

图 5-17　CNKI 概念知识元库有关"数位图书馆"的查询界面

图 5-18 则是我们聚合平台有关"数字图书馆"的聚合结果呈现。

图 5-18　聚合平台有关"数字图书馆"的聚合界面

185

用户从中可以看到有关"数字图书馆"的同义词、定义、相关期刊和新闻。其中，篇名为"东方的中国期刊网（CJN）与西方的 JSTOR"的期刊文章，从字面来看，似乎与"数字图书馆"没有任何相关性，但是深入到学科内部就知道 JSTOR 全名是 Journal Storage，是一个对过期期刊进行数字化的非营利性机构，于 1995 年 8 月成立。事实上它与"数字图书馆"还是比较相关的，这充分证明了我们提出的基于领域本体实现网络信息资源的主题采集、抽取及细粒度聚合这一方法是可行且有效的。在有关"数字图书馆"相关事件的聚合结果中，用户可以看到 2002—2014 年"数字图书馆"的会议、新闻事件发生时间、地点和相关单位。

图 5-19、图 5-20 和图 5-21 是事件知识元分别按其属性"发生时间""发生地点"和"事件单位"聚合的结果呈现。从图 5-19 和图 5-20 可以看出，与"数字图书馆"有关的事件多集中发生在 2010 年、2014 年和 2016 年，地点则以武汉、北京两个地方为主，这从图 5-25 中也得到印证。在图 5-21 中，"武汉大学图书馆"和"国家图书馆"节点处于中心位置。

通过平台输出格式可以发现，我们的方法能够更加准确地将学科领域中与某特定知识概念相关的信息资源以关联方式呈现在用户的面前，突破现有知识聚合研究聚合层次浅、聚合范围窄的局限，将聚合范围拓宽至面向图情领域的网络信息资源内容的聚合单元，降低用户发现知识、获取知识、理解知识和利用知识的难度。

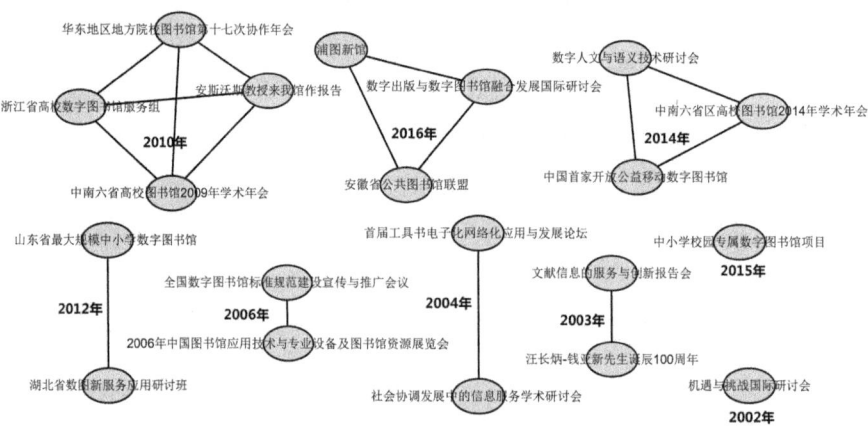

图 5-19　事件知识元按其属性"发生时间"聚合的结果

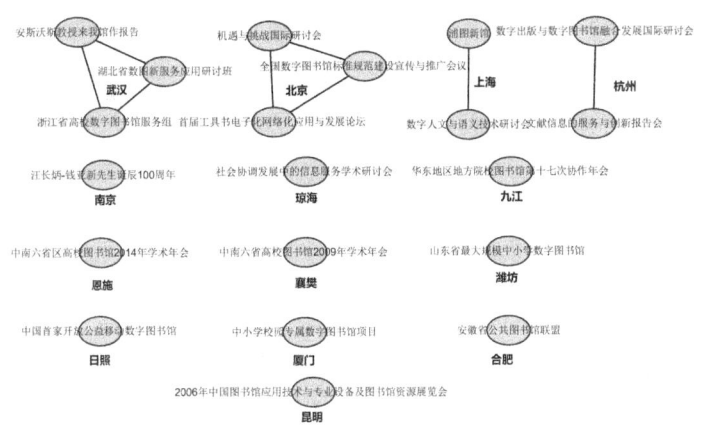

图 5-20　事件知识元按其属性"发生地点"聚合的结果

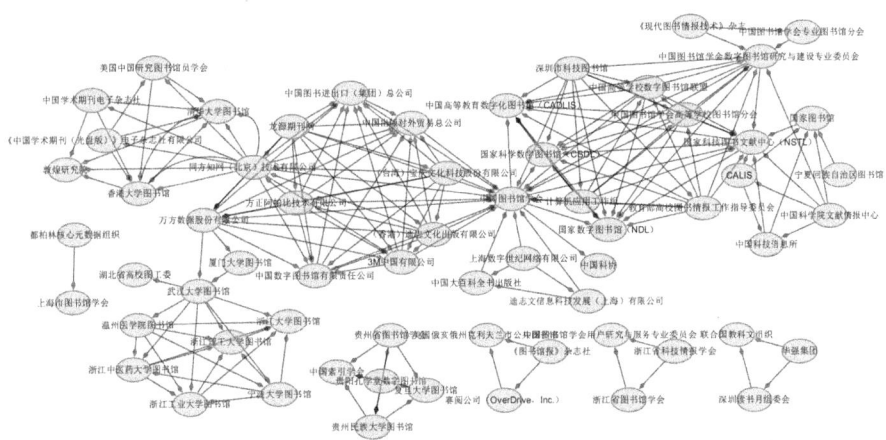

图 5-21　图书馆和机构知识元在事件中按"共现"聚合的结果

5.8　本章小结

本章引入了语义网范畴内本体，在构建好的图情领域本体基础上，探讨基于本体的知识元模型及知识元之间的关联关系的构建方法。通过搭建的聚合平台原型进行实验，发现基于知识元的知识组织方式可以实现细粒度的知识切分、存取、组合和链接，更加准确地将学科领域中与某特定知识概念相关的信息资源以关联方式呈现在用户的面前，提高学科领域网络信息资源的效用。但由于时间与精力所限，聚合应用系统的研究当前仍处于原型系统阶段，系统功能模块优化与性能提升将成为后续研究的重点方向。此外，受网络信息资源多源异构特性制约，本研究中的知识元划分、抽取技术受制于文本处理现有技术成熟度，同类、异类知识元之间的关联关系构建仅基于属性集合中各属性可能存在的关系，尚待进一步的研究。

6 中文文本的标注

在 AI 的三要素数据、算力和算法中,数据相当于 AI 算法的燃料,无论是监督学习还是半监督学习都需要大量打好标签的数据进行训练,然而现实世界中存在的数据通常不带标签。据权威咨询公司 IDC 预测,2025 年底全球数据规模将达到 163 ZB,而其中只有 15% 的数据将得到标签。[261] 数据标注是指根据不同的学习任务,把需要机器学习的数据贴上标签,让计算机不断学习这些数据的特征,是命名实体识别、关系自动抽取等相关研究的基础。如果这些训练数据的质量得不到保证,就会严重影响 NLP 系统的性能,因此,语料的高质量标注是 NLP 应用落地的关键。

6.1 文本标注流程

数据标注一般包括文本数据标注、图像数据标注、视频数据标注和语音数据标注。其中,文本类型的数据是使用范围最广泛的一种数据。文本数据标注的基本工作流程可分为预处理、标注、线上标注、线下标注、质检、验收、数据处理和数据交付。①

6.1.1 文本预处理

6.1.1.1 数据清洗

数据清洗是整个文本预处理过程中不可缺少的一个环节,它指的是对数据集中存在的格式不一致数据、重复数据、缺失数据、异常数据等,选用适当方法进行"清理",使"脏"数据变为"干净"数据的过程。数据清洗的基本流程一般包括4个步骤,如图6-1所示。

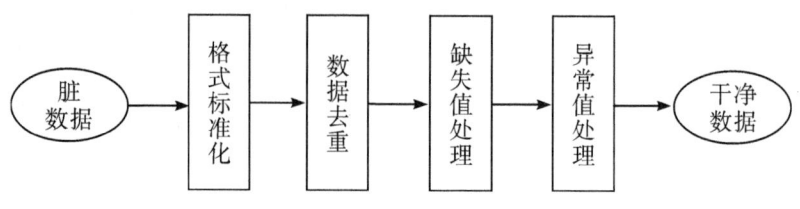

图6-1 数据清洗流程

1. 格式标准化

格式问题通常与输入有关,在多数据源数据集成时,由于不同数据源对同一现实事物可能存在不一致的表示,从而产生不一致的数据。[262] 比如大小写不同的单词、缩写形式的单词、不同时态的单词,就需要将其处理成一

---

① AI数据标注:《行业分享:文本数据标注的整体流程、类型与应用场景》,见 https://zhuanlan.zhihu.com/p/445487101。

致的某种格式。又如图 6-2 所示,有"2020-2021"和"2020 至 2021"两种时间书写形式,也需要将这些信息转化为统一的格式。

	A	B	C	D	E	F	G
1	学年	年级代码	行政班名称	学号	性别	身高	体重
2	2020-2021	41	计类2001	2017010352	男	170.5	63.3
3	2020-2021	41异常值	行政2001	2017010521	男	177.5	63.5
4	2020-2021	241	机械类2002	2018010119	男	179.7	83.6
5	2020-2021	41	电信类2004	2018010119	男		缺失值
6	2020至2021	41	信管2002	2018012127	女	163.8	55.2
7	2020-2021	41	行政2001	2017010521	男	177.5	63.5 重复值
8	2020至2021	41	统计2001	2020012392	男	179.7	75
9	2020至2021	41	统计2002	2018012778	女	163.5	46.9

图 6-2 重复值、确实值、异常值示例①

2. 数据去重

去除数据集中的重复记录,比如图 6-2 中的行号 3 和行号 7 两条记录都是指向同一个人,所以直接删掉行号 7 的记录即可。

3. 缺失值处理

填充缺失数据通常有两种方法:一是以业务知识或经验推测进行填充,二是以固定值(0、均值、中位数、众数等)进行填充。以图 6-2 中行号 5 缺失的"身高"为例,如果以男生"身高"的均值填充,那么,身高 = $\frac{170.5+177.5+179.7+179.7}{4}$ =176.9;如果以中位数填充,那么身高就是先对男生身高按值排序,取排序后处于中间位置的数,即 177.5;如果以众数填充,则身高就是出现频率最多的那个数,即 179.7。

4. 异常值处理

检测和处理数据集中不符合一般规律的数据,如图 6-2 中行号 4 的"年级代码"为 241,明显不在取值范围之内,可以直接删除或替换为可接受的值。

数据清洗是数据预处理不可或缺的一环,对于数据分析的准确性有着至关重要的影响。当然,在实践中,数据清洗的流程需要根据具体的数据集和

---

① eeenkidu:《数据探索(数据清洗)②——Python 对数据中的缺失值、异常值和一致性进行处理》,见 https://blog.csdn.net/qq_37746855/article/details/121701137。

业务需求进行调整和优化,以满足不同的数据分析要求。

6.1.1.2 分词

词是最小的、能够独立活动的、有意义的语言成分。[263] 中文信息处理系统只要涉及句法、语义,就需要以词为基本单位。众所周知,英文文本中的单词之间有空格分隔,例如,英文句子"He is a teacher",任何相邻的两个词之间均用空格间隔,计算机可以很容易地通过空格判断出 teacher 是一个词,所以在词处理上相对简单。而在汉语文本中词与词之间不具有天然的、形式上的分隔符,句子是以字串出现,要明确区分词语比较困难;此外,中文缺少英文中类似-ed、-ing、人名首字母大写等显式的词形信息,这也将影响中文词性标注。因此,对中文进行信息处理的第一步就是进行分词,将句子中的字串转成词串。随着中文信息处理的发展,中文分词得到了很大的发展,出现了众多的算法。中文分词技术大体可以总结为以下三大类。

1. 基于字符串匹配的分词方法

基于字符串匹配的分词方法又称机械分词方法,它主要按照一定的策略将待切分的汉字串与词典中的词条逐一匹配,[264] 若在词典中找到该词条则匹配成功,否则做其他相应的处理。

2. 基于统计的分词方法

基于统计的分词方法只需对语料中已经分词的文本进行统计,学习词语切分的规律,常采用互信息、卡方检验等统计特征。此外,还采用一些成熟的统计模型如 N-Gram 模型,用以改善分词效果。

3. 基于语义的分词方法

基于语义的分词方法通过让计算机学习像人类一样理解句子,从而模拟把一段连续的文本处理成一个一个词序列。这种分词方法需要基于大量的句法和语义信息以及其他相关的语言知识来进行。

国内,从 20 世纪 80 年代初第一个实用中文分词系统 CDWS(The Modern Printed Chinese Distinguishing Word System,现代书面汉语分词系统)问世以来,许多科研院校相继研发出了许多著名的分词系统,如清华大学先后研制的 SEG、SEGTAG 分词系统及 THULAC(Tsinghua University Lexical Analyzer for Chinese,清华中文词法分析器)系统、复旦大学的 FNLP 分词系统、北京大学语言计算与机器学习研究组开源的 PKUSeg(Peking University

Segment）系统、哈工大信息检索实验室的 LTP 系统以及中科院计算所汉语词法分词系统 ICTCLAS（Institute of Computing Technology Chinese Lexical Analysis System，中科院计算技术研究所汉语词法分析系统）等。这些工具都提供了丰富的功能和接口，可以根据实际需求进行选择。这里我们主要对哈工大的 LTP 和中科院的 ICTCLAS（2009 年更名为 NLPIR）两个分词系统进行对比（见表6-1）。

表6-1 LTP 和 ICTCLAS 分词效果对比

	LTP	ICTCLAS
支持语言	支持 C#、Go、Java、JavaScript、Nodejs、PHP、Python、R、Ruby 等语言调用	支持 C/C++、C#、Delphi、Java 等主流的开发语言
原理	使用统计分词方法	使用层叠隐马模型（Cascaded Hidden Markov Model, Cascaded HMM）对句子进行分词和词性标注
功能	分词、词性标注、命名实体识别、依存句法分析、语义角色标注	中文分词、词性标注、命名实体识别、新词识别
扩展性	不支持自定义词典	支持自定义词典
应用	曾获得 CoNLL 2009 国际句法和语义分析联合评测的第一名，2010 年钱伟长中文信息处理科学技术一等奖。学术版 LTP 已共享给 500 多家研究机构免费使用，百度、腾讯、华为、金山等企业付费使用 LTP 商业版本[1]	曾获得 2002 年国内 973 评测综合第一名，2003 年国际 SIGHAN 分词大赛综合第一名，2010 年钱伟长中文信息处理科学技术奖一等奖。全球用户突破 30 万[2]
例句	"开关机时光驱发出摩擦的响声" "开关机/n 时光/n 驱/v 发出/v 摩擦/v 的/u 响声/n"	"开关机时光驱发出摩擦的响声" "开关/n 机时/n 光驱/n 发出/v 摩擦/vn 的/ude1 响声/n"

[1] 哈工大社会计算与信息检索研究中心：《语言云简介》，见 https://www.ltp-cloud.com/intro#ltp。
[2] NLPIR：《欢迎使用 NLPIR-ICTCLAS 分词系统》，见 http://www.nlpir.org/。

从表 6-1 可以看出，ICTCLAS 可以添加用户词典，对于特定领域内的语义分析较之 LTP 更具优势。而且由例句分词可以看出，在 LTP 系统里，"光驱"一词被拆分，"光"与其前面的词形成"时光"一词，引入了与主题不相关的噪声，直接影响到抽取结果；而 ICTCLAS 系统使用层叠隐马模型对句子进行分词和词性标注，较好地解决了切分歧义的消除和未登录词中时间词、数量词和命名实体识别问题（包括人名、地名、机构名等）。因此，我们采用 ICTCLAS 系统对句子进行切分和词性标注，将含有词性标注的处理结果作为下一阶段处理的输入。图 6-3 给出了 ICTCLAS 分词工具对例句进行分词和词性标注处理后的结果。

> 例 1："移动图书馆作为现代数字图书馆信息服务的一种崭新的服务系统，是指依托目前比较成熟的无线移动网络、国际互联网以及多媒体技术，使人们不受时间、地点和空间的限制，通过使用各种移动设备（如：手机、掌上电脑、E-Book、笔记本等）来方便灵活地进行图书馆图书信息的查询、浏览与获取的一种新兴的图书馆信息服务。"
>
> "移动 /vn 图书馆 /n 作为 /p 现代 /t 数字 /n 图书馆 /n 信息 /n 服务 /vn 的 /ude1 一 /m 种 /q 崭新 /b 的 /ude1 服务 /vn 系统 /n ，/wd 是 /vshi 指 /v 依托 /v 目前 /t 比较 /d 成熟 /a 的 /ude1 无线 /b 移动 /vn 网络 /n 、/wn 国际 /n 互联网 /n 以及 /cc 多媒体 /n 技术 /n ，/wd 使 /v 人们 /n 不 /d 受 /v 时间 /n 、/wn 地点 /n 和 /cc 空间 /n 的 /ude1 限制 /v ，/wd 通过 /p 使用 /v 各种 /rz 移动 /vn 设备 /n （/wkz 如 /v ：/wp 手机 /n 、/wn 掌 /n 上 /f 电脑 /n 、/wn E/n -/wp Book/n 、/wn 笔记本 /n 等 /udeng ）/wky 来 /f 方便 /v 灵活 /a 地 /ude2 进行 /vx 图书馆 /n 图书 /n 信息 /n 的 /ude1 查询 /vn 、/wn 浏览 /vn 与 /cc 获取 /v 的 /ude1 一 /m 种 /q 新兴 /b 的 /ude1 图书馆 /n 信息 /n 服务 /vn 。/wj"

图 6-3　ICTCLAS 分词、词性标注结果示意图

其中，每个词汇的词性标签放在该词语的后面，用空格隔开单词及标签。表 6-2 是 ICTCLAS 的标签与含义。

表 6-2　ICTCLAS 汉语词性标注集

Ag	形语素，形容词性语素	j	简称略语	r	代词
a	形容词	k	后接成分	s	处所词
ad	副形词，直接作状语的形容词	l	习用语	Tg	时语素，时间词性语素
an	名形词，具有名词功能的形容词	m	数词	t	时间词

续表6-2

b	区别词	Ng	名语素，名词性语素	u	助词
c	连词	n	名词	Vg	动语素，动词性语素
Dg	副语素，副词性语素	nr	人名	v	动词
d	副词	ns	地名	vd	副动词，直接作状语的动词
e	叹词	nt	机构团体	vn	名动词，指具有名词功能的动词
f	方位词	nz	其他专名	w	标点符号
g	语素	o	拟声词	x	非语素字
h	前接成分	p	介词	y	语气词
i	成语	q	量词	z	状态词

由前面的图 6-3 可以看出，虽然 ICTCLAS 能够较好地对汉语句子进行切分，但是有些未登录词依然无法准确识别，例如，图情领域的专有词"数字图书馆"被识别为"数字/n"和"图书馆/n"两个词，本来应该在一起的词，变成了拆分开了的词语，这对于后续的领域术语的抽取较为不利。因此，这里我们使用了 ICTCLAS 提供的用户词典功能，重新处理后的结果如图 6-4 所示。

"移动 /vn 图书馆 /n_newword 作为 /p 现代 /t 数字图书馆 /n_newword 信息 /n 服务 /vn 的 /ude1 一 /m 种 /q 崭新 /b 的 /ude1 服务 /vn 系统 /n ，/wd 是 /vshi 指 /v 依托 /v 目前 /t 比较 /d 成熟 /a 的 /ude1 无线 /b 移动 /vn 网络 /n 、/wn 国际 /n 互联网 /n 以及 /cc 多媒体 /n 技术 /n ，/wd 使 /v 人们 /n 不 /d 受 /v 时间 /n 、/wn 地点 /n 和 /cc 空间 /n 的 /ude1 限制 /v ，/wd 通过 /p 使用 /v 各种 /rz 移动 /vn 设备 /n （/wkz 如 /v ：/wp 手机 /n 、/wn 掌 /n 上 /f 电脑 /n 、/wn E/n -/wp Book/n 、/wn 笔记本 /n 等 /udeng ）/wky 来 /f 方便 /v 灵活 /a 地 /ude2 进行 /vx 图书馆 /n_newword 图书 /n 信息 /n 的 /ude1 查询 /vn 、/wn 浏览 /vn 与 /cc 获取 /v 的 /ude1 一 /m 种 /q 新兴 /b 的 /ude1 图书馆 /n_newword 信息 /n 服务 /vn 。/wj"

图 6-4 添加用户词典功能后的 ICTCLAS 分词、词性标注结果示意图

6.1.1.3 停用词过滤

通常意义上，停用词指一类出现频率高但没有多少实际意义的词语，比如中文常见的"的""和""太""在""就"等，这类词的词性主要包括了语气助词、副词、数词、量词、代词、介词、连词等。[265] 从分词结果中去除这些词，并不影响对文本的理解，还能减少停用词对理解语句造成的噪音。所以，进行自然语言处理时，我们一般将停用词过滤掉。

目前，中文停用词表主要包括哈工大停用词表、百度停用词表、人大中文停用词表以及川大机器智能实验室停用词库等一些业界公开的停用词表。① 这里，我们结合网上现有资源，对"哈工大停用词表"整理去重，提取中文停用词共1598个，部分词语见表6-3。

表6-3 停用词表部分示例

啊 阿 哎 哎呀 哎哟 唉 俺 俺们 除 除此之外 除非 除了 此 此间 此外 从 从而 叮咚 嘿 哼 他 他们 他人 它 它们 她 她们 倘 倘或 倘然 倘若 倘使 兮 呃 呗 咚 咦 喏 啐 喔唷 嗬 嗯 嗳 啊哈 啊呀 啊哟 哼唷 呼哧 乎 哗 还是 还有 换句话说 换言之 或 或是 或者 极了 其 其次 其二 其他 其它 其一 其余 其中 起 起见 岂但 恰恰相反……

6.1.1.4 预处理实例

我们使用NLPIR进行分词和停用词过滤，具体过程如下。

步骤1：初始化NLPIR接口。

1. NLPIR. init ( ) ;
2. int init_flag = NLPIR. getInstance ( ). NLPIR_Init (" . ", 1, "0") ;
3. String nativeBytes = null ;
4. if (0 = = init_flag) {
5.   nativeBytes = NLPIR. getInstance ( ). NLPIR_GetLastErrorMsg ( ) ;
6.   System. err. println ("初始化失败！fail reason is " +nativeBytes) ;
7.   return ;
8. }

---

① goto456：《中文常用停用词表（哈工大停用词表、百度停用词表等）》，见https://github.com/goto456/stopwords。

步骤2：从 userdict 文件导入用户字典。

1. NLPIR.getInstance().NLPIR_ImportUserDict(userdict);

其中，用户字典为 TXT 文本，一行为一词，包含词语与词性，用空格间隔（见图6-5）。

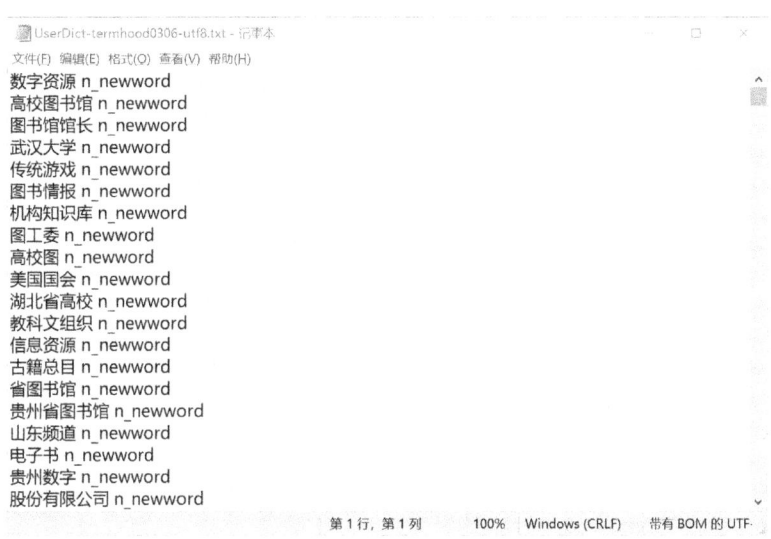

图6-5　用户字典示例

步骤3：文本分词。首先对文件中的每行文本，通过"。" "？" "！" "．" "!" "?"这些标点符号来分隔句子，然后循环对这些句子做去掉网址等初步过滤、调用 NLPIR_ParagraphProcess 进行分词。

1. String prstr = null;
2. BufferedReader prfile =new BufferedReader(new InputStreamReader(new FileInputStream (f)));
3. ContentStr="";
4. for(;(prstr = prfile.readLine())! = null;){
5. if(prstr.length()<=0) continue;
6. //判断是否为。？!.!?
7. String[ ] srcContents=prstr.split("[\u3002\uff1f\uff01.!?]");
8. //Pattern pattern=Pattern.compile("/\\w+\\s");
9. for(int s=0;s<srcContents.length;s++){

```
10.    //去掉网址
11.    tmpContent = srcContents[s].replaceAll("^(?:https?://)?[\\w]{1,}(?:\
       \.?[\\w]{1,})+[\\w-_/?&=#%:]*"," ");
12.    //对字符串进行分词
13.    mpContent = NLPIR.getInstance().NLPIR_ParagraphProcess(tmpContent,1);
14.    }
15.    }
```

步骤4：分词后根据停用词表过滤分词，再计算词频。CountDF 函数用于计算 srcContext 字符串中单词列表中每个单词在当前文档出现的频率。函数首先将 srcContext 字符串拆分为单词和词性的数组。然后，它遍历每个单词及其对应的词性，用每个单词的计数更新映射。如果词性是"n_newword"，则函数会将该单词添加到临时映射 tmpmap 中。然后，该函数遍历单词列表 ArrayList 中的每个单词，并检查它是否存在于 tmpmap 中。如果是，则函数递增 dflist ArrayList 中的相应值。

```
1.  public static void CountDF(String srcContent, Map<String, Integer> map, ArrayList<
    String> wordlist, ArrayList<Integer> dflist) {
2.      Map<String, Integer> tmpmap = new HashMap<String, Integer>();
3.      try {
4.          String[] tmpContents = srcContent.split("\\s+");
5.          int srclen = tmpContents.length;;
6.          String[] tmpcon = new String[srclen];
7.          String[] tmppos = new String[srclen];
8.          int reallen = 0;
9.          for(int i = 0; i<srclen; i++){
10.             String[] tmpstr = tmpContents[i].split("/");
11.             if(tmpstr.length>1){
12.                 tmpcon[reallen] = tmpstr[0];
13.                 tmppos[reallen] = tmpstr[1];
14.                 reallen++;
15.                 if (map.containsKey(tmpstr[0])) {
16.                     int value = map.get(tmpstr[0]).intValue();
17.                     value++;
18.                     map.put(tmpstr[0], value);
19.                 } else {
20.                     map.put(tmpstr[0], 1);
```

```
21.          }
22.          if(tmpstr[1].equals("n_newword")){
23.              tmpmap.put(tmpstr[0],1);
24.          }
25.        }
26.      }
27.      for(int i=0;i<wordlist.size();i++){
28.          String tmpstr=wordlist.get(i);
29.          int tmpint=dflist.get(i);
30.          if(tmpmap.containsKey(tmpstr)){
31.              tmpint++;
32.              dflist.set(i,tmpint);
33.          }
34.      }
35.
36.    }catch(Exception e){
37.        e.printStackTrace();
38.    }
39. }
```

步骤 5：统计序列词串词频。termhood 函数是统计特定词性序列字符串的词频，特定词性序列包括"n+n""nsf+n""ns+n""nsf+n+n""ns+b+n""ns+udel+n""nr1+n+n+q""ng+q+n+q""p+q+n+q""vg+q+n+q"等。

```
1.  public static void termhood(String srcContent, Map<String, Integer> map, Map<
    String, Integer> allcountmap){
2.      String[][] termpos={
3.          {"n+n","nsf+n","ns+n"},
4.          {"nsf+n+n","ns+b+n","ns+udel+n"},
5.          {"nr1+n+n+q","ng+q+n+q","p+q+n+q","vg+q+n+q"}};
6.      int startn=termpos[0][0].split("\\+").length;
7.      try{
8.          String[] tmpContents=srcContent.split("\\s+");
9.          int srclen=tmpContents.length;;
10.         String[] tmpcon=new String[srclen];
11.         String[] tmppos=new String[srclen];
```

```
12.     int reallen=0;
13.     for(int i = 0; i<srclen; i++){
14.         String[ ] tmpstr=tmpContents[i].split("/");
15.         if(tmpstr.length>1){
16.             tmpcon[reallen]=tmpstr[0];
17.             tmppos[reallen]=tmpstr[1];
18.             reallen++;
19.         }
20.     }
21.     for(int i=0;i<termpos.length;i++){
22.
23.         for(int j = 0; j+i+startn<=reallen; j++){
24.             String curcon="";
25.             String curpos="";
26.             for(int k=j;k<j+i+startn;k++){
27.                 curcon=curcon+tmpcon[k];
28.                 if(k>j) curpos=curpos+" ";
29.                 curpos=curpos+tmppos[k];
30.             }
31.             for(int m=0;m<termpos[i].length;m++){
32.                 if(curpos.equals(termpos[i][m])){
33.                     if (map.containsKey(curcon)){
34.                         int value = map.get(curcon).intValue();
35.                         value++;
36.                         map.put(curcon,value);
37.                     }else{
38.                         map.put(curcon,1);
39.                     }
40.                     if (allcountmap.containsKey(curcon)){
41.                         int value = allcountmap.get(curcon).intValue();
42.                         value++;
43.                         allcountmap.put(curcon,value);
44.                     }else{
45.                         allcountmap.put(curcon,1);
```

```
46.             }
47.            }
48.           }
49.          }
50.         }
51.
52.     }catch(Exception e){
53.         e.printStackTrace( );
54.     }
55. }
```

6.1.2 标注

6.1.2.1 常用的文本标注任务

目前，常用的文本标注任务有情感标注、实体标注、关系标注及意图标注等。

（1）情感标注：为文本分配情感类别或情感强度，如积极、消极、中立等，或更细致的情感，如愤怒、悲伤、惊讶、厌恶等，并以此为基础用于情感分析、舆情监测、市场调研等。

（2）实体标注：旨在识别文本中具有特定名称的实体，如人名、地名、机构名、日期、货币、百分比等。

（3）关系标注：用于描述不同实体之间的关系，帮助计算机理解文本语义和上下文。在进行关系标注时，需要先给定一对实体，按照自定义的关系类型，如"提出""隶属于""同义"等进行标注。

（4）意图标注：确定文本所表达的用户意图，如查询、建议、订购、问候等。

通过文本标注得到的熟语料是一种非常重要的资源，是情感分析、命名实体识别、关系自动抽取、对话系统等相关研究的基础。

6.1.2.2 文本标注方法

从技术层面上看，标注方法主要包括人工标注、半自动化标注和自动化标注。

1. 人工标注

人工标注需要标注员手工把需要及其识别的数据打上标签。它适用于各类文本，灵活性大。在数据标注行业流行着一句话："有多少智能，就有多少人工。"① 但人工标注耗费时间与人力，于是众包（crowdsourcing）模式应运而生，如亚马逊的众包标注平台 MTurk[266]，其上活跃着 50 万标注用户，分布在全球各地，发包方（requester）上传任务需求到网上后，想做任务的 MTurk 用户（worker）可以接受任务。这种利用群体智慧来解决大规模文本标注问题的方式，在一定程度上加快了数据标注速度，受到很多企业和组织的欢迎，国内也涌现出一批众包平台，如京东众智、阿里众包和百度众测等。[267] 对于发包方来说，众包数据标注的经济成本不高，但由于众包平台上的标注员大多数都不是专业人员，导致标注的数据质量参差不齐，影响后续任务的分析工作。

2. 半自动化标注

在 NLP 领域，半自动标注是指利用一些已有的模型或规则来对数据进行预标注，最后由人工进行校验或修改，同时将新标注的数据回归到模型中，不断更新模型或规则，从而提高标注的效率和质量。例如，文献②使用 jieba 分词对原始文本进行分词和 POS 词性标注，然后基于 POS 词性标注或者正则方法抽取出文本中的公司名、证券、基金名称等，保存到 word_dict.txt 中作为词典，最后基于该词典对原始文本中的数据进行标注。

3. 自动化标注

自动化标注一般是指利用机器学习模型或规则来自动生成数据的标签，从而减少人工标注的工作量和成本，但其标注质量很难得到保证。因此，如果希望得到高质量的文本标注数据，仍然需要依赖人工标注方式。

---

① 李可为：《揭秘人工智能背后鲜为人知的人工力量——数据标注》，见 https://zhuanlan.zhihu.com/p/360571840。

② 西兰先森：《实体标注、序列标注工具——BIO 方式》，见 https://blog.csdn.net/broccoli2/article/details/103561708。

6.2 面向 NER 的人工标注

命名实体识别（Named Entity Recognition，NER）是 NLP 领域中一项基础的信息抽取任务，是指从给定的一个非结构化的文本中识别出其中的命名实体，并对实体进行分类。基于深度学习的 NER 任务一般要转化为序列标注（sequence labeling）问题，需要大量的文本标注数据进行模型训练，因此，高质量的标注数据成了 NER 性能提升的关键。

6.2.1 NER 标签体系

对于表 6-4 中的 3 个句子，NER 的任务就是从这 3 句话中提取出以下信息。

（1）事件名：2011 年中国图书馆年会暨中国图书馆学会年会。
（2）机构名：德马泰克（中国）公司、德国德马泰克公司。
（3）技术名：图书馆自动化存储系统、ALS。
（4）人名：徐映巍。
（5）地名：贵阳。
（6）职务名：战略与业务开拓经理。
（7）设备名：密集型书架。

表 6-4 举例 3 个句子

1	2011 年中国图书馆年会暨中国图书馆学会年会于 10 月 25 日至 27 日在贵阳隆重举行
2	本次年会上，德马泰克（中国）公司战略与业务开拓经理徐映巍先生不仅分析了目前图书馆图书存储面临的巨大挑战，还从各个角度阐述了业内常用高密度存储解决方案（密集型书架）
3	作为图书馆自动化存储系统 ALS 的发明者——德国德马泰克公司第一次被邀参加此次盛会，并申办了年会第十七分会场

在序列标注中，需要对一个序列的每一个元素标注一个标签。常见的 NER 标签体系包括 BIO、BIOES 和 BMES 标注。①

1. BIO 标注

B-begin，代表实体的开头；I-inside，代表实体的中间或结尾；O-outside，代表非实体。这种方法简单明了，易于理解和实现。例如，句子"中山大学位于广州"，我们预定义实体类别为"学校"和"地点"，按照 BIO 标注法可以得到如表 6-4 所示的结果。

表 6-4　按照 BIO 标注法得到的结果

中	山	大	学	位	于	广	州
B-学校	I-学校	I-学校	I-学校	O	O	B-地点	I-地点

2. BIOES 标注

BIOES 标注法是在 BIO 基础上扩展而来的，增加了 E-end，代表实体的结尾；S-single，代表单个字符，本身就是一个实体。因此，上面句子按照 BIOES 标注法可以得到如表 6-5 所示的结果。

表 6-5　按照 BIOES 标注法得到的结果

中	山	大	学	位	于	广	州
B-学校	I-学校	I-学校	E-学校	O	O	B-地点	E-地点

BIOES 标注的优点是能更好地处理复杂情况，但标注难度较大。

3. BMES 标注

BMES 与 BIOES 类似，其中，B 代表词首，M 代表词中，E 代表词尾，S 代表单字成词。仍以上面句子为例，按照 BMES 标注法可以得到如表 6-5 所示的结果。

---

① 机器学习爱好者：《序列标注方法 BIO、BIOSE、IOB、BILOU、BMEWO、BMEWO+的异同》，见 https://zhuanlan.zhihu.com/p/147537898。

表 6-6　按照 BMES 标注法得到的结果

中	山	大	学	位	于	广	州
B-学校	M-学校	M-学校	E-学校	S	S	B-地点	E-地点

我们以司法和图情两个领域的 NER 任务语料构建为例。

司法领域的数据集取自 2021 年"中国法研杯"信息抽取子项的公开数据集 xxcq_mid.json①。数据全部经过脱敏处理，也就是说，如犯罪嫌疑人名字、受害人名字等敏感信息均从案情片段中移除，总计 10 类相关实体，分别为犯罪嫌疑人（NHCS）、受害人（NHVI）、作案工具（NATS）、被盗物品（NASI）、被盗货币（NCSM）、物品价值（NCGV）、盗窃获利（NCSP）、案发时间（NT）、案发地点（NS）和组织机构（NO）。采用 BIO 标记法，对于句子中的每个实体，首个字被标注为"B-实体类别"，中间的或结尾的字被标注为"I-实体类别"，其他非实体则被标记为"O"，标注样本如表 6-7 所示。

表 6-7　司法领域的标注样本

4. 2018 年 2 月 11 日 11 时许，被告人杨某甲在黑河市爱辉区＊＊冻货店门前看到许多冻货，便产生盗窃之念，将两袋虾仁盗走，在杨某甲准备逃离现场时，被魏某甲发现报警，当场被公安机关抓获。 OOB-NTI-NTI-NTI-NTI-NTI-NTI-NTI-NTI-NTI-NTI-NTI-NTI-NTOOOOB-NHCSI-NHCSI-NHCSOB-NSI-NSI-NSI-NSI-NSI-NSI-NSI-NSI-NSI-NSI-NSI-NSOOOOOOOOOOOOOOOOB-NASII-NASII-NASII-NASIOOOB-NHCSI-NHCSI-NHCSOOOOOOOOOB-NHVII-NHVII-NHVIOOOOOOOOB-NOI-NOI-NOI-NOOOO

图情领域数据集来自图情领域相关的百科、新闻网、高校网、协会网站以及博客等，总计 7537 个句子，9 大类实体，分别是：人（Person）、组织（Organization）、图书馆（Library）、技术（Technology）、设备（Device）、文档（Document）、职位（Job）、事件（Event）以及地点（Location）。同样采用 BIO 标记法，标注数据被分成 9 类实体 19 种标签 {B-Per、I-Per、B-Org、I-Org、B-Lib、I-Lib、B-Tec、I-Tec、B-Dev、I-Dev、B-Doc、I-Doc、B-Job、I-Job、B-Eve、I-Eve、B-Loc、I-Loc、O}。标注样本如表 6-8 所示。

---

① china-ai-law-challenge：《中国法研杯 CAIL2021 项目》，见 https://github.com/china-ai-law-challenge/CAIL2021/tree/main/xxcq。

表 6-8　图情领域的标注样本

句子 1	为进一步提升全市图书馆业务水平，宁波市图书馆学会于 2018 年 10 月 12 日上午在本馆四楼会议室举办图书馆业务培训 OOOOOOOOOOOOOOOOB-OrgI-OrgI-OrgI-OrgI-OrgI-OrgI-OrgI-OrgOOOOOO OOOOOOOOOOOOOOOOOOOO
句子 2	本次培训班邀请 OCLC 副总裁王行仁先生，OCLC 亚太部主任蔡淑恩女士和 OCLC 北京代表处首席代表丘东江先生 OOOOOOOB-OrgB-JobI-JobI-JobB-PerI-PerI-PerOOOB-OrgB-JobI-JobI-JobI-JobB-PerI-PerI-PerOOOB-OrgB-JobI-JobI-JobI-JobI-JobI-JobI-JobB-PerI-PerI-PerOOO
句子 3	广州少年儿童图书馆成功协办未成年人阅读国际研讨会 B-LibI-LibI-LibI-LibI-LibI-LibI-LibI-LibI-LibOOOOOOOOOOOOOOO

6.2.2　基于 brat 的半自动化标注

近年来，国内外的一些标注工具被应用于 NLP 的文本标注任务中，如新加坡科技设计大学开发的标注工具 YEDDA、曼彻斯特大学开发的快速标注工具 brat、Hironsan 公司开发的 doccano 以及华东理工大学自然语言处理与医疗大数据实验室开发的 Marktool 等。

brat 是较早出现的一个基于 Web 的文本标注工具，它以可视化方式标注实体、事件、关系、属性等，把标注结果结构化，形成计算机可处理的格式。由于 brat 是开源工具且扩展性较强，不少 NLP 系统的标注工具都是基于 brat 来开发的，如 Stanford CoreNLP、HANLP 等。因此，我们选择在 brat 基础上扩展中文功能，具体标注步骤如下。

步骤 1：安装。brat 只能在 Linux 下运行，先从官网下载安装包 http://brat.nlplab.org/index.html，注意解压到一个不包含中文字符的目录下，不然安装后会报错。然后进入到 brat-v1.3_Crunchy_Frog 目录下，使用命令 "./install"，就可以安装了。①

步骤 2：汉化。brat v1.3 是 2012 年发行的，只能运行在 python2.X 上，而且是英文版。现在 python 基本是以 3.X 的版本为主。因此，我们对该版本进行了升级优化，可成功运行在 python3.6.5 版本，并对系统进行了汉化。图 6-6(a) 展示了将 index.xhml 文件里的英文菜单、提示语改为中文的修改工作；图 6-6(b) 则展示了将 search.py 的 "_doc_or_dir_to_annotations" 函

---

①　The brat contributors：*Brat Rapid Annotation Tool*，见 https://brat.nlplab.org/。

数中的英文提示语修改为中文的工作。

```html
<div id="auto_tagging_login_control" class="login">
  <fieldset id="auto_tagging_fieldset" class="small-buttons">
    <legend>自动标注</legend>
    <div class="optionRow">选用下列工具自动标注当前文档</div>
    <div id="tagger_buttons"/>
  </fieldset>
  <fieldset id="no_tagger_message" style="display:none">
    <legend>自动标注</legend>
    <div style="color:gray; font-size:80%; text-align:center; margin:1em">(没有安装工具。如有需要联系服务器管理员。)</div>
  </fieldset>
</div>
<!-- Data dialog import section -->
<fieldset class="login small-buttons">
  <legend>导入</legend>
  <div class="optionRow">
    <span class="optionLabel">新建文档</span>
    <input id="import_button" type="button" class="login ui-button-text" value="打开输入窗口" tabindex="-1"
    title="导入一个新文档到当前集合"/>
```

(a) 对 index.html 的修改

```python
def __doc_or_dir_to_annotations(directory, document, scope):
    if scope == "collection":
        return __directory_to_annotations(directory)
    elif scope == "document":
        # NOTE: "/NO-DOCUMENT/" is a workaround for a brat
        # client-server comm issue (issue #513).
        if document == "" or document == "/NO-DOCUMENT/":
            Messager.warning('未选择文档')
            return []
        else:
            return __document_to_annotations(directory, document)
    else:
        Messager.error('无法识别的搜索范围规范 %s' % scope)
        return []
```

(b) 对 search.py 的修改

图 6-6　汉化配置

打开浏览器，输入服务器网址即可见到汉化的欢迎页面（见图 6-7），点击"确认"就可以进入使用了。

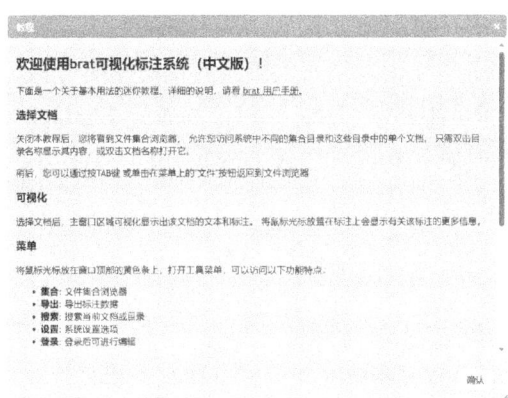

图 6-7　brat 中文界面

步骤3：标注文件准备。根据标注需求，按照句子/段落/篇章整理成文件，每个文件为一个样本，所有样本整合到一个文件夹下，再将该文件夹存于 brat 安装路径下的 data 目录下。以 NER 为例，数据文件统一存放在 data 目录下的 corpus 子目录，里面又分 group1-group10 共 10 个目录存放 10 组数据文件。如图 6-8 所示，每一个样本文件中都包含一个待标注的篇章。

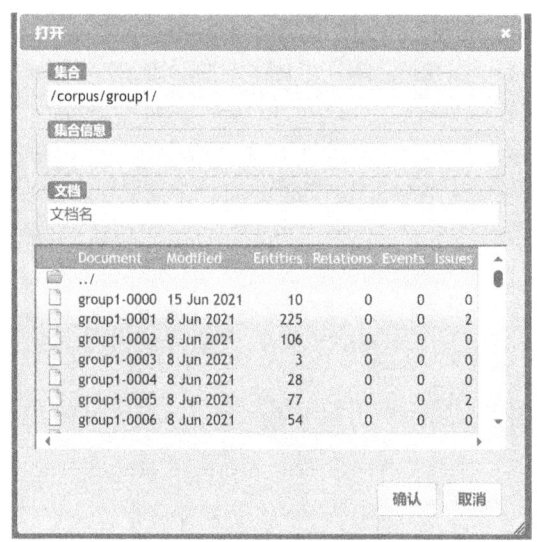

图 6-8 待标注文件准备

步骤4：调用 HanLP 与 jieba 完成初步的自动标注。brat 实现了一个简单的接口，将可作为 Web 服务访问的文本标注、分词、实体识别工具的输出集成到当前标注工作中，对当前文档实现自动标注。通过对原有接口的分析，我们采用调用 HanLP① 与 jieba② 完成初步的自动标注功能。我们在 tools.conf 配置文件中配置 "tool：HanLP_jieba" 和 "model：HanLP+jieba" 的值，并在 "<URL>" 填写 Web 服务 URL（见图 6-9），就可以使用了。

---

① HanLP.com：*HanLP*，见 https://www.hanlp.com/semantics/dashboard/index。
② Fxsjy：《结巴中文分词》，见 https://github.com/fxsjy/jieba。

6 中文文本的标注

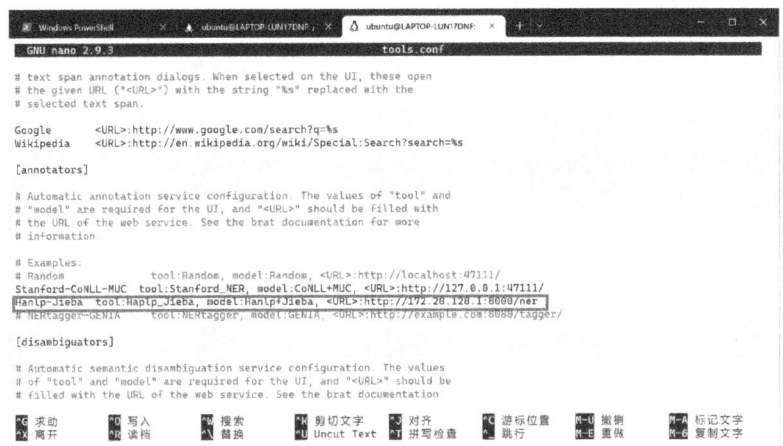

图 6-9 tools.conf 配置示例

具体实现时，我们基于 FastAPI 框架①实现 HanLP 与 jieba 的 Web 服务，包括分词、自定义词典分词、词性分析、命名实体识别和依存句法分析等功能接口，核心代码见附录 B。

步骤 5：标注。在标注页面上，选中想要标注的文字，在弹框里勾选其对应的 Entity type（实体类型）即可。如图 6-10 中的文本为"科技文献出版社"，那我们就为其选择实体类型"Organization（组织）"。

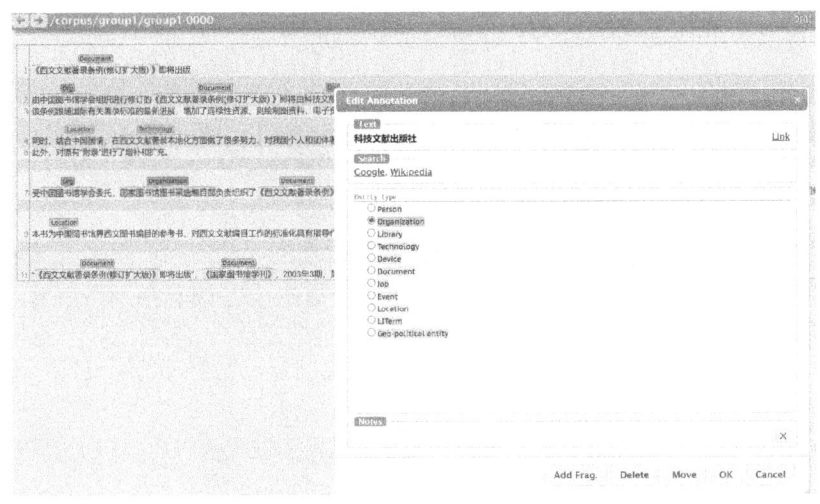

图 6-10 基于 brat 的标注界面

---

① FastAPI：*FastAPI*，见 https://fastapi.tiangolo.com/zh/。

步骤 6：数据导出。如图 6-11 所示，可以使用"导出"功能进行数据导出。数据可以是待标注原文件（txt 格式）、标注结果（以 . ann 结尾的文件）以及标注截图（以 svg 格式保存的标注可视化界面）。其中，". ann"文件指标注文件（annotation files），文件中每行包含一个标注，每个标注给定一个标识并置于行首，与剩余的标注信息使用 TAB 分割。例如，在标注"T2Organization 969 977 北京图书馆出版社"中，"T2"代表实体标识，接着为实体类型、起始偏移位置、结束偏移位置和实体名。起始偏移位置是标注实体首个字符的索引位置（在 . txt 文件中），结束偏移位置是标注文本块之后第一个字符的位置。

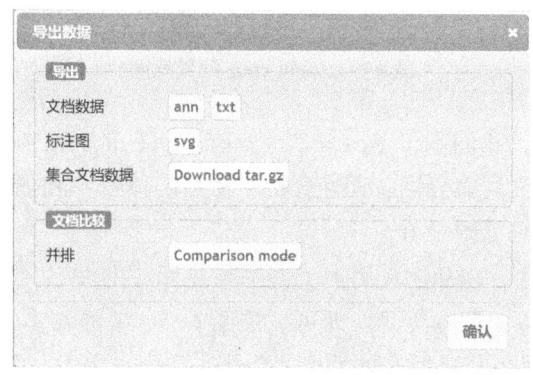

图 6-11　导出界面

6.3　面向 RE 的人工标注

关系抽取（Relation Extraction，RE）的概念于 1988 年在 MUC（Message Understanding Conference，信息理解会议）上提出，是信息抽取的基本任务之一，也是构建知识图谱的重要技术环节。

6.3.1　图情领域实体关系描述

RE 的目的是从句子中抽取出 3 个实体关系三元组。例如，对于句子"组合信度（Composite Reliability，CR）是模型内在质量的重要衡量标准之一"，RE 的任务就是抽取出（组合信度，同义，Composite Reliability）、（组合信度，同义，CR）及（组合信度，测量，模型内在质量），如图6-12所示。

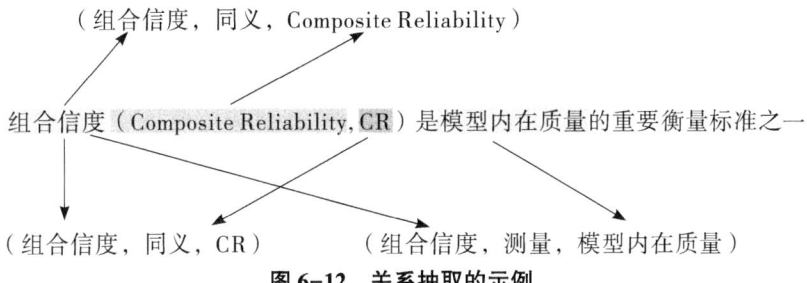

图 6-12　关系抽取的示例

我们在 SciERC[268]（计算机科学领域）数据集的标注规范基础上，定义了图情领域学术文献中的 6 种实体类别（方法、工具、资源、指标、研究范畴、问题）及 10 种语义关系（同义、相关、测量、用于、特征、属于、基于、输入、输出、解决），除了"同义"和"相关"为对称关系以外，其余 8 种为单向关系，需要考虑方向性。部分实体之间的关系示例如表 6-9 所示。

表 6-9　部分实体关系示例

关系类型	头实体类别	尾实体类别	示例
同义（A，B）	指标	指标	如 Hirst 提出的学科专业影响因子$_A$（Disciplinary Impact Factor，DIF_B）
相关（A，B）	方法	方法	基于引文与文内耦合的混合方法$_A$与文献耦合$_A$的聚类精度略优于同被引分析$_B$
测量（A，B）	指标	指标	所以本文采用准确度$_A$（Precision）、用户满意度$_A$（Satisfaction）和平均排序准确度$_A$（Average Sorting Precision，ASP）来表示该推荐算法的有效性$_B$
用于（A，B）	指标	方法	在结构方程模型$_B$分析中，通常采用 CV 值$_A$作为模型潜在变量的信度系数
属于（A，B）	方法	方法	已有研究将深度学习模型$_B$（例如递归神经网络$_A$、卷积神经网络$_A$）用于情感分类并取得了良好效果
解决（A，B）	方法	问题	LSTM 模型$_A$还可以较好地解决传统 RNN 中的梯度消失问题$_B$

6.3.2 基于 doccano 的人工标注

我们以图情领域的 RE 任务语料构建为例,选取 2015—2020 年的中文期刊作为语料,依据 2021—2022 年 CSSCI 分类统计表中复合影响因子排序,选择了《中国图书馆学报》《情报学报》等前 5 种图情领域核心期刊,下载被引率最高的 20 篇,共 100 篇作为原始文献集,然后将题名、摘要、作者、关键词及参考文献等信息剔除,只保留全文文本内容,再删除全文文本中不能表达知识的引用文献标注,并进行分句处理,共切分出 15979 个句子。我们采用 doccano 对其中的 240 个句子进行标注。

doccano 是 documment annotation 的缩写,是一个开源的文本标注工具,支持多种语言和平台,可以在浏览器或 Node.js(JavaScript 语言的服务器运行环境)中运行,也可以使用 Docker(一个用于开发和运行应用程序的开源平台)或 Heroku(一种云平台即服务)进行部署。[①] 我们可以用它为 RE 任务的语料库进行打标,具体标注步骤如下。

步骤 1:安装。doccano 有三种安装方式,分别是 pip、Docker 和 Docker Compose。这里,我们选择了 Docker[②] 安装。安装完 Docker,接着安装 doccano:先打开终端(Linux/macOS)或命令提示符(Windows);再运行"docker pull doccano/doccano"命令,从 Docker Hub 下载并运行 doccano 镜像;最后运行"docker run -d --name doccano -p 8000:8000 doccano/doccano"命令,创建一个新的 Docker 容器,并运行 doccano。

步骤 2:配置。启动 doccano 后,打开浏览器(推荐使用 Chrome),在地址栏输入 http://localhost:8000,以加载 doccano 的登录页面(见图 6-13)。默认情况下,用户名和密码都是"admin"。输入这些凭据并单击"Login"。登录后,就可以看到 doccano 的"项目"界面,如图 6-14 所示,点击左上角的"创建"按钮可以创建新的项目。

---

① doccano:*Open Source Annotation Tool for Machine Learning Practitioners*,见 https://github.com/doccano/doccano。

② Docker:*Docker*,见 https://github.com/docker。

6 中文文本的标注

图 6-13 doccano 登录页面

图 6-14 doccano 的"项目"界面

步骤 3：添加语料库。doccano 支持 4 种格式文本的导入，包括 Textfile、Textline、JSONL 和 CoNLL。

·Textfile：要求上传的文件为 txt 格式，并且在打标的时候，一整个 txt 文件在打标的时候显示为一页内容。

·Textline：要求上传的文件为 txt 格式，并且在打标的时候，该 txt 文件的一行文字会在打标的时候显示为一页内容。

·JSONL：JSON Lines 的简写，每行是一个有效的 JSON 值。

·CoNLL：中文依存语料库，是根据句子的依存结构而建立的树库[1]。

步骤 4：打标。导入未标注的文本数据，就可以开始标注了。如图 6-15 所示，标注界面定义了"方法""工具""资源""指标""研究范畴""问题"6 种 Span（指原文本中的目标信息片段，这里是某个类型的实体）类型标签和"同义""相关""测量""用于""特征""属于""基于""输入"

---

[1] 汀、人工智能：《数据标注平台 doccano——简介、安装、使用、踩坑记录》，见 https://cloud.tencent.com/developer/article/2197058。

"输出""解决"10 种 Relation(指原文本中 Span 之间的关系,这里是关系抽取中两个实体之间的关系)类型标签。doccano 还提供了进度条,一方面方便标注人员查看进度,另一方面也利于统计。

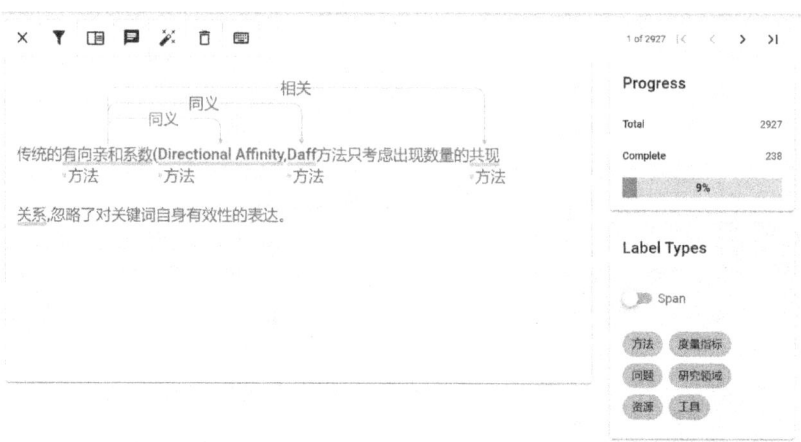

图 6-15 基于 doccano 的标注界面

步骤 5:导出数据。标注完成后的结果导出如图 6-16 所示。

```
{"id":12,"text":"因此本文尝试用引文网络的拓扑参数作为基本变量来测度知识扩散的速度。","entities":[{"id":44,"label":"方法","start_offset":25,"end_offset":29},{"id":45,"label":"资源","start_offset":7,"end_offset":11},{"id":46,"label":"度量指标","start_offset":12,"end_offset":16}],"relations":[{"id":26,"from_id":45,"to_id":46,"type":"具有属性"},{"id":27,"from_id":46,"to_id":44,"type":"应用于"}]}
```

图 6-16 标注完成后的结果

这个 JSONL 格式包含以下字段:

· id 的值为 12,表示文本的唯一标识符;

· text 指原始文本数据;

· entities 是一个列表,包含了若干个实体。每个实体都有 id(实体的唯一标识符)、label(实体的标签)、start_offset(实体在文本中的起始位置索引)和 end_offset(实体在文本中的结束位置索引)4 个属性;

214

- relations 字段也是一个列表，包含了若干个关系。每个关系都有 id（关系的唯一标识符）、from_id（关系的起点实体的标识符）、to_id（关系的终点实体的标识符）和 type（关系的类型描述）4 个属性。

6.4 数据标注的一致性评价

AI 应用对数据标注的质量要求非常高，目前，检验数据质量的方法通常使用一致性和准确率来评估。一致性指的是一个标注人员的标注和其他人标注一样。准确性衡量的是标签与"Ground truth（基准真实值）"的接近程度，而 Ground truth 是由知识专家或数据科学家标记用来测试标注员准确性的训练数据的子集。此外，复查也是确保准确性的一种方法，即在标注完成后，有经验的专家会检查标签的准确性，可以是抽查某些标注来进行，也可能要求审查所有标签。

一份语料集往往由多名标注员共同完成，不同标注员对数据的理解很容易存在偏差，这在极大程度上会影响数据集的一致性，从而限制模型的性能。例如，假设有三名标注员进行 NER 任务的标注，让他们采用 BIO 标注法为样本打标，结果如图 6-17 所示。

	量	表	分	值	的	计	算	采	用	求	平	均	值	法
标注员1:	B-M	I-M	I-M	I-M	O	O	O	O	O	B-T	I-T	I-T	I-T	I-T
标注员2:	B-T	I-T	I-T	I-T	I-T	I-T	I-T	O	O	B-T	I-T	I-T	I-T	I-T
标注员3:	B-T	I-T	I-T	I-T	O	O	O	O	O	B-T	I-T	I-T	I-T	I-T

图 6-17　三名标注员的标注结果

可以想象，三名标注员的背景知识、对实体类型的理解和标注原则各有差异，导致标注出来的结果也各有差异，从而给模型的训练和评估带来极大的噪声。理想中，多名标注员对相同文本的标注应该产生一致结果。然而，极致的一致性可遇而不可求，我们只能希望标注员之间的一致性尽可能地高。① 因此，在构建数据集的标注过程中，大多数构建数据集的工作都会对

---

① 姜逸文：《如何评价数据标注中的一致性？以信息抽取为例，浅谈 Fleiss' Kappa》，见 https://zhuanlan.zhihu.com/p/547781481。

标注员之间的标注一致性进行评估，以保证数据集的质量。在统计学中，Kappa 是用来描述定性任务中标注一致性的统计量。这里，我们简单介绍两种 Kappa 系数。

1. Cohen's Kappa

1960 年，科恩（Cohen J）提出用 Kappa 值作为评价判断的一致性程度的指标。[269] 该统计量只能评估两名标注员对 N 条数据做多分类任务时的一致性。例如，表 6-10 是真实类别和预测类别的混淆矩阵，每一行代表了真实类别，总计 a_{1+}、a_{2+}、a_{3+} 表示该类别的真实样本数量；每一列代表了预测类别，总计 a_{+1}、a_{+2}、a_{+3} 表示预测为该类别的样本数量。

表 6-10 混淆矩阵示例

	类别 1	类别 2	类别 3	总计
类别 1	a_{11}	a_{12}	a_{13}	a_{1+}
类别 2	a_{21}	a_{22}	a_{23}	a_{2+}
类别 3	a_{31}	a_{32}	a_{33}	a_{3+}
总计	a_{+1}	a_{+2}	a_{+3}	N

Kappa 系数的数学表达为：

$$K = \frac{P_O - P_e}{1 - P_e} \tag{6-1}$$

其中，P_O 为标注员之间的相对观察的一致性，即 $P_O = \frac{\sum_{i=1}^{3} a_{ii}}{N}$，$a_{ii}$ 表示真实为 i、预测为 i 的样本数量；P_e 为偶然一致性，即 $P_e = \frac{\sum_{i=1}^{3} a_{i+} \, a_{+j}}{N^2}$；$N$ 为样本总量；$a_{i+} = \sum_j a_{ij}$，为类别 i 的真实样本数量；$a_{+j} = \sum_i a_{ij}$，预测为类别 i 的样本数量；a_{ij} 表示真实为 i、预测为 j 的样本数量。

从 K $\begin{cases} <0, \ poor\ agreement\ （不一致） \\ \in 0.00\sim0.2, \ slight\ agreement\ （极低的一致性） \\ \in 0.21\sim0.4, \ fair\ agreement\ （一般的一致性） \\ \in 0.41\sim0.6, \ moderate\ agreement\ （中等的一致性） \\ \in 0.61\sim0.8, \ substantial\ agreement\ （高度的一致性） \\ \in 0.81\sim1, \ almost\ perfect\ agreement\ （几乎完全一致） \end{cases}$ 的取值可以看

出,K 越趋近于 1,标注一致性越高。[270]

2. Fleiss' Kappa

弗雷斯(Fleiss J L)的 Kappa 是对科恩的 Kappa 的扩展,可以评估 2 名以上标注员的标注一致性。[271] 假设有 N 条数据进行多分类任务,每条数据被标注了 n 次,k 为类别数量,n_{ij} 表示将第 i 条数据标注为类别 j 的次数。

Kappa 系数的数学表达仍为:

$$K = \frac{P_O - P_e}{1 - P_e} \tag{6-2}$$

但 $P_O = \frac{1}{N}\sum_{i=1}^{N} p_i$,其中 $p_i = \frac{1}{n(n-1)}[\sum_{j=1}^{k} n_{ij}^2 - n]$,表示各类别一致的标注占所有标注对的百分比;$P_e = \sum_{j=1}^{k} p_j^2$,其中 $p_j = \frac{1}{Nn}\sum_{i=1}^{N} n_{ij}$,表示类别 j 的联合边缘分布。

假设 14 名标注员对 10 个项目进行 1~5 的评分,$N=10$,$n=14$,$k=5$,打标如表 6-11 所示。

表 6-11 标注实例

n_{ij}	1	2	3	4	5
1	0	0	0	0	14
2	0	2	6	4	2
3	0	0	3	5	6
4	0	3	9	2	0
5	2	2	8	1	1
6	7	7	0	0	0
7	3	2	6	3	0
8	2	5	3	2	2
9	6	5	2	1	0
10	0	2	2	3	7
Total	20	28	39	21	32

在计算 P_O 时,$p_{i=1} = \frac{1}{14(14-1)}(0^2+0^2+0^2+0^2+14^2-14) = 1$,同理得到 $p_{i=2} = 0.253$,$p_{i=3} = 0.308$,$p_{i=4} = 0.440$,$p_{i=5} = 0.330$,$p_{i=6} = 0.462$,$p_{i=7} = 0.242$,$p_{i=8} = 0.176$,$p_{i=9} = 0.286$,$p_{i=10} = 0.286$,则 $P_O = \frac{1}{10}$(1.000+0.253+0.308+0.440+0.330+0.462+0.242+0.176+0.286+0.286)= 0.378。

在计算 P_e 时，$P_{j=1} = \frac{0+0+0+0+2+7+3+2+6+0}{14\times10} = 0.143$，同理得到 $p_{j=2} = 0.200$，$p_{j=3} = 0.279$，$p_{j=4} = 0.150$，$p_{j=5} = 0.229$，则 $P_e = 0.143^2 + 0.200^2 + 0.279^2 + 0.150^2 + 0.229^2 = 0.213$。

所以，$K = \frac{P_O - P_e}{1 - P_e} = \frac{0.378 - 0.213}{1 - 0.213} = 0.210$，意味着一般一致性。为了验证前面第 6.3.2 节中采用 doccano 标注的 240 个句子的合理性，我们先由 1 名图情领域研究生进行手工标注，再由 1 名图情领域专家进行双重标注（见图 6-18），对标注三元组进行 Cohen's Kappa 一致性检验，得分为 0.82，说明标注高度一致。

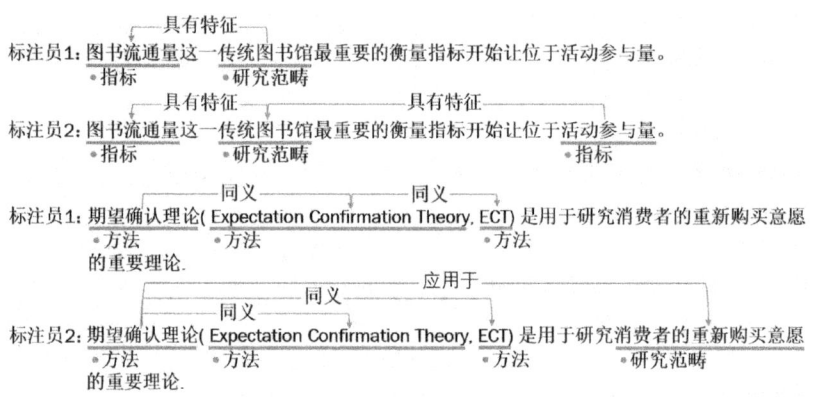

图 6-18　标注示例

6.5　本章小结

NLP 应用的落地，需要大量的文本标注数据支撑。目前的数据标注行业仍属于劳动密集型产业，几乎所有的数据都依赖于人去标注。本章以图情领域和司法领域中的 NER 以及图情领域的 RE 任务为例，详细阐述了面向任务的文本数据的人工标注过程。但人工标注需要专业领域的标注员，当标注员面临复杂的标注任务或者标注时间紧迫时，就容易造成标注任务的合格率低、标注不完备等问题，且耗时耗力。后续可以探讨基于预训练模型的自动标注方法，利用当前最先进的预训练模型，如 ERNIE、GPT 等，来提取文本的语义特征，并根据不同的任务进行微调，从而生成数据标签。

7 面向 Web 的领域术语抽取

在第 3 章我们探讨了基于维基百科这个大型半结构化数据源来获取概念及概念间关系的方法,并在此基础上构建出一个图情领域本体。但维基百科毕竟不可能涵盖全部领域的知识,而且由于其结构性要求较高,相对于 Web 资源更新也较慢。因此,本章探讨结合 Web 资源进行领域术语的抽取来补充发展已有的领域本体的方法,通过对基于 Web 的领域术语抽取的研究,为中文本体学习系统的研发提供理论方法基础。

7.1 国内外抽取技术的研究

随着互联网的飞速发展、计算机技术的日益成熟，开放的 Web 环境逐步演变成为知识获取的重要来源，同时，海量的、异构的、动态的 Web 信息使得有学术需求或有决策需求的用户搜索信息耗时耗力，网络信息的自动采集和抽取变得越来越重要。

7.1.1 Web 信息抽取方法

信息抽取（Information Extraction，IE）的目的是通过自然语言处理等方法将人类可读的非结构化文本转化为机器可读的结构化文本，特别是从文本中识别和抽取出用户感兴趣的实体、事件和实体关系等，并将结果以结构化的形式存储，为数据分析、查询等应用提供数据。[272] IE 研究始于 20 世纪 60 年代，起初是研究从纯文本中提出结构化信息，如美国纽约大学开展的 Linguistic string 项目研究从医疗领域的 X 光报告和医院出院记录中抽取信息；[273] 耶鲁大学学生德荣（Dejong G）等人设计实现的 FRUMP 系统能够从新闻报道中抽取内容涉及地震、工人罢工等很多领域的信息。[274]

20 世纪 80 年代末，MUC 使 IE 发展成为 NLP 领域的一个重要分支。1987 年 5 月举行的首届 MUC 基本上是探索性的，没有明确的任务定义，也没有制定评测标准，所处理的文本是海军军事情报，每个系统的输出格式都不一样。MUC-2 开始有了明确的任务定义，规定了模板（template）以及槽（模板中的域）的填充规则，抽取任务就是一个模板填充的过程。[275] MUC-3 的抽取任务是从新闻报告中抽取拉丁美洲恐怖事件的信息，定义的抽取模板由 18 个槽组成。MUC-4 的抽取任务与 MUC-3 一样，但抽取模板变得更复杂了，由 24 个槽组成。MUC-5 设计了两个目标场景：金融领域中的公司合资情况和微电子技术领域中四种芯片制造处理技术的进展情况。MUC-6 引入了三个新的评测任务：命名实体识别、共指关系确定和模板元素填充。最后一届 MUC——MUC-7 于 1998 年 4 月举行，在 MUC-6 已有的四项评测任务基础上，又增加了一项新任务——模板关系任务。由美国国家标准技术研究所组

7 面向Web的领域术语抽取

织的自动内容抽取（Automatic Content Extraction，ACE）评测会议标志着文本信息抽取的进一步发展。ACE评测主要研究从新闻语料中自动抽取出现的实体、关系和事件等内容。ACE从1999年7月开始酝酿，2000年12月正式启动，从2000年到2007年共举办了7届，旨在开发自动内容抽取技术，以支持对三种不同来源文本（普通文本、由自动语音识别得到的文本、由光学字符识别得到的文本）的自动处理。[276] 自2009年以来，ACE成为文本分析会议（Text Analysis Conference，TAC）中的一个任务。经过多年的发展，信息抽取技术取得了长足的进步：从特定领域走向了开发领域，从特定格式的数据到无结构化的文本，数据类型从新闻、Email、论文到所有普通的网页。

Web信息抽取（Web Information Extraction，WebIE）则是将Web作为信息源的一类信息抽取，主要研究如何从半结构化的HTML文档中抽取数据。[277] 将信息从网页中抽取出来通常是由包装器（wrapper）完成的，如图7-1所示。

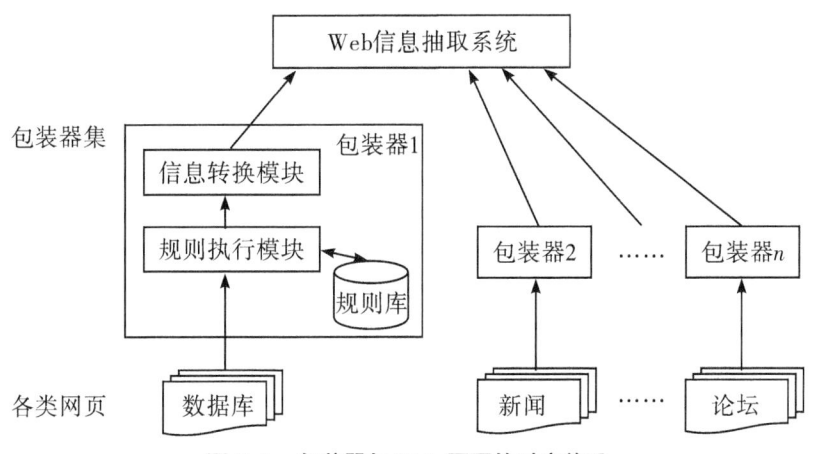

图7-1 包装器与Web页面的对应关系

包装器是一个软件程序，一般包括规则库、规则执行模块和信息转换模块。在抽取时，包装器首先根据页面的类型（数据库、新闻、论坛等）从规则库中选择对应的、已经定义好的信息抽取规则，提交给规则执行模块；然后执行模块应用规则将展现在页面中的信息数据抽取出来；最后由转换模块转换成用特定格式描述的信息。

兰德（Laender A H F）等按照包装器实现原理的不同，将其分为基于自然语言理解的WebIE、基于包装器语言的WebIE、基于HTML结构的

WebIE、基于包装器归纳方式的 WebIE、基于模型的 WebIE 以及基于本体的 WebIE 等 6 种方式。[278]

1. 基于自然语言理解的 WebIE

基于自然语言理解的 WebIE 适用于 Web 源文档中包含大量文本且句子完整的情况，在一定程度上借鉴了 NLP 技术，需要经过句法分析、语义标注、命名实体识别和抽取规则生成。具体来说，就是把文本分割成多个句子，对一个句子的句子成分进行标记，然后将分析好的句子语法结构和事先订制的规则匹配，实现信息抽取。例如 SRV（Sequential Rules with Validation）系统，依靠标注样本来归纳学习抽取规则。[279] 这种抽取方式的缺点在于未能有效利用 Web 文档相较于普通文本所特有的层次结构特性。

2. 基于包装器语言的 WebIE

基于包装器语言的 WebIE 也被称为基于 Web 查询的 WebIE。这种方法把抽取的关键放在了定位网页元素，等价于查询 DOM 树中的特定节点元素。[280] 例如 Web-OQL 就可以通过执行类 SQL 查询语句，定位网页上指定的元素获取其信息。[281]

3. 基于 HTML 结构的 WebIE

基于 HTML 结构的 WebIE 根据 HTML 的结构定位信息。该方法将 HTML 文档解析成语法树，通过自动或半自动的方式生成抽取规则，把信息的抽取等价于对语法树中节点信息的查询。如萨胡盖（Sahuguet A）等人开发的 W4F[282] 可以生成针对不同结构的信息抽取，用户通过 HTML 抽取语言（HTML Extraction Language，HEL）制定抽取规则，对 Web 文档进行信息抽取，并将其存储成 W4F 内部格式 NSL（Nested String List，嵌套字符串列表）。

4. 基于包装器归纳方式的 WebIE

基于包装器归纳方式的 WebIE 根据事先由用户标记的样本实例，应用机器学习方式的归纳算法，生成基于定界符（语义项的左右边界）的抽取规则，典型系统如 STALKER[283]。

5. 基于模型的 WebIE

基于模型的 WebIE 主要是依靠图形界面，由人参与，制定规则，然后获取文档中感兴趣的信息。如 DEByE[284] 提供了一个交互界面，用于指导 wrapper 的生成，接受用户输入的 Example，生成规则，该规则可以在其他相似页面进行抽取。

6. 基于本体的 WebIE

基于本体的 WebIE 主要利用对数据本身的描述信息进行抽取，对 HTML

文档结构的依赖少。采用这种原理的典型系统有伯明翰大学开发的BYU[285]。在BYU系统中，会先通过边界分隔符和启发式信息将文档划分为多个文本块，根据事先构建的领域本体对文本块进行抽取获得各语义项的值。[286]

目前的抽取方法存在的主要问题是：由于抽取规则的适应性较差，导致抽取系统的可移植性不够，缺乏通用性。因此，如何在保证信息抽取准确率的前提下，提高Web信息抽取的自动化程度和可扩展性，还需研究人员进一步研究。

7.1.2 领域术语的抽取

7.1.2.1 术语的定义

术语（terminology）是随着人类在各研究领域的探索、研究、发展逐步形成的，用来记录或标记在此过程中积累沉淀的专业知识概念。[287] 随着社会的进步、科技的发展，涌现出大批新的术语。术语集中体现了一个学科领域的核心知识，及时发现并收集新术语，对于了解一个学科领域的发展现状、未来趋向都具有重要的意义。到目前为止，术语还没有一个统一而标准的定义。以下列举了最为频繁引用的几个术语定义。

萨格尔（Sager J C）："术语是概念的语言表征。"[288]

龚益："在特定学科领域用来表示概念的称谓的集合。"[289]

林春："术语是科学技术领域表示特定概念词汇单位的'标签'。"[290]

梁爱林："术语是指从事特定专业技术学科的人用字、词语或者字母与数码符号等来表示专业领域中的某一个概念。"[291]

《术语工作原则与方法》中认为术语是专业领域中概念的语言指称。[292]

以上几种术语的定义虽然内容各有不同，但可以看出，在这些定义中，术语都是与特定领域中的概念存在着紧密的联系。那么，术语和概念又是什么关系呢？

《术语工作原则与方法》中指出："术语学的主要研究对象是根据若干客体的共有特性抽象概括形成的一般概念，这些形成概念的共同特性在心理上的反映称为特征，其指称名为术语。术语和概念之间应该建立一种一一对应的关系，也就是说一个术语只表示一个概念；同时，一个概念只有一个指称，即只由一个术语来表示。"这也是我们进行领域本体扩展的理论依据，基于Web资源进行领域术语抽取，将抽取结果作为领域本体的概念集合，进而实现领域本体的结构化扩展。

术语和一般词汇在构词和构形规则上都是一致的，但一般词汇在每个领域中都是共用的，是所有人都通用的词；术语则一般只在特定领域流通，只有该特定领域的人使用，而且术语在本领域内是高流通的，但离开了本领域的流通度趋近于0。[293] 当然，随着科技的进步与普及，很多专业术语慢慢走进一般词汇的队伍。据统计，1987年出版的《汉语新词词典》收录术语933条，占收词总数1654条的56%；《现代汉语新词语语料库》收录术语14466条，约占收词总数36291条的39.9%。[294]

7.1.2.2 术语的构成

从术语的构成上来说，术语可以分为两个类别。

1. 简单术语（single-word terms，单词型）

单词型术语由不能再分解为更小的具有独立含义的单个词组成。如"笔记""图书馆""藏书楼"等术语。

2. 复杂术语（multi-word terms，词组型）

词组型术语由两个或更多简单术语按照一定的语法或语义结构组成。如"国家档案馆""数目计量学""文献检索数据库"都是词组型术语，其中"国家档案馆"由一般词汇"国家"和单词型术语"档案馆"组合而成，"数目计量学"由两个简单术语"数目""计量学"组合而成，"文献检索数据库"则是由三个简单术语"文献""检索"和"数据库"组合而成。

7.1.2.3 术语的特性

景浦（Kageura K）和鲁米诺（Umino B）[295] 认为术语具备两种可统计度量的特性：Unithood（单元性）和Termhood（领域性）。

1. Unithood

Unithood表示术语结构上的稳定程度，即术语内部各个部分之间的联合强度。大部分基于统计策略抽取领域术语的方法都将其作为抽取标准。例如，贾斯特森（Justeson J）等利用术语构成模式特点，使用出现最多的7种模式，主要是双词术语（AN和NA）和三词术语（AAN、ANN、NAN、NNN和NPN），设计了一个词性过滤器来过滤候选短语。[296] 弗兰齐（Frantzi K T）将贾斯特森的词法过滤词的限制条件放松，在术语抽取系统中使用了3种词法过滤器：Noun+Noun、（Adj｜Noun）+Noun 和（（Adj｜Noun）+（（Adj｜

Noun)＊(Noun Prep)？)(Adj｜Noun)＊)Noun。[297] 这些词法过滤器形式都比较简单，执行效率也高，但是词法规则中都只接纳了名词、形容词及少量介词，并将术语候选项限定为名词短语。随着短语长度的递增，可能出现的词语种类越来越多，由此产生的直接问题就是召回率低下。

2. Termhood

Termhood 表示术语和特定领域概念的关联程度。由于术语在本领域是高流通度的，离开了特定领域，其流通度一般趋近于零。根据术语的领域特征，研究人员提出了一些统计方法用来识别领域术语。勒梅（Lemay C）等人针对术语的领域约束性质，提出了两种单词型术语识别策略：一种在拥有面向专业领域的语料库的同时，还需要一个通用语料库，通过对比单词在不同语料库中的词频来获取术语；另一种方法则是将专业领域的语料库划分为若干子集，通过比较单词在子集和整体中的词频来判断其是否为术语。[298] Zan 则使用了北京大学的双语语义词典 CCD 来辅助抽取法律专业的术语。[299]

我们将结合 Unithood 和 Termhood 两个特性来开展领域术语抽取工作。一方面，从术语的构词角度来衡量其内部词语之间的结合能力；另一方面，分析术语的领域相关度，通过领域相关度的计算来判断术语的领域性。

7.1.2.4 领域术语的抽取方法

领域本体学习的首要任务就是从特定领域知识源中获取该领域的专业术语，这也是本章的研究重点。目前，研究者们在领域术语抽取方面做了不少工作，通常被采用的方法分为基于规则的方法、基于统计的方法和混合方法三大类。

基于规则的方法主要利用词法[300-301]、句法[302] 等信息人工构建规则来识别和抽取术语。这种方法简单易行，计算量较小，执行效率高，但抽取结果受限于规则的完备性，大部分语言规则都将术语候选项限定为名词短语，由此产生的直接问题就是召回率低下。

基于统计的方法根据语料是否标注分为无监督的统计方法和有监督的统计方法两种。无监督的统计方法根据领域术语在语料中拥有的统计特征如对数似然比[303]、互信息[304]、TF-IDF[305]、信息熵[306] 以及统计量的组合变换[307-308] 来抽取术语，该方法不考虑句子的句法结构，适应性好，但计算量很大；有监督的统计方法通过在标注语料上训练机器学习模型，如隐马尔科夫模型[309]、条件随机场模型[310] 等完成抽取，要想取得好的效果，需要人工标注大量训练集合，耗时耗力且人工标注容易产生大量错误。

从上面的讨论可以看出，无论是基于规则的方法，还是基于统计的方法，都各有优缺点。将基于规则的方法和基于统计的方法结合起来的混合方法[311-312]既能保证抽取的效率，也能在一定程度上保证抽取的质量，已成为目前术语自动抽取的研究热点。但这种方法也存在一些缺陷，主要表现在：一是人工构建规则会受到语言学知识的局限，导致规则模板的质量不高；二是统计参数缺乏背景语料库的支持，造成术语抽取的准确率不高。鉴于此，我们提出一种基于多特征的领域术语自动抽取方法，利用已构建的本体等资源去统计领域术语本身的特征如词长、词性序列、所在文档的位置特征等，再通过宽松的语言规则抽取候选术语，最后通过综合单元性和领域性度量指标进行术语过滤，尽可能在不影响准确率的基础上得到较高的召回率。

7.2 图情领域术语的多特征分析

领域本体学习的首要任务就是从特定领域知识源中获取该领域的专业术语，这也是本节的研究重点。我们利用前面已构建的本体等资源去统计领域术语本身的特征如词长、词性序列、所在文档的位置特征等，再通过宽松的语言规则抽取候选术语，而结合 Web 资源抽取出来的领域术语又可以丰富已有的领域本体。

7.2.1 图情领域术语的结构特征

包含在术语中的单词数，叫作术语的长度。单词型术语的长度为1，例如，"笔记"属于单词型术语，它的长度即为1。而词组型术语的长度都是大于1的，例如，"国家档案馆"经分析后可拆分为两个单词"国家"和"档案馆"，因此术语的长度为2；同理，"文献检索数据库"的分词处理结果为"文献/检索/数据库"，因此这个词组型术语的长度为3。吴云芳[313]通过考察30000条信息科学与技术领域的术语，提出了术语部件描述的方法与策略。将单词型术语定义为部件，术语部件显然比术语具有更强的术语生成能力，因此通过部件可以帮助识别、发现文本中新生的术语，并预计新生的术语大部分应该是短语型的。刑红兵[314] 对3032条信息领域的术语进行标记，发现在三类术语（全中文术语、全英文缩写术语、汉语和英语缩写混合术语）中，全中文术语占比最多，为81.70%。分析中文术语的字数发现，中文术语主要是2~6个字，共占76.9%，其中4字的最多，约占24%，而且在6字以下的术语中，2字术语多于单字术语，4字术语多于3字术语，6字术语多于5字术语，1、3、5字术语占23.84%，2、4、6字术语占53.87%。汉语和英语缩写语术语主要是3字和4字的术语。

从构成的规律上说，没有一个普遍的规则可以覆盖所有的术语，但在词性、词长、词法上，领域术语还是有其独有的特征。为了找到这些特征，我们从《图书馆学情报学大辞典》[315]（以下简称大辞典）近2万条词条中选择出6705个术语，将这些术语和我们已构建的本体中的223个概念一起作为种子术语，分别考察它们的长度和词性序列，结果如表7-1所示。

表7-1 术语长度和词性序列的分布特征

词长		1	2	3	4	5	≥6
数目（占比）	本体	17（7.62%）	74（33.18%）	53（23.77%）	53（23.77%）	19（8.52%）	7（3.14%）
	辞典	506（8.33%）	2202（36.25%）	1651（27.18%）	866（14.26%）	460（7.57%）	390（6.42%）
词性序列种类（占比）	本体	5（4.76%）	22（20.95%）	28（26.67%）	25（23.81%）	18（17.14%）	7（6.67%）
	辞典	10（0.98%）	69（6.73%）	167（16.29%）	237（23.12%）	238（23.22%）	304（29.66%）

从结果可以看出，词组型术语（词长≥2）的数目要远远超过单词型术语（词长=1），总体占比达到92.38%（本体）和91.67%（辞典）。其中，包含2个单词、3个单词和4个单词的术语最多，占整个术语集的80.72%和77.69%，而词长超过6的术语仅占3.14%和6.42%。二词术语包含的词性序列占比20.95%和6.73%，三词、四词术语在数量上要比二词术语少，但其词性序列种类会多一些，五词以上基本上是每增加一个术语，就增加一种词性序列种类。可见，随着术语长度的增加，五词以上的术语已经不适合再采用词法模式作为识别规则，这些分析结果也与已有的研究成果[316] 接近。

所以在下面的讨论中，我们只着重分析长度为2、3、4的词串。

深入探析这些词串的词法特征（如表7-2所示），发现在二、三、四词型术语中，名词性短语最多，占总数的90.59%，其中二词中"N+N"出现频次最多，三词是"NS+N+N"，四词是"NS+N+N+N"；动词短语中出现频次最多的是"V+V"，占比1.43%。

表7-2 概念的词性序列种类统计（TOP10）

术语类别	构成规则	占比	示例
二词	N+N	14.47%	档案/N 管理学/N
	V+N	6.17%	编目/V 条例/N
	N+V	3.80%	词/N 标引/V
	B+N	1.79%	非/B 馆藏资源/N
	NS+N	1.71%	都柏林/NS 核心/N
	V+V	1.43%	参考/V 咨询/V
	NH+N	1.22%	卡内基/NH 图书馆/N
	NZ+N	0.91%	大众/NZ 分类法/N
	A+N	0.74%	多/A 主题/N
	WS+N	0.64%	OCLC/WS 研究所/N
三词	NS+N+N	5.98%	爱尔兰/NS 图书馆/N 协会/N
	N+N+N	3.77%	大学/N 图书馆/N 馆长/N
	N+V+N	2.68%	版权/N 管理/V 信息/N
	V+N+N	1.20%	分面/V 叙词/N 表/N
	V+V+N	1.05%	联机/V 检索/V 系统/N
	N+N+V	0.99%	电子/N 文献/N 传递/V
	NS+B+N	0.91%	香港/NS 公共/B 图书馆/N
	NZ+N+N	0.86%	冒号/NZ 图书/N 分类法/N
	A+N+N	0.54%	短/A 时效/N 文献/N
	N+V+V	0.46%	读者/N 咨询/V 服务/V
四词	NS+N+N+N	2.73%	中国/NS 机读/N 目录/N 格式/N
	N+N+N+N	1.33%	国际/N 标准/N 书目/N 著录/N
	N+N+V+N	0.66%	个人/N 书目/N 管理/V 软件/N
	N+V+N+N	0.38%	全球/N 联合/V 机构/N 知识库/N
	NS+N+V+N	0.33%	中国/NS 古籍/N 研究/V 中心/N
	NZ+N+N+N	0.33%	中文/NZ 科技/N 期刊/N 数据库/N
	N+V+V+N	0.28%	图书馆/N 自动化/V 管理/V 系统/N
	NS+V+N+N	0.26%	中国/NS 分类/V 主题词/N 表/N
	NS+B+N+N	0.25%	突尼斯/NS 高等/B 文献/N 研究所/N
	NS+NZ+N+N	0.25%	重庆/NS 维普/NZ 资讯/N 有限公司/N

注：A，形容词；B，区别词；N，普通名词；NS，地名；NZ，其他专名；V，动词。

7.2.2 图情领域术语的单元特征

单元性度量通过衡量词串内部的结构稳定性,判断其能否成为独立的语言单元。常见的单元性度量方法包括点互信息和对数似然比。

1. 点互信息 (Pointwise Mutual Information, PMI)

PMI 主要用来衡量两个词语之间的相关程度,对于词串 $w_1\cdots w_n$ ($n\geqslant 2$),它们之间的 PMI[317] 定义为:

$$MI(w_1\cdots w_n) = \log_2 \frac{p(w_1\cdots w_n)}{p(w_1\cdots w_{n-1}) \times p(w_2\cdots w_n)} \tag{7-1}$$

其中,$p(w_1\cdots w_n) = \frac{f(w_1\cdots w_n)}{N}$,$f(w_1\cdots w_n)$ 是词串 $w_1\cdots w_n$ 出现的频次,N 为总词频,如果词串结合十分紧密,则 $p(w_1\cdots w_n)$ 与 $p(w_1\cdots w_{n-1}) \times p(w_2\cdots w_n)$ 的比值越大,PMI 就越大,说明两个词串相关性越大,可以组成一个短语。

2. 对数似然比 (Log-Likelihood Ratio, LLR)

对数似然比是由邓宁(Dunning T)[318] 提出来的一种假设检验方法,通过检测词串在领域语料和背景语料出现频率差异是否达到显著水平来判断词串是不是术语。根据邓宁的研究,需要先做以下两个假设。

H_1:假设词串 $w_1\cdots w_n$ 在领域语料和背景语料中出现的概率相同,均为 p。

H_2:假设词串 $w_1\cdots w_n$ 在领域语料库和背景语料库中出现的概率不同,分别为 p_1,p_2。

$$LLR(w_1\cdots w_n) = -2\log_2 \frac{L(H1)}{L(H2)} = 2[\log_2 L(p_1, k_1, n_1) + \log_2 L(p_2, k_2, n_2) - \log_2 L(p, k_1, n_1) - \log_2 L(p, k_2, n_2)] \tag{7-2}$$

其中,$\log_2 L(p, k, n) = k\log_2 p + (n-k)\log_2(1-p)$,$p_1 = k_1/n_1$,$p_2 = k_2/n_2$,$p = (k_1 + k_2)/(n_1 + n_2)$,$k_1$ 表示词串在领域语料中出现的文档数,k_2 表示词串在背景语料中出现的文档数,n_1 表示领域语料文档总数,n_2 表示背景语料文档总数。如果似然比很大,说明它可能符合假设 H_2,即词串在某一领域中出现的频率相对比在其他领域中出现的频率高,很可能是这个领域的一个术语。

利用200篇测试集，我们分别考察了上述两种统计量的抽词性能。采用前 k 条（top-k）术语的准确率 $p@k$ 作为评价指标：

$$p@k=\frac{r(k)}{k}\times 100\% \tag{7-3}$$

其中，k 为常数，$r(k)$ 表示前 k 个领域术语中正确的个数。

将所有词串分别按其 PMI 和 LLR 高低进行排序，选择前 500 条进行人工标注，抽词结果如表 7-3 所示。

表 7-3 基于单元特征的词串抽取实验结果对比

	准确率				
	前 100 条	前 200 条	前 300 条	前 400 条	前 500 条
PMI	0.80	0.655	0.64	0.553	0.526
LLR	0.41	0.39	0.367	0.328	0.302

可以看出，基于 PMI 的抽词结果在衡量词串内部各部分之间的关联强度方面会表现得更好一些；而基于 LLR 的抽词方法考虑的是词串在不同语料库中文档的绝对差异，容易受语料库规模的影响。例如，词串"玩具图书馆"在领域和背景语料库中出现的文档数仅为 1 和 0，导致其对数似然比偏低，最终被错误地筛掉。

7.2.3 图情领域术语的领域特征

领域性是从术语的隶属度出发，衡量一个词串与特定领域的相关程度。[319] 常见的领域性度量方法包括基于词频的度量方法和基于文档频率的度量方法。

1. 词频

词频（Term Frequency，TF）指词串 w 在文档集合中出现的总次数，即如果 w 特定于某个领域，那么它会经常出现在该领域的文档集合中。[296]

2. *TF-IDF*

采用词频无法区分常用词和领域术语在文本中的重要程度。为了区分，*TF-IDF* 考虑两个因素，即词频和文档频率。一个词串在特定文档中出现的次数越多，说明它区分该文档类别的能力越强；在文档集中包含该词串的其他文档数量越多，那么它的区分能力越低。该词串在领域语料中的 TF-IDF 值可用下式计算：

$$TF\text{-}IDF(w) = tf(w) \times idf(w) = tf(w) \times \log(\frac{N+1}{df(w)+1}) \tag{7-4}$$

其中，$tf(w)$ 表示词串 w 在领域语料中的出现频次，N 表示背景语料中包含的文档总数，$idf(w)$ 表示包含词串 w 的背景文档数。也就是说，当词串 w 在背景语料的许多文本中出现时，可以认为这个术语 w 不是领域内的专有词汇，此时的 IDF 值变得很小；相反，当词串 w 为领域术语时，它在整个背景语料中的文档数会很低，那么，它将获得一个很大的 IDF 值。

7.2.4 图情领域术语的位置特征

在中文文献的标题、摘要、各章节小标题、首尾段等位置，作者往往倾向于使用专业术语进行描述。[320] 因此，在使用中文文献进行术语抽取时，可以从这些重点区域发现候选术语。但是，这种方法对于 Web 上的文档是否也适用呢？为此，我们进行了一定规模的数据抽样调查，随机采集了 1771 篇图情领域相关的中文网页，经过网页解析、正文抽取、分词，将词串与大辞典中的已有术语做匹配检测，以期发现图情领域术语在网页中的位置分布情况。

表 7-4 是我们得到的术语位置分布情况，在 1771 篇网页文档中，有 1518 篇网页文档的首段出现术语，占比高达 85.71%；其次是在标题和中间段落出现，尾段部分出现的最少，只有 546 篇，占总数的 30.83%。因此，我们将首段、标题和中间的段落部分设置为术语抽取的重点区域，权重分别为 2、1.5、1.5，提高出现在这些位置的词串作为真实术语的可能性评分。

表 7-4 术语在网页中的位置分布统计

位置	标题	首段	中间段落	尾段
概念个数	1198	1518	1188	546
占比	67.65%	85.71%	67.08%	30.83%

7.3 基于多特征的领域术语抽取系统

在上一节，我们对 Web 页面中图情领域术语的位置信息、结构特征、单元特征以及领域特征进行了综合分析。本节，我们基于这些特征设计并实现了一个领域术语抽取系统。

7.3.1 图情领域术语抽取模型的构建

霍布斯（Hobbs J R）[321] 认为典型的信息抽取系统应当由依次相连的 10 个模块组成：文本分块、预处理、过滤、预分析、解析、片段组合、语义解释、词汇消歧、共指消解和模板生成。当然，并不是所有的信息抽取系统都明确包含所有的 10 个模块，并且也未必完全遵循以上的处理顺序。我们的领域术语抽取模型充分结合了术语的语言规则与统计特征。其中，语言规则用于从网页正文中抽取可能成为领域术语的候选词串，统计方法则综合运用点互信息和位置加权的 TF-IDF 两种方法进行候选术语的过滤。抽取过程的整体框架如图 7-2 所示。

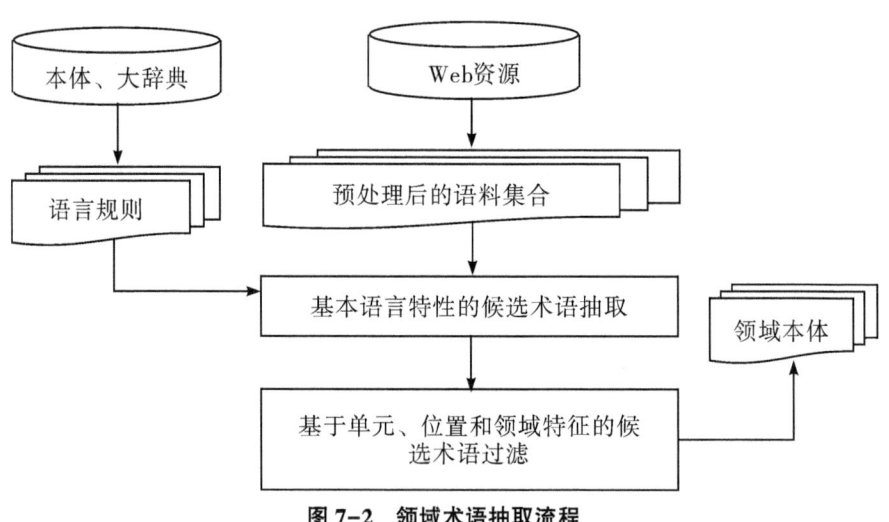

图 7-2 领域术语抽取流程

1. 预处理后的领域语料集合

在术语抽取之前，会先对领域语料进行预处理，包括分词、剔除停用词，以便提高下一步术语抽取时查询词频的速度。

2. 候选术语抽取

在术语抽取之前，对生语料会先进行分词、词性标注等操作，此时，语料库已经被切分成很多小的词串，对于每个词串 w（4≥词长≥2）使用构词规则进行抽取。具体算法如图 7-3 所示。

输入：经过分词、词性标注处理后的领域语料和背景语料集合。
输出：候选术语集合。
步骤：1. 设置词性序列规则，按 2、3、4 词的长度排序存放到 termpos 数组中。
　　　2. 分别建立领域语料词串三元组 domainhashtable（row，column，value）和背景语料词串三元组 backgroudhashtable（row，column，value），row 表示二、三、四词，column 表示词串所在文档序号，value 表示词串在文档中的词频，而且该词频按词在标题、首段、中间段落、尾段不同位置来统计。
　　　3. 基于 N-Gram（N=2,3,4）模式抽取词串，并将抽取出来的词串的词性序列及其出现频数存放到 allcountmap 数组中。
　　　　3.1 以标点符号来分割子句，再以"/"分割单词和词性。
　　　　3.2 循环进行下列操作：
　　　　　　3.2.1 以滑动窗口方式截取子串组成新的 N-Gram 词语。
　　　　　　3.2.2 判断新词串的词性序列是否在 termpos 数组里，如果在，则将语料词串三元组中词串相应的位置频数加 1；如果不存在，则建立一个新元素。

图 7-3　基于词法模式的抽取算法

3. 过滤

抽取工作完成后，候选术语集中还包括一定数量和领域无关的词串，需要进行过滤。我们根据单元性和领域性度量指标，计算候选术语的评分，根据评分排序得到最终的术语抽取结果，评分公式如下：

$$Score(w) = PMI(w) \times \lambda \times tf(w) \times idf(w) \begin{cases} \lambda = 2 & \text{如果 } w \text{ 在首段} \\ \lambda = 1.5 & \text{如果 } w \text{ 在标题或中间段落} \\ \lambda = 1 & \text{如果 } w \text{ 在尾段} \end{cases}$$

(7-5)

通过前面的分析，我们知道同一词串出现在网页的不同位置，其重要性会明显不同，传统的 TF-IDF 方法中没有体现出词串的位置信息，所以在评分公式中，通过引入权重因子 λ 实现对传统基于 TF-IDF 方法的优化。

7.3.2 实验结果及分析

7.3.2.1 实验语料

实验选取了图情领域和非图情领域（包括财经、军事、交通、汽车四个领域）各1000篇网页文档，并存放于数据库中（见表7-5）。

表7-5 领域语料原始数据的数据库存放示例

标题	作者	正文内容	来源	资源URL	更新日期
黄勇凯副馆长一行参加省独立学院图书馆技术交流研讨会	杨蕾	11月27日，由湖北省高校图工委独立学院分委会与湖北省高校数字图书馆自动化专业委员会共同主办、华中科技大学武昌分校承办的湖北省独立学院/民办高校图书馆技术交流研讨会在华中科技大学武昌分校图书馆总馆学术报告厅举行。我馆黄勇凯副馆长等代表省高校数字图书馆自动化专业委员会参加了本次会议，并作大会发言	武汉大学图书馆工作网	http://gzw.lib.whu.edu.cn/pe/Article/ShowArticle.asp?ArticleID=1851	2014-12-2

7.3.2.2 实验结果分析

实验采用人工标注领域术语，以此作为抽取实验对比的基准。实验结果采用标准的 P（准确率）、R（召回率）及 F 值作为评价指标，定义如下：

$$P = \frac{抽取出的正确单元个数}{抽取出的单元总个数} \tag{7-6}$$

$$R = \frac{抽取出的正确单元个数}{人工标注的单元总个数} \tag{7-7}$$

$$F = \frac{2PR}{P+R} \tag{7-8}$$

只有跟人工标注答案完全相同的结果才被判为正确。

按上述抽取流程，我们首先借助哈工大语言云平台 LTP[143] 对领域语料和背景语料进行分词，共切分出 544721 个词语；再通过语言规则的匹配筛选，最终得到 77831 个词串集合，这也使得下一步基于统计的计算变得相对轻松。接着采用公式（7-5）对候选术语进行计算，并按评分大小进行排序。对前 500 个、前 1000 个、前 2000 个和前 4000 个候选术语进行准确率计算，为了更好地对比抽取效果，同时利用不加位置特征的方法、基于互信息的方法和基于 TF-IDF 的方法对候选术语集合进行计算，表 7-6 和图 7-4 给出了术语抽取性能指标。

表 7-6　使用我们的方法得到的实验结果

TOPN	500	1000	1500	2000	2500	3000	3500	4000
我们的方法	0.546	0.514	0.5	0.4755	0.4472	0.4153	0.3974	0.378
不加位置特征方法	0.444	0.406	0.3893	0.3735	0.3528	0.337	0.3251	0.3125
互信息方法	0.144	0.134	0.1193	0.124	0.1136	0.1087	0.102	0.0953
TF-IDF 方法	0.448	0.394	0.3753	0.3535	0.35	0.3323	0.3305	0.3127

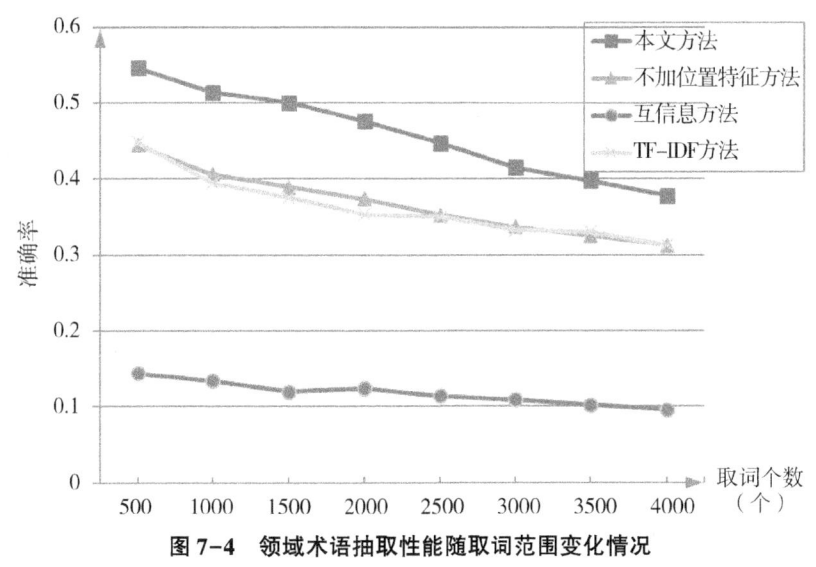

图 7-4　领域术语抽取性能随取词范围变化情况

从图 7-4 可以看出，在取词范围比较小的时候，四种方法的准确率都比较高，随着取词范围增大，准确率都呈缓慢下降趋势。四条线之间的差距显示出我们提出的方法相较其他三种方法抽取的准确率有稳定提高,说明我们的方法是有效的。再对比表7-6,不加位置特征的术语抽取的准确率整体上都没有加入位置特征的高,在 TOP1500 级别时,准确率相差最多,达到11.1%,可见位置特征对识别领域术语有重要作用。相比单独使用一种单元性度量方法或是一种领域性度量方法,我们的方法都有着相当的优势,特别是和基于互信息的方法相比,整体准确率提高了34.2%。

抽取出来的部分术语示例见表7-7。

表7-7 部分抽取的领域术语示例

序号	领域术语	百度解释
1	网络图书馆	网络时代的图书馆,是现实图书馆被信息技术化的产物
2	图书馆猫	杜威是一只在美国史宾塞公共图书馆生活了19年的小猫的名字
3	K书中心	K书就是看书、搞学习的意思,开始流行于高三、考研的学生中
4	图书馆人	泛指从事图书馆科研、教育、实践工作的图书馆学专家、图书馆学教育工作者、图书馆员、图书馆管理人员
5	微天堂真人图书馆	武汉大学微天堂真人图书馆,是由武汉大学图书馆主办,与武汉大学学生社团阅微书社合作的项目,2013年12月17日首次开馆
6	OhioLink中心目录	俄亥俄图书馆与信息网络(The Ohio Library and Information Network,简称 OhioLink)是始建于20世纪90年代的州规模的图书馆联盟
7	深圳阅芽	又称阅芽计划,于2016年4月23日正式启动,是全国首个政府与民间基金会联袂推动的儿童早期阅读项目

7.4 本章小结

领域术语抽取是领域本体自动学习中一项艰巨的任务,单独使用基于规则的方法进行抽取,过程简单,但质量难以达到理想效果;而单独使用基于统计的方法,抽取质量较好,但过程复杂。本章提出的基于多特征的图情领域术语抽取方法,采用宽松语法规则从语料集中抽取候选术语,词法模式不仅包括传统术语抽取工作中的名词性短语,还包括动词性短语,尽可能在不影响准确率的基础上得到较高的召回率。实验表明,既考虑术语在语法结构和概念意义上的完整性，又考虑术语与特定领域的关联程度的算法能够自动识别和抽取到相当多的新术语。

当然，仍有一些工作尚不完善，例如：

（1）统计信息有限，提取准确率不高。我们采用 PMI 度量词串内部的结合紧密程度，但 PMI 在针对低频术语的计算中效果较差，例如"微信图书馆"，由于过去很少人去研究，导致其在领域语料中出现的频数为 1，PMI 为 6.416，最后评分仅为 0.6438，难以被识别出来。

（2）抽取规则需要更具有普适意义。利用领域术语的语言学特性时，我们是在已有的领域词典和领域本体的基础上制定规则，没有很好的领域移植性。

近年来，深度学习的快速发展以及其强大的语义学习能力，使得其被越来越多地应用到 NLP 领域。因此，接下来的章节里，我们将开始讨论深度学习应用于特定领域的实际业务场景。

8 基于深度学习的领域命名实体识别

科技部2018年10月发布的《科技创新2030—"新一代人工智能"重大项目2018年度项目申报指南》中，明确将"可泛化的领域知识学习与计算引擎"作为"面向重大需求的关键共性技术"大类的第一项任务，提出要"形成概念识别、实体发现、属性预测、协同推理、知识演化和关系挖掘等能力，实现知识持续增长的自动化获取，形成从数据到知识、从知识到服务的自主归纳和学习能力"[1]。命名实体作为文本中的基本信息元素，是正确理解文本的基础，也是实现认知智能的重要知识引擎。[2] 此外，随着通用领域和特定领域网络信息资源的极大丰富，从海量异构、非结构化的文本中识别出相应的命名实体，对网络信息资源的序化和有效利用具有十分重要的价值和意义。

---

[1] 科技部：《科技创新2030—"新一代人工智能"重大项目2018年度项目申报指南》，见https://www.gov.cn/zhengce/zhengceku/2018-12/31/content_5446330.htm。

[2] 中国信通院：《2021认知智能发展研究报告》，见https://www.100ec.cn/home/detail--6608583.html。

8.1 相关研究概述

命名实体主要包括通用命名实体（如人名、地名和组织机构等）和领域命名实体（如化学、医学、农业、司法、信息安全等领域）。本节重点讨论特定领域命名实体类别的定义及识别方法。

8.1.1 领域命名实体分类

相比于通用命名实体，领域命名实体的数据来源更偏向于垂直领域，语料的构建也更加严密，这为实体识别带来两个挑战：首先，由于特定领域内的技术、设备和方法等快速更新迭代，领域命名实体的名称、指代内容及对应的类别等会不断变化，很难快速有效地根据特定领域或任务场景设计相应特征；其次，面向垂直领域的实体识别需要具有一定领域知识的人员进行语料标注，从而增加了语料构建的难度和成本。现有工作针对特定领域命名实体分类问题开展了较多的研究。总体上，特定领域命名实体的分类主要有3种方式。第一种方式是基于外部词典或知识库定义的类别描述进行分类，如冯鸾鸾等[322]参考美国国防军事术语词典建立了包括基础技术、综合技术、武器、组织以及军事术语五大类的面向国防科技领域的命名实体；仇瑜[323]据财税领域知识库的结构进行组织，形成7个顶级类别实体，包括主体、物体、文件、事件、地点、数量及其他；约瑟夫（Yosef M）等[324]从YAGO知识库获取预定义的分类体系。第二种方式是基于领域文本固定格式或实体的结构特征构建实体类别，如冯蕴天等[325]针对军用文书的统一格式和书写方法，提出从军用文书中提取的格式信息可直接成为重要的军事命名实体；张晓海等[326]基于非公开作战文书中的嵌套分类特征将其中的实体分为位置、部队、人员、物品、数字五大类；威德（Weed L L）[327]参考卫生部发布的电子病历数据组与数据元标准及病历文本上的实际标注格式信息，总结了包括自诉症状、体格检查、检查项目、疾病诊断、疾病史、手术名、手术史7类临床实体。第三种是面向问题的分类方式，如美国集成生物与临床信息学研究中心I2B2将实体类别分为医疗问题、检查和治疗三种；[328]赵鹏飞等[329] 围绕农作物病虫害构建模型，有效地识别病害、虫害、农药、农作物4类实体；焦凯楠等[330] 提出反恐实体需为反恐事件抽取服务，在反恐新闻领域已有的人物、地名、组织机构类的实体基础上，增加了反恐技战法类、时间类和伤亡人数类实体。

图情领域作为具有高度跨学科性的领域[331]，面向图情领域的命名实体识别可以认为具有比较好的代表性以及更大的难度。在图情领域，现有研究主要是针对一些公开可获取的文摘或论文全文数据集上的情报分析方法和情报学研究方法等的识别，如肖连杰[332] 和化柏林[333] 对情报分析方法进行了分类和识别；章成志[334] 和余丽[335] 分别对文献中的研究方法这一类实体进行了细分；王东波[336]、李章超[337] 等则面向中文古籍构建历史事件基本实体的识别任务。可见，目前针对图情领域的命名实体分类研究较为有限，使用的语料主要是自主构建的一些公开可获取的文摘或论文全文数据集，命名实体的识别也主要集中在情报方法或情报学研究方法等单一类别实体上。实际上，图情领域的命名实体也具有复杂多样的特点，如图书馆、情报机构配置或使用的设备、不同角色的人才组成、每年召开的各种会议等都是非常有价值的实体类别。因此，根据图情领域的特点，合理划分命名实体的类别，并基于开源数据构建标注语料集，是实现图情领域命名实体识别的首要关键步骤，也为进一步构建知识图谱等提供数据支撑。

8.1.2　领域命名实体识别方法

领域命名实体识别方法经历了从早期基于词典和规则的方法，到基于统计的方法，再到基于深度学习的方法的发展历程。基于词典的方法通过构建命名实体词典，将词典条目与文本进行匹配以识别实体，如林德弗莱希（Rindflesch T C）[338] 利用 UMLS（Unified Medical Language System，统一医学语言系统）进行医学实体识别，但 UMLS 并不能包括所有药名，很多新药名不能得到及时更新。基于规则的方法主要利用词法、句法等信息，人工构建规则来识别实体，如福田（Fukuda K）[339] 利用字符串外形规则来识别科研文献中新提出的蛋白质实体。这种方法的识别效果受限于规则的完备性，泛化性较低。基于统计的方法则利用统计方法与概率学知识，对特定的命名实体识别问题建立模型，通过从标注语料集中学习相关特征和模型参数，进而训练好统计模型，以识别未标注语料集中的命名实体。其中，基于 CRF

(Conditional Random Fields，条件随机场)[340] 的实体识别模型[310,341-342] 是应用最广且效果最好的一种方法，但这类方法通常需要构建大规模的数据集，并且高度依赖于人工设计特征。

由于中文命名实体结构复杂、形式多样，因而对于实体识别方法的研究仍然是一项重要且有挑战性的研究。随着深度学习的兴起，无须进行复杂特征工程的深度学习方法成为命名实体识别研究的主流。常用的深度学习模型有卷积神经网络 CNN、循环神经网络 RNN、长短期记忆网络 LSTM 及 Transformer 等。如 Huang[343] 提出融合人工设计的拼写特征、BiLSTM 和 CRF 进行实体识别；李丽双[344] 利用 CNN 训练得到字符级向量，并输入 BiLSTM+CRF 模型中进行生物医学命名实体识别；杨培[345] 结合注意力机制、BiLSTM 和 CRF 来识别化学药物命名实体。然而，这些方法主要采用传统的 Word2Vec 静态词向量语言表示模型，对不同语境的适应能力较差。随着 2018 年 Google 推出 BERT 模型（Bidirectional Encoder Representations from Transformer，基于 Transformer 的双向编码器表示）[346]，越来越多的动态预训练语言模型（Pretrained Language Models，PLM）被提出，并逐渐得到广泛应用。王子牛[347] 提出了 BERT+BiLSTM+CRF 模型，以无须添加任何特征的方式在人民日报数据集上取得了 94.86% 的 F1 值；张晓[348] 提出一种基于融合知识增强语义表示（Enhanced Representation through Knowledge Integration，ERNIE）的深度神经网络模型，在人民日报数据集上的 F1 值达到了 94.46%；陈杰[349] 针对中文医疗病历命名实体识别任务，构建了 ALBERT+BiLSTM+CRF 模型，也实现了较好的效果。这种动态 PLM 利用大规模无标注的文本语料进行预训练以获取通用特征表示，再通过微调将训练学习到的语义关系传递给下游任务。但由于学习到的通用特征表示太泛化，导致模型往往在垂直领域表现不佳。古鲁兰甘（Gururangan S）等[350] 也表示，当训练的源任务领域文本和目标任务领域文本所对应的领域不同时，模型的效果下降非常明显。

为了增强 PLM 在垂直领域的应用效果，研究人员开始对如何使用领域知识来增强 PLM 进行探索。如 Liu 等人[351] 提出 K-BERT 模型，从知识图谱中将相关的三元组注入句子中；Xiong 等人[352] 引入实体替换策略，让模型去判断实体是不是被替换的，以此构造训练任务。结果表明，这种通过在预训练阶段注入知识来提升 PLM 性能的方法具有有效性。面对目前图情领域语料还十分稀少的情况，如何为 PLM 注入领域知识，增强模型在垂直领域的应用效果是我们的研究重点。我们将根据图情领域特征，对其实体分类、识别和应用展开一些基础性研究，旨在通过同时利用知识、数据、算法和算力 4 个要素来构造更强大的人工智能[353]。

8.2　基于 PaddlePaddle 框架的开发

深度学习框架作为深度学习的"操作系统"，其发展也影响着国家科技经济的发展，对经济高质量发展和经济转型具有重要意义。因此，对于深度学习使用者来说，熟练运用国内深度学习框架也应成为必备技能。

8.2.1　百度飞桨 PaddlePaddle

国际权威数据调研机构 IDC 发布的《中国深度学习框架和平台市场份额，2022H2》报告显示，框架市场前三百度飞桨 PaddlePaddle（Parallel Distributed Deep Learning，并行分布式深度学习）、谷歌 TensorFlow 以及 Facebook PyTorch 份额超过 80%。其中，百度飞桨是我国首个自主研发、开源开放的产业级深度学习平台，有大量应用落地，可同时支持稠密参数和稀疏参数场景的超大规模深度学习并行训练，支持万亿乃至更高量级规模参数的高效并行训练。截至 2022 年 11 月底，飞桨平台上已凝聚 535 万名开发者，服务 20 万家企事业单位，创建了 67 万个 AI 模型，① 稳居中国深度学习平台市场综合份额第一。

如图 8-1 所示，飞桨的模型库已经比较完备地支持了自然语言处理、计算机视觉、推荐和语音四大领域。PaddlePaddle 在平台功能上具备丰富的产业级模型库（如智能文本处理核心开发库 PaddleNLP 和智能视觉模型库 PaddleCV）、端到端开发套件（如目标检测开发工具包 PaddleDetection）、工具组件（如用于获取预训练模型、完成模型的管理和一键预测的 PaddleHub），以及零门槛 AI 开发平台 EasyDL 和全功能 AI 开发平台 BML、学习与实训社区 AI Studio 等，高效支持深度学习模型开发、训练、部署等全

---

① 扬子晚报：《IDC 报告：中国深度学习开源框架市场三强格局，飞桨超越 TensorFlow》，见 https://new.qq.com/rain/a/20230201A08KYU00。

流程，降低 AI 技术应用门槛。

端到端开发套件	图像分类PaddleClas		语义理解ERNIE		语音合成Parakeet	个性化推荐ElasticCTR
	文字识别PaddleOCR	海量类别分类PLSC				
	目标检测PaddleDetection	图像分割PaddleSeg				
模型库	智能视觉PaddleCV		智能文本处理PaddleNLP		智能语音PaddleSpeech	智能推荐PaddleRec
任务层	图像分类	目标检测	词法分析	情感分析	语音合成	个性化推荐排序
	图像分割	视频分类和动作定位	相似度计算	语言模型		
	场景文字识别	度量学习和关键点监测	语义表示	对话系统	语音识别	个性化推荐召回
	图像生成	3D视觉	机器翻译	阅读理解和问答		
算法层	AlexNesNet、VGG、GoogleNet、ResNet、Inception、SENet、ShuffleNet V2	SSD、Faster-RCNN、Mask-RCNN、RetinaNet、YOLOv3、FPN、Deformable、CascadeRCNN、PyramidBox	Lexical Analysis、BERT finetuned、ERNIE finetuned	Senta、EmoTect	DeepVoice3	DIN、DCN、DNN、DeepFM、XdeepFM
				Language model		
	CGAN、DCGAN、Pix2Pix、CycleGAN、StarGAN、AttGAN、STGAN、SPADE	TSN、Non-Local、stNet、TSM、Attention LSTM、Attention Cluster	SimNet、MPM	ADE、DGU、DAM、DuConv、MMPMS	DeepASR、DeepSpeech	Tagspace、GRU4ReC、SSR、GNN、Multiview-Smnet、Word2Vec
	ICNet、DeepLab V3+、Unet、ACE2P	Metric Learning	ERNIE、XLNet、BERT、ELMO	DuReader-Baseline、KT-NET、MROA2019-Baseline、MRQA2019-D-NET		
	Simple Baselines	CRNN-CTC、OCR Attention	Transformer、JEMT			
框架与工具层	大规模分布式训练				工业级部署	
	PLSC超大规模分类			模型压缩工具PaddleSlim		轻量化推理引擎Paddle Lite
	飞桨核心框架					

图 8-1　PaddlePaddle 开源模型库①

8.2.2　Windows 下 PaddlePaddle 的安装

目前，PaddlePaddle 支持 Windows 7/8/10 与 Linux 操作系统（如 Ubuntu、CentOS、MacOS），可以选择"使用 Pip 安装""使用 Conda 安装""使用 Docker 安装"以及"从源码编译安装"4 种方式中的任意一种方式进行安装。②

（1）使用 Pip 安装。Pip 是 Python 包的通用管理器，只能安装和管理 Python 包，不会去支持 Python 语言之外的依赖项。

（2）使用 Conda 安装。Conda 虚拟环境允许用户在同一台机器上同时运行多个独立的环境，并能够为每个环境安装特定版本的软件包，避免不同项目之间的包冲突。

（3）使用 Docker 安装。Docker 容器是一种轻量级、可移植的软件打包技术，将应用程序及其所有依赖关系打包在一个容器中。相对于 Conda 适合

---

①　让你更懂 AI：《史上最全解读丨飞桨模型库重大升级，主流算法模型全覆盖》，见 https://www.51cto.com/article/608222.html。

②　PaddlePaddle developers.：《安装指南-使用文档-PaddlePaddle 深度学习平台》，见 https://www.paddlepaddle.org.cn/documentation/docs/zh/install/index_cn.html。

于 Python 开发场景来说，Docker 则更适合于跨平台部署和分发应用。

（4）从源码编译安装。将 PaddlePaddle 的源代码通过编译构建工具如 CMake 编译成 Python 包，再进行安装。

这里，我们选择使用 Conda 安装，具体过程如下。

步骤 1：环境准备。先从 Anaconda 官网下载 Anaconda3.5.2。Anaconda 是一个开源的 Python 和 R 编程语言的发行版，内置了大量的数据科学工具和库，如 Conda、某个版本的 Python、众多包、科学计算工具等，所以，通过安装 Anaconda，用户不需要单独安装这些工具和库，而是直接获得了一个完备的数据科学平台。Anaconda3.5.2 自带 Python 3.6.5，其官网下载页面为 https://www.anaconda.com/download 或者 https://www.python.org/downloads/windows/。

下载并安装完 Anaconda 之后，需要在环境变量 Path 里添加 Anaconda 的路径，这样在 DOS 窗口下也可以使用 Python 了。再打开 Windows 命令提示符，使用以下命令确认版本：

1. C:\Users\Ivan> python --version
2. Python 3.6.5 :: Anaconda, Inc.

显示"Python 3.6.5 :: Anaconda, Inc."，说明安装正确。

步骤 2：根据版本开始安装。如果计算机中没有 NVIDIA（英伟达）® GPU（Graphics Processing Unit，视觉处理器），就需要安装 CPU 版的 PaddlePaddle；如果计算机中有 NVIDIA® GPU，直接安装对应的 GPU 版 PaddlePaddle。

我们的测试机是 NVIDIA GeForce RTX 2060MQ 显卡，可以安装 CUDA10.2。CUDA（Compute Unified Device Architecture，计算统一设备架构）是 NVIDIA 推出的并行计算平台，使 GPU 能够解决复杂的计算问题，官网下载页面为 https://developer.nvidia.com/cuda-10.2-download-archive ［见图 8-2(a)］。CUDA 10.2 对应搭配安装 v7.6.5 版本的 cuDNN。cuDNN（CUDA Deep Neural Network library，CUDA 深度神经网络基元库）是 NVIDIA 专门针对 DNN 中的基础操作而设计基于 GPU 的加速库，官网下载页面为 https://developer.nvidia.com/rdp/cudnn-archive ［见图 8-2(b)］。安装好正确版本的 CUDA 和 cuDNN 后，我们正式安装 GPU 版的 PaddlePaddle。

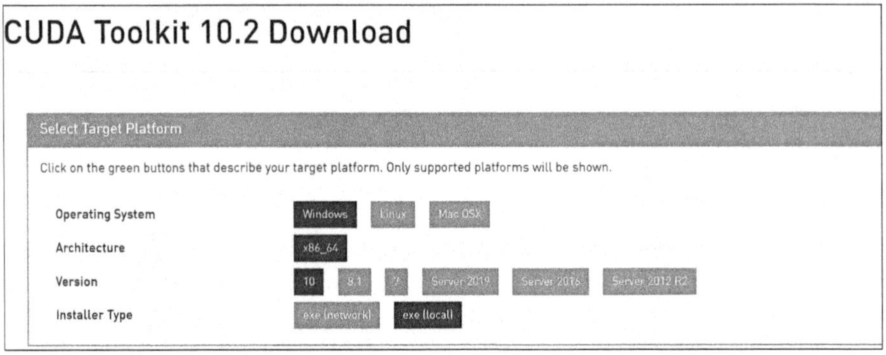

(a) CUDA 下载页面

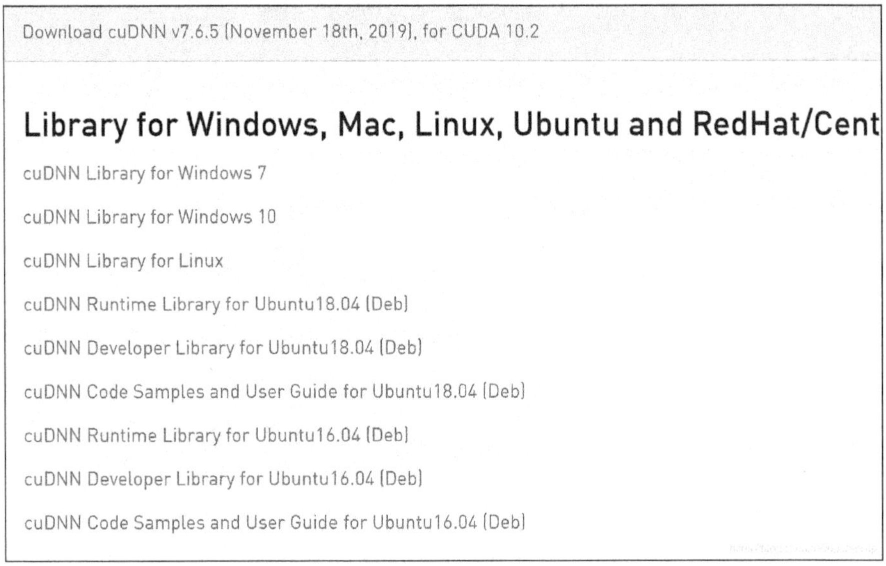

(b) cuDNN 下载页面

图 8-2　下载页面

步骤 3：验证安装。打开 Widnows 的命令提示符，输入 Python，进入 Python 解释器，再输入以下指令：

1. import paddle
2. paddle.utils.run_check()

如果出现如图 8-3 所示"PaddlePaddle is installed successfully!"，说明我们已经安装成功。

```
Python 3.6.5 |Anaconda, Inc.| (default, Mar 29 2018, 13:32:41) [MSC v.1900 64 bit (AMD64)] on win32
Type "help", "copyright", "credits" or "license" for more information.
>>> import paddle
>>> paddle.utils.run_check()
Running verify PaddlePaddle program ...
W0711 22:31:38.315176 121876 device_context.cc:404] Please NOTE: device: 0, GPU Compute Capability:
 7.5, Driver API Version: 11.6, Runtime API Version: 10.2
W0711 22:31:38.329187 121876 device_context.cc:422] device: 0, cuDNN Version: 7.6.
PaddlePaddle works well on 1 GPU.
PaddlePaddle works well on 1 GPUs.
PaddlePaddle is installed successfully! Let's start deep learning with PaddlePaddle now.
>>>
```

图 8-3　成功安装 PaddlePaddle 界面

8.2.3　开发流程

无论是 CV（Computer Vision，计算机视觉）任务还是 NLP 任务，深度学习模型的代码结构都是相似的，只是每个部分中指定的计算单元可能不同，而且可使用计算单元的选择多数情况下是有限的。例如不超过 10 种常见的损失函数、仅有 10 多种常见的网络配置，以及不超过 5 种常见的优化算法等。这些独特的属性赋予了以框架为中心的建模一种"配置模型"的氛围，而不是详尽的编码。我们使用 PaddlePaddle 框架构建深度学习模型的基本过程如图 8-4 所示。

模型组网
定义了神经网络的层次结构、数据从输入到输出的计算过程（即前向计算）等

训练过程
· 循环调用训练过程：每轮都包括前向计算、优化目标、后向传播三个步骤
· 评价：设计评价指标体系，在过程中进行评价，图形化输出

数据处理
· 准备训练数据：从本地或者网络读取数据
· 完成预处理操作：数据校验、格式转换等

训练配置
· 优化寻解方法：设定学习率，指定或开发优化器（SGD、Adam、Momentum等）
· 指定计算资源：单机CPU、GPU或者多机多卡

模型保存
将训练好的模型保存，预测试调用

图 8-4　开发基本流程

1. 数据处理

通过 paddle.io.Dataset 来实现自定义数据集，还可以使用 paddle.io.DataLoader 对数据集进行多进程的读取和自动完成划分 batch（批次）的工作。

2. 模型设计

使用 paddle.Model 封装模型，将网络结构组合成可快速使用飞桨高层 API 进行训练、评估、推理的实例，方便后续操作。例如，由 2 个卷积层、2 个 ReLU 激活层、2 个最大池化层以及 3 个全连接层通过堆叠形成的 LeNet 模型，使用 paddle.nn.Layer 组网的代码如下①：

```
1. #使用 Subclass 方式构建 LeNet 模型
2. class LeNet(nn.Layer):
3.     def __init__(self, num_classes=10):
4.         super().__init__()
5.         self.num_classes = num_classes
6.         # 构建 features 子网,用于对输入图像进行特征提取
7.         self.features = nn.Sequential(
8.             nn.Conv2D(1, 6, 3, stride=1, padding=1),
9.             nn.ReLU(),
10.            nn.MaxPool2D(2, 2),
11.            nn.Conv2D(6, 16, 5, stride=1, padding=0),
12.            nn.ReLU(),
13.            nn.MaxPool2D(2, 2))
14.        # 构建 linear 子网,用于分类
15.        if num_classes > 0:
16.            self.linear = nn.Sequential(
17.                nn.Linear(400, 120),
18.                nn.Linear(120, 84),
19.                nn.Linear(84, num_classes))
20.    # 执行前向计算
21.    def forward(self, inputs):
```

---

① PaddlePaddle developers.：《模型组网-使用文档-PaddlePaddle 深度学习平台》，见 https://www.paddlepaddle.org.cn/documentation/docs/zh/guides/beginner/model_cn.html。

```
22.    x = self.features(inputs)
23.    if self.num_classes > 0:
24.        x = paddle.flatten(x, 1)
25.        x = self.linear(x)
26.    return x
27. lenet_SubClass = LeNet()
```

3. 训练配置

使用 paddle.Model.prepare 完成训练的配置准备工作，包括在 paddle.optimizer 下提供了优化器算法相关 API，在 paddle.nn Loss 层提供了损失函数相关 API，在 paddle.metric 下提供了评价指标相关 API。

（1）优化器（optimizer）：负责根据损失函数计算的误差来更新模型参数，以最小化损失函数值。常见的优化器有随机梯度下降（Stochastic Gradient Descent，SGD）、动量优化器（Momentum）以及自适应梯度优化器（如 Adagrad、Adadelta、RMSProp 和 Adam）。

（2）损失函数（loss）：用于评估模型的预测值和真实值的差距，模型训练过程即取得尽可能小的 loss 的过程。

（3）评价指标（metrics）：用于评估模型的好坏，不同的任务通常有不同的评价指标。

4. 训练过程

使用 paddle.Model.fit 配置循环参数并启动训练。训练包括多轮迭代（epoch），每轮迭代遍历一次训练数据集，并且每次从中获取一小批（mini-batch）样本，送入模型执行前向计算得到预测值，并计算预测值与真实值之间的损失函数值。执行梯度反向传播，并根据设置的优化算法（optimizer）更新模型的参数。观察每轮迭代的 loss 值减小趋势，可判断模型训练效果。训练结束后，根据 paddle.Model.prepare 中定义的 loss 和 metric 计算并返回相关评估结果。

以下面代码为例[①]，进行迭代训练时，共遍历 5 轮，每轮迭代中分批次取数据训练，每批次 64 个样本，使用 Adam 优化器，设置优化器的学习率为 0.001，并使用交叉熵损失函数于分类任务评估，分类任务常用的准确率

---

① PaddlePaddle developers：《模型训练、评估与推理-使用文档-PaddlePaddle 深度学习平台》，见 https://www.paddlepaddle.org.cn/documentation/docs/zh/guides/beginner/train_eval_predict_cn.html。

指标 Accuracy 计算模型在训练集上的精度。

1. #为模型训练做准备,设置优化器及其学习率,并将网络的参数传入优化器,设置损失函数和精度计算方式
2. model. prepare(optimizer = paddle. optimizer. Adam(learning_rate = 0. 001, parameters = model. parameters( )),
3.   loss = paddle. nn. CrossEntropyLoss( ),
4.   metrics = paddle. metric. Accuracy( ))
5. #启动模型训练,指定训练数据集,设置训练轮次,设置每次数据集计算的批次大小,设置日志格式
6. model. fit(train_dataset, epochs = 5, batch_size = 64, verbose = 1)

5. 模型保存

模型训练后,训练好的模型参数保存在内存中,通常需要使用 paddle. Model. save 将模型持久化保存到磁盘文件中,并在后续需要训练调优或推理部署时,再使用 paddle. Model. load 加载到内存中运行。

8.3 注入图情领域知识的命名实体识别

为了满足在领域数据量小、人工标注成本高的情况下提升实体识别效果的要求,我们构建了适用于图情领域实体识别的 LISERNIE 模型。该模型在 ERNIE(Enhanced Representation through Knowledge Integration,知识增强的语义表示)1.0[354] 预训练阶段注入图情领域知识,提升 ERNIE 对领域文本的语义理解能力,从而解决了通用预训练模型由于缺乏下游特定知识,往往达不到最优效果的问题[355],为下游任务如知识图谱构建、语义检索、问答系统等提供可借鉴思路。

8.3.1 图情领域实体分类

不同领域文本具有不同的文本特征,为了比较图情领域文本和其他领域文本的差异性,我们选取了 3 个特定领域语料库,分别为医疗、司法和金融领域的预训练数据集,如表 8-1 所示。图情领域数据集是通过自主采集图情

领域相关的百科、新闻网、高校网、协会网以及博客整理得到的数据集,后面 3 个领域数据集则来自网上公开实体识别数据。

表 8-1　4 个特定领域文本数据集说明

领域	数据集	示例
图情	LISNER 数据集（22.5 MB）	Birkbeck University of London 的 Mark Levene 介绍了她们将 H 指数用于检索结果排序的应用
医疗	医渡云电子病历数据集（5.32 MB）	左肺门区、左主支气管周围软组织,较前稍缩小。左肺中上叶及右下肺纵隔旁大片密度增高影,考虑放射性炎症及纤维化
司法	CAIL2018-SMALL 数据集（3.39 GB）	经审理查明：原判认定上诉人赵 3 某犯××罪和××罪的事实清楚,证据确实、充分,所列证据已在一审开庭时当庭宣读、出示并质证
金融	SmoothNLP 文本数据集（102 MB）	中国联通（行情 600050,诊股）（港股 00762）整体混改、中国电信（港股 00728）局部混改过后,中国移动（港股 00941）似乎也在步入混改大军

我们对这 4 个领域做了词汇重叠度分析[350],随机抽取 4 个领域各 1000 条数据,使用 Python 的 jieba 库对数据进行分词处理,并过滤掉停用词,对各领域剩下的词统计前 500 个高频词,最后进行重合比对分析（见图 8-5）。

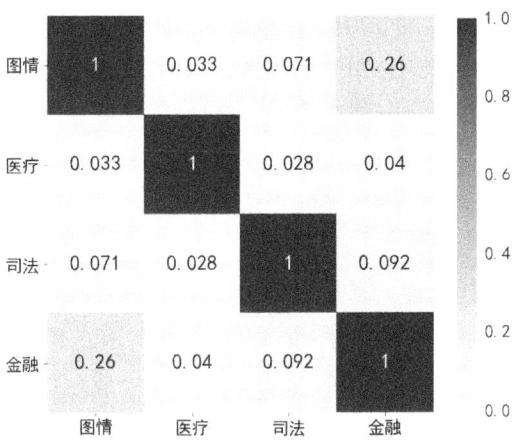

图 8-5　不同领域间的词汇重叠度

从图 8-5 可以看出，图情领域文本和其他 3 个领域的文本重合度都不高，与医疗文本的领域相似度最低，只有 0.033，与金融领域相似度稍高，达到 0.26，这主要是因为图情和金融领域文本都有一些通用程度比较高的词汇，如"公司""传统""共同""保障"等。不同领域词分布的不同会导致语言模型在相应领域语料中获取的语言表征不同，因此，针对不同领域特点需要设计不同的命名实体分类和识别方法。

领域命名实体的分类一般是利用标注数据集中实体内部的结构特征或者知识库定义的类别描述。对于第一种方法，有研究人员[356]认为实体的类别往往会以短词的方式直接出现在实体的末尾，例如"支持向量机模型"作为一个实体，出现在其内部的"模型"正是待抽取实体的类别。但是，通过统计清华大学推出的通用知识图谱 XLORE[357] 中出现的图情领域相关实体，发现这种依靠实体结构特征来获取实体类别的方法并不可行。如表 8-2 所示，在 1602 个实体中，只有 17.8% 的实体内部包含类别指示词。

表 8-2　样本数据中类别指示词的统计结果

	数量	比例	示例
实体内部	285	17.8%	中国/版本/图书馆，香港中文大学/图书馆，美国/图书馆/协会，思维/导图/软件，元/数据/注册/系统
非实体内部	1317	82.2%	都柏林/核心，步天歌，崇文院，涵芬楼，世界/记忆/计划，澳门/教科文/中心，竹书纪年

因此，我们采用第二种方法，即基于知识图谱定义的类别描述方法，具体而言，我们将利用 XLORE 中高质量的结构化数据来扩展图情领域的命名实体类别。XLORE 是融合中英文维基、法语维基和百度百科，对百科知识进行结构化和跨语言链接构建的多语言知识图谱。截至 2019 年 4 月末，XLORE 共包含 1628 万个实体、246 万个概念和 44 万条关系，具有丰富的实体知识和良好的拓扑结构。

通过解析 XLORE 发现，其层级结构关系中主要包含实体和类目两类节点，以及类目之间的上下位关系 subclass-of 和实体、类目之间的从属关系 instance-of。由于在 XLORE 的类别层级结构中一个节点可以包含多个上位节点和下位节点，使得这个类别层级结构不是严格意义的树形结构。例如，类目节点"图书馆"是"图书资讯科学"的下位节点，但同时"图书资讯科学"又是"图书馆"的一个下位节点,导致在这两个类目节点之间形成了一个闭环路径。另外,从一个类目节点到一个实体节点之间可能存在多条路径,导致一个实体节点可能与多个类目节点形成该实体所属的类别路径。[358] 例如,路径"图书资讯科学→元数据→元数据标准→都柏林核心"和路径"图书资讯科学→图书分类法→都柏林核心",都是类目节点"图书资讯科学"到实体节点"都柏林核心"的路径。为了把 XLORE 中图情领域相关的实体节点及其对应的类目节点一一联系起来,我们借鉴广度优先遍历算法的思想,指定类目节点"图书资讯科学"作为类别路径的起始位置,并标记为已访问,然后从该节点出发,沿着 subclass-of 和 instance-of 这两类关系,访问它的下位节点 c1,c2,……和实体节点 e1,e2,……,并均标记为已访问,下一步再按 c1,c2,……的次序,访问这些类目节点的所有未被访问的下位节点和实例节点,如此循环下去,直到所有的与节点有路径相通的节点均被访问为止,至此,一个没有多余路径和回路的类别层级结构就形成了。该层级结构共 10 层,包含 75 个类目节点和 1584 个实体节点,部分示例如图 8-6 所示。

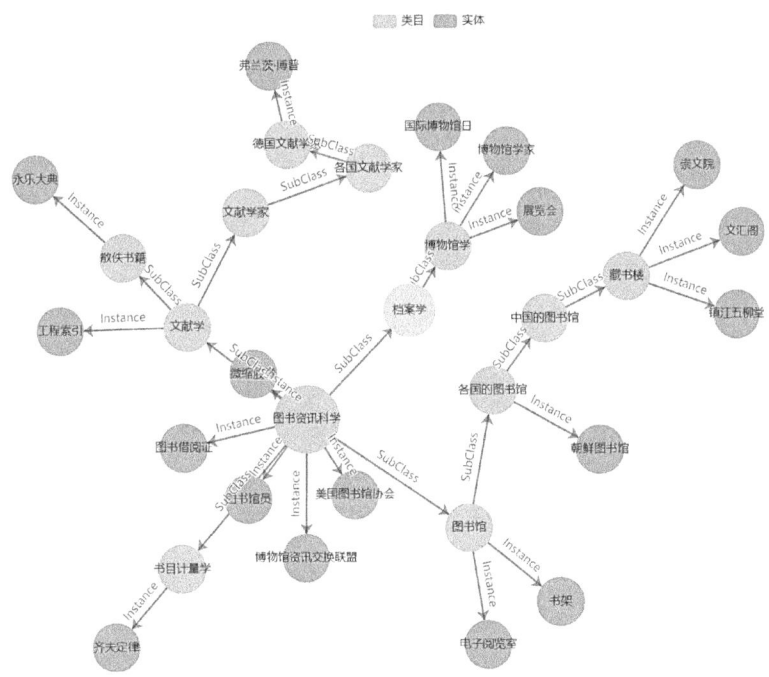

图 8-6 类别路径部分示例

在类别路径构建过程中，我们发现部分实体和其上位词的语义关系较弱，如实体"图书馆员""储存装置""博物馆资讯交换联盟"的上位词都是"图书资讯科学"，"MusicBrainz"和"BIBSYS"的上位词都是"图书分类法"，"国际博物馆日"的上位词是"博物馆学"，这些实体和其上位词之间都没有遵从严格的上下位语义关系，无法从中获得这些实体所属类别的有效信息。为了弥补在构建严格意义的类别层级结构时可能误删掉的与实体节点更相关的类目节点，我们为类别路径上的1584个实体找到其在XLORE中所有的直接上位词，共计3005个上位词，部分实体和其所有直接上位词如表8-3所示。

表8-3 实体节点和其直接上位词

序号	实体	XLORE 中的 URL	直接上位词
1	图书馆员	zhi67251	职业；图书馆；图书资讯科学
2	储存装置	zhi120020	数据管理；记录；存储媒体；通信；数位媒体；图书资讯科学；媒体技术；电脑贮存装置；美术材料；影片和电影技术
3	博物馆资讯交换联盟	zhi157168	国际组织；博物馆组织；图书资讯科学
4	MusicBrainz	zhi333418	图书馆2.0；线上音乐数据库；多语言网站；图书分类法；音乐网站
5	BIBSYS	zhi907032	图书馆相关组织；挪威科技大学；挪威图书馆；1972年建立政府机构；图书分类法
6	国际博物馆日	zhi8927	博物馆学；国际纪念活动；博物馆；5月节日

分析表8-3可以发现，相对于类目"图书资讯科学""图书分类法"和"博物馆学"，类目"职业"与其实体"图书馆员"、类目"图书馆相关组织"与其实体"BIBSYS"以及类目"国际纪念活动"与其实体"博物馆资讯交换联盟"更具有语义相关性。因此，我们通过对3005个类目进行人工修改无效类目、合并相似类目，最终形成9大类图情领域命名实体，分别是人（Person）、组织（Organization）、图书馆（Library）、技术（Technology）、设备（Device）、文档（Document）、职位（Job）、事件（Event）以及地点（Location），这些实体类别在LISNER数据集标注如图8-7所示。

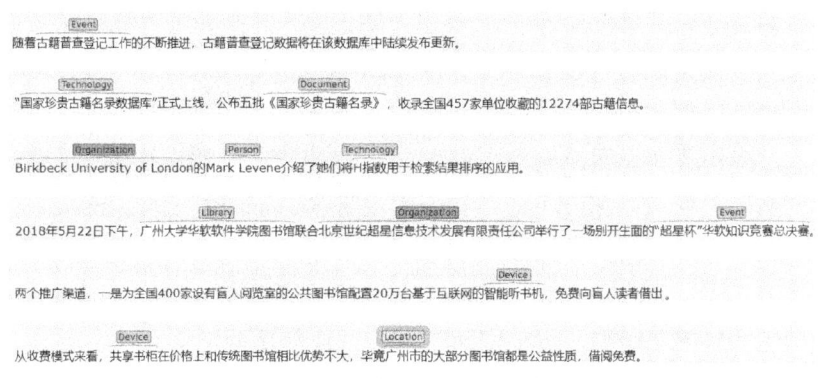

图 8-7 图情领域命名实体类别

8.3.2 LISERNIE 预训练模型

动态 PLM 一般被划分为两阶段：第一阶段的预训练过程主要包含遮蔽语言模型（Masked Language Modeling，MLM）和下一句预测（Next Sentence Prediction，NSP）两个基本任务；第二阶段使用微调处理下游任务。ERNIE 预训练的语料集主要来自中文百科类网站，如中文维基百科、百度百科等，导致这种基于通用语料上的预训练并不能很好地适配特定领域的 NLP 任务。为此，我们提出基于 LISERNIE 的命名实体识别模型，通过在 ERNIE 预训练阶段注入图情领域知识，提升 ERNIE 对图情领域文本的语义理解能力。模型的整体架构详见图 8-8。

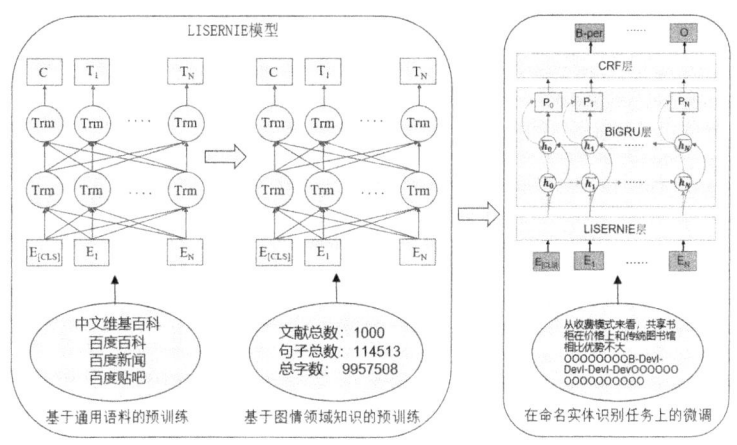

图 8-8 基于 LISERNIE 的命名实体识别模型

我们对已有模型[351-352,359-360]在进行知识注入时所采用的策略进行总结，发现大部分模型或多或少修改了传统 PLM 的结构。例如，K-BERT 通过在 BERT 的嵌入层（embedding layer）增加一个可视层（seeing layer），避免由于注入过多外部知识而改变句子的语义。ERNIE-THU 则在增加一项预训练目标的基础上修改了 BERT 的结构，使用 K-Encoder 模块将字嵌入（Token Embedding）和来自知识图谱的实体嵌入（Entity Embedding）进行融合。与上述模型不同，我们提出的 LISERNIE 模型不需要改变 ERNIE 原有结构，仅在预训练和微调之间引入一个中间阶段，以便使用领域知识对 ERNIE 进行继续预训练。如图 8-8 所示，PLM 的"预训练+微调"两阶段被调整为"基于通用语料的预训练+基于图情领域知识的预训练+在命名实体识别任务上的微调"三阶段。第一阶段使用大量无标注的通用文本语料进行预训练，训练任务为 MLM 和 NSP。第二阶段直接加载第一阶段预训练好的模型，基于图情领域知识进行无监督训练，训练任务仍为 MLM 和 NSP。最后阶段利用自建的小规模标注好的领域文本集，针对命名实体识别任务进行微调。两阶段流程被调整为三阶段流程，需要消耗一定的预训练资源，但获得的知识是全局性的[361]，从而更好地让预训练模型应用于语义理解任务。

预训练模型主要从非结构化的文本信息中获取知识，然而目前主流的知识注入方法是将知识图谱信息注入 PLM 中。这些知识图谱可以是常识类知识图谱如 Wikipedia，也可以是语法类知识图谱如 WordNet、HowNet 等。相对于非结构化的文本信息，形如三元组或有向图的知识图谱蕴含的是结构化的信息，需要对其进行转换以融入预训练模型中，如果无法进行良好的融合，所融入的知识图谱信息不仅不会提升性能，反而还会降低预训练模型的效果。基于此，我们选择从 CNKI 下载图情相关的期刊论文作为第二阶段使用的图情领域知识来源。学术期刊是科学知识的主要载体之一，其中蕴含着大量知识且比较新颖，将特定领域文献作为语料库引入预训练过程中也是最近的一个研究方向。SCIBERT[362]的预训练语料来自 Semantic Scholar 上的 110 万篇文章，BioBERT 的作者则在 PubMed 摘要和 PubMed Central 全文文章上进行预训练。因此，我们使用易获取的图情相关文献来进行继续预训练。首先在 CNKI 中检索 2007—2021 年间与"图书情报"主题相关的中文期刊论文，并对结果中含有"HTML 阅读"的 7329 篇期刊论文的文本内容进行采集，然后将作者信息、摘要、关键词、参考文献等信息剔除，只保留题名和全文文本内容。考虑到预训练时的训练代价确实大，我们仅随机选取

1000篇进行分句处理，共切分出114513个句子组成二次预训练的数据集。由于注入的是与ERNIE训练数据形式相同的同构知识，不需要考虑外部知识与原有的非结构化文本信息融合的问题，使用起来比较便捷。

8.3.3 基于LISERNIE的图情领域命名实体识别

我们将实体识别看成一个序列标注任务，模型输入字序列 $X = \{x_1, x_2, \cdots, x_n\}$，其中 n 代表句子中包含的字数，x_n 表示第 n 个字，输出为对应的实体标签序列 $Y = \{y_1, y_2, \cdots, y_n\}$。整个命名实体识别模型由输入表示层、上下文编码层和输出解码层三个模块组成。字序列的输入向量如图8-9所示，由字嵌入、句嵌入（Segment Embeddings）和位置嵌入（Position Embeddings）三部分求和而成。字嵌入将各个字转换成固定维度的向量；句嵌入用于表明字属于哪个句子，第一句的编码 E_A 为0，第二句的编码 E_B 为1，首句前加入[CLS]标记作为输入开始，句尾加入[SEP]标记；位置嵌入是为了表示序列中每个字的时序信息，支持的序列长度最多为512个字。

图8-9 模型输入示例

将相加后得到的嵌入表示 $E = \{e_1, e_2, \cdots, e_n\}$ 输入到LISERNIE层。LISERNIE层中最重要的结构单元就是Transformer（Trm）编码器。通过Trm编码器计算得到字的表征，该表征不但蕴含了该字本身含义，还蕴含了其他字与这个字的关系，更具全局表达。为了进一步提取文本的语义特征，可以在LISERNIE层后接入RNN或者LSTM、GRU[363]等RNN改进模型。LSTM和GRU都是为了解决RNN建模长序列文本时的梯度消失或爆炸问题而提出的，两者均采用门控机制来控制传递和"忘记"信息的比例。其中，GRU仅使用更新门和重置门两种门控单元（如图8-10所示），具体计算如下：

$$z_t = sigmoid(W_z[h_{t-1}, x_t]) \tag{8-1}$$

$$r_t = sigmoid(W_r[h_{t-1}, x_t]) \tag{8-2}$$

$$\tilde{h}_t = tanh(W[r_t h_{t-1},\ x_t]) \quad (8-3)$$

$$h_t = (1-z_t)h_{t-1} + z_t \tilde{h}_t \quad (8-4)$$

相对于 LSTM, GRU 具有更低的模型复杂度和更高的训练效率, 因此, 我们采用由前向和后向 GRU 组合得到的 BiGRU (Bi-directional GRU, 双向 GRU), 整合输入序列的前后向信息, 获取范围更广的上下文依赖特征。

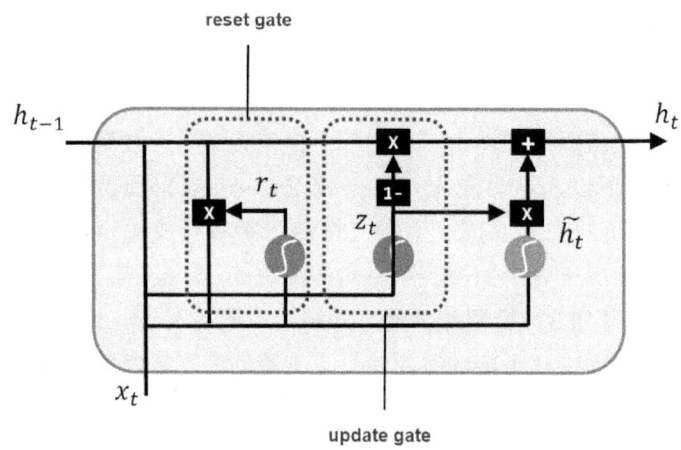

图 8-10　GRU 结构

对于序列标注问题, 需要在获取文本特征后预测当前输入序列的标签。虽然 BiGRU 层也能预测当前序列的标签, 但它只考虑字词自身特征, 并依据所提取的序列特征进行预测, 忽略了标签之间的约束关系。因此, 我们在 BiGRU 的输出后面接入 CRF 层, 通过 CRF 层可以有效地约束预测标签之间的依赖关系, 对标签序列进行建模, 从而获取全局最优序列。

CRF 定义了一个标签转移分数, 从输入序列 X 到其对应的预测标签序列 Y 的得分可以表示为:

$$s(X,\ Y) = \sum_{i=1}^{n} A_{y_{i-1},\ y_i} + \sum_{i=1}^{n} P_{i,\ y_i} \quad (8-5)$$

其中, A_{y_{i-1},y_i} 是由标签 y_{i-1} 到标签 y_i 的得分, P_{i,y_i} 是 BiGRU 层所求出的字序列的第 i 个字到标签域中 y_i 的概率。

训练期间, 采用最大似然估计函数来计算损失函数的值, 不断更新网络参数, 直到迭代结束。损失函数的计算公式如下:

$$L = -\log p(Y\mid X) = \log\Big(\sum_{\widehat{Y}\in Y_x} e^{s(X,\ \widehat{Y})}\Big) - s(X,\ Y) \quad (8-6)$$

其中，Y_x 是所有可能的标签序列集合，$\widehat{Y}$ 是真实的标签序列，$s(X, Y)$ 函数表示正确标签的分值，$s(X, \widehat{Y})$ 函数表示每种可能标签的分值总和。

8.3.4　ERNIE1.0 的二次预训练实现

PaddleNLP 提供了高效的 ERNIE 二次预训练流程，支持动态文本 mask、自动断点训练重启等功能，我们利用相关程序，在 ERNIE1.0 模型基础上注入图情领域的知识，进行二次预训练，形成 ernie-lib 预训练模型。

8.3.4.1　数据处理

在 CNKI 下载 2017—2022 年的 1000 篇图情领域文章，按以下要求将文章整理为输入的原始数据（见图 8-11）：每个 doc 之间用空行间隔开；默认每句换行符，作为句子结束。

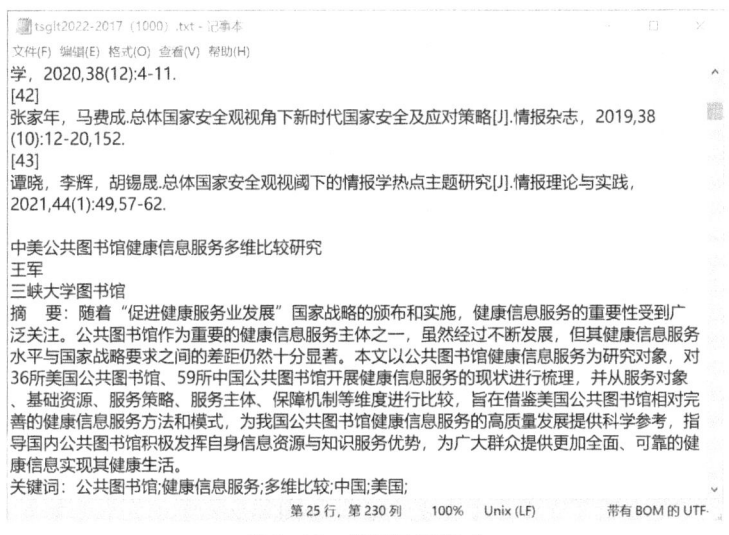

图 8-11　原始数据格式

我们运行 trans_to_json.py 脚本（核心代码见附录 B），将原始文本转换为 jsonl 的 json 字符串格式，输出 tsglt2022-2017.jsonl 文件：

1. python ./data_tools/trans_to_json.py
2. 　--input_path ../data/tsglt2022-2017.txt
3. 　--output_path ./data/tsglt2022-2017.jsonl

接着，运行 create_pretraining_data.py 脚本（核心代码见附录 C），将 tsglt2022-2017.jsonl 中的文本进行断句、分词并 tokenizer，最后可以得到处理好的预训练数据（token ids）"tsglt2022-2017_ids.npy"，文章索引信息"tsglt2022-2017_idx.npz"。

8.3.4.2 开始训练

运行 run_pretrain.py 程序，对处理好的数据 tsglt2022-2017_ids.npy、tsglt2022-2017_idx.npz 进行训练，训练步数为 10 万步，最后得到 model_state.pdopt、model_state.pdparams 等经过二次注入的模型参数权重。

```
1.  python -u  run_pretrain.py \
2.  --model_type "ernie" \
3.  --model_name_or_path "ernie-1.0-base-zh" \
4.  --input_dir "./input" \
5.  --output_dir "output/ernie-1.0-tsglt" \
6.  --max_seq_len 512 \
7.  --micro_batch_size 64 \
8.  --use_amp true \
9.  --max_lr 0.0001 \
10. --min_lr 0.00001 \
11. --max_steps 100000 \
12. --save_steps 5000 \
13. --checkpoint_steps 1000 \
14. --decay_steps 99000 \
15. --weight_decay 0.01 \
16. --warmup_rate 0.01 \
17. --grad_clip 1.0 \
18. --logging_freq 20 \
19. --num_workers 0 \
20. --eval_freq 2000 \
21. --device "gpu" \
```

参数含义如下：

- model_name_or_path：要训练的模型或者之前训练的 checkpoint。

- input_dir：指定输入文件，可以使用目录，指定目录时将包括目录中的所有文件。
- output_dir：指定输出文件。
- max_seq_len：输入文本序列的长度。
- micro_batch_size：单卡 batch size 大小。
- use_amp：开启混合精度策略。
- max_lr：训练学习率。
- min_lr：学习率衰减的最小值。
- max_steps：最大训练步数。
- save_steps：保存模型间隔。默认保存地址格式为"output_dir/model_50000"（5w 步时的权重）。
- checkpoint_steps：模型 checkpoint 间隔，用于模型断点重启训练。默认地址为"output_dir/model_last"。
- weight_decay：权重衰减参数。
- warmup_rate：学习率 warmup 参数。
- grad_clip：梯度裁剪范围。
- logging_freq：日志输出间隔。
- num_workers：DataLoader 采样进程，当数据输入为瓶颈时，可尝试提高采样进程数目。
- eval_freq：模型评估间隔。
- device：训练设备。

8.3.5 实验和结果分析

8.3.5.1 小规模标注数据集

标注数据来自自建的 LISNER 数据集中的 228 篇文档，共 7537 个句子。采用半自动化标注方法，首先通过文本标注工具 brat 进行标注。因为采用的是 BIO 标记法，对于每个实体，首个字标记为"B-实体类别"，中间字或结尾字都标记为"I-实体类别"，其他非实体标记为"O"，所以，预处理标注后的数据就被分成 9 类实体 19 种标签，然后通过人工审查并修正标注结果，生成实验用的小规模标注数据集，部分数据展示如表 8-4 所示。

表8-4 图情领域的小规模标注数据集

	标注文本
句子1	为进一步提升全市图书馆业务水平，宁波市图书馆学会于2018年10月12日上午在本馆四楼会议室举办图书馆业务培训 OOOOOOOOOOOOOOOOB-OrgI-OrgI-OrgI-OrgI-OrgI-OrgI-OrgOOOOOOOOOOOOOOOOOOOOOOOO
句子2	本次培训班邀请OCLC副总裁王行仁先生，OCLC亚太部主任蔡淑恩女士和OCLC北京代表处首席代表丘东江先生 OOOOOOOB-OrgB-JobI-JobI-JobB-PerI-PerI-PerOOOB-OrgB-JobI-JobI-JobB-PerI-PerI-PerOOOB-OrgB-JobI-JobI-JobI-JobI-JobI-JobB-PerI-PerI-PerOOO
句子3	广州少年儿童图书馆成功协办未成年人阅读国际研讨会 B-LibI-LibI-LibI-LibI-LibI-LibI-LibI-LibOOOOOOOOOOOOOOO

最后，将数据集按6：2：2的比例拆分成训练集、测试集和验证集，这些实体在评测数据上的分布如表8-5所示。

表8-5 实体在评测数据中的分布

（单位：个）

		Per	Lib	Org	Tec	Dev	Doc	Job	Eve	Loc	共计
训练集	数量	880	818	1427	583	375	340	605	342	1104	6474
	比例	13.59%	12.64%	22.04%	9.01%	5.79%	5.25%	9.35%	5.28%	17.05%	100%
验证集	数量	246	173	566	86	34	144	179	67	318	1813
	比例	13.57%	9.54%	31.22%	4.74%	1.88%	7.94%	9.87%	3.70%	17.54%	100%
测试集	数量	269	298	373	134	185	241	125	128	365	2118
	比例	12.70%	14.07%	17.61%	6.33%	8.74%	11.38%	5.90%	6.04%	17.23%	100%
总计		1395	1289	2366	803	594	725	909	537	1787	10405

8.3.5.2 模型搭建和参数设置

实验采用 Tesla V100 的 GPU，32 GB 的 Video Mem，实验语言为 Python3.7，实验模型采用 PaddlePaddle2.1.2 搭建。预训练阶段，模型超参设置如下：LISERNIE 隐藏层维度为 768 维，batch size 为 64，学习率采用自定义算法，范围为 $[1\times10^{-5}, 1\times10^{-4}]$，dropout 设置为 0.1，优化算法使用 AdamW[364]。微调阶段，BiGRU 隐藏层维度为 256 维，模型由 15 个 epoch 进行训练，学习率范围设置为 $[6\times10^{-5}, 1\times10^{-4}]$，其余参数的设置与预训练阶段保持一致。

8.3.5.3 评价指标

实验使用实体级别的准确率、召回率及其调和平均数 F1 来评价模型效果，具体计算公式如下：

$$P = \frac{正确识别的实体个数}{识别出的实体总数} \times 100\% \tag{8-7}$$

$$R = \frac{正确识别的实体个数}{测试集中的实体总数} \times 100\% \tag{8-8}$$

$$F1 = \frac{2\times P \times R}{P+R} \times 100\% \tag{8-9}$$

8.3.5.4 实验设计与分析

为了验证基于 LISERNIE 的图情领域命名实体识别模型的有效性，我们设计了 4 组实验。第一组实验为仅使用不同 PLM 的实体识别效果对比实验，用来检验注入领域知识的 PLM 相比其他 PLM 是否取得更好的性能；第二组实验为不同类别的实体在不同规模数据集上的识别效果对比实验，用来检验模型在小规模标注数据集上的性能是否稳定；第三组为消融实验，用来验证模型中各个模块的有效性；第四组为模型可行性实验，用于验证模型在实体关系抽取这个任务场景下的适用性。

1. 不同 PLM 的对比实验

分别使用 Word2Vec、BERT、ERNIE、RoBERTa[365]、ALBERT[366] 及我们的 LISERNIE 等 PLM 得到句子的语义表示向量，再接入 BiGRU 和 CRF 两层，实体识别结果如表 8-6 所示。

表 8-6 不同 PLM 的识别效果对比

	+ BiGRU + CRF			
	P（%）	R（%）	$F1$ 值（%）	运行时间（秒）
LISERNIE	74.64	76.30	75.46	837.238
ALBERT	68.51	71.29	69.88	788.520
RoBERTa	70.29	76.96	73.47	817.299
ERNIE	77.20	71.77	74.38	802.077
BERT	73.62	74.83	74.22	818.384
Word2Vec	56.47	55.85	56.16	404.594

观察表 8-6 发现，我们提出的基于 LISERNIE 的识别模型效果最好，$F1$ 值达到 75.46%，相较于基于 ERNIE 的模型，其 $F1$ 值提高了 1.08%，验证了为预训练模型注入领域知识能够提升实体识别效果。而 ERNIE 的 $F1$ 值又略高于 BERT，这是由于在预训练语料方面，ERNIE 不仅使用百科类语料，还使用了新闻资讯类、论坛对话类语料来训练模型，相比于 BERT 仅使用百科类语料，ERNIE 可以获得更好的语言表征，也进一步验证了注入外部知识有利于提高模型的语义表示能力。

在其他动态 PLM 模型中，基于 ERNIE、BERT 和 RoBERTa 的三个模型的效果依次有少量下降，但均好于基于 ALBERT 的模型。这是因为 ALBERT 是一个轻量级 BERT 模型，使用跨层权值共享方法共享所有层的参数，大大减少了模型训练的参数量，但是 ALBERT 压缩的并不一定是 BERT 中真正的冗余参数，导致模型效果也不如 BERT。基于传统 Word2Vec 的识别模型效果最差，$F1$ 值最低，为 56.16%，可见"预训练+微调"的动态 PLM 比静态 PLM 具有更大优势。此外，从运行时间来看，各个模型的运行时间相差不大，对于可以离线计算的任务而言是可接受的。

2. 不同类别实体在不同规模语料的对比实验

将数据集规模划分为 1/4、1/3、1/2、2/3、3/4 和全部数据集，基于 LISERNIE+BiGRU+CRF 的命名实体识别模型在不同规模数据集上的识别效果如图 8-12 所示。

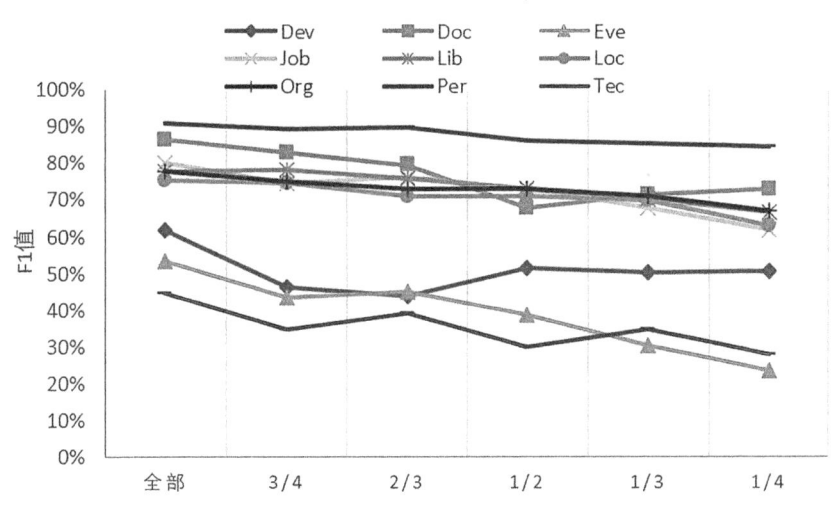

图 8-12 不同类别实体在不同规模数据集的实验结果

可以看到，同一个模型，对于不同类别的实体，识别效果也有一定的差距，但总体上，实体的 $F1$ 值和数据集的规模呈现一定的正相关性，说明我们的模型在小规模数据集上的性能比较稳定，能以较少的标注语料实现较好的识别效果。当数据集规模不变时，Person 实体识别效果最好，$F1$ 值达到 90.88%，紧接着的是 Document 实体和 Job 实体，在测试集中占比较少的 Event 实体、Technology 实体和 Device 实体的识别效果最差，其中 Technology 实体的 $F1$ 值仅为 44.73%。值得注意的是，在测试集中占比最高的 Organization 实体和 Location 实体的 $F1$ 值分别为 77.78% 和 75.34%。这两类实体与 Person 实体同属通用命名实体，且实体占比都高于 Person 实体，但识别效果却远低于 Person 实体。通过分析标注错误的句子，发现主要原因是图情领域实体组成形式较为复杂，存在着大量交叠包含现象，例如图书馆名、组织名中也嵌套有地名，导致如 Library 实体"意大利佛罗伦萨国立中央图书馆"被错误地标注为 Location 实体。随着语料规模的减少，实体的识别效果下降较为平缓，尤其是 Person 实体在语料规模从全部语料下降到 1/3 语料时的 $F1$ 值均在 85% 以上。说明，对于 Person 这类通用命名实体，预训练阶段已经取得很好的效果，即使在标注数据很少的情况下，识别性能也不会受到很大影响。但是，占比较少的 Document、Device 和 Event 三类实体识别效果都出现急剧下降情况，说明测试数据太少会导致深度学习模型难以有效学习，识别效果大打折扣。

3. 消融实验

为了更好地分析模型各个部分的作用，我们还进行了模型消融实验，即在原始模型基础上分别去掉 BiGRU 层、CRF 层以及同时去掉两层。另外，为了检验 BiGRU 层的效果，还用 BiLSTM 作为替换模型进行了实验，结果如表 8-7 所示。

表 8-7　不同模型的识别效果对比

模型	P（%）	R（%）	$F1$ 值（%）	运行时间（秒）
模型 1（LISERNIE）	72.88	73.84	73.36	543.138
模型 2（LISERNIE+BiGRU）	72.39	76.25	74.27	707.532
模型 3（LISERNIE+CRF）	73.41	75.35	74.37	715.359
模型 4（LISERNIE+BiLSTM）	70.00	75.12	72.47	789.406
模型 5（LISERNIE+BiLSTM+CRF）	73.12	71.67	72.39	940.189
我们的模型（LISERNIE+BiGRU+CRF）	74.64	76.30	75.46	837.238

从消融实验结果可以看出，模型各个部分都起到了作用，模型 1、2、3 的 $F1$ 值分别为 73.36%、74.27% 和 74.37%，比我们的模型低 2.1%、1.19% 和 1.09%。这说明去掉 BiGRU 层和 CRF 层的任何一层都会造成性能下降，并且同时去掉 BiGRU 层和 CRF 层，比单独去掉其中一层效果下降更加明显。不过，这三种模型的识别效果只是略低于我们提出的模型，说明对于序列标注任务而言，预训练阶段是很重要的一环，对下游模型的影响很大。特别是，我们发现在 LISERNIE 输出之后增加 CRF 层，准确率从 73.36% 提高到 74.37%，说明可以通过增加一些有效约束来减少序列的预测错误。

比较模型 2 和 4 以及我们的模型和模型 5，发现用 BiGRU 替换 BiLSTM 后的效果和运行速度均有所提升。可见，相对 BiLSTM 模型，BiGRU 模型参数更少、网络结构更加简单，使得整个模型计算速度更快，在小数据集上的泛化效果也更好。

4. 基于 LISERNIE 的实体关系抽取实验

面向开放域的关系抽取可以挣脱预定义关系的束缚，对句子中实体与实体之间的关系进行识别，从句子中抽取出实体对间更加细粒度的关系，进而构成实体关系三元组（实体1，关系，实体2）。为了分析LISERNIE模型对其他NLP下游任务性能提升起到的积极作用，我们从LISNER数据集中随机取出166个句子进行开放域实体关系抽取的对比实验。将基于LISERNIE实现的关系抽取方法和现有的中文开放关系抽取系统CORE（Chinese Open Relation Extraction，中文开放关系抽取）进行对比，CORE系统共抽取出22个句子中的38个三元组，经人工校对，3个正确，准确率为7.89%；我们的模型共抽取出134个句子中的277个三元组，85个正确，准确率为30.69%。部分抽取结果如表8-8所示。

表8-8 抽取结果对比

句子	作为"中华古籍保护计划"的重要阶段成果，"中华古籍资源库""全国古籍普查登记基本数据库"自2016年正式上线提供服务以来，国家图书馆已陆续发布古籍资源3.3万部（件），超过三分之二的馆藏善本古籍实现了在线阅览
正确的三元组	（中华古籍保护计划,重要阶段成果,中华古籍资源库）、（中华古籍保护计划,重要阶段成果,全国古籍普查登记基本数据库）
我们的模型抽取的三元组	（中华古籍保护计划,的重要阶段成果,中华古籍资源库）、（全国古籍普查登记基本数据库,自2016年正式上线提供服务以来,国家图书馆）
CORE抽取的三元组	（ ）

CORE系统采用基于依存句法分析的关系抽取方法，为了去除噪音，系统只抽取由动词或名词引导的介导关系，在关系模式过滤阶段过滤掉大量有用的关系实例，导致准确率大大降低。而我们模型首先对句子中的实体进行识别，接着过滤掉句中实体数<2的句子，最后抽取句子中实体对之间的文本作为关系。例如，句子"国家古籍保护中心在组织开展古籍数字资源发布的同时，全国古籍"摸家底"工作也取得重要进展。"经过模型识别出一个Org实体"国家古籍保护中心"，但因为句子中的实体数<2，该句被过滤掉。又如，表8-8中的句子经过模型识别出Eve实体"中华古籍保护计划"、Tec实体"中华古籍资源库"和"全国古籍普查登记基本数据库"以及Lib实体

"国家图书馆",所以实体"中华古籍保护计划"和实体"中华古籍资源库"之间的文本"的重要阶段成果"被抽取出来,形成三元组("中华古籍保护计划","的重要阶段成果","中华古籍资源库"),实体"全国古籍普查登记基本数据"和实体"国家图书馆"之间的文本"自2016年正式上线提供服务以来"被抽取出来,形成三元组("全国古籍普查登记基本数据库","自2016年正式上线提供服务以来","国家图书馆")。这种抽取处理简单,不受限于限定模式,相对于基于模式抽取的CORE系统来讲,准确率有较大的提高,也验证了LISERNIE+BiGRU+CRF模型在这种无须预先定义实体关系类型的关系抽取中的可行性,对于后续开展开放域的实体关系抽取研究具有一定的借鉴意义。

8.4　基于ERNIE-Gram的司法领域命名实体识别

将命名实体识别技术用于司法领域,识别出法律文书中所涉及的具有司法领域特色的实体,有助于推进人工智能技术与审判执行、诉讼服务、司法管理和服务社会治理等工作的深度融合。相比于通用领域的命名实体(如人名、地名、机构名等)识别研究,司法领域命名实体识别面临两个挑战:首先,司法领域的特定专用词语数量庞大、新词层出不穷,中国裁判文书网公布的数据显示,截至2022年,文书总量已从2013年的140万篇增加到1.3亿篇,平均每天增加3万篇文书,大量的非结构化文本数据为司法领域的命名实体识别研究提供了数据支撑,同时也极大地提高了任务的困难程度;其次,司法领域的命名实体具有很强的专业性,比普通命名实体拥有更复杂的构造和更丰富的类别,以句子"2018年10月3日晚11时许,被告人邓某江至本县＊＊镇＊街＊号＊＊店,采用起子撬开店门挂锁的方式进入店内窃得被害人王某某放置在木柜抽屉内铁盒中的人民币130元。"为例,人名实体包含被告人、被害人,物品实体包括作案工具、被盗物品,而涉案地点细化到＊街＊号＊＊店,导致文本的人工标注存在烦琐、低效和高成本问题。随着以裁判文书为代表的司法大数据的不断公开,以及最高人民法院发布的《关于规范和加强人工智能司法应用的意见》的出台,从海量长文本中识别出相应的命名实体对于提升人工智能司法应用实效具有十分重要的价值和意义。

8.4.1 ERNIE-Gram

近年来,随着 ELMO、GPT、BERT 等 PLM 相继被提出,PLM 技术开始在自然语言处理领域大放异彩。在预训练阶段,常见的预训练策略为屏蔽语言模型 MLM,类似于完形填空,使用特殊符号 [mask] 随机遮盖输入文本序列的部分字词。例如,BERT 采用基本层级的屏蔽策略 [见图 8-13(a)],屏蔽单位是字级别。然而,中文命名实体通常是比字词更粗粒度的短语,基于字的屏蔽方式会存在表征学习不足的问题。因此,从 ERNIE1.0 起,百度就在预训练中引入知识增强学习,除了使用 BERT 的字屏蔽策略外,还使用短语级别和实体级别两种屏蔽策略 [见图 8-13(b)],即从细粒度的屏蔽转向粗粒度的屏蔽,把一个短语或一个实体作为一个屏蔽单位,在一定程度上提高了模型的泛化能力。

ERNIE-Gram (Enhanced Representation through Knowledge Integration with N-Gram,多粒度知识增强的语义表示模型)[367] 作为 ERNIE1.0 的升级版,采用显式的 N-Gram 屏蔽方法 [图 8-13(c)],将整个 N-Gram 用单个 [mask] 符号遮盖,并使用其对应的标记替代原有的连续标记序列进行预测,从而大幅缩小了语义学习空间,提升了模型收敛速度。同时,ERNIE-Gram 采用了一种综合的 N-Gram 预测机制,同时从细粒度角度预测连续标记和粗粒度角度预测 N-Gram 标记,实现语言单元间和语言单元内的多粒度知识学习。

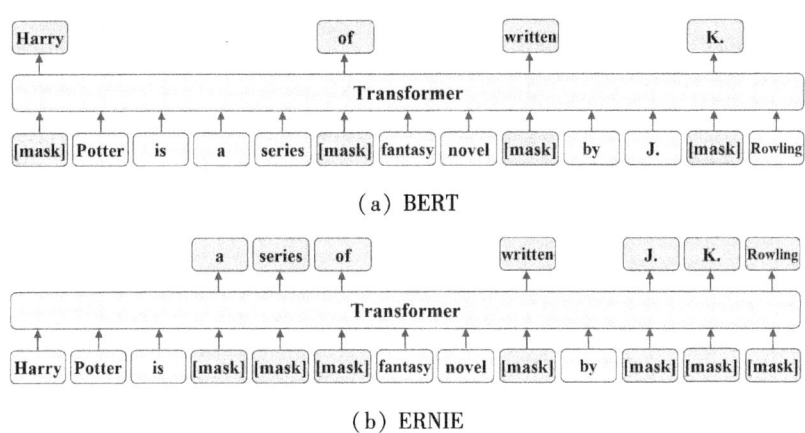

(a) BERT

(b) ERNIE

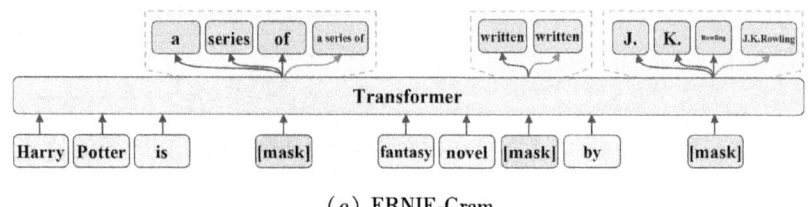

(c) ERNIE-Gram

图 8-13 三种 MLM 模型

8.4.2 面向命名实体识别任务的三层模型

在司法领域，王月[368] 提出基于 BERT+BiLSTM+Attention+CRF 识别警情领域关键实体，对报警文本中常见实体如案发时间、受害人名、处理方式等具有较高的识别率。丁家伟[369] 以 CAIL-2018 数据集中筛选出的电信网络诈骗案件文本为对象，利用 ELECTRA[370] 与 CRF 构建电信网络诈骗案件文本命名实体识别模型。当前主流的识别方法仍以数据驱动方法为主，需要大量的标注语料对模型进行有效的训练，且模型在不同领域之间的迁移能力有限。因此，为了满足在领域标注数据量小、人工标注成本高的情况下快速、准确地识别出命名实体的要求，我们提出基于 ERNIE-Gram 的命名实体识别方法，通过综合的 N-Gram 预测机制，提升模型对领域文本的语义理解能力，算法核心代码见附录 D。

该模型的输入是字序列 $X=\{x_1, x_2, \cdots, x_n\}$，其中 n 代表句子中包含的字数，x_n 表示第 n 个字；输出为对应的命名实体标签序列 $Y=\{y_1, y_2, \cdots, y_n\}$。整个命名实体识别模型如图 8-14，共包含 3 层，分别为输入表示层、上下文编码层和输出解码层。

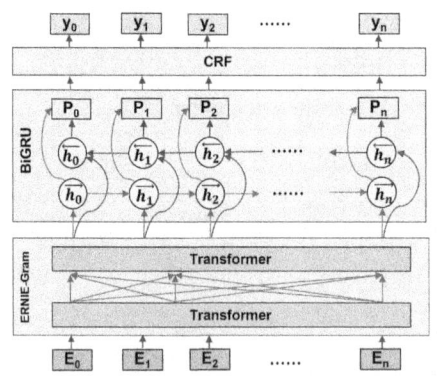

图 8-14 模型整体结构

1. 输入表示层

字序列的输入向量如图 8-15 所示,由字嵌入、句嵌入和位置嵌入三部分求和而成。字嵌入将各个字转换成固定维度的向量;句嵌入用于表明字属于哪个句子,首句前加入 [CLS] 标记作为输入开始,句尾加入 [SEP] 标记;位置嵌入是为了表示序列中每个字的时序信息。

图 8-15　模型输入示例

2. 上下文编码层

将相加后得到的嵌入表示 $E=\{E_1, E_2, \cdots, E_n\}$ 输入到 ERNIE-Gram 层,目的是从输入表示中学习文本特征。ERNIE-Gram 层采用 12 层双向 Transformer 的编码器结构。每一层都是由多头自注意力机制和前馈网络两个内部层次构成。多头自注意力机制层并行执行多个不同参数的自注意力机制,利用不同的自注意力机制获得句子中每个字在不同语义空间下的增强语义,再将拼接结果输入到前馈网络层以计算非线性层次的特征。

为了进一步提取文本的语义特征,可以在 ERNIE-Gram 层后接入 RNN 或 LSTM、GRU 等 RNN 改进模型。为了获取表征程度更强、上下文依赖更长距离的特征,我们采用双向门控制循环单元网络 BiGRU,整合输入序列的前后向信息,得到 GRU 隐层状态 $h_t = [\overrightarrow{h_t}, \overleftarrow{h_t}]$。

3. 输出解码层

序列标注需要在获取文本特征后预测当前输入序列的标签。虽然 BiGRU 层也能预测当前序列的标签,但它只能考虑字词自身特征,忽略了标签之间的约束关系。因此,在 BiGRU 的输出后面接入 CRF 层,可以通过考虑标签之间的依赖关系获取一个全局最优标签序列,得到更好的实体识别效果。

训练期间,采用最大似然估计函数来计算损失函数的值,不断更新网络参数,直到迭代结束。

8.4.3 实验和分析

8.4.3.1 实验语料集

我们使用的数据集取自第 6 章曾提到的 2021 年"中国法研杯"信息抽取子项的公开数据集 xxcq_mid.json。数据全部经过脱敏处理，也就是说，如犯罪嫌疑人名字、受害人名字等敏感信息均从案情片段中移除，总计 5247 条样本、10 类相关实体，分别为犯罪嫌疑人（NHCS）、受害人（NHVI）、作案工具（NATS）、被盗物品（NASI）、被盗货币（NCSM）、物品价值（NCGV）、盗窃获利（NCSP）、案发时间（NT）、案发地点（NS）和组织机构（NO）。

数据集格式为 JSON 对象格式，如表 8-8 所示，"id"是案例中句子的唯一标识码，"context"和"entities"后跟句子内容及句子所包含的实体列表，"label"和"span"则用于标识实体类别和实体在句子中的起止位置。例如，"label"："NHCS"，"span"：["20;23"，"61;64"]标记了两个"犯罪嫌疑人"类别的实体，其中，第一个实体在句子中的起始位置为 20，终止位置为 23，将起始位置到终止位置拼接即为实体"杨某甲"。

表 8-8　数据集中的数据格式展示

```
{"id" : "e48d8581eee009bd683b946d43b62257",
"context" : "4.2018 年 2 月 11 日 11 时许,被告人杨某甲在黑河市爱辉区**冻货店门前看到许多冻货,便产生盗窃之念,将两袋虾仁盗走,在杨某甲准备逃离现场时,被魏某甲发现报警,当场被公安机关抓获。"
"entities" : [
    {"label" : "NHCS" , "span" : ["20;23" , "61;64"]},
    {"label" : "NHVI" , "span" : ["73;76"]},
    {"label" : "NCSM" , "span" : []},
    {"label" : "NCGV" , "span" : []},
    {"label" : "NASI" , "span" : ["53;57"]},
    {"label" : "NT" , "span" : ["2;16"]},
    {"label" : "NS" , "span" : ["24;37"]},
    {"label" : "NO" , "span" : ["84;88"]},
    {"label" : "NATS" , "span" : []},
    {"label" : "NCSP" , "span" : []}
    ]
}
```

由于我们采用的是 BIO 标记法,对于句子中的每个实体,首个字被标记为"B-实体类别",中间字或结尾字被标记为"I-实体类别",其他非实体则被标记为"O",因此,需要通过自定义的 Python 程序将 JSON 格式的数据集转换为本系统标注数据格式文本(见表 8-10)。

表 8-10　经过格式转换的标注数据

4. 2018 年 2 月 11 日 11 时许,被告人杨某甲在黑河市爱辉区＊＊冻货店门前看到许多冻货,便产生盗窃之念,将两袋虾仁盗走,在杨某甲准备逃离现场时,被魏某甲发现报警,当场被公安机关抓获。 OOB-NTI-NTI-NTI-NTI-NTI-NTI-NTI-NTI-NTI-NTI-NTI-NTI-NTOOOB-NHCSI-NHCSI-NHCSOB-NSI-NSI-NSI-NSI-NSI-NSI-NSI-NSI-NSI-NSI-NSI-NSOOOOOOOOOOOOOOOOB-NASII-NASII-NASII-NASIOOOB-NHCSI-NHCSI-NHCSOOOOOOOOOB-NHVII-NHVII-NHVIOOOOOOOOB-NOI-NOI-NOI-NOOOO

将标注好的数据集按 7∶1.5∶1.5 的比例拆分成训练集、测试集和验证集,10 类 26661 个实体在评测数据上的分布如图 8-16 所示。从图中可以看到,NHCS 实体占比最多,其次是 NATS 实体、NS 实体和 NHVI 实体,占比都超过 90%,占比最少的三类实体为 NCSP、NATS 和 NO。

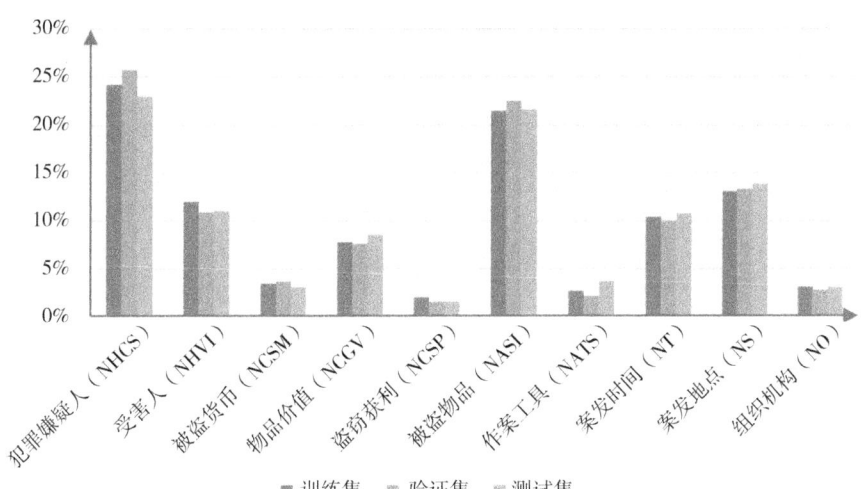

图 8-16　实体在评测数据中的分布统计

8.4.3.2 模型搭建和评价指标设置

实验采用 Tesla V100 的 GPU，32GB 的 VideoMem，实验语言为 Python3.7 版本，实验模型采用 PaddlePaddle2.1.2 搭建，实验超参数设置如表 8-11 所示。

表 8-11 超参数设置

参数	参数说明	参数值
seq_length	序列长度	128
batch_size	每批训练大小	64
hidden_size	隐藏单元数	768
num_attention_heads	注意力机制头数	12
num_hidden_layers	隐藏层数	12
learning_rate	主学习率	0.00005
crf_lr	CRF学习率	0.001
optimizer	优化器	AdamW

实验使用准确率 P（precision）、召回率 R（recall）及其调和平均数 $F1$ 值来评价模型效果。

8.4.3.3 不同模型的对比实验

为了验证模型的有效性，我们设立了 9 个基线模型进行对照。测试结果如表 8-12 所示。

表 8-12 不同模型的识别效果对比

模型	P（%）	R（%）	$F1$ 值（%）	运行时间（秒）
ERNIE-Gram+BiGRU+CRF（我们的模型）	84.63	89.52	87.01	1010.266
ERNIE-Gram+BiLSTM+CRF	83.45	90.44	86.80	1082.593
ALBERT+BiGRU+CRF	73.32	83.03	77.87	863.102
ALBERT+BiLSTM+CRF	73.21	82.42	77.54	900.188
BERT+BiGRU+CRF	79.42	86.56	82.84	965.860
BERT+BiLSTM+CRF	80.10	84.75	82.36	967.910
ERNIE+BiGRU+CRF	83.52	89.22	86.28	1025.603
ERNIE+BiLSTM+CRF	82.68	87.42	84.98	1045.368
ELECTRA+BiGRU+CRF	80.74	87.39	83.93	1039.452
ELECTRA+BiLSTM+CRF	80.52	85.79	83.08	1113.667

(1) 从表 8-12 中可以看出，我们提出的融合 ERNIE-Gram、BiGRU 和 CRF 模型的实体识别效果最好，$F1$ 值达到 87.01%，相较于基于 ERNIE、基于 BERT 和基于 ELECTRA 的模型，其 $F1$ 值分别提高了 0.73%、4.17% 和 3.98%，说明采用多粒度知识学习机制的 ERNIE-Gram 模型，可以同时学习领域文本中的细粒度和粗粒度的语义信息，获得更好的语义表征，从而提升实体识别效果。另外，基于 ALBERT 的模型效果最差，这是因为 ALBERT 是一个轻量级 BERT 模型，参数量的减小自然使得运行时间减少，从 965.86 秒下降到 863.102 秒，但性能损失较大，其 $F1$ 值比基于 BERT 的模型下降了 4.97%。

(2) 比较在 ALBERT、BERT、ELECTRA、ERNIE 和 ERNIE-Gram 五种预训练模型的基础上接入 BiGRU+CRF 模型和 BiLSTM+CRF 模型的实验结果，发现融合了 BiGRU 的效果和运行速度均有所提升。可见，相较于 BiLSTM 模型，BiGRU 模型参数更少、网络结构更加简单，使得整个模型计算速度更快，在小数据集上的泛化效果也更好。

为了更直观地评估模型性能，我们还对比分析了前 15 轮的 $F1$ 值随 epoch 的变化情况，如图 8-17 所示。

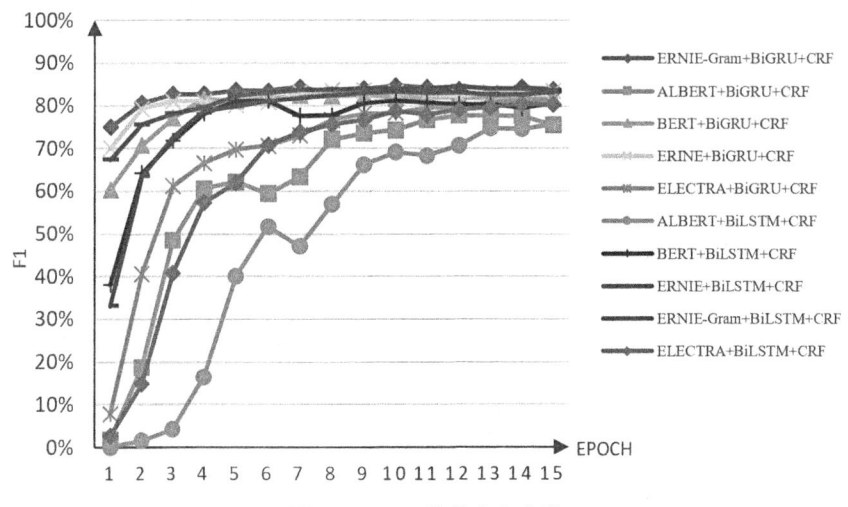

图 8-17 $F1$ 值的变化曲线

8.4.3.4 消融实验

为了更好地分析模型各个部分的作用，我们还进行了模型的消融实验，即在原始模型基础上分别去掉 BiGRU 层、CRF 层以及同时去掉两层进行了实验，结果如表 8-13 所示。

表 8-13　不同模型的识别效果对比

	P（%）	R（%）	$F1$ 值（%）	运行时间（秒）
我们的模型	84.63	89.52	87.01	1010.266
ERNIE-Gram	82.06	89.90	85.80	682.280
ERNIE-Gram+BiGRU	83.73	89.83	86.67	982.924
ERNIE-Gram+CRF	82.63	89.52	85.94	884.734

从消融实验结果可以看出，模型各个部分都起到了作用，基于 ERNIE-Gram、ERNIE-Gram + BiGRU 和 ERNIE-Gram + CRF 模型的 $F1$ 值分别为 85.80%、86.67%和 85.94%，比我们的模型低 1.21%、0.34%和 1.07%，说明去掉任何一层都会造成性能下降，并且同时去掉 BiGRU 层和 CRF 层，比单独去掉其中一层效果下降更为明显。特别是，我们发现在 ERNIE-Gram 输出之后增加 CRF 层，准确率从 85.80%提高到 85.94%，虽然提高不多，但说明可以通过增加一些有效约束来减少序列的预测错误。

8.4.3.5　错误分析

图 8-18 所示为我们提出的模型对 10 类实体识别的结果。

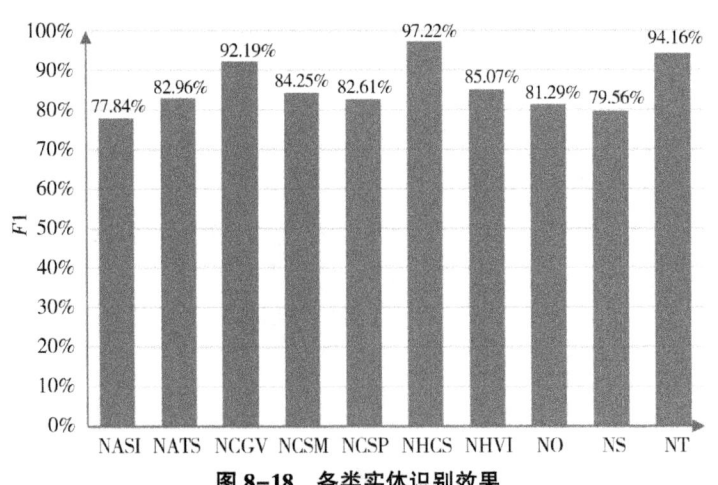

图 8-18　各类实体识别效果

在测试集中实体数量占比最多（22.95%）的 NHCS（犯罪嫌疑人）实体识别效果最好，$F1$ 值达到 97.22%，紧接着的是 NT（案发时间）实体和 NCGV（物品价值）实体。NASI（被盗物品）和 NS（案发地点）两类命名实体识别效果相对较差，$F1$ 值都没超过 80%。值得注意的是，NASI 和 NS 的占比都高于 NT（10.74%）和 NCGV（8.56%），但识别效果却远低于后者。通过分析标注错误的案例（见表 8-14），发现主要原因：一是 NASI 和 NS 实体描述内容过长、结构复杂，影响了实体识别，例如，示例 1 中的 NS 实体"杨某某家中"和 NASI 实体"金色'苹果'牌 Ipadair3 型平板电脑一台"被错误地识别为一个 NS 实体，示例 2 中的 NHVI 实体"梁某某"和 NS 实体"本市中堂镇＊＊＊村＊＊＊＊＊巷＊＊＊号的住所"被错误地识别为一个 NS 实体；二是在判定地名和机构名时容易发生混淆，如考虑示例 3 中的片段"天津大学北洋校区指挥部"的上文是"去到"，那么该片段应该被标注为 NS 实体，但模型错误地将"天津大学北洋校区"标注为 NO 实体。

表 8-14 错误标注示例

示例 1：被告人黄某某在兰州市七里河区兰工坪＊＊号二楼，采用翻窗入室的手段，盗得杨某某家中的金色"苹果"牌 Ipadair3 型平板电脑一台
正确标注：B-NSI-NSI-NSI-NSI-NSOB-NASII-NASII-NASII-NASII-NASII-NASII-NASII-NASII-NASII-NASII-NASII-NASII-NASII-NASII-NASII-NASII-NASII-NASI
错误标注：B-NSI-NSI-NSI-NSI-NS I-NS I-NSI-NSI-NSI-NSI-NSI-NSI-NSI-NSI-NSI-NSI-NSI-NSI-NSI-NSI-NSI-NSI-NSI-NS
示例 2：被害人梁某某居住的位于本市中堂镇＊＊＊村＊＊＊＊＊巷＊＊＊号的住所
正确标注：B-NHVII-NHVII-NHVIOOOOOB-NSI-NSI-NSI-NSI-NSI-NSI-NSI-NSI-NSI-NSI-NSI-NSI-NSI-NSI-NSI-NSI-NS
错误标注：B-NSI-NSI-NSI-NSI-NSI-NSI-NSI-NSI-NSI-NSI-NSI-NSI-NSI-NSI-NSI-NSI-NSI-NSI-NSI-NSI-NS
示例 3：被告人张某某伙同"小杰"（身份不详）等三人驾驶津 L＊＊＊＊9（该车牌为盗窃所得）银白色途安汽车去到天津大学北洋校区指挥部
正确标注：B-NSI-NSI-NSI-NSI-NSI-NSI-NSI-NSI-NSI-NS
错误标注：B-NOI-NOI-NOI-NOI-NOI-NOI-NOI-NOOOO

实验结果表明，相比于基线模型，我们提出的模型取得了最高的 $F1$ 值，说明在预训练过程实现的多粒度语义学习，有效提升了模型在少样本环境下

对领域文本的语义理解能力。而消融实验结果表明去掉 BiGRU 或 CRF 任何一层都会对识别结果造成影响，进一步证明了模型的有效性。

8.5　本章小结

针对图情领域内标注数据少、相关知识库缺失等问题，我们利用现有知识图谱中的实体节点及其类别层级结构，科学确定了图情领域的实体类别，并构建了一个基于领域知识注入的预训练语言模型 LISERNIE。在随后开展的命名实体识别实验和开放域关系抽取实验中，相比于基线模型，我们提出的基于 LISERNIE+BiGRU+CRF 命名实体识别模型能够更有效地识别出实体及其关系，可以更好地支撑后续诸如知识图谱构建、问答系统、机器阅读等自然语言应用的开展。

而针对司法领域内命名实体数量庞大、专业性强、标注数据少的问题，我们构建了融合 ERNIE-Gram、BiGRU 和 CRF 的命名实体识别模型，该模型首先使用 ERNIE-Gram 模型对输入字序列进行向量化，随后利用 BiGRU 模型对向量化后得到的语义表示进行深层特征提取，最后利用 CRF 层输出最优标签序列。在随后的命名实体识别对比实验中，我们的模型实验性能均优于基线模型，验证了所提模型的有效性，也为下游任务如法律文书阅读、智能检索、案件刑期预测和司法领域知识图谱构建等提供了可借鉴思路。

下一步研究可以在如下方面展开：

（1）预训练模型利用大规模无标注的文本语料进行预训练以获得通用特征表示，但由于学习到的通用特征表示太泛化，而过多的知识注入可能带来噪声，注入的知识不足则对提高模型对文本的语义理解能力帮助不大，后续研究可以探讨如何为 PLM 注入领域知识，把什么样的知识以什么样的方式注入到预训练模型中，使模型在下游任务上有更好的表现。

（2）除继续纵向深入研究命名实体识别技术外，后续工作也可以向横向方面展开。

9 基于 Paddle UIE 的领域知识图谱构建

在已有的知识组织工具中，领域知识图谱是对特定领域内知识的一种结构化表示，其相对优势在于可以通过推理辅助挖掘用户潜在的知识需求，同时，图形化展示有助于用户全面、高效且直观地理解知识之间的关系，降低用户认知负荷。但现有构建方法主要是有监督学习方法，这类方法往往需要大量标注数据，而专门构建高质量有标注数据的成本较高且覆盖面窄。在这一背景下，本章在前面章节分析的基础上，以图情领域学术文献为研究对象，深入探讨"提示学习+预训练大模型"的方法，在少量标注样本的情况下，实现领域知识图谱的自动化构建。

9.1 相关研究概述

知识图谱的结构化知识表示方式能够方便人们对知识进行分析和推理操作,我们着眼于运用深度学习技术来实现从非结构化文本中抽取知识,构建领域知识图谱,因此,相关的研究工作主要包括对现有知识图谱构建方法、知识单元及抽取模型的梳理。

9.1.1 知识图谱的典型应用

知识图谱最初的目的是对多源异构数据和多维复杂关系进行处理与可视化展示,增强搜索引擎的检索效果。自 2012 年 Google 搜索融入知识图谱技术来改善搜索、提升用户搜索体验后,知识图谱已被广泛应用于语义搜索、智能问答、个性化推荐等场景中。依据覆盖范围,知识图谱可以分为通用知识图谱和领域知识图谱两种。通用知识图谱[371-375]侧重于知识的广度,其目标是融合更多的常识性知识。目前微软和谷歌拥有全世界最大的通用知识图谱,DBpedia、Yago、Wikidata、BabelNet 等开放域百科知识图谱也在蓬勃发展。领域知识图谱则需要依靠特定领域的数据来构建,需要考虑到不同的业务场景与用户,如面向影视领域的 BMKG(Bilingual Movie Knowledge Graph,双语影视知识图谱)[376]、面向生物学和化学领域的 DRUGBANK(如图 9-1)[377] 以及面向医学领域的 CMeKG(Chinese Medical Knowledge Graph,中文医学知识图谱)[378]。

9.1.2 知识图谱的构建方法

知识图谱的构建方式可以分为自顶向下和自底向上两种。自底向上的方法首先从实体处理开始,从开放域知识图谱中自动地抽取类、类层次结构以及类间的关系,构成底层的本体类,然后逐步向上抽象,形成上层的本体类。通用知识图谱一般就采用自底向上的构建方法,即从已有的大量的链接开放数据(Linked Open Data)中获取资源,这些资源通过专家审核后再加

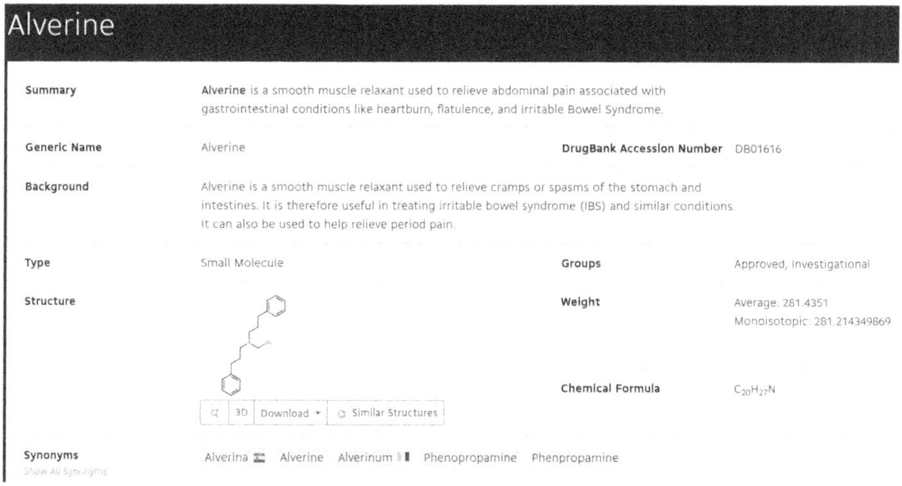

（a）Alverine（阿尔维林）药物的属性（如名称 Generic Name、描述 Summary、类型 Type、结构体同位素 Structure、化学式 Chemical Formula 等）展示

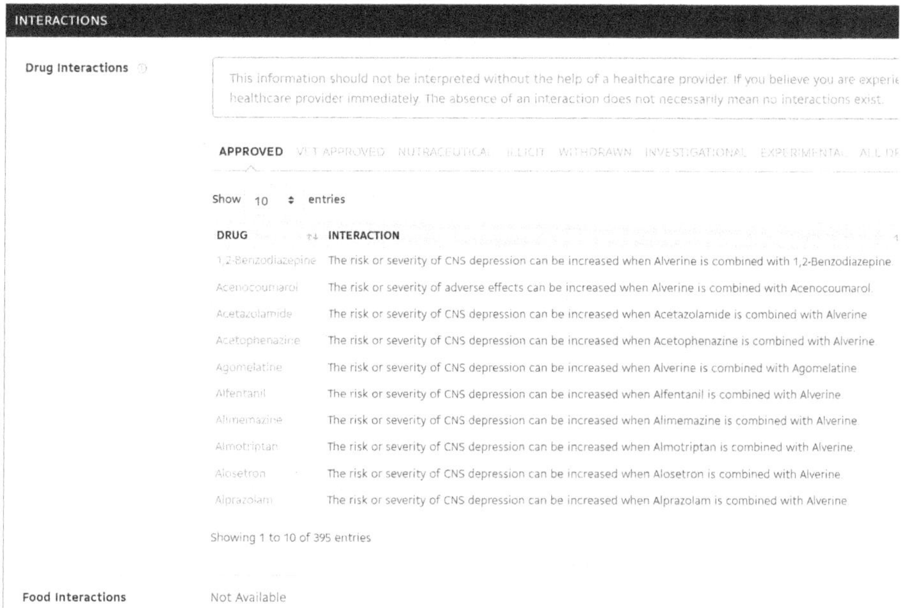

（b）阿尔维林和其他药物的互相作用展示

图 9-1　阿尔伯塔大学的 DRUGBANK 药物知识图谱①

---

① DrugBank：*Alverine：Uses，Interactions，Mechanism of Action | DrugBank Online*，见 https://go.drugbank.com/drugs/DB01616。

入知识图谱。例如，DBpedia 从对维基百科条目和链接数据集中抽取包括 abstract、infobox、category 等信息；YAGO 集成了维基百科、wordNet 和 GeoNames，利用规则对维基百科实体的 infobox 进行抽取，通过实体类别推断构建"概念–实体""实体–属性"间的关系；Zhishi.me、CN-DBpedia 则是借鉴 DBpedia 的思路，对百度百科、互动百科和中文维基百科页面中的信息进行抽取。反之，自顶向下的方法则是先为知识图谱定义好模式或是本体，再基于输入数据完成信息抽取到知识图谱构建的过程，更适用于强调知识深度的领域知识图谱的构建。我们侧重介绍自顶向下构建方式的相关流程和技术，并将其用于构建领域知识图谱。

三元组是知识图谱中知识表示的基本单位，形式表示为关系三元组（头实体，关系，尾实体）或属性三元组（实体，属性，值）。我们关注的工作主要是关系三元组抽取（Relational Triple Extraction，RTE）问题。早期，研究人员将基于模式匹配、基于特征向量的方法用于关系抽取任务，并在特定领域内取得了不错的效果。然而，词法、句法和语义规则依赖目标领域内专家的指导，很难移植到其他领域。随着近年来深度学习在自然语言处理方面展现的优越表现，研究人员逐渐将基于深度学习的实体关系抽取方法作为主流研究方法。根据实体识别和关系抽取两个子任务完成的先后顺序不同，基于深度学习的实体关系抽取方法又可以分为流水线学习和联合学习两种方法。流水线学习方法是在已经标注好目标实体对的基础上进行关系抽取，采用的方法包括基于 RNN、CNN、LSTM 等基本网络结构的抽取[379-381] 以及融合多种方法的关系抽取[382-383]。流水线学习方法简单、易于实现，但存在交互缺失、误差积累及实体冗余等问题。因此，以减少误差传递为目的，整合两个子任务的联合学习方法[384] 被提出。目前，联合学习方法主要包含以下三类：基于序列标注的方法、基于指针网络的方法和基于片段的方法。

1. 基于序列标注的方法

通常使用 BIO 标签为每个 token（文本中的一个基本单位，可以是一个单词、一个短语或其他有意义的符号）标记，再使用 CRF 进行标签约束。这种方法比较简单，但因为一个 token 只能有一个标签，所以无法解决实体重叠问题。如图 9-2 所示的标注序列[385]，"United States"和"Trump"具有相同的关系类型"CP"，因此，这两个实体可以合并为关系类型为"CP"的三元组，即 {United States，Company-President，Trump}，而如果句子中还有与"United States"具有相同关系类型的实体，那么只能将每两个元素按照最接近的原则组合成一个三元组，意味着一个实体只属于一个三元组。

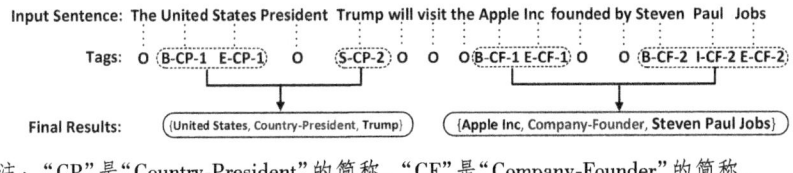

注："CP"是"Country-President"的简称，"CF"是"Company-Founder"的简称。

图 9-2　序列标注模型——LSTM-LSTM-Bias

2. 基于指针网络的方法

基于指针网络的方法采用了两个标签序列，一个表示实体的起始位置 start，另一个表示实体的结束位置 end。如图 9-3 所示模型[386]，首先判断每个 token 是不是头实体的开始 token 或结束 token，获得候选头实体集合，再进行关系和尾实体的联合识别。由于指针网络的表达能力较强，可以很好地解决实体重叠问题，因此其在目前的实体关系抽取方法中被广泛使用。

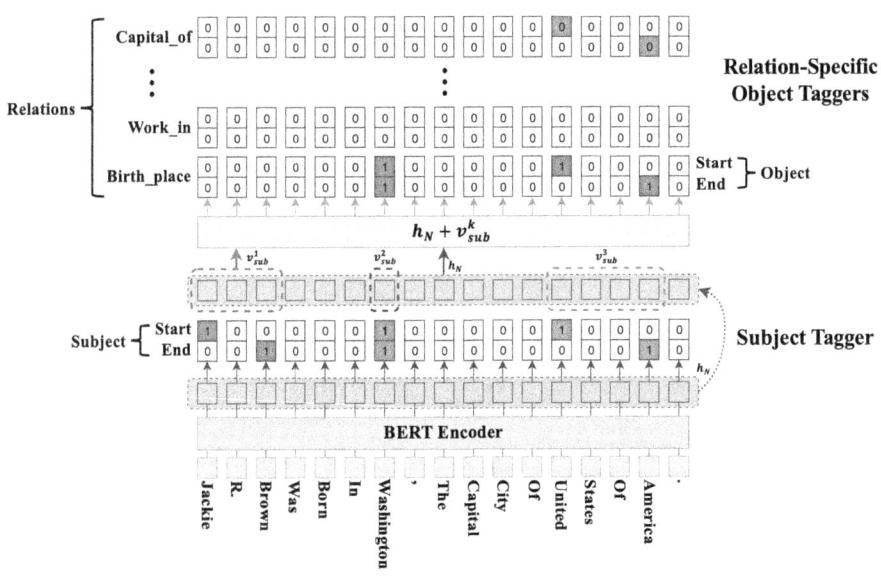

图 9-3　层叠式指针网络模型——CasRel

3. 基于片段分类的方法

基于片断分类的方法会先找出所有可能的片段组合，针对每一个片段组合求其是实体的概率，然后在确定所有的实体之后，进行两两配对，求出每一对实体对之间存在关系的概率。这种方法在文本过长时会产生大量的计算，因此，通常会预设片段的最大长度，如图9-4所示模型[387]，预设最大长度为10，超过10个token的片段就会被过滤掉。

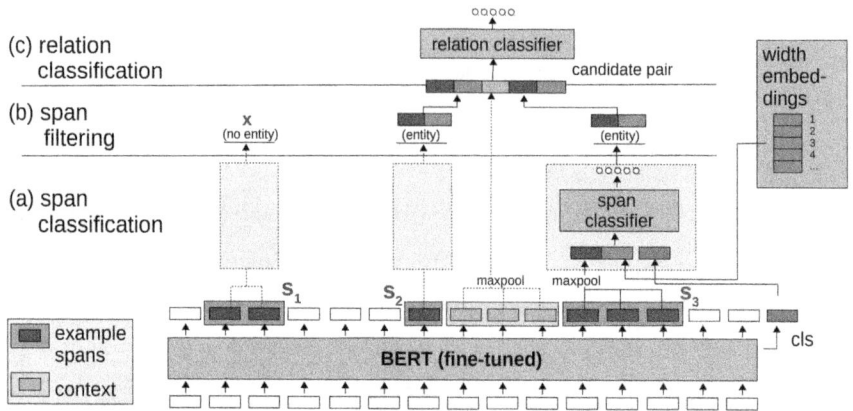

注：首先通过BERT来处理一个token序列，然后，（a）标记所有片段，如三个样本片段s_1、s_2、s_3所示；（b）过滤掉被归类为非实体的片段s_1；（c）实体对（s_1，s_2）与它们的上下文（实体之间的片段）相结合，进行关系分类。

图9-4　片段分类模型——SpERT

这种"预训练模型+下游任务微调"的方式在RTE任务中表现良好，但是，微调的效果依赖于大量标注，且预训练模型越大，微调需要的数据也越多。[388]

9.1.3　学术知识图谱中的基本结构和单元

学术知识图谱是领域知识图谱中的一种，相比其他领域知识图谱而言，学术知识图谱的学术性更强。例如，出现最早的微软学术图谱①（MAG，于2021年5月停用），其中包含Paper论文、Citations论文之间的引用关系、Author作者、Institution机构、Publication期刊、Venue会议和Field of Study

---

① Microsoft Research：*Microsoft Academic Graph*，见https://www.Microsoft.com/en-us/research/project/Microsoft-academic-graph。

研究领域。又如清华大学构建的计算机学科的知识图谱 AMiner[389]，目前收集了 1.3 亿名科研人员的动态信息、2.7 亿篇科研成果、879 万个知识概念①，可以自动挖掘科研人员、科技文献和学术活动三者之间的关联关系。

在学术知识图谱中，圆圈表示节点，即实体，节点之间的连线表示关系。以图 9-5 为例，该图展示了上海交通大学发布的 AceKG[390] 的基本结构和单元，这里的节点可以是"Paper"实体，也可以是"Author"实体等，而从"Paper"实体指向"Author"实体的箭头则表示两者之间存在关系，这个关系为"paper_is_written_by"。

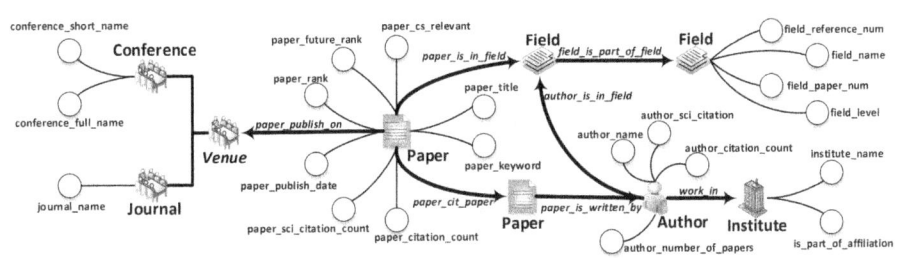

图 9-5　AceKG

通过构建的关系网络，用户可以更准确地分析、推理和决策。但我们发现，在已构建的学术知识图谱中，知识单元还是文献的一些基础元数据（如作者、论文标题、关键词、期刊、机构等），这些元数据可以很方便地从数据库中导出，不需要考虑从非结构化的文本内容中抽取。但实际上，在特定领域中，许多研究对象、研究方法、实验资源、实验结果等重要的语义信息隐藏在文献的正文中，如果能将这些信息抽取出来作为节点构建知识图谱，就能够为顶层的应用提供更加丰富的结构化知识。因此，如何从大量的专业领域文献中抽取相关知识，对构建学术知识图谱极具价值，值得进一步研究与探讨。

---

① 学术头条：《AMiner 开放创建个人学术主页，与 1.3 亿科学者共享动态、建立联系》，见 https://zhuanlan.zhihu.com/p/364260380。

9.2 LISKG 的模式层设计

一般来说,标注语料的质量越高,基于深度学习的 NER 和 RC 的精度也越高。本章的图情领域知识图谱(Library and Information Science Knowledge Graph, LISKG)在逻辑结构上分为模式层和数据层。模式层定义了 LISKG 的框架,是 LISKG 的核心,为标注语料的构建提供了规范化指导。因此,在参考了 SciERC 数据集[268]标注方案的基础上,我们首先设计了 LISKG 模式层的规范体系。

9.2.1 实体类别及定义

通用知识图谱包含的是大量来自通用百科的常识性知识,领域知识图谱则更需要依靠特定领域的数据来构建,而学术文献中的知识点具有领域性和权威性,如果能将这些信息精确地抽取出来作为节点构建领域知识图谱,就能够为顶层的应用提供更加丰富和准确的结构化知识。为了充分利用先验知识,高效定义 LISKG 中的实体和关系类别,我们分析了目前公开可用的 4 个自然语言处理数据集:CoNLL04(新闻领域)[391]、SciERC(计算机科学领域)[268]、SemEval(计算机科学、物理学和材料学领域)[392] 和 ADE(医疗领域)[393]。考虑到计算机科学技术对图书情报学知识流入影响大[394],计算机科学领域和图书情报学领域联系紧密,我们选择在 SciERC 数据集标注规范的基础上,定义图情领域学术文献中的实体及其语义关系。

SciERC 数据集取自 Semantic Scholar Corpus2 中 4 个人工智能社区的会议记录,共标注了 6 种实体类别(Task 任务、Process 过程、Metric 指标、Material 材料、Other-Scientific Term 其他科学术语、Generic 一般性代名词)和 7 种关系类型(Compare 对比、Part-of 部分-整体、Conjunction 连接、Evaluate-for 评价、Feature-of 特征、Used-for 用于、Hyponym-of 下位),如图 9-6(a)所示。在实体类别方面,SciERC 数据集保留了国际语义评测大会的 SemEval 数据集[面向计算机科学、物理学和材料学领域,如图 9-6(b)所示]中的"Material""Task""Process"3 类实体,增加了"Metric"

"Other-Scientific Term"和"Generic"3类实体。

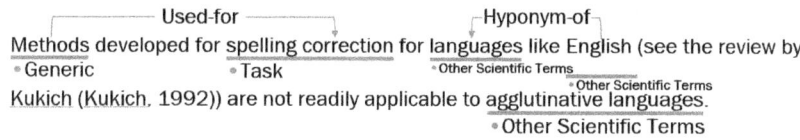

（a）SciERC 数据集的标注

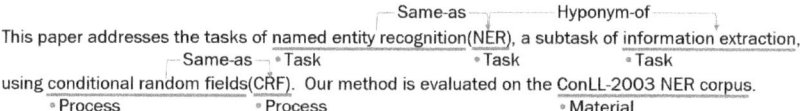

（b）SemEval 数据集的标注

图 9-6　实体及关系标注示例

图书情报学和计算机科学都属于应用性较强的学科，但计算机科学关注的是过程与算法，图书情报学更多关注的是结果与实现，因此，我们在保留了 SciERC 中"指标"实体的基础上，将"过程"实体细分为"方法"和"工具"两个实体，"材料"实体修改为"资源"实体，"任务"实体拆分为"研究范畴"实体和"问题"实体，并删掉没有特别意义的"其他科学术语"和"一般性代名词"两个实体，最终定义了图情领域学术文献中的 6 种实体类别，详见表 9-1。

表 9-1　LISKG 中的 6 种实体类别

实体类别	定义	示例
方法	指具体的方法、理论、模型等	问项组合、共词分析方法、认知不协调理论、定性方法、区域性健康信息素养参与策略
工具	指编程语言、软件、平台、硬件等	内容分析软件、Protégé、在线知识发现系统、社会化阅读 App、日志采集设备、3D 打印机
资源	指数据、语料库、词典等	文档集合、专利数据库、书目资源、叙词表、被引文献、引文网络、公众知识
指标	指实验结果的评价指标、实验的统计量等	用户满意度、用户的期望确认程度、知识扩散速度、被引次数、图书流通量、活动参与量

续表9-1

实体类别	定义	示例
研究范畴	指研究的对象、内容等	微博事件检测、跨语言信息检索、信息可视化、社会化阅读、图书馆转型、文本知识发现
问题	指要解决的具体问题	资源确权困难、隐私危机、关键词标引不规范、知识老化、信息过载、标引者效应、感知局限性

9.2.2 实体关系类别及定义

为了更全面地定义 LISKG 的实体关系,我们借鉴本体中概念的等级与非等级关系分类,对 SciERC 数据集中标注的 7 种关系类别稍做修改,将"下位"关系和"部分-整体"关系合并为 LISKG 的等级关系——"属于"关系,保留"用于"和"特征"两个非等级关系,将"对比"关系和"连接"关系合并为"相关"关系,改"评价"关系为"测量"关系,并增加了"基于""输入""输出""解决"及"同义"5 种非等级关系。表 9-2 展示了最终定义的 10 种关系类别,除了"同义"和"相关"为对称关系以外,其余 8 种为单向关系,需要考虑方向性。

表 9-2 LISKG 中的 10 种实体关系类别

关系类型	头实体 A 类别	尾实体 B 类别	示例
同义(A,B): A 和 B 具有相同或相似的意义	方法	方法	知识技术$_A$ 或者可称为智慧技术$_B$
	工具	工具	收录的 CiteSpace 论文数量远远大于中文社会科学引文索引$_A$(CSSCI$_B$)数据库直接检索的 CiteSpace 论文数
	资源	资源	基于用户贡献内容$_A$(User Generated Content, UGC$_B$)的知识进化和积累
	指标	指标	如学科专业影响因子$_A$(Disciplinary Impact Factor, DIF$_B$)

续表9-2

关系类型	头实体A类别	尾实体B类别	示例
相关(A,B)：A 和 B 在逻辑上有联系	方法	方法	基于引文与文内耦合的混合方法$_A$与文献耦合$_A$的聚类精度略优于同被引分析$_B$
	研究范畴	研究范畴	LIS 领域$_A$一直承担着数据素养教育$_B$的责任
	问题	研究范畴	虽然图书馆资源建设$_B$的科学化进程一直在加速，但是，仍存在国家层面资源战略规划缺失$_A$、区域性资源建设与评估不系统$_A$、单个图书馆资源建设规划不科学$_A$、经费不足与浪费并存$_A$等问题
测量(A,B)：A 经过实验，对 B 做出量化描述	指标	指标	所以本文采用准确度$_A$（Precision）、用户满意度$_A$（Satisfaction）和平均排序准确度$_A$（Average Sorting Precision，ASP）来表示该推荐算法的有效性$_B$
用于(A,B)：将 A 应用于 B	方法	方法	知识融合$_B$的手段主要借助于语义网技术$_A$
	方法	研究范畴	探索情报语言学理论$_A$在自然语言处理$_B$及其在信息组织和检索$_B$中的应用
	工具	方法	利用 SPSS 20.0$_A$软件对数据进行描述性统计分析$_B$
	工具	研究范畴	如美国康乃狄克州 Westport 图书馆于 2014 年 9 月引进机器人$_A$为读者提供信息服务$_B$
	指标	方法	在结构方程模型$_B$分析中，通常采用 CV 值$_A$作为模型潜在变量的信度系数
特征(A,B)：A 具有性质 B，A 能够被 B 刻画	方法	指标	为确保数据与假设模型相符，模型$_A$的拟合度$_B$指标必须符合相关的规定
	工具	指标	用户对社会化阅读 App$_A$的社交有用性认知程度$_B$显著正向影响他们对该类 App 的满意度
	资源	指标	整份问卷$_A$的克朗巴哈 α 系数$_B$高达 0.90

续表9-2

关系类型	头实体 A 类别	尾实体 B 类别	示例
属于(A,B)：B 包含 A，A 是 B 的一个构成部分	方法	方法	已有研究将深度学习模型$_B$（例如递归神经网络$_A$、卷积神经网络$_A$）用于情感分类并取得了良好效果
	资源	资源	Bakeoff-2006 提供了三组汉语语料$_B$（MSRA$_A$、LDC$_A$ 和 CITYU$_A$）
	研究范畴	研究范畴	可将人工智能$_B$划分为弱人工智能$_A$（仅在某些方面擅长）、强人工智能$_A$（与人类智能相当）和超人工智能$_A$（全面超越人类智能）三个等级
	工具	工具	市场上还活跃着其他知名的社会化阅读 App$_B$（比如国外的 Zite$_A$、Taptu$_A$ 和国内的鲜果$_A$、网易阅读等$_A$）
	问题	问题	信息安全问题$_B$涉及较多的侧面，包括：信息泄露$_A$、版权纠纷$_A$、数据丢失与改变$_A$、权限盗用$_A$等等
基于(A,B)：B 为 A 建模	方法	方法	ECM$_A$ 是在 Oliver 提出的 ECT$_B$ 基础上提出的
输入(A,B)：B 以 A 为数据源进行分析	资源	方法	分别用支持向量机$_B$、最大熵模型$_B$ 以及贝叶斯分类器$_B$ 等方法对电影评论$_A$ 进行分类
		工具	展示了利用 OpenRefine$_B$ 将 EXCEL 表格中的数据$_A$ 转换为 Turtle 格式的 RDF 数据的过程
输出(A,B)：通过 A 的处理生成 B	方法	资源	利用 Cite Space III$_A$ 绘制数字人文关键词共现图谱$_B$
		指标	量表分值$_B$的计算采用求均值法$_A$
解决(A,B)：A 处理 B，使有结果	方法	问题	LSTM 模型$_A$ 还可以较好地解决传统 RNN 中的梯度消失问题$_B$

我们采用文本标注工具 doccano 对 240 个图情文献的句子进行标注，以验证定义的实体类别及关系的合理性，先由一位图情领域研究生进行手工标注，再由一位图情领域专家进行双重标注，对标注三元组进行 Cohen's kappa 一致性检验，得分为 0.82，说明标注高度一致。

9.3 LISKG 的构建

上一节对 LISKG 的模式层进行了形式化定义，本节主要研究 LISKG 数据层中关系三元组（头实体，关系，尾实体）的抽取及存储方法，进而完成 LISKG 的构建。

9.3.1 基于 Paddle UIE 的联合抽取模型

针对学术文献的一些基础元数据如标题、作者、期刊、机构等这类半结构化数据的抽取方式[395]简单高效，但实际上，许多重要的语义信息隐藏在文献正文中，而对文献正文中的文本内容的抽取远比对文献中的表条目[396]、图注[397]及图表内的文本信息[398]复杂得多，因此，我们利用 Paddle UIE（Universal Information Extraction，统一信息抽取）[399]进行图情领域内实体及关系的联合抽取。Paddle UIE 以文心大模型 ERNIE3.0[400]为模型底座，在百亿级预训练模型中引入大规模知识图谱，有效提升了模型对知识的推理能力；同时，应用提示学习技术，通过设计输入文本的"提示"，帮助模型更好地理解下游任务的要求，甚至可以通过无监督学习训练模型来解决下游任务，实现少样本甚至零样本学习。如图 9-7 所示，整个模型包含输入层、ERNIE3.0 编码层和输出层 3 个模块，模型核心代码见附录 E。

9.3.1.1 输入层

为了描述任务的抽取目标，输入层会在每条输入样本之后拼接上与具体任务相关的提示（prompt）。最基础的提示构造方法为人工构造合适的前缀提示[401]和填空提示[402]，但人工构造费时费力，并且效果难以保障，因此，我们采用基于模式（schema）的提示自动化构造方法。以 RTE 任务为例，模式定义为：schema = [entity-type，{entity-type：[association-type]}]，其中，"entity-type"表示6种实体类别，"association-type"表示关系类型，":"表示从特定实体到其关联关系的映射，则基于模式自动生成的提示为"头实体+"的"+ association-type"这种形式。

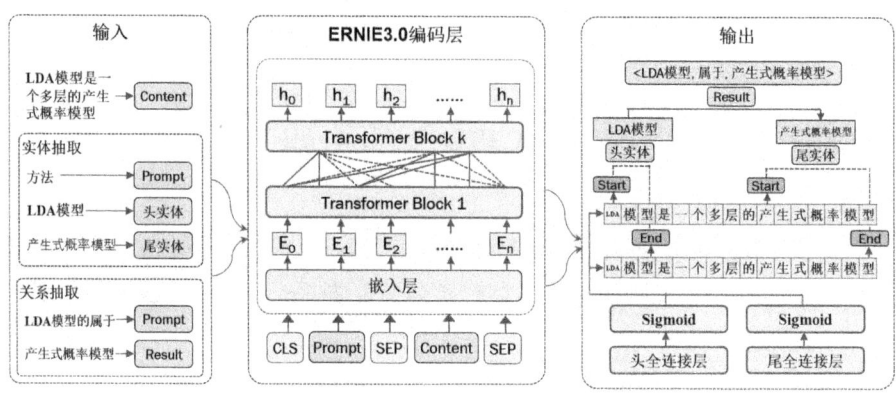

图 9-7　基于 UIE 的联合抽取模型

图 9-7 中，对于输入中的方法实体"LDA 模型"，从表 9-2 可以看出，与"方法"实体相关联的关系映射为"{'方法'：['同义','相关','属于','基于','用于','输入','输出','解决']}"，那么，输入层会依照映射自动生成 8 个形如"LDA 模型的属于"的提示。部分输入样本拼接如表 9-3 所示。

表 9-3　基于 prompt 的输入结构示例

任务	输入序列
实体抽取	{"content"："LDA 模型是一个多层的产生式概率模型。"，"result_list"：[{"text"："LDA 模型"，"start"：0，"end"：5}，{"text"："产生式概率模型"，"start"：11，"end"：18}]，"prompt"："方法"}
实体抽取	{"content"："七步法是基于本体构建工具 Protégé 的本体构建方法，较为实用，应用广泛。"，"result_list"：[{"text"："七步法"，"start"：0，"end"：3}，{"text"："本体构建方法"，"start"：20，"end"：26}]，"prompt"："方法"}
关系抽取	{"content"："LDA 模型是一个多层的产生式概率模型。"，"result_list"：[{"text"："产生式概率模型"，"start"：11，"end"：18}]，"prompt"："LDA 模型的属于"}
关系抽取	{"content"："七步法是基于本体构建工具 Protégé 的本体构建方法，较为实用，应用广泛。"，"result_list"：[{"text"："本体构建工具"，"start"：6，"end"：12}]，"prompt"："Protégé 的属于"}

这里，"content"用于标记输入样本，"result_list"和"prompt"后分别跟预测结果列表和具体任务提示。

9.3.1.2 ERNIE3.0 编码层

Paddle UIE 的编码层采用 ERNIE3.0 模型，在一个由百科、百度搜索、网络文本、百度知识图谱等组成的 4 TB 语料库上进行预训练。为了向预训练模型中引入更多知识，ERNIE3.0 构造了通用知识-文本预测任务来帮助模型理解知识，在 45 个中文 NLU（Natural Language Understanding，自然语言理解）任务上的表现均优于最先进的模型。因此，相比 T5、GPT 模型，ERNIE3.0 的微调在解决下游自然语言理解（Natural Language Understanding，NLU）任务时表现出较强的性能。

在 RTE 微调过程中，ERNIE3.0 会将来自输入层的文本序列首尾连接"[CLS]"和"BF[SEP]"两个标记，生成形如"[CLS]+prompt+[SEP]+content+[SEP]"的新的文本序列，再经过嵌入层，将文本序列对应的字嵌入、段嵌入和位置嵌入相加送入 Transformer-XL[403] 编码器，得到句子的隐层语义表示 $H=(h_0,h_1,\cdots,h_n)$ 作为后续实体和关系联合抽取的语义编码。

9.3.1.3 输出层

输出层的作用是使用多层标签指针网络对编码层获取到的隐层语义表示 H 解码，输出关系三元组。头、尾指针网络由全连接层组成，用以预测实体的起始（start）和结束（end）位置。训练期间，采用 BCELoss 函数计算 start、end 标签输入和输出之间的二分类交叉熵损失值，总的损失值是上述两个损失值之和，其具体计算公式如下：

$$Loss_{start}=-\frac{1}{n}\sum_{i=1}^{n}y_i^s\log P_i^s+(1-y_i^s)\log(1-P_i^s) \qquad(9-1)$$

$$Loss_{end}=-\frac{1}{n}\sum_{i=1}^{n}y_i^e\log P_i^e+(1-y_i^e)\log(1-P_i^e) \qquad(9-2)$$

$$Loss=\frac{Loss_{start}+Loss_{end}}{2} \qquad(9-3)$$

其中，$y_i^s,y_i^e=\begin{cases}1 & \text{第}i\text{个词项是真实}start/end\text{位置}\\0 & \text{否则}\end{cases}$，$P_i^s$ 和 P_i^e 表示每个词项作为 start 和 end 的概率。

9.3.2　抽取模型对比实验

为保证数据的完整性和新颖性，实验仅选取 2015—2020 年的中文期刊作为训练和预测语料。依据 2021—2022 CSSCI 分类统计表中复合影响因子排序，选择《中国图书馆学报》《情报学报》等前 5 种图情领域核心期刊，各下载被引率最高的 20 篇，共 100 篇论文作为原始文献集，然后将题名、摘要、作者、关键词及参考文献等信息剔除，只保留全文文本内容，再删除全文文本中不能表达知识的引用文献标注，并进行分句处理，共切分出 15979 个句子，采用文本标注工具 doccano，对其中的 240 个句子进行标注，最终共标注 727 个三元组，实体及关系具体分布如表 9-4 所示。

表 9-4　实体及关系在训练集上的统计信息

实体类别	数量（个）	关系类别	数量（个）	关系类别	数量（个）
方法	335	同义	90	解决	24
工具	172	相关	68	用于	105
资源	164	属于	224	测量	35
指标	141	输入	38	基于	44
研究范畴	176	输出	29		
问题	62	特征	70		

抽取实验选择了 3 个基线模型进行对比，包括基于层叠式指针网络的 CasRel[386]、基于片段分类的 SpERT[387] 以及开放式信息抽取 CORE[404]。

（1）CasRel：通过层叠二分标记，对得到的所有可能头实体，应用特定关系的标记器进一步抽取所有可能的关系和尾实体，解决了实体重叠问题。

（2）SpERT：使用枚举方式将所有可能的文本片段列举出来，对片段进行实体类别的分类，再将实体两两配对计算它们之间关系的概率，其性能在 SciERC 等数据集上取得 2019 年最先进的表现效果。

（3）CORE：基于依存语义范式的无监督开放关系抽取模型，无须预先定义关系的类型，通过将实体关系映射到依存树并考虑独特的中文语言特性来捕获所有类型关系三元组，在中文百科和新闻数据集上的抽取性能优于

UnCORE[405]、ZORE[406]、REVERB[407] 等开放式中文关系抽取系统。

实验采用 Tesla V100 的 GPU，32 GB 的 Video Mem，实验语言为 Python3.7，抽取模型采用 PaddlePaddle2.3.2 以及 PaddleNLP2.4.2 搭建。微调阶段，模型超参设置如下：隐藏层维度为 768 维，batch size 为 8，学习率为 4×10^{-5}，优化算法使用 AdamW[364]，进行 20 个 epoch 训练。数据集按照 6∶2∶2 的比例被随机划分为训练集、测试集和验证集，采用准确率、召回率及其调和平均数 $F1$ 来评价模型效果。对于 RTE 任务，当抽取出的主体、客体文本及关系类型完全与标注的三元组相匹配时，才认定为一个正确判例，实验结果如表 9-5 所示。

表 9-5　不同系统在测试集上的识别效果对比

模型	P（%）	R（%）	$F1$ 值（%）	识别出的总数	正确识别个数
Paddle UIE	50.41	56.36	53.22	123	62
CasRel	31.25	13.64	18.99	48	15
SpERT	46.67	25.45	32.94	60	28
CORE	0	0	0	5	0

可以看出在少样本设置下，Paddle UIE 在 3 个指标上都取得了大大优于基线的结果，既能抽取出最全的三元组集，同时也能产生最好的精度，验证了提示学习在少样本场景下的优越性。当然，性能的提高也与选择的预训练模型有一定关系，Paddle UIE 采用百亿级参数模型 ERNIE3.0 进行编码，基于大规模知识图谱与大规模文本数据进行联合掩码训练，在 45 个中文自然语言理解任务上的表现均优于最先进的模型。而 CasRel 和 SpERT 都是采用 BERT 编码层获取字表征，BERT 仅使用百科类语料，缺乏大规模知识指导学习，性能较之 ERNIE3.0 来说自然一般。CORE 的效果最差，$F1$ 值最低，为 0%，这与其过多的依存语义范式约束有关，在关系模式过滤阶段删掉大量有用的关系实例，导致无法有效地针对特定领域进行关系抽取，可见这种开放知识抽取与上面限定关系抽取方法相比仍有很大差距。

9.3.3　实体对齐和关系清洗

我们对剩余未标注的 15739 个句子进行三元组的自动抽取，经过去重，共抽取出 21457 个三元组，部分抽取结果如表 9-6 所示。在 4 个例句中，与人工评估抽取正确的三元组相比，自动抽取出来的结果主要存在新增三元组的问题。例如，句子 1 中的两个实体"组合信度"和"模型内在质量"有"测量""相关"和"用于"三种关系，实际上除了第一个，后面两个关系都是被错误抽取出来的。同样地，句子 2 和句子 3 也存在同样的问题，这和 Paddle UIE 的抽取过程有关。Paddle UIE 会把每一种关系类型都与头实体组成一个提示来预测可能的尾实体，虽然这种识别方式能有效解决单实体重叠和实体关系重叠问题，但也带来了较多的冗余信息，并且观察句子 2 和句子 3 中的三元组可以发现，其中的头实体"最小可信度"和"最小置信度"实际指的是同一个实体，只是由于不同的来源对同一个实体存在不同表述。

表 9-6　部分抽取结果对比

示例	增加的三元组	缺失的三元组
句子 1："组合信度（Composite Reliability，CR）是模型内在质量的重要衡量标准之一。" 　　正确的三元组：（组合信度，同义，Composite Reliability）；（组合信度，同义，CR）；（组合信度，测量，模型内在质量）（$P=0.972427$）	（组合信度，相关，模型内在质量）（$P=0.959247$）；（组合信度，用于，模型内在质量）（$P=0.863527$）；	无
句子 2："规则的最小可信度（Minimum Confidence）表示关联规则需要满足的最低可靠性。" 　　正确的三元组：（最小可信度，同义，Minimum Confidence）；（最小可信度，测量，最低可靠性）	（最小可信度，相关，最低可靠性）	无
句子 3："通过调节最小置信度和最小支持度调节关联规则数量获得最有效的关联规则。" 　　正确的三元组：（最小置信度，相关，关联规则）；（最小支持度，相关，关联规则）	（最小置信度，测量，关联规则）；（最小支持度，测量，关联规则）	（最小支持度，相关，关联规则）

续表9-6

示例	增加的三元组	缺失的三元组
句子4:"在完成初稿后,本研究开展问卷预测试($n=78$)以检验量表的信度和效度。" 正确的三元组:(问卷预测试,输出,信度和效度)	(问卷预测试,同义,$n=78$)	无

因此,经由上述抽取步骤获取的三元组往往存在实体冗余、语义关系错误及噪声数据等问题,不能直接应用于 LISKG 的构建,还需要进行实体对齐和关系清洗,具体算法描述如表 9-7 所示。

表 9-7　实体对齐和关系清洗的算法描述

输入:抽取出的三元组列表和对应的概率列表
输出:过滤后的三元组列表
步骤:1. 正则过滤:使用正则表达式过滤掉实体名中包含"="" ∈ "等特殊符号的噪声三元组
　　 2. 实体对齐
　　　　1)基于字符串匹配找到头实体或尾实体相似的三元组
　　　　2)规范化实体名格式(统一大小写,删除多余字符等)
　　　　3)合并语义相同的实体
　　 3. 关系清洗
　　　　1)对于同一对头尾实体,保留概率最大的关系
　　　　2)删除概率较低的重复三元组

这样,最终形成包含 11128 个三元组的图情领域知识图谱 LISKG,其中节点数为 9377,关系数为 11128。考虑到人工标注 LISKG 检测准确率是一个巨大的工程,人工标准所有数据不现实,这里需要进行抽样(sampling),用样本的准确率均值来估计总体的准确率。常用抽样方法包括简单随机抽样、系统抽样、分层抽样和整群抽样。[①]

[①] 数据应用学院:《长文详解统计学中的抽样技术》,见 https://zhuanlan.zhihu.com/p/379803555。

1. 简单随机抽样（simple sampling）

对调查总体中的所有个体进行统一编号（1、2、3…N，其中，N 为总数），遵循随机原则，采用不放回抽取的方法，从总体中抽取 n 个个体组成样本。这种抽样方法简单易行，但当总体过多时，编号会比较困难。

2. 系统抽样（systematic sampling）

系统抽样又叫等距抽样，当总体中的个体数较多时，可以采用这种抽样方法。这时，先将总体分成均衡的 $K=N/n$（式中，N 为总体单位总数，n 为样本容量）个部分，接着在 $1 \sim K$ 中抽一随机数 k_1 作为样本的第一个个体，接着取 $K+k_1$，$2K+k_1$，……，直至抽够 n 个个体为止。它的抽样误差比简单随机抽样小，但可能导致偏差。

3. 分层抽样（stratified sampling）

先将总体根据不同特征分层，层内个体是同类，层间个体是异类，再在各层随机抽样。当层与层之间的差异较小时，分层抽样失去意义。

4. 整群抽样（cluster sampling）

整群抽样又叫聚类抽样，可以通过单阶段整群抽样（随机选择整群，并调查整群中的每一个个体）和两阶段整群抽样（先随机选择整群，再随机选择个体）两种方式进行。这种抽样方法适用于群间差异较小的情形，在大规模调查中，整群抽样易于组织，可节省人力、物力。

这里，我们使用随机聚类抽样方法[408]，对构建的 LISKG 质量进行评估。具体来说，将 9377 个不同实体，按照具有相同头实体的原则划分成 6362 个实体簇，随机选择 5 个实体簇，共 141 个关系三元组，由一位图情领域专家手工标注"0/1（正确/不正确）"进而计算出三元组抽取的正确比率，其精确度为 72.3%，这表明图谱在实际应用中是可行的。

9.4　LISKG 的存储

如表 9-8 所示，经过知识图谱构建操作后，我们已经有了大量的三元组知识。那么要怎样来存储这些三元组知识呢？本节着重探讨如何将抽取出的三元组结构导入到 Neo4j 图数据库①中进行结构化的存储。

表 9-8 LIS 的 SPO 三元组示例

序号	头实体（Subject）	头实体类型	关系	尾实体（Object）	尾实体类型
1	引文统计	方法	属于	人文学科	研究范畴
2	活动参与量	指标	测量	图书流通量	指标
3	书坊阅读空间	资源	属于	公共阅读空间	资源
4	情报语言学理论	方法	用于	自然语言处理	研究范畴
5	卷积神经网络	方法	同义	CNN	方法
6	Zaker	工具	属于	社会化阅读 App	工具
7	语义差异表	指标	测量	满意度	指标
8	平板电脑	工具	属于	数字阅读终端设备	工具
9	数据素养通识教育	研究范畴	属于	数据素养教育	研究范畴
10	CRF 方法	方法	同义	条件随机场模型	方法

9.4.1 图数据库的优势

目前数据存储方式主要有关系数据库和图数据库 2 种方式。关系数据库使用二维表格来存放数据，多表之间通过外键实现关联。关系数据库的存储方式在知识图谱规模比较小的时候是可行的，但是如果图谱规模变大了，是否依然可行呢？举个例子，假使我们有了"论文+作者+期刊"这样一个学术知识图谱，现在想查询"与×××作者有合作关系的作者有哪些？"，就需要对如图 9-8(a) 中的关系型数据库做 2 次连接（join）操作。

步骤 1：根据作者姓名，查询 "Author" 表，在表中把作者 id 检索出来。

步骤 2：根据作者 id，join "Paper" 表，把包含该作者 id 的所有"autherIDList"记录都检索出来。

步骤 3：根据检索出来的记录所包含的合作作者 id，join "Author" 表，在表中把合作作者 "name" 记录检索出来。

---

① Neo4J：*Neo4j Graph Database & Analytics | Graph Database Management System*，见 https://neo4j.com。

步骤4：循环以上步骤直至"Paper"表末。

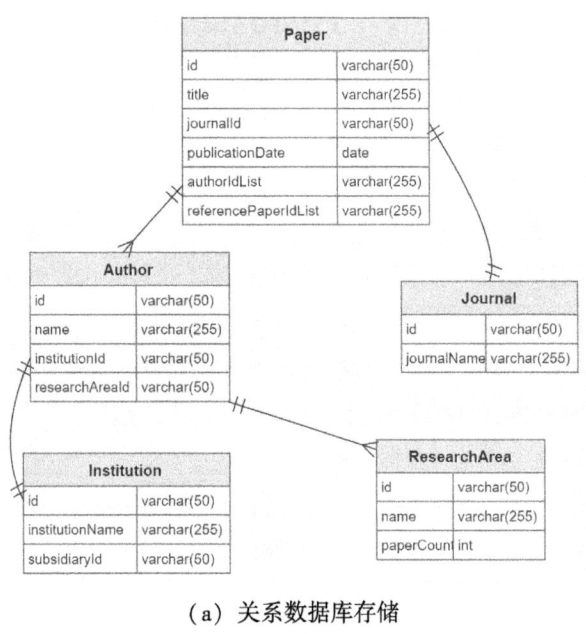

(a) 关系数据库存储

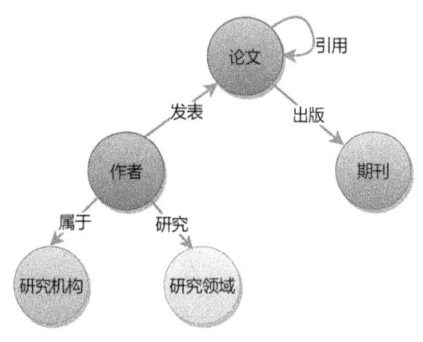

(b) 图数据库存储

图 9-8　两种存储模型

可以看出，在关系数据库中，每个表采用物理分隔的方式存储，因此，建立两个表之间的关联慢，而且需要中间表过度，当涉及对实体及其关系的大量操作时，会产生大量的表连接，从而导致性能急剧下降。与关系数据库不同，图数据库的基本组成元素是 Nodes（节点），节点可以包含 Properties（属性）和 Relationships（关系），前者是节点所特有的属性，后者是节点之间的联系。节点的分类可以通过 Labels（标签）进行实现。通过节点和关系的组合，形成了一个大的网状结构。如图9-8(b)所示，从"作者"节点，通过"发表"关系指向"论文"节点，基于这种关系我们可以很容易地找出与×××作者存在合作关系的其他作者，只需查看指向同一篇论文的情况即可，这使得查询性能大大提高。

总之，面对海量数据的存储问题，传统的关系数据库无法高效、便捷地对其进行存储与处理，已难以满足大多数日常数据存储的需求，而图数据库的数据结构灵活，具有天然的优势，更适合解决复杂的关系问题。

9.4.2　基于Neo4j存储知识图谱

全球知名的数据库流行度排行榜网站DB-Engines每月根据受欢迎程度对数据库管理系统进行排名，图9-9是截至2023年6月各大图数据库的市场占有情况。

Rank			DBMS	Database Model	Score		
Jun 2023	May 2023	Jun 2022			Jun 2023	May 2023	Jun 2022
1.	1.	1.	Neo4j	Graph	52.77	+1.66	-6.76
2.	2.	2.	Microsoft Azure Cosmos DB	Multi-model	36.57	+0.58	-4.41
3.	3.	3.	Virtuoso	Multi-model	5.24	-0.33	-0.93
4.	4.	4.	ArangoDB	Multi-model	4.89	+0.01	-0.61
5.	5.	5.	OrientDB	Multi-model	4.53	+0.03	-0.33
6.	6.	6.	Amazon Neptune	Multi-model	3.03	+0.13	+0.21
7.	7.	↑8.	JanusGraph	Graph	2.83	+0.15	+0.43
8.	8.	↑19.	Memgraph	Graph	2.82	+0.18	+2.38
9.	9.	↑15.	NebulaGraph	Graph	2.72	+0.11	+1.61
10.	10.	↓7.	GraphDB	Multi-model	2.55	+0.07	-0.07
11.	11.	↓9.	TigerGraph	Graph	2.20	+0.17	+0.18
12.	12.	↓10.	Stardog	Multi-model	1.98	+0.08	+0.23
13.	13.	↓12.	Fauna	Multi-model	1.80	-0.08	+0.47
14.	14.	↓11.	Dgraph	Graph	1.76	-0.12	+0.37
15.	15.	↓13.	Giraph	Graph	1.56	-0.09	+0.34
16.	16.	↓14.	AllegroGraph	Multi-model	1.36	-0.12	+0.25
17.	17.	↑18.	TypeDB	Multi-model	1.31	-0.09	+0.60
18.	18.	↓17.	Blazegraph	Multi-model	1.15	+0.00	+0.28
19.	19.	↓16.	Graph Engine	Multi-model	0.91	-0.11	+0.03
20.	20.		SurrealDB	Multi-model	0.85	+0.04	

图9-9　DB-Engines图数据库管理系统排名①

---

① Redgate Software：*DB-Engines Ranking-popularity Ranking of Database Management Systems*，见https://db-engines.com/en/ranking。

由图 9-9 可知，最常用的图数据库是 Neo4j。Neo4j 只遍历与本次查询相关的节点，从该节点开始，根据其连接关系进行邻近节点的查询。这种查询不需要搜索整个图数据库的数据，表现出高效的查询性能，这也使得 Neo4j 成为进行图数据查询与存储的理想数据库。因此，我们也选择了 Neo4j 进行三元组的存储和管理。

为了实现 LISKG 的存储，需要将 LISKG 中的三元组数据映射到 Neo4j 的数据表中，形成 Neo4j 的实体节点和边关系。我们采用 Python 语言开发，利用 pandas 库将 excel 中三元组数据抽取，头实体、尾实体为节点，关系为边，插入 Neo4j 数据库中，构建相关知识图谱，具体过程如下。

步骤 1：在 Python 调用 py2neo 库来读取 Neo4j 数据库，调用 pandas 库来读取 excel 文件。

1. from py2neo import Graph, Node, Relationship, NodeMatcher
2. import pandas as pd

步骤 2：连接 Neo4j 数据库。

3. graph = Graph("http://localhost:7474", user="neo4j", password="替换为您的密码")

步骤 3：调用 pandas 库读取 filename 文件，并将头实体和类型、关系、尾实体和类型读取到相应变量里。

4.   df = pd.read_excel(filename)
5.   for i in range(df.shape[0]):
6.   sname=str(df.iloc[i,0]).replace("'","'")
7.   stype=df.iloc[i,1]
8.   relation=df.iloc[i,2]
9.   oname=str(df.iloc[i,3]).replace("'","'")
10.   otype=df.iloc[i,4]

步骤 4：按照头实体的类型和值在 Neo4j 中创建一个相应节点。

11.   snode = Node(stype, name = sname)
12.   graph.create(snode)

步骤 5：按照尾实体的类型和值在 Neo4j 中创建一个相应节点。

13.   dnode = Node(otype, name = oname)

```
14.    graph.create(dnode)
```

步骤 6：按照关系类型在 Neo4j 中创建连接上述头节点和尾节点的边。

```
15.    reledge = Relationship(snode, relation, dnode)
16.    graph.create(reledge)
```

将数据导入 Neo4j 后，便可以通过 Cypher 语言查询和管理数据。Cypher 是图的一种声明性文本查询语，和 SQL 一样，包含语句、关键词和表达式（如 WHERE、ORDER BY、AND 等）。不同的地方是，Cypher 添加了一个特殊子句 MATCH 来表达图模式，关系的箭头表示为"-->"①。以图 9-8 为例，我们要查询"所有作者"，SQL 的写法如下：

SELECT id,name
FROM Author

而要查询"与某个作者存在合作关系的其他作者"，SQL 需要多级查询，Cypher 则可以通过适当的关系表达来进行任何深度的查询。在这里，Cypher 写法如下：

MATCH (a1:Author)-[:PUBLISHED]->(:Paper)<-[:PUBLISHED]-(a2:Author)
WHERE a1.name = '目标作者的名字'
RETURN a2.name

再如，我们需要查询一个名为"LDA 模型"的节点，在查询区域输入"MATCH (n)-[r]-(m) WHERE n.name='LDA 模型' OR m.name='LDA 模型' RETURN n,r,m"即可以将该节点展示出来。

图 9-10 展示了以"LDA 模型"为关键词，查询路径长度为 3 得到的图结构。图中有 13 个实体节点和 14 个边关系，不同颜色的节点表示不同类型的实体，以方法节点"LDA 模型"为中心，用户除了可以直观地看到与之关联的其他实体节点，包括输入格式、上层方法、应用领域等，还可以通过知识间的关联了解到基于 LDA 模型实现科技创新主题演化路径的识别方法，有助于用户通过知识扩散获得更加全面的知识。

---

① 数据大鱼：《图数据库 Neo4j Cypher 实战（一）：从 SQL 到 Cypher 实操指南》，见 https://zhuanlan.zhihu.com/p/142232390。

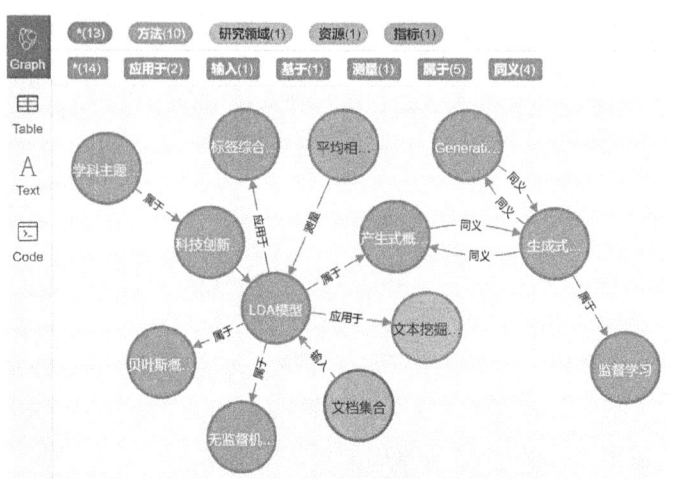

图 9-10 Neo4j 的图结构

9.5 知识图谱的可视化

可视化是人机交互的接口，也是解决知识表示、知识抽取、知识融合和知识处理等知识图谱问题的关键[409]，在知识图谱的实际应用过程中，可视分析技术能够帮助用户基于实际需求来选择恰当的展示形式和内容。本节主要对几种常用的可视化工具进行了介绍，并探讨了基于 Echarts 实现 LISKG 的可视化展示。通过这种可视化方式，促进用户对实体关系的理解、分析、推理和预测。

知识图谱可视化工具是指能够将知识图谱中的实体、关系、属性等信息以图形化的方式展示出来的工具，如表 9-9 所示是一些常用的知识图谱可视化工具介绍。

表 9-9 主流可视化工具对比

	输入格式	输出格式	类别	主要功能
Gephi	支持如 CSV、Excel、GEXF、GML、Pajek NET 等	PNG、PDF、SVG 等格式	软件平台	计算网络属性如节点的中心性、边的权重、社区划分等

续表9-9

	输入格式	输出格式	类别	主要功能
Tableau	支持如 Excel、CSV 等文件	PNG、PDF、SVG 等格式	软件平台	轻松地创建和修改各种数据可视化如散点图、树形图、网络图、时间轴等
Cytoscape	支持如 CSV、Excel、JSON、SIF、OWL、RDF、XGMML、GML、GraphML 等	PNG、JPG、PDF、SVG、JSON、SIF、XGMML、GraphML 等格式	软件平台	计算网络的拓扑特征等，也可以进行基于逻辑的推理、基于图的推理和基于深度学习的推理等
Echarts	支持如 JSON、CSV、Excel 等文件	Canvas、SVG、PNG、VML、HTML 等格式	可视化图表库	提供 20 多种图表和十几种组件，支持数据过滤、聚类、回归分析等
Cytoscape.js	支持 JSON 格式	PNG、JPG、JSON 等格式	可视化图表库	支持在节点上渲染图形图像，内置支持桌面和触摸上的标准手势，支持集合论运算
D3.js	支持从本地或网络加载 CSV、JSON、TSV、XML 等格式文件	SVG 格式	可视化图表库	可以以数据驱动的方式添加、删除和修改 HTML 和 SVG 元素

（1）Gephi 是一款开源免费跨平台基于 JVM 的复杂网络分析软件，其前身是 2006 年开发的 Graphiltre，2007 年正式更名为 Gephi 0.5[410]，目前最新版本为 0.92。它主要用于复杂网络如社交网络、生物网络的可视化分析。

（2）Tableau 是 2003 年斯坦福大学一个计算机科学项目的成果，该项目旨在改善分析流程，帮助用户更轻松地分析数据，并以美观的图表和仪表板的形式展示和分享。

（3）Cytoscape 源自系统生物学，用于生物分子交互网络的研究，后来扩展到其他领域，如社会网络、知识图谱、语义网等，是一款专注于开源网络可视化和分析的软件。

（4）Echarts 是一款基于 JavaScript 的开源可视化图表库，由百度前端技术部开发，遵循 Apache-2.0 开源协议。Echarts 支持多种交互方式，如缩放、拖拽、刷选、漫游等，可以让用户更直观地探索和分析数据；也支持多种事件监听和响应，可以实现自定义的交互逻辑和功能（见图 9-11）。

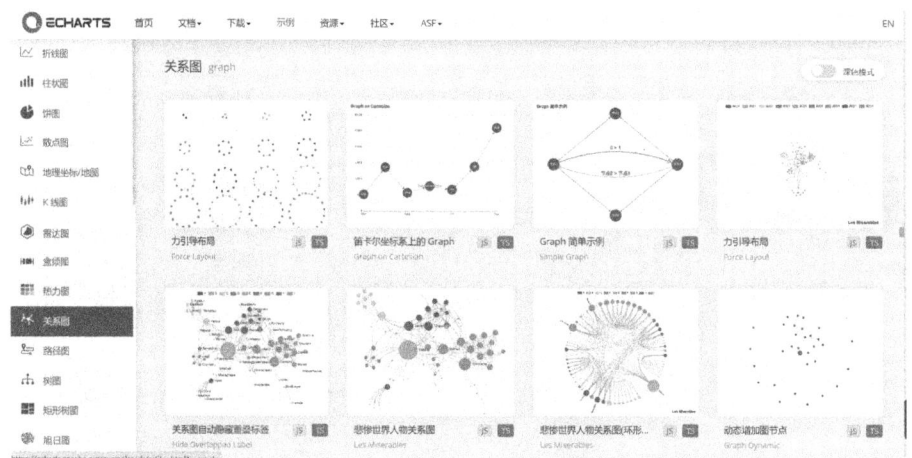

图 9-11　Echarts 可视化界面

图片来源：https://echarts.apache.org。

（5）Cytoscape.js 也是一款基于 JavaScript 的开源网络分析和可视化库，是 Cytoscape 的 Web 版本，可以在浏览器或 Node.js 中运行。

（6）D3.js（Data-Driven Documents，数据驱动文件）也是一款基于 JavaScript 的开源数据可视化库。D3 通过使用 HTML、CSS 和 SVG 来渲染精美的图表和分析图，能够在所有主流浏览器上使用，但它提供的 API 偏向底层，上手难度较大，编码效率不高。

由于 Echarts 是百度公司开源的使用 JavaScript 实现的可视化库，交互丰富，因此，这里我们采用 Echarts 组件进行 LISKG 的可视化，下面是前端用 Echarts 组件实现可视化的具体过程。

步骤 1：给 Echarts 准备一个容器。

```
1.    <div class = "col-md-12">
2.      <div class="panel panel-default">
3.        <header class="panel-heading">
4.          关系图：
5.        </header>
```

```
6.    <div class = "panel-body">
7.        <div id="graph" style="width:90%;height:600px;"></div>
8.    </div>
9.  </div>
10. </div>
```

步骤2：引入 Echarts 和 JQuery 组件。

```
11. <script src="/static/js/jquery.min.js"></script>
12. <script type="text/javascript" src="/static/js/echarts.min.js"></script>
```

步骤3：将查询返回的 JSON 数据（包含头实体、关系和尾实体），保存到 data 和 links 列表，data 是节点列表，links 是边列表，用于 Echarts 可视化。

```
13. <script type="text/javascript">
14.   for( var i = 0 ;i < predicates[0].length ; i++ ){
15.       curdata = data.findIndex((item) => item['name'] == predicates[0][i]['source']);
          // 找不到返回-1
16.       hnode = {} ;
17.       stype = predicates[0][i]['stype']
18.       if ( curdata<0 ){
19.           //获取 hnode
20.           hnode['name'] = predicates[0][i]['source'];
21.
22.           hnode['category'] = stype;
23.           hnode['des'] = stype ;
24.           hnode['url'] = 'search_baidu_entity?user_text='+predicates[0][i]['source'];
25.           nodeid = id.toString() ;
26.           hnode['id'] = nodeid ;
27.           id++ ;
28.           data.push(hnode) ;
29.       }else{
30.           hnode['id'] = curdata;
31.       }
32.       curdata = data.findIndex((item) => item['name'] == predicates[0][i]['target']); // 找不到返回-1
```

```
33.     tnode = {};
34.     etype=predicates[0][i]['etype']
35.     if(curdata<0){
36.         //获取 tnode
37.         tnode['name'] = predicates[0][i]['target'];
38.         tnode['category'] = etype;
39.         tnode['des'] = etype;
40.         tnode['url']='search_baidu_entity?user_text='+predicates[0][i]['target']
41.         nodeid = id.toString();
42.         tnode['id'] = nodeid;
43.         id++;
44.         data.push(tnode);
45.     }else{
46.         tnode['id']=curdata;
47.     }
48.     //获取 relation
49.     relation = {};
50.     relation['source'] = hnode['id'];
51.     relation['target'] = tnode['id'];
52.     relation['value'] = predicates[0][i]['rel_type'];
53.     links.push(relation);
54. }
```

步骤4：调用 setOption 方法对 Echarts 进行配置，采用力引导布局，引入上述 data 和 links 列表，渲染成对应的知识图谱。

9.6 本章小结

本章我们深入探索了适用于大数据环境下领域知识图谱构建的方法、技术和手段，提出基于 Paddle UIE 的关系三元组抽取方法，通过为输入文本增加合适的提示，帮助文心大模型 ERNIE3.0 更好地理解抽取任务，实现在少量标注样本情况下的抽取任务。在模式层面，参考了 SciERC 数据集的标注方案，定义了6种实体类别和10种关系类型；在数据层面，充分利用学术文献丰富和专业的知识体系，从图情领域的100篇期刊文献全文中抽取出11128个关系三元组，在一定程度上解决了人工标注成本高、周期长的问题。不同于微软的MAG、清华大学的AMiner及上海交大的AceKG等这类科学知识图谱，我们的研究重点并不是基于文献的外部特征如作者、题名、关键词、出版物、机构等构建知识关联，而是尝试对图情领域学术文献内容中的实体和关系做形式化定义，为构建领域知识图谱及基于领域知识图谱的智能知识服务与应用提供技术支撑。

当然，在领域知识图谱构建的各关键环节都面临着一些巨大的困难和挑战：

（1）中文命名实体的结构复杂，学术文献中的实体及关系抽取更加复杂，特别是在面向特定领域时，在低资源情况下构建高性能抽取模型仍然很具挑战性。在基于prompt的微调方法中，模型的表现依赖于使用的模板，不同的模板对最终结果影响很大。[411] 因此，如何设计最合适的prompt让语言模型可以理解要解决的任务是一个非常值得研究的方向。

（2）知识图谱是一种经典的语义网，其内容由实体及它们之间的关系构成。这个关系在不同的场景下，既可以是relation（关系），对应的三元组如（paper, paper_is_written_by, author），也可以是property（属性），对应的三元组如（paper, paper_citation_count, n），目前我们的工作主要聚焦于关系三元组的抽取，对于属性三元组的抽取研究尚未开展。

10 基于领域知识图谱的探索式搜索

特定领域中的信息检索系统，往往因为用户自身领域知识不足而存在检索效率低下的问题。现有的面向特定领域的知识组织工具，如领域知识图谱，可以有效缓解这一问题，但是如何将其更好地嵌入现有信息检索系统是目前尚未解决的问题。本章，我们在上一章已构建的图情领域知识图谱 LISKG 的基础上，开发了一个基于可交互图情领域知识图谱的原型检索系统，并设计了两个搜索任务，通过实验验证该检索系统在学术探索式搜索中的可行性。

10.1　知识图谱在探索式搜索中的应用

在解决复杂任务的过程中,为了找到相关信息,用户需要多次交互性迭代查询,通过浏览结果页面学习新的知识,进行下一步的搜索学习[412],该过程也称为探索式搜索。在此过程中,用户不仅需要耗费精力去分析和过滤搜索结果,而且其搜索的兴趣点也容易被当前的搜索结果所转移,造成查询漂移。因此,如何引导用户在高复杂度但低熟悉度的目标领域发现相关信息成为探索式搜索研究的关键问题之一。利用知识组织工具或方法(如知识图谱)优化特定领域检索场景下用户交互式搜索过程、提高用户探索式搜索效果具有重要意义。

应用知识图谱最初的目的就在于通过整合多源异构数据、处理多维复杂关系及实现可视化展示,从而提升搜索引擎的检索效果与信息呈现能力。自2012年Google搜索首次融入知识图谱技术来改善搜索、提升用户搜索体验后,知识图谱已被广泛应用于语义搜索、智能问答、个性化推荐等场景中,在医疗[413]、金融[414]、社交[415]、电商[416]及科学[389]等领域都有成功案例。随着知识图谱相关研究的不断深入,研究人员尝试用不同类型的技术手段来帮助用户更好地完成搜索任务。如Xu等[417]采用伪相关反馈策略,将在Wikipedia中检索到的N个离查询最近的文档作为扩展词来源;道尔顿(Dalton J)等[418]基于Wikipedia和Freebase进行链接实体的查询特征扩展;深泽(Fukazawa Y)等[419]提出基于ConceptNet加权查询扩展算法,最终返回给用户的将是更符合其检索意图的检索结果。这些方法主要基于通用知识图谱计算信息与查询词之间的语义关联程度来完成下一步查询关键词的推荐。实际上,用户的领域知识会影响搜索行为的认知阶段变化,[420]因此,针对用户不了解目标领域的知识内容与构成的问题,将领域知识图谱引入探索式搜索系统设计,将更多与当前学术搜索相关联的信息呈现给用户,使用户在目标领域的检索过程中,通过不断与系统交互来完善认知结构[421],并最终获得所需信息是我们研究的重点。

10.2 经典检索模型概述

文本检索最为关键的就是检索模型架构,它将直接影响检索质量。当用户输入检索词以后,检索模型就会对用户输入的查询构造相应的查询表示,再判断哪些文档是相关的,并按照相关程度排序输出。传统信息检索方法主要分为基于统计的方法和基于语义的方法两大类别。基于统计的方法根据文档表示机制的异同又可以细分为三类:一是基于集合论的布尔模型;二是基于代数的向量空间模型;三是基于概率论的概率模型。[422] 由于概率模型与向量空间模型在文本表示形式上存在相似性,均采用"词+权重"的结构化表示,且检索结果均通过权重计算得分进行量化排序筛选,因此,为避免内容重复,本节将重点阐述布尔模型、向量空间模型和基于语义的检索模型。

10.2.1 布尔模型

布尔模型(Boolean Model)的检索策略是完全匹配,即基于二值决策,不考虑检索词和文档词的权重,不存在部分匹配。以维基百科(2014年)为例,站点内部的搜索引擎采用传统的关键字匹配搜索,仅仅靠目标文档中是否包含用户查询所用的关键字来判断文档的相关性。比如,用户想了解检索中"相关反馈"方面的知识,假如输入的关键词是"用户反馈"的话,返回的结果都是文档内容中包含了关键词"用户反馈",但经过甄别,无一相关信息。又如,如果用户输入的关键词是"检索 反馈",返回的结果如图10-1所示。

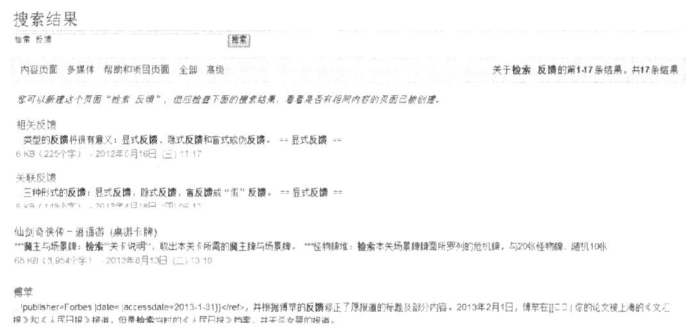

图10-1 "检索 反馈"检索示例

从图 10-1 可以看出：

（1）17 条返回结果中与用户需求相关的只有 2 条，信息噪音大，比如条目"仙剑奇侠传-逍遥游（桌游卡牌）"与用户需求完全不相关，用户必须花大量时间从结果中一一识别，这对于检索过程中的用户体验造成了伤害。

（2）由于采用布尔逻辑模型，检索过程中只需判断文档是否含有"检索 AND 反馈"，如果有，则文档的 RSV（Retrieval Status Value，检索状态值）[423] 为 1，判断为相关文档，否则 RSV 为 0，判断为不相关文档，这就导致无法对检索结果进行相关性排序。

10.2.2 向量空间模型

基于 VSM 的检索将文档和用户检索表示成由词（特征项）构成的高维向量，通过计算向量在高维空间中的夹角余弦等方法来衡量向量之间的相似度，相似度越高表明文档越接近检索要求。这种方法把对文本内容的处理简化为向量空间中的向量运算，大大提高了文本处理的速度和效率。但 VSM 在计算特征项权重时通常采用的 TF-IDF 方法是考虑特征项在文档中出现的频率，忽略了其出现的位置信息的重要性。

我们仍然以维基百科（2014 年）为例，事实上，维基百科包含很多解释文档，每个文档对应一个概念，文档内容是对该概念的解释，主要由标题、信息盒、全文段落、来源引用等组成。在解释文档不同位置出现的词语，其重要性是不同的。例如，解释文档的首段部分是对概念的基本定义，与主题的联系最为紧密，后续内容部分是对概念从不同角度的解释，以文本、列表、图表及外部链接等多种形式表示，其中最后部分的分类导航链接与主题联系的紧密程度最低。[424] 鉴于此，我们引入位置权重因子 λ，对中文维基百科解释文档 D_i 不同位置文本段中出现的特征项 t_k 进行统计，定义其权重 ω_{ik} 为

$$\omega_{ik} = \frac{(\lambda_1 tf_{ik_1} + \lambda_2 tf_{ik_2}) \times \log \frac{N}{df_k}}{\sqrt{\sum_{k=1}^{n}[(\lambda_1 tf_{ik_1} + \lambda_2 tf_{ik_2}) \times \log \frac{N}{df_k}]^2}} \tag{10-1}$$

其中，tf_{ik_1}、tf_{ik_2} 分别为特征项 t_k 在解释文档 D_i 的首段部分和后续内容部分出现的频率。N 为全部解释文档的数量。df_k 为含有特征项 t_k 的解释文档数

量。位置权重因子 λ 满足：

（1）如果特征项 t_k 出现在首段部分，则取 $\lambda_1 = 2$。

（2）如果特征项 t_k 出现在后续内容部分，则取 $\lambda_2 = 1$。

例如，我们选择了"人工智能""神经组织"和"人工神经网络"三个概念进行文本相似度分析，依次选取特征项个数为 10、20、30、40、50、60、70、80、90、100 进行试验。具体结果如图 10-2 所示。

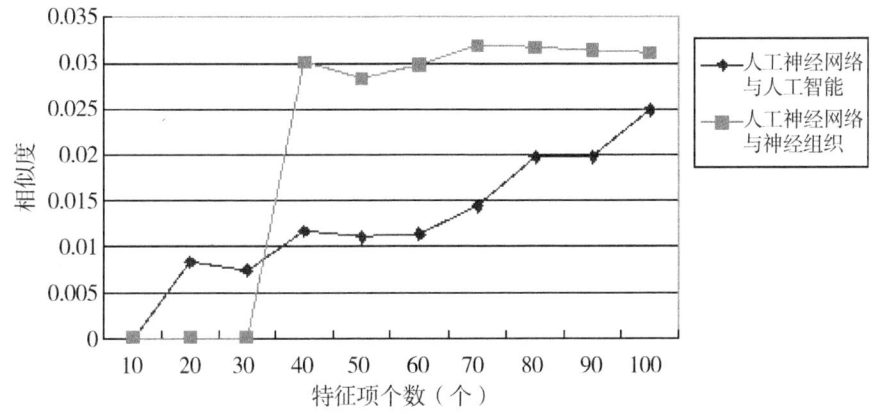

图 10-2　相似度随特征项个数的变化情况

从图 10-2 中可以看出，在特征项个数 >30 后，"人工神经网络"与"神经组织"解释文档的相似度远大于"人工神经网络"与"人工智能"解释文档的相似度。然而，人们利用背景知识，可以直观地判断出前两个概念的相似度应该小于后两个概念的相似度。究其原因，VSM 将文档视为若干相互独立的特征项的组合，假设词与词间不相关，损失了大量的文本结构和语义信息，因此对计算结果的可靠性造成一定的影响。

10.2.3　语义检索模型

无论是上面的布尔模型，还是向量空间模型，对文档和用户信息需求的表示和相似度计算都没有真正反映其语义。托梅克（Tomek S）指出："要使检索达到其最佳潜能，必须对文本和查询进行更深层次的语义分析。"[425]

和前面描述的检索模型一样，这里我们仍然以维基百科（2014 年）为例。为了便于管理，维基百科采用语义类别组织解释文档。每一篇维基百科的解释文档都会根据它的主题被划归到相应的类别下面。图10-3是其分类体系的部分展示。从拓扑结构上看,"页面分类"作为这个概念层次结构的根节点,下面有包括"自然科学""跨学科领域""应用科学"等22个子类别节点,并逐步细分直到叶子节点(即解释文档)。

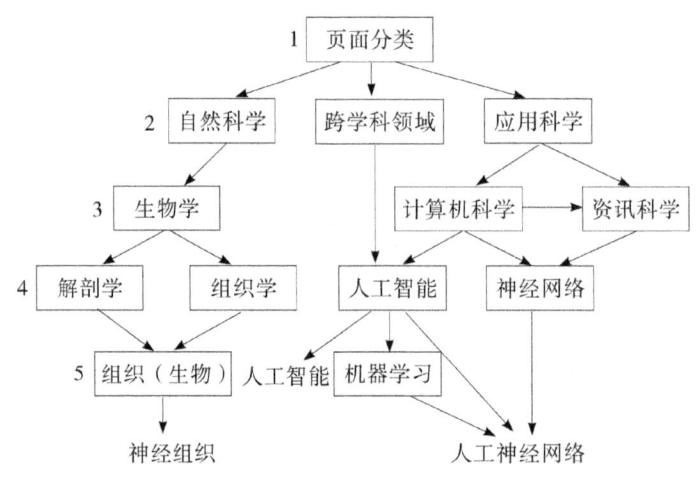

图10-3 中文维基百科分类体系部分展示

我们对利用维基百科的分类体系实现语义检索进行了有意义的尝试,主要工作分为两个步骤。

步骤1:基于文本重叠的检索词映射。文本重叠方法在本书的第3章详细描述过,这里,我们综合采用了第3章提到的莱斯克和班纳吉的方法,计算公式如下:

$$overlap(q, t) = \tanh \frac{\sum_{i=1}^{n} m_i^2}{length(q) + length(t)} \quad (10\text{-}2)$$

其中,n 表示经过分词后的检索词 q 和一个概念对应的解释文档首段 t 中共同出现的文本片段的个数,m_i 对应着第 i 个文本片段的字长,$length(q)$ 和 $length(t)$ 分别为检索词和解释文档首段的字长。文本重叠度越大,则检索词与概念的相关性越高。

例如,对检索词"检索反馈"和两个概念"关联反馈""仙剑奇侠传-逍遥游"进行相关性判断。检索词和概念对应的解释文档首段通过分词、停用词表、词性过滤之后得到的两个重叠词语集合为 {反馈/7} 和 { },根据公式（10-2）得到：

  $overlap$(检索反馈,关联反馈) = 0.275521

  $overlap$(检索反馈,仙剑奇侠传-逍遥游) = 0

  因此，相对于"仙剑奇侠传-逍遥游"，"关联反馈"与检索词"检索反馈"更为相关，这样检索词"检索反馈"就映射到"关联反馈"这个概念上了。

  步骤2：基于语义距离的文档相似度计算。基于语义距离的方法主要是通过计算概念节点在概念层次结构中的语义距离来计算概念间的语义相似度。与上面步骤一样，我们采用的是第3章吴（Wu Z）提出的寻找最近公共父节点来计算两个概念间语义相似度的方法。

  例如，在图10-3中，"人工智能"所属类别集合为｛人工智能｝，"人工神经网络"所属类别集合为｛机器学习、人工智能、神经网络、计算机科学、资讯科学｝，所以他们的最近公共父节点是"人工智能"，其在分类图中的深度为3，两个概念到他们最近公共父节点的距离都为1，由第3.3.2.1节中公式（3-1）计算两个概念的语义相关度如下：

$$Sim(人工神经网络,人工智能)_{wup} = \frac{2 \times 3}{1 + 1 + 2 \times 3} = 0.75$$

同理，可得：

$$Sim(人工神经网络,神经组织)_{wup} = 0.588235$$

因此，Sim(人工神经网络，人工智能)$_{wup}$ > Sim(人工神经网络，神经组织)$_{wup}$。与前面位置加权VSM相比，通过语义距离得到的三个概念的语义相似度更加符合人们的认知。

  为验证基于分类体系的语义检索模型的可行性和有效性，我们还精心设计了一个用于测试的检索集合。该集合由20篇解释文档组成，包含与"数据挖掘算法"相关的文档8篇，不相关的文档12篇，如表10-1所示。

表10-1 文档集描述

相关文档	不相关文档
K平均算法, ID3算法, 先验算法, 决策树, 支持向量机, 朴素贝叶斯分类器, C4.5算法, 关联式规则	迪科斯彻算法, Risch算法, 信息可视化, Mathematica, 数值线性代数, 工业工程学, 矩阵, 数据视觉化, 微软亚洲研究院, 中华文化, 清华大学交叉信息研究院, 阿尔托大学理工学院

接着对三种检索模式在检准率、检全率及运行时间方面展开实验比较。实验是在 CPU 为 Intel i5-3427U（1.8 GHz）、内存为 2.17 GB、操作系统为 Windows7 的机器上进行的。在位置加权 VSM 中，综合考虑精度、时间复杂度、空间复杂度等方面的要求，设定特征项个数=40，阈值>0。在基于分类体系的语义检索模型中，设定阈值≥0.6。在检索系统中，设定检索词为"数据挖掘算法"，分别在三种检索模式下计算检索词与检索文档之间的相似度，得到了检准率、检全率及运行时间的结果（见表10-2）。

表 10-2 检索结果对比

	返回的文档数目（篇）	检全率（%）	检准率（%）	检索时间（秒）
传统检索模型	11	37.5	27.3	1.688
位置加权 VSM	10	75	60	2.685
基于分类图的语义检索模型	10	87.5	70	0.5

通过表 10-2 不难看出：相对于维基百科的传统检索模型，位置加权向量空间模型通过改进特征项权重的计算方法，使检索系统在检准率和检全率上得到较大改善，但运行时间相对较长。基于分类图的语义检索模型，检索时间为 0.5 秒，是三种检索模型中时间代价花费最少的；同时检准率和检全率相对于传统检索模型提高了 42.7% 和 50%，相对于位置加权 VSM 提高了 10% 和 12.5%，充分证明了该检索模型的可行性和有效性。

10.3 基于 LISKG 的探索式搜索系统原型开发

在探索式搜索中，用户对自己想要搜索的目标领域内容可能仅有一个模糊的概念，输入的查询不能准确地表达其信息需求，而针对查询词的语义扩展主要是实现同义、上下位等的扩展，这种宽泛的查询反而增大了搜索结果的不确定性。[426] 而我们尝试设计并实现的探索式搜索系统并不给出推荐的查询，而是借助领域知识图谱结构化的知识表示方式，将更多与当前搜索关联的目标领域内信息呈现给用户，帮助用户探索问题领域，快速形成明确的搜索目标。

10.3.1 系统原型开发环境搭建

搜索平台基于 Django 开源 Web 开发框架进行开发。整个平台遵循 MTV 结构将系统的数据存储层（Model）、业务处理层（View）和查询交互层（Template）进行分离（见图 10-4）。

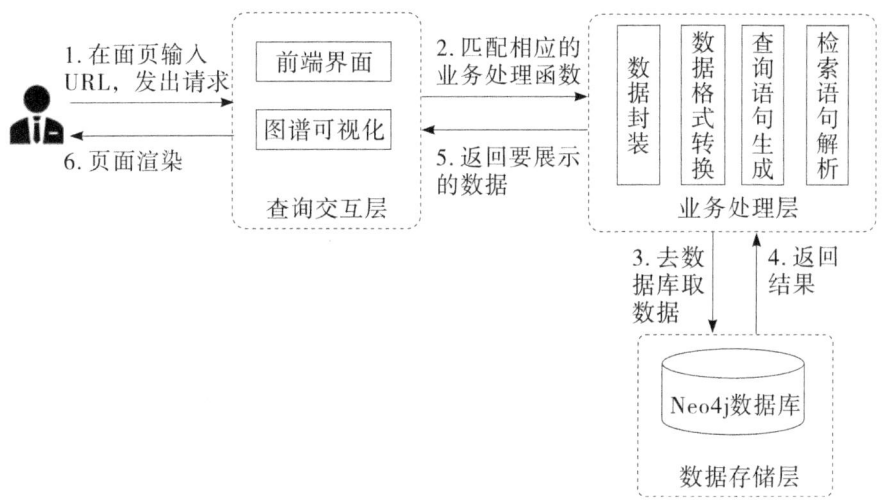

图 10-4 原型系统的三层架构

10.3.1.1 数据存储层

若将知识图谱视为一种带标签的有向图，则知识图谱中的每个三元组结构均可表示为图论中有向图的节点→带标签的有向边→节点，因此，我们选择 Neo4j-Community-3.5.13 图数据库进行三元组的存储和管理。将数据导入 Neo4j 后，便可以通过 Cypher 语言查询和管理数据。

10.3.1.2 业务处理层

业务处理层负责接收客户端请求，并调用数据存储层来实现和 Neo4j 数据库的交互。当用户输入检索词后，业务处理层会通过自定义图情领域词典判断检索词是否与 LISKG 中的实体形成映射。以检索词="问卷"为例，检索词与领域词典中的词汇精确匹配,直接生成 Cypher 查询语句"MATCH (s)-[r]-(o) WHERE s.name='问卷' RETURN s,r,o",提交至 Neo4j 执行查询,返回结果如图 10-5(a) 所示。

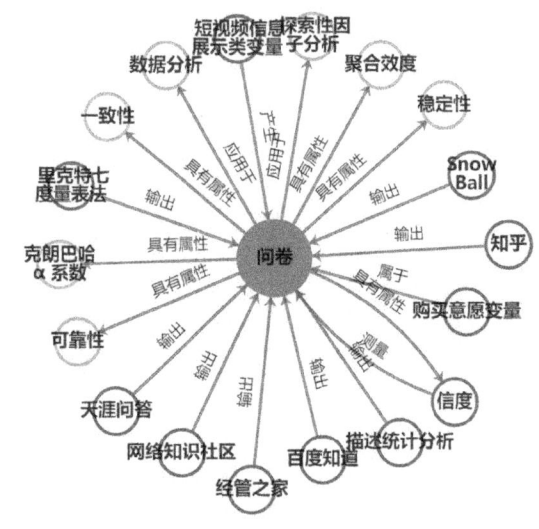

(a) 检索词="问卷"

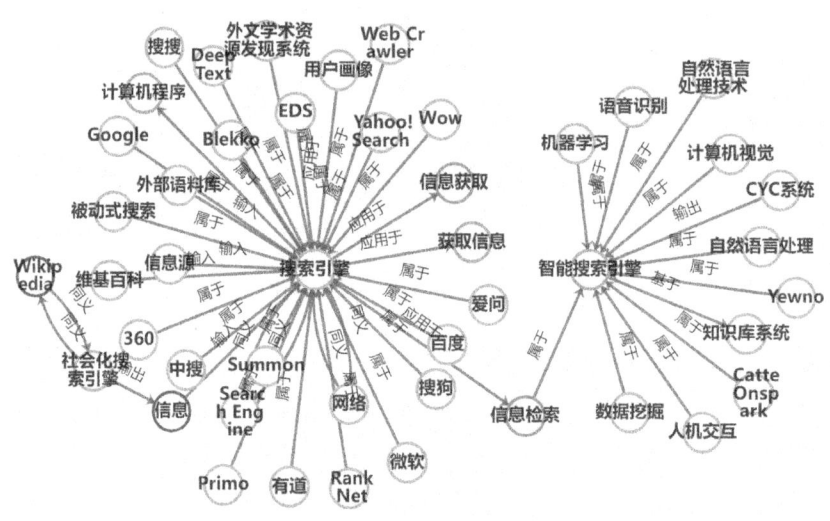

(b) 检索词="搜索"

图 10-5 Neo4j 中与查询相关的节点关系

但实际情况,用户由于缺乏相关背景知识,通常无法准确描述查询意图,导致检索词与领域词典中的词汇无法直接匹配。如图 10-5(b) 所示,系统会生成Cypher模糊查询语句"MATCH (s)-[r]-(o) WHERE s.name contains '搜索' RETURN s,r,o"。

10.3.1.3 查询交互层

检索系统主界面如图10-6所示，与一般的搜索引擎主界面相似，包含可以键入检索词的文本框。当用户输入检索词后，系统会将检索词同时传给页面左侧和右侧区域。左侧Baidu搜索模块通过调用百度的搜索引擎服务，直接列出匹配到的相关文档列表；右侧图谱展示模块通过自定义图情领域词典判断检索词是否与LISKG中的实体形成映射，从而进行精准查询或模糊查询，并返回结果到主界面。

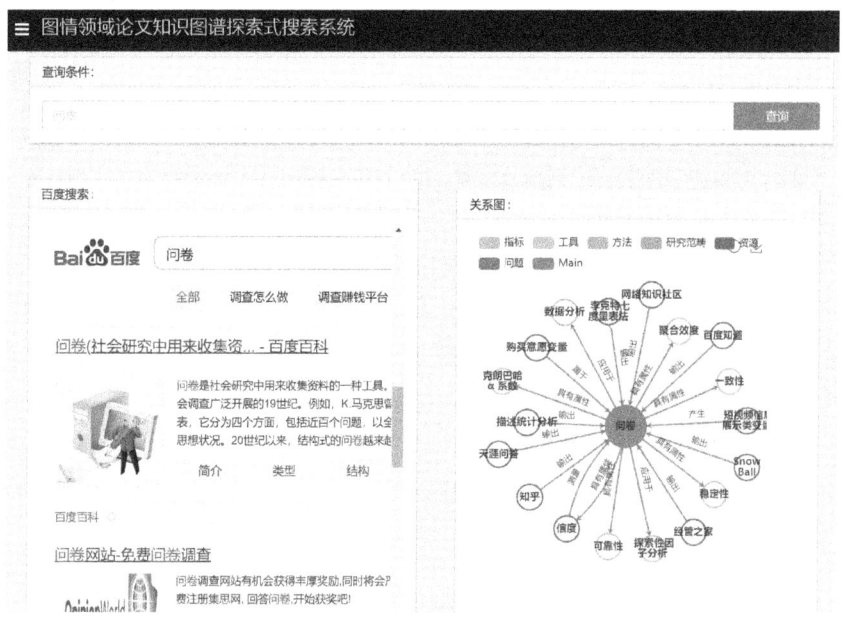

图10-6 基于LISKG的原型检索系统的搜索界面

图10-6中，输入的查询词＝"问卷"，左侧区域列出基于关键词"问卷"匹配到的网页列表，右侧区域在完成查询词与领域词典中词汇的精确匹配后，便将资源实体"问卷"及与其有直接关系的实体节点以图形化的知识结构一并返回给用户，方便用户进行知识关联和知识扩散。如果用户对左侧搜索结果感到满意，可以点击感兴趣的链接查看详情；反之，用户可以从右侧图谱中查询知识的相关结构。图中，围绕"问卷"有"李克特七度量表

法""信度""克朗巴哈 α 系数""探索性因子分析"等实体节点,这些节点与查询词组合并延伸出一些探索分支:问卷具有的属性、问卷的生成方法、问卷的应用等。用户以自身需求为参照,可以快速、有效地发现自己感兴趣的节点,点击该节点,新的查询词会被再次同时提交给百度搜索和图谱展示模块,进行第二轮的迭代搜索。通过这样的交互,用户可以逐渐发现未知知识,提高认知能力。

10.3.2 搜索任务设计

为了验证 LISKG 对不熟悉图情领域的用户在进行信息搜索时的促进作用,我们通过两个系统开展搜索对比实验,一个是全球最大的综合类中文搜索引擎——百度搜索(A 组),另一个是我们自建的原型系统(B 组)。实验设置两个搜索任务:

(1) 信息化建设过程中,信息服务质量的评价。
(2) 大数据时代,数据安全问题及解决途径。

实验选取 14 位计算机专业的研一学生作为实验参与者,其中男生 8 人,女生 6 人,他们都未接受过信息检索相关的课程学习且对任务的主题熟悉度低。随机分配 4 名男生和 3 名女生到 A 组,剩下的学生到 B 组,每位参与者单独在装有 OBS 录屏软件的电脑上搜索指定任务。搜索开始前,需告知搜索任务和流程,对随机分配到 B 组的 7 位参与者,指导他们熟悉原型系统的使用;搜索实施时,参与者开启录屏软件记录整个搜索过程,通过与检索系统的交互完成任务,并将答案写在记事本文件里;搜索结束后,参与者需完成用户满意度调查问卷,实验组织者对答案进行评分。

10.3.3 搜索结果分析

借鉴国内关于用户信息搜寻行为和搜索效果评价的已有研究[427-428],我们采用 3 个关键行为指标来测量用户的搜索行为,包括搜索时长、访问网页数及检索式重构次数。搜索任务结束后,实验组织者采用"李克特五点量表"对调查问卷的 2 个问项"我对搜索系统完成任务的满意程度"和"我觉得搜索结果值得我的付出吗?"进行调查,并由一名图情领域专家采用"李克特五点量表"对实验参与者提交的答案进行评分,结果如表 10-3 所示。

表 10-3 搜索行为及搜索效果统计

		用户搜索行为			用户搜索效果		
		平均搜寻时长（秒）	点击网页链接数量（个）	平均检索式重构次数（次）	用户平均满意度	用户平均付出意愿	专家评分
百度搜索	任务1	670.7	11.0	4.3	3.9	4.0	3.0
	任务2	583.0	11.1	3.1	3.9	4.0	3.4
自建系统	任务1	512.1	5.9	3.0	4.7	4.9	3.7
	任务2	462.1	6.6	3.1	4.7	4.9	4.1

从表 10-3 可以看出，B 组花费在 2 个任务上的搜寻时间都比 A 组少，相比 A 组用户，B 组用户的平均满意度均值在 4.5 以上，说明 B 组用户对搜索任务完成的满意度更高。如图 10-7(a) 是以"信息服务质量"为中心的知识结构，用户可以快速、有效地发现与任务 1 相关的节点，即与"信息服务质量"存在"测量"关系的节点，点击其中一个名为"信息服务易用性"的节点，新的检索词会再次同时提交给百度搜索和图谱展示模块，支持用户进一步搜索更加全面的知识。

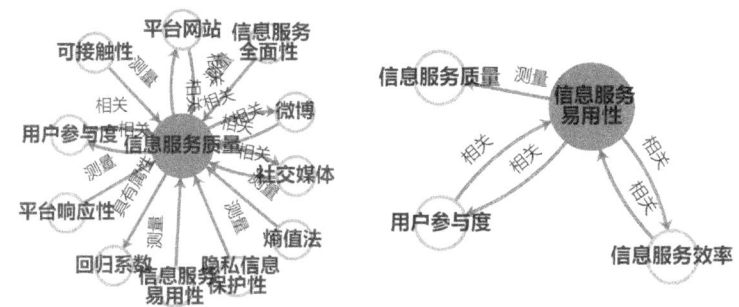

(a) 以"信息服务质量"为中心

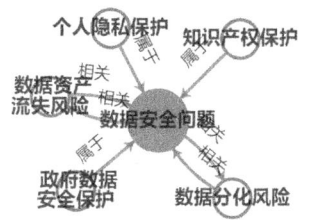

(b) 以"数据安全问题"为中心

图 10-7 自建系统的搜索结果示例

再如图10-7(b)，通过知识间的关联了解到如"知识产权保护""政府数据安全保护"等数据安全问题，有助于为用户提示与任务2相关的重要概念，帮助用户学习未知主题，更好地完成搜索任务，这样的查询模式下用户的满意度自然也会更高。

10.4 本章小结

我们以基于领域知识图谱促进用户探索式搜索为研究目标，在本章的开头，我们先介绍了3种经典的信息检索模型，基于布尔模型（OR，NOT，AND）的查询过于简单，基于TF-IDF判断查询-文本相关性还没有深入理解查询和文本的语义信息，基于维基百科分类图的语义距离来计算文本相似度则是利用词语在知识库中由上下位关系所构成的最短路径来计算的，容易受到数据稀疏问题的影响。而我们的研究重点在于通过知识图谱为用户引入先验知识，因此，在第10.3节里我们详细介绍了基于可交互知识图谱的原型检索系统的构建过程，将该系统和百度搜索结果进行对比。通过对用户搜索行为和搜索效果的分析可以发现，借助可视化技术展示领域知识的关联关系，能够帮助不熟悉目标领域的用户快速聚焦核心知识节点、提高搜索效率，进而解决用户领域知识不足导致检索性能低下的问题。

11 结论和展望

当前，我国知识经济发展和国家科技创新体系的建设迫切要求提升知识服务水平、提高信息资源效用，从而更好地满足不同背景的用户的知识需求。但海量无序的大数据在被传统的以网页为单元的粗粒度情报分析加工后，往往未能挖掘出用户所需的有用知识，反而使得用户面临"信息迷航"的困境，导致传统情报学理论在信息获取、组织、分析以及服务方面的应用受到限制。因此，本书以学科领域的网络信息资源为对象，深入研究学科领域网站的内容与结构，从大数据环境下的数据特点、用户对学术情报内容与目的等的需求以及情报分析工作的步骤考虑，构建了包括学术资源来源层、知识发现层和情报服务层的三层情报发现模型，探索利用深度神经计算模型进行海量数据的获取和分析、数据间关系的发现和利用，形成学科领域网络学术情报发现的理论框架和方法体系。

11.1 结 论

我们以多源、海量数据为基础，以深度学习等智能技术为手段，以构建不同维度、不同粒度、不同功能的智慧产品为目标，强调定量分析与定性研究结合，强调理论研究与实证研究结合，强调多学科方法的应用。在引入领域本体、知识图谱、深度神经网络模型的相关理论和方法的基础上，依据"基于社会性标注数据的领域本体构建""基于领域本体的非结构化文本主题采集和组织""基于领域本体的知识元划分及其属性和关系模型的构建""注入领域知识的领域命名实体识别""基于提示学习的领域实体及关系的联合抽取"以及"基于领域知识图谱的探索式搜索系统构建"等6个关键环节进行研究，最大限度地支持细粒度的知识推理与知识发现活动。

11.1.1 基于社会性标注数据的领域本体构建

我们使用百科类数据作为本体学习的数据源，构建了一个图情领域本体。构建过程中，我们首先采用维基百科中文版镜像文件，选取"图书资讯科学"为自顶向下的领域顶点，通过广度遍历算法，将概念分类图转化成概念层次树，最终生成8层，共223个概念的概念层次结构；接着，利用维基百科分类体系结构和概念释义内容的语义相关度进行实例关系的准确获取，共获取1907个实例关系；再使用条目属性信息中的三部分特征——信息盒、首句和目录，并结合短语句法结构和依存语法分析进行"实例-属性-属性值"三元组抽取，共抽取19516个属性关系；最后综合利用维基百科的重定向页和面向条目首段的模式匹配，共获取365对同义关系。但百科类数据毕竟不可能涵盖全部领域知识，而且相对于呈爆炸式增长的Web资源来说更新也较慢，因此，我们综合利用了互联网这个巨大的知识库，从中自动识别和抽取相关领域本体概念及概念间关系，以便丰富已有的领域本体。

11.1.2 基于领域本体的非结构化文本主题采集和组织

为了评价构建本体的性能，我们从应用效果的角度，设置主题爬取任务来评价已构建的图情领域本体。首先综合研究了 P-W 和 W-W 中的网络引文，通过抽取含有 URL 网址的网络引文链接，排除错误链接，再统计网页类型、URL 特征、高频网址等情况，科学确定了 16 个包括个人主页、博客、论坛、图书馆、开放存取电子期刊等领域知识源的范围，并基于 Heritrix 开发了一个利用本体计算语义相关度的主题爬虫。通过设计的相关度算法实验可以发现，相对于传统的 VSM 方法，基于领域本体的相关度计算方法使爬虫的正确率、召回率及运行时间方面都得到较大改善，检索结果更符合人们的认知。

11.1.3 基于领域本体的知识元划分及其属性和关系模型的构建

我们利用本体对领域知识强大的表达能力，基于已构建的领域本体的实例关系，按照概念的实例即类的个体的思路，归纳出 6 大类的知识元个体（包括个人、图书馆、机构、事件、文献和理论方法知识元），并在构建好的知识元模型的基础上，通过匹配知识元属性关系构建了同类知识元之间的 6 种关联关系（从属、同义、同一、共现和时序）及异类知识元之间的 6 种关联关系（隶属、提出、发表、出版、参与和涉及）。

以"数字图书馆"为搜索主题，我们将搭建的基于知识元的聚合平台原型和 CNKI 知识搜索平台进行聚合效果对比，通过平台输出格式可以发现，基于知识元的知识组织方式通过细粒度的知识切分、存取、组合和链接，能够更加准确地将学科领域中与某特定知识概念相关的信息资源以关联方式呈现在用户的面前，提高了学科领域网络信息资源的效用。

11.1.4 注入领域知识的领域命名实体识别

我们构建了基于领域知识注入的预训练语言模型 LISERNIE，该模型不用改变 ERNIE1.0 的原有结构，仅在预训练和微调之间引入一个中间阶段，以便使用领域知识（来自我们对从 CNKI 中检索 2007—2021 年间与"图书情报"主题相关的中文期刊论文切分出的 114513 个句子组成用于 ERNIE1.0 二次预训练的数据集）对 ERNIE1.0 进行继续预训练。在随后开展的实验中，相比于基于 Word2Vec、BERT、ERNIE、RoBERTa 和 ALBERT 的基线模型，该模型能够更有效地识别出实体，可以更好地支撑后续诸如知识图谱构建、问答系统、机器阅读等自然语言应用的开展。

除了研究基于 LISERNIE 模型的图情领域命名实体识别外，我们还研究了基于 ERNIE-Gram+BiGRU+CRF 模型的司法领域命名实体识别，发现借助多粒度语言知识增强模型同步建模 N-Gram 内部和 N-Gram 之间的语义关系，识别性能优于基于 ALBERT、BERT 或 ELECTRA 的命名实体识别方法。

11.1.5 基于提示学习的领域实体及关系的联合抽取

我们以图情领域学术文献为研究对象，首先在参考了 SciERC 数据集标注方案的基础上，定义了 6 种实体类别（方法、工具、资源、指标、研究范畴、问题）和 10 种关系类型（属于、用于、特征、相关、测量、基于、输入、输出、解决、同义）；接着，采用基于 Paddle UIE 的关系三元组抽取方法，通过为输入文本增加合适的提示，帮助文心大模型 ERNIE3.0 更好地理解抽取任务，实现在少量标注样本情况下的抽取任务，最终形成包含 11128 个三元组的图情领域知识图谱 LISKG，其中节点数为 9377，关系数为 11128，并使用随机聚类抽样方法，对构建的 LISKG 质量进行评估，得出其精确度为 72.3%，说明图谱在实际应用中是可行的。

11.1.6 基于领域知识图谱的探索式搜索系统构建

为了验证 LISKG 对用户在进行图情领域学术搜索时的促进作用，我们构建了基于可交互图情领域知识图谱的原型检索系统，从进一步设计的搜索实验任务的结果可以发现，基于 LISKG 的原型系统更加有助于为用户提示与任务相关的重要概念，帮助用户学习未知主题，更好地完成搜索任务。

11.2 展 望

当然，我们虽然在基于领域本体的学科领域网络信息资源深度聚合技术体系和基于领域知识图谱的探索式搜索系统全流程解决方案的研究方面取得了一些初步成果，但受限于时间与精力，从领域本体构建到实体及关系的抽取、领域知识图谱构建仍存在有待进一步研究的问题。

（1）在领域本体构建、实体及关系抽取过程中，我们都是基于图情领域数据进行的，在未来的工作中，我们需要考虑使用更多领域的更多数据源对我们的本体构建方法、命名实体识别方法以及知识图谱构建方法进行验证。

（2）目前关于聚合系统和探索式搜索系统的研究都仍停留在原型系统阶段（如图5-21和图10-6所示），系统功能和性能上的完善将是今后努力的方向。

（3）人工标注是一项艰巨的系统性工程。经实验验证，我们提出的基于LISERNIE的图情领域实体识别方法、基于ERNIE-Gram的司法领域实体识别方法以及基于Paddle UIE的实体及关系的联合抽取方法具有更好的抽取效果，特别是在样本量较少的情况下优势显著，其 $F1$ 值分别达到75.46%、87.01%和53.22%（实体对齐和关系清洗，并通过随机聚类抽样评估后，精确度提升到72.3%）。然而，如何在降低人工重复劳动的情况下提升本标注效率，以及如何避免模型在小样本训练下陷入对小样本的过拟合与对目标任务的欠拟合问题，仍需我们开展更深入的研究探索。

附　录

附录A　三元组抽取的核心代码

1. 分词及依存关系的处理

由于 LTP 云平台的功能是最新版本，因此，我们采用 Java 语言开发，通过 API 调用其 web 服务，对维基百科页面的正文进行依存句法分析处理，得到分词、词性、依存关系等结果，以下是核心代码。

```java
1.  public static String CloudSentLtml(String text){
2.      String api_key = "您在LTP申请的API Key";
3.      String pattern = "all";
4.      String format = "xml";
5.      String ltml="";
6.      try{
7.      text = URLEncoder.encode(text,"utf-8");
9.      URL url  = new URL("http://api.ltp-cloud.com/analysis/?"
10.            +"api_key=" + api_key + "&"
11.            +"text=" + text + "&"
12.            +"format=" + format + "&"
13.            +"pattern=" + pattern);
14.     URLConnection conn = url.openConnection();
15.     conn.connect();
17.     BufferedReader innet=new BufferedReader(new InputStreamReader(
18.                 conn.getInputStream(),"utf-8"));
19.     String line;
20.     while((line = innet.readLine())! = null){
21.         ltml=ltml+line+returnkey;
22.     }
23.     innet.close();
24.     }catch(IOException e){
```

25.   System. err. println("Caught IOException: " + e. getMessage( ));
26.   };
27.   return ltml;
28. }

2. 三元组的提取

Jsoup 是一款解析 HTML、XML 的 Java 工具包,提供了方便的 API 对 HTML 文本内容进行处理,早已成为 Java 爱好者解析 HTML 文本的热门工具。因此,我们使用 Jsoup 来解析分词及依存关系结果,结合词性、短语句法结构和依存语法分析,对维基百科条目内容进行实例-属性-属性值三元组抽取,算法核心代码如下。

规则 1:

1. //sbvc 指 SBV(或其他句法结构)中箭头指向的词,sbvp 是指 SBV 中的父节点,发出指向箭头的词
2. Elements sbvcwords = sentele. get(k). select("word[relate = SBV]");
3. if(sbvcwords. size( ) >0) {
4. for(int j = 0;j<sbvcwords. size( );j++) {
5.   // System. out. println("id:"+ sbvfword. get(j). attr("id")+" parent:"+ sbvfword. get (j). attr("parent"));
6.   Element sbvcword = sbvcwords. get(j);
7.   String sbvcstr = sbvcword. attr("cont");
8.   int sbvcid = Integer. parseInt(sbvcword. attr("id"));
9.   int sbvpid = Integer. parseInt(sbvcword. attr("parent"));
10.   Element sbvpword = sbvcword. parent( ). select("word[id = "+sbvpid+"]"). first( );
11.   String sbvpstr = sbvpword. attr("cont");
12.   if(! sbvpword. attr("pos"). contains("v")) continue;
13.   Element cmpcword = sbvpword. parent ( ). select ("word[parent = " +sbvpid+"][relate = CMP]"). first( );
14. ……
15. //作主语,抽取(title,V1,V1 之后的字序列),SBV+CMP+POB
16.   if(cmpcword! = null) {
17.   int cmpcid = Integer. parseInt(cmpcword. attr("id"));
18.   int lastid = cmpcid;
19.   String laststr = cmpcword. attr("cont");
20.   Element pobcword = cmpcword. parent( ). select("word[parent = "+cmpcid+"][relate = POB]"). first( );

21. if(pobcword！= null){
22. lastid = Integer. parseInt(pobcword. attr("id"));
23. laststr = pobcword. attr("cont");
24. }
25. sentence_result = sentence_result + ptitle +","+ sbvpstr +","+ twowordlink (sbvpword,lastid) +laststr+",SBV+CMP+POB" +returnkey;
26. catempty = true;

规则 2:

1. //作主语,抽取(title,V1,V1 之后的字序列),SBV+VOB 链
2. String voblinkstr = vobwordlink(sbvpword,"(n.?)|ws|i|q");
3. if(voblinkstr. length( ) >0){
4. voblinkstr = voblinkstr. split("::::")[0];
5. Element vobcword = sbvpword. parent( ). select("word[parent ="+sbvpid+"][relate~=COO|VOB]"). first( );
6. int vobcid = Integer. parseInt(vobcword. attr("id"));
7. sentence_result = sentence_result + ptitle +","+ sbvpword. attr("cont") +","+ twowordlink(sbvpword,vobcid) +voblinkstr+",SBV+VOB 链" +returnkey;
8. catempty = true;
9. }

规则 3:

1. Elements vobcwords = sentele. get(k). select("word[relate=VOB]");
2. if(vobcwords. size( ) >0){
3. for(int vobi = 0;vobi<vobcwords. size( );vobi++){
4. Element vobcword = vobcwords. get(0);
5. int vobcid = Integer. parseInt(vobcword. attr("id"));
6. String vobcstr = vobcword. attr("cont");
7. int vobpid = Integer. parseInt(vobcword. attr("parent"));
8. Element vobpword = vobcword. parent( ). select("word[id ="+vobpid+"]"). first( );
9. if(vobpword. attr("pos"). contains("v")){
10. Element attword = vobpword. parent( ). select("word[parent ="+vobpid+"][relate=ATT]"). last( );
11. if(attword！= null){
12. //作定语,ATT+VOB
13. String attstr = attword. attr("cont");

14.   boolean istitle = isTitle(attstr,ptitle);
15.   if(istitle){
16.   String vobcpos = vobcword. attr("pos");
17.   if(vobcpos. matches("(n.?)|ws|i|q")){
18.   String voblinkstr = twowordlink(vobpword,vobcid);
19.   sentence_result = sentence_result + ptitle +"," + vobpword. attr("cont") +"," + voblinkstr+vobcstr+",ATT+VOB"+returnkey;
20.   catempty = true;
21.   }
22.   }
23.   }
24. }

规则 4：

1.   String sbvcpos = sbvcword. attr("pos");
2.   if(sbvcpos. matches("(n.?)|ws|i")){
3.   Element attword = sbvcword. parent(). select("word[parent=" + sbvcid +"][relate=ATT]"). last();
4.   //作定语,抽取(title,SBV,V1 之后 的字序列)
5.   if(attword! = null){
6.   String attstr = attword. attr("cont");
7.   istitle = isTitle(attstr,ptitle);
8.   if(istitle){
9.   String voblinkstr = vobwordlink(sbvpword,"(n.?)|ws|i|q");
10.   if(voblinkstr. length()>0){
11.   voblinkstr = voblinkstr. split("::::")[0];
12.   Element vobcword = sbvpword. parent(). select("word[parent=" + sbvpid +"][relate~=COO|VOB]"). first();
13.   int vobcid = Integer. parseInt(vobcword. attr("id"));
14.   sentence_result = sentence_result + ptitle +"," + sbvcstr +"," + sbvpword. attr("cont") +twowordlink(sbvpword,vobcid) +voblinkstr+",ATT+SBV+VOB 链(定语)"+returnkey;
15.   catempty = true;
16.   continue;
17.   }
18.   }
19.   }

20. }

规则5:

1. //作宾语,ADV+VOB
2. Element advword = vobpword. parent( ). select("word[parent = " + vobpid + "][relate = ADV]"). last( );
3.
4. if(advword！= null) {
5. if(！advword. attr("pos"). equals("d") && ！advword. attr("pos"). equals("c")) {
6. String vobcpos = vobcword. attr("pos");
7. //if(vobcpos. matches("(n. ?)|ws|i|")) {
8. 　　boolean istitle = isTitle(vobcstr, ptitle);
9. 　　if(istitle) {
10. 　　String advstr = advword. attr("cont") + twowordlink(advword, vobpid);
11. 　　sentence_result = sentence_result + ptitle + "," + vobpword. attr("cont") + "," + advstr + ",ADV+VOB" + returnkey;
12. 　　catempty = true;
13. 　　}
14. //　　}
15. 　　}
16. }

规则6:

1. Elements vobcwords = sbvpword. parent( ). select("word[parent = " + sbvpid + "][relate = VOB]");
2. if(vobcwords. size( ) > 0) {
3. Element vobcword = vobcwords. first( );
4. if(vobcword. attr("pos"). equals("v")) {
5. String voblinkstr = vobwordlink(vobcword, "(n. ?)|ws|i", ptitle);
6. //作宾语,抽取(title, V2, ATT->V2 之间的字序列)
7. if(voblinkstr. length( ) > 0) {
8. String[ ] voblinkstrs = voblinkstr. split(" : : : : ");
9. Element vobclastword = sbvpword. parent( ). select("word[id = " + voblinkstrs[1] + "]"). first( );
10. int vobclastpid = Integer. parseInt(vobclastword. attr("parent"));

11. Element vobclastpword = sbvpword. parent ( ). select (" word [id = " + vobclastpid+"] "). first ( ) ;
12. String vobclastpstr = vobclastpword. attr(" cont ") ;
13. Element attword1 = sbvcword. parent ( ). select (" word [parent = " + sbvcid +"] [relate = ATT] "). last ( ) ;
14. String attstr = " " ;
15. if(attword1 ! = null) {
16. attstr = attword1. attr(" cont ") +twowordlink(attword1, vobclastpid) ;
17. } else {
18. attstr = sbvcstr+twowordlink(sbvcword, vobclastpid) ;
19. }
20. sentence_result = sentence_result + ptitle+" , " +vobclastpstr+" , " +attstr+" , ATT+ SBV+VOB 链(宾语) " +returnkey ;
21. catempty = true ;
22. }
23. }
24. }

规则 7：

1. //作主语,抽取 ADV+SBV
2. Element advword = sbvpword. parent ( ). select (" word [parent = " + sbvpid +"] [relate = ADV] "). last ( ) ;
3.
4. if(advword ! = null) {
5. if(! advword. attr(" pos "). equals(" d ") && ! advword. attr(" pos "). equals(" c ") && ! advword. attr(" pos "). equals(" nd ")) {
6. String advstr = advword. attr(" cont ") +twowordlink(advword, sbvpid) ;
7. sentence_result = sentence_result + ptitle +" , " + sbvpstr +" , " + advstr +" , ADV+ SBV" +returnkey ;
8. catempty = true ;
9. }
10. }

附录 B   trans_to_json.py 程序中的核心函数 raw_text_to_json

函数接受 4 个参数：path 表示原始文本文件的路径；doc_spliter 表示文档分隔符（可选）；json_key 表示生成的 JSON 对象的键名，默认为"text"；min_doc_length 表示最小文档长度，小于此长度的文档将被忽略。函数的主要功能是打开原始文本文件，并逐行读取，生成一个对应的 JSON 对象，键名为 json_key，值为当前文档的内容，写入输出文件中。

```
1.  def raw_text_to_json(path, doc_spliter="", json_key="text", min_doc_length=10):
2.      path = os.path.abspath(path)
3.      if not os.path.exists(path):
4.          print("No found file %s" % path)
5.          return 0, None
6.      out_filepath = path + ".jsonl"
7.      fout = open(out_filepath, "w", encoding="utf-8")
8.      len_files = 0
9.      with open(path, "r") as f:
10.         doc = ""
11.         line = f.readline()
12.         while line:
13.             len_files += len(line)
14.             if line.strip() == doc_spliter:
15.                 if len(doc) > min_doc_length:
16.                     fout.write(
17.                         json.dumps(
18.                             {
19.                                 json_key: doc
20.                             }, ensure_ascii=False) + "\n")
21.                     doc = ""
22.             else:
23.                 doc += line
24.             line = f.readline()
25.         if len(doc) > min_doc_length:
26.             fout.write(json.dumps({json_key: doc}, ensure_ascii=False) + "\n")
27.             doc = ""
28.     return len_files, out_filepath
```

附录 C create_pretraining_data.py 程序的代码

该脚本负责将 tsglt2022-2017.jsonl 中的文本进行断句、分词并序列化，最后得到处理好的预训练数据：tsglt2022-2017_1000_220611_ids.npy 和 tsglt2022-2017_1000_220611_idx.npz。其中，npy 文件是数据 id 化后的 token ids；npz 文件为数据句子、文章位置索引。

```
1.  python -u   ./data_tools/create_pretraining_data.py \
2.      --model_name ernie-1.0-base-zh \
3.      --tokenizer_name ErnieTokenizer \
4.      --input_path ./data/tsglt2022-2017.jsonl \
5.      --split_sentences \
6.      --chinese \
7.      --cn_whole_word_segment \
8.      --cn_seg_func jieba \
9.      --output_prefix ./data/tsglt2022-2017_1000_220611 \
10.     --workers 48 \
11.     --log_interval 10000
```

各参数含义如下：

(1) --model_name MODEL_NAME

必须设置模型的名称，可以参考已有的模型名称。[①]

(2) --tokenizer_name {ErnieTokenizer, BertTokenizer, GPTTokenizer, GPTChineseTokenizer}

模型对应的 tokenizer（将文本转换为序列的类），目前暂时只支持 ERNIE、BERT、GPT。

(3) --input_path INPUT_PATH

必须设置输入文件 jsonl 的目录。

(4) --split_sentences

是否需要将文章划分成句子。一般而言，GPT 不需要，BERT/ERNIE 模型需要。

---

① PaddleNLP：《PaddleNLP Transformer 预训练模型——PaddleNLP 文档》，见 https://paddlenlp.readthedocs.io/zh/latest/model_zoo/index.html#transformer。

(5) --chinese

处理的文本类型是否中文。中文情形必须设置。

(6) --cn_whole_word_segment

可选。是否需要 WWM（Whole Word Masking，整词遮掩）策略。一般而言，BERT/ERNIE 模型需要，GPT 不需要。

(7) --cn_seg_func {lac, seg, jieba}

中文分词，默认 jieba。Lac 为百度 NLP 团队开源的词法分析工具，Seg 为北大语言计算与机器学习研究组开源的一个分词工具。

(8) --output_prefix OUTPUT_PREFIX

必须设置输出文件的名称。假设文件名称为 XXX，则会输出 XXX_ids.npy 和 XXX_idx.npz 两个文件。

(9) --workers WORKERS

处理文本 id 化的进程个数。

(10) --log_interval LOG_INTERVAL

打印日志间隔。interval 表示处理文本行数/doc 数的间隔。

create_pretraining_data.py 程序中的核心类 Converter 根据配置参数将输入 JSONL 文本进行序列化处理。

```
1.  class Converter(object):
2.    def __init__(self, args):
3.      self.args = args
4.    def initializer(self):
5.      Converter.tokenizer = getattr(
6.        tfs,self.args.tokenizer_name).from_pretrained(self.args.model_name)
7.      # Split document to sentence.
8.      if self.args.split_sentences:
9.        if self.args.chinese:
10.          Converter.splitter = NewlineSplitter()
11.        else:
12.          if not nltk_available:
13.            print("NLTK is not available to split sentences.")
14.            exit()
15.          splitter = nltk.load("tokenizers/punkt/english.pickle")
16.          Converter.splitter = splitter
17.        else:
```

```
18.        Converter.splitter = IdentitySplitter()
19.        # Split sentence whole words mask for chinese
20.        if self.args.cn_whole_word_segment：
21.            if self.args.cn_splited：
22.                Converter.segment_func = lambdatext：text.split(self.args.cn_split_dimer)
23.            else：
24.                Converter.segment_func = CHINESE_SEG_FUNC[self.args.cn_seg_func]
25.            Converter.whole_word_mask = get_whole_word_mask_tokens
26.        else：
27.            Converter.segment_func = lambdax：x
28.            Converter.whole_word_mask = lambda x,y：x
29.        def process(text)：
30.            words = Converter.segment_func(text)
31.            tokens = Converter.tokenizer.tokenize("".join(words))
32.            tokens = Converter.whole_word_mask(tokens, words)
33.            tokens = Converter.tokenizer.convert_tokens_to_ids(tokens)
34.            return tokens
35.        Converter.process = process
36.    def encode(self, json_line)：encode
37.        text = json.loads(json_line)[self.args.json_key]
38.        doc_ids = []
39.        for sentence in Converter.splitter.tokenize(text)：
40.            sentence_ids = Converter.process(sentence.strip())
41.            if len(sentence_ids) > 0：
42.                doc_ids.append(sentence_ids)
43.        if len(doc_ids) > 0 and self.args.append_eos：
44.            doc_ids[-1].append(Converter.tokenizer.eos_token_id)
45.        return doc_ids, len(text.encode("utf-8"))
```

其中：

（1）__init__方法接受一个参数 args 作为输入，并将其赋值给 self.args。该参数用于配置转换过程中的各种参数。

（2）initializer 方法是一个初始化方法，用于根据 args 配置初始化转换器的各个组件，其中涉及以下 4 个步骤。

步骤 1：初始化 Converter.tokenizer，根据 args.tokenizer_name 和 args.model_name 从预训练模型中加载相应的分词器（tokenizer）。

步骤 2：设置句子分割方法，根据 args.split_sentences 的设置，确定是使用换行符还是 NLTK 库进行句子分割，并将对应的分割器保存到 Converter.splitter 中。

步骤 3：设置中文分词器，根据 args.cn_whole_word_segment 和其他相关参数，确定是否使用中文的分词函数（lac、Wordtag 或者 jieba），并将其保存到 Converter.segment_func 中。

步骤 4：定义 process 函数（函数对输入文本进行分词、tokenizer、生成整词掩码等处理），并保存到 Converter.process 中。

(3) encode 方法是主要的转换函数。首先，从输入 JSON 字符串中提取文本并赋值给 text 变量；然后，根据句子分割器 Converter.splitter 将文本分割成句子，并循环遍历每个句子；对于每个句子，通过调用 Converter.process 方法将其进行处理得到编码表示，并将编码结果添加到 doc_ids 列表中。

附录 D　ERNIE-Gram 的核心代码

1. 设计网络模型：ERNIE-Gram+BiGRU+CRF

我们设计 ErnieGramGRUCRFForTokenClassification 类实现 ERNIE-Gram+GRU+CRF 神经网络模型，该类继承自 ErnieGramModel 类，并重写其 __init__ 和 forward 方法。

在 __init__ 方法中，先调用父类 ErnieGramModel 的构造函数初始化模型，然后初始化各种组件，如 GRU 层、全连接层、CRF 层和 Viterbi 解码器。它还设置了类别数量、CRF 的学习率、dropout 概率和 GRU 隐藏层大小等。

forward() 方法负责执行前向传播。首先将输入通过 ErnieGram 模型进行处理，得到序列输出。然后应用 dropout 操作，再将输出传入 GRU 层进行处理。GRU 的输出经过全连接层得到发射分数（emission scores）。如果提供了标签，计算 CRF 的损失并返回。否则，使用 Viterbi 解码器预测标签，并返回预测结果。核心代码如下：

```
1.    class ErnieGramGRUCRFForTokenClassification(ErnieGramModel)：
2.       def __init__(self, ernie_gram, num_classes=2, crf_lr=100, dropout=None, gru_
         hidden_size=128)：
3.          super(ErnieGramGRUCRFForTokenClassification1, self).__init__(18000)
4.          self.num_classes = num_classes
```

```
5.    self.ernie_gram = ernie_gram  # allow ernie_gram to be config
6.    self.dropout = nn.Dropout(dropout if dropout is not None else
7.        self.ernie_gram.config["hidden_dropout_prob"])
8.    self.gru = nn.GRU(self.ernie_gram.config["hidden_size"],
9.        gru_hidden_size,
10.       num_layers=2,
11.       direction='bidirect')
12.   self.classifier = nn.Linear(gru_hidden_size * 2,
13.       num_classes)
14.   self.crf = LinearChainCrf(
15.    self.num_classes, crf_lr=crf_lr, with_start_stop_tag=False)
16.   self.crf_loss = LinearChainCrfLoss(self.crf)
17.   self.viterbi_decoder = ViterbiDecoder(
18.     self.crf.transitions, with_start_stop_tag=False)
19.
20.   def forward(self,
21.       input_ids,
22.       token_type_ids=None,
23.       position_ids=None,
24.       attention_mask=None,
25.       lengths=None,
26.       labels=None):
27.   sequence_output,_ = self.ernie_gram(
28.       input_ids,
29.     token_type_ids=token_type_ids,
30.     position_ids=position_ids,
31.     attention_mask=attention_mask)
32.   output = self.dropout(sequence_output)
33.   output,_ = self.gru(output)
34.   emission = self.classifier(output)
35.   if labels is not None:
36.       loss = self.crf_loss(emission, lengths, labels)
37.       return loss
```

```
38.        else:
39.           _, prediction = self.viterbi_decoder(emission, lengths)
40.        return prediction
```

2. 训练配置

设计好模型后,接下来配置训练的超参。首先加载 ErnieGramGRUCRF-ForTokenClassification 类,同时指定了 CRF 的学习率和类别数量;然后,设置学习率、自定义的学习率算法 CLR,并创建 AdamW 优化器,将学习率和模型参数传递给它。核心代码如下:

```
1. ernie = ErnieGramModel.from_pretrained('ernie-gram-zh')
2. model = ErnieGramGRUCRFForTokenClassification1(ernie, crf_lr = 100, num_classes = len(label_vocab))
3. metric = ChunkEvaluator(label_list = label_vocab.keys(), suffix = False) #suffix = True 则标签以-B、-I 结尾, suffix = False 则标签以 B-、I-开头
4. lr = learning_rate = 5e-5
5. clr = CLR(train_loader, base_lr = 5e-5, max_lr = 1e-3, epochs_per_cycle = 2) #自定义学习率算法 CLR
6. optimizer = paddle.optimizer.AdamW(
7.    learning_rate = lr, parameters = model.parameters())
```

3. 训练过程及模型保存

使用 ErnieGram+BiGRU+CRF 的神经网络模型开始循环训练,遍历每个 epoch 和训练数据。在每个批次中,将输入数据传递给模型并计算损失,然后通过反向传播更新模型参数。同时根据 CLR 算法更新学习率,并清除梯度。在训练过程中记录 loss,并将训练过程输出到文件和控制台。核心代码如下,包括数据加载、前向传播、损失计算、反向传播、参数更新以及性能评估和模型保存等功能。

```
1. for epoch in range(args.epochs):
2.    f = open(file_path, "a", encoding = "utf8")
3.    for batch_id, (input_ids, token_type_ids, lengths, labels) in enumerate(train_loader):
4.       loss = model(
5.          input_ids, token_type_ids, lengths = lengths, labels = labels)
6.       avg_loss = paddle.mean(loss)
7.       avg_loss.backward()
```

```
8.     optimizer._learning_rate = clr.lr(epoch, batch_id)
9.     optimizer.step()
10.    optimizer.clear_grad()
11.    step += 1
12.    print("[TRAIN] Epoch:%d - Step:%d - Loss: %f" %
13.        (epoch, step, avg_loss))
14. evaluate(model, metric, dev_loader)
15. precision, recall, f1_score = metric.accumulate()
16. if f1_score>old_f1:
17.    paddle.save(model.state_dict(),
18.        os.path.join(args.save_dir, modelnamef+'.pdparams'))
19.    paddle.save(optimizer.state_dict(),
20.        os.path.join(args.save_dir, modelnamef+'.pdopt'))
21.    old_f1 = f1_score
22.    old_precision = precision
23.    old_recall = recall
24.    old_epoch = epoch
```

附录 E　PaddleUIE 网络模型的核心代码[①]

PaddleUIE 定义了一个名为 UIE 的类，该类继承自 ErniePretrainedModel，主要功能是基于输入的文本序列进行编码，并利用全连接层和 sigmoid 函数预测输入序列的起始位置和结束位置上的标签概率。

在 UIE 类的构造函数中，首先调用父类（ErniePretrainedModel）的构造函数，然后初始化了一个名为 encoder 的属性，它接收一个编码模型作为参数，模型为以下之一：uie-base、uie-tiny、uie-medium、uie-mini、uie-micro、uie-nano、uie-base-en、uie-m-base、uie-m-large。根据传入的编码模型获取 hidden_size 值，并使用 hidden_size 创建了两个全连接层 self.linear_start 和 self.linear_end，分别用于预测序列起始位置和结束位置上的标签。同时，还初始化了一个 sigmoid 激活函数。

在 forward 方法中，接收输入数据 input_ids、token_type_ids、pos_ids 和 att_mask，并将其通过 encoder 模型进行编码得到 sequence_output。然后，将

---

① PaddlePaddle：*PaddleNLP*，见 https://github.com/PaddlePaddle/PaddleNLP。

sequence_output 传递给 self. linear_start 和 self. linear_end 分别得到起始位置和结束位置的 logits。通过对 logits 进行压缩，去掉最后一个维度，得到 start_logits 和 end_logits，再分别将两值通过 sigmoid 激活函数转换为概率值 start_prob 和 end_prob。最后，将 start_prob 和 end_prob 返回作为模型的输出。核心代码如下：

```
1.  class UIE(ErniePretrainedModel):
2.      def __init__(self, encoding_model):
3.          super(UIE, self).__init__()
4.          self.encoder = encoding_model
5.          hidden_size = self.encoder.config["hidden_size"]
6.          self.linear_start = paddle.nn.Linear(hidden_size, 1)
7.          self.linear_end = paddle.nn.Linear(hidden_size, 1)
8.          self.sigmoid = nn.Sigmoid()
9.
10.     def forward(self, input_ids, token_type_ids, pos_ids=None, att_mask=None):
11.         sequence_output, _ = self.encoder(input_ids=input_ids,
12.                             token_type_ids=token_type_ids,
13.                             position_ids=pos_ids,
14.                             attention_mask=att_mask)
15.         start_logits = self.linear_start(sequence_output)
16.         start_logits = paddle.squeeze(start_logits, -1)
17.         start_prob = self.sigmoid(start_logits)
18.         end_logits = self.linear_end(sequence_output)
19.         end_logits = paddle.squeeze(end_logits, -1)
20.         end_prob = self.sigmoid(end_logits)
21.         return start_prob, end_prob
```

参 考 文 献

[1] CCF大数据专家委员会,中关村大数据产业联盟. 中国大数据技术与产业发展报告(2014)[R]. 北京:机械工业出版社,2014.

[2] 中国信息通信研究院. 人工智能白皮书(2022年)[R/OL]. 2022-04-12[2023-06-01]. http://www.caict.ac.cn/kxyj/qwfb/bps/202204/P020220412613255124271.pdf.

[3] 甄桂英. 情报概念的内涵、外延与相关学科的分析评述[J]. 情报理论与实践,2011,34(3):6-9.

[4] 夏宗辉. 论情报的概念[J]. 情报学刊,1981(2):4-13.

[5] 马费成,李志元. 中国当代情报学的起源及发展[J]. 情报学报,2021,40(5):547-554.

[6] 叶继元,成颖. 情报的概念及其与信息链、DIKW链的关系探讨[J]. 中国图书馆学报,2022,48(4):39-51.

[7] 王延飞,赵柯然,何芳. 重视智能技术凝练情报智慧——情报、智能、智慧关系辨析[J]. 情报理论与实践,2016,39(2):1-4.

[8] 王知津. 从情报组织到知识组织[J]. 情报学报,1998,17(3):230-234.

[9] 钱学森. 科技情报工作的科学技术[J]. 兵工情报工作,1983(6):3-10.

[10] 刘春茂. 知识管理理论的情报学视角分析[J]. 中国图书馆学报,2001(2):11-14.

[11] 石佳鑫,屈健. 大数据时代对于情报定义的思考[J]. 社会科学论坛,2021(2):175-180.

[12] Collins A M, Quillian M R. Retrieval time from semantic memory[J]. Journal of Verbal Learning and Verbal Behavior, 1969, 8(2):240-247.

[13] 徐宝祥,叶培华. 知识表示的方法研究[J]. 情报科学,2007,25(5):690-694.

[14] SPEER R, CHIN J, HAVASI C. ConceptNet 5.5: an open multilingual graph of general knowledge [C] //Proceedings of the 31th AAAI Conference on Artificial Intelligence. San Francisco, California, USA: AAAI Press, 2017: 4444-4451.

[15] 刘峤, 李杨, 段宏等. 知识图谱构建技术综述 [J]. 计算机研究与发展, 2016, 53 (3): 582-600.

[16] 刁维汉. 现代文献编目教程 [M]. 上海: 华东师范大学出版社, 1994.

[17] 文庭孝, 罗贤春, 刘晓英, 等. 知识单元研究综述 [J]. 中国图书馆学报, 2011, 37 (5): 75-86.

[18] 邱均平. 信息计量学（一）第一讲信息计量学的兴起和发展 [J]. 情报理论与实践, 2000, 23 (1): 75-80.

[19] 徐如镜. 开发知识资源发展知识产业服务知识经济 [J]. 现代图书情报技术, 2002 (S1): 4-6.

[20] 温有奎. 基于"知识元"的知识组织与检索 [J]. 计算机工程与应用, 2005, 41 (1): 55-57.

[21] 姜永常, 杨宏岩, 张丽波. 基于知识元的知识组织及其系统服务功能研究 [J]. 情报理论与实践, 2007, 30 (1): 37-40.

[22] 文庭孝. 知识单元的演变及其评价研究 [J]. 图书情报工作, 2007, 51 (10): 72-76.

[23] 索传军, 戎军涛. 知识元理论研究述评 [J]. 图书情报工作, 2021, 65 (11): 133-142.

[24] 李荫涛. 布鲁克斯的认识地图初探 [J]. 情报学报, 1988, 7 (4): 267-271.

[25] 李卫. 领域知识的获取 [D]. 北京: 北京邮电大学, 2008.

[26] 袁翰青. 现代文献工作基本概念 [J]. 大学图书馆学报, 1990 (1): 26-33, 38.

[27] 王知津, 王乐. 文献演化及其级别划分——从知识组织的角度进行探讨 [J]. 图书情报工作, 1998 (1): 4-7.

[28] 孙鑫. 知识组织与知识管理的关系探讨 [J]. 图书情报工作. 2008 (8): 46-49.

[29] 高凡, 李景. Ontology及其与分类法、主题法的关系 [J]. 图书馆理论

与实践, 2005 (2): 44-46.

[30] 周宁. 信息组织 [M]. 武汉: 武汉大学出版社, 2001.

[31] 付小红. 知识组织论: 概念、内容与意义 [J]. 图书馆, 2003 (5): 8-11.

[32] 张燕飞. 网络环境下知识组织课程建设的思考 [J]. 图书情报知识, 2000 (4): 26-28.

[33] 钱力平. 主题法与分类法结构功能分析 [J]. 广东图书馆学刊, 1987, (4): 41-42.

[34] 林德海. UDC: 历史、现状及发展前景 [J]. 河南图书馆季刊, 1980 (3): 14-20.

[35] 李云, 李爱萍. 中图法与国际十进分类法比较 [J]. 菏泽医专学报, 1994, 6 (2): 114-115.

[36] 白国应. 论分类法与主题法的关系 [J]. 黑龙江图书馆, 1980 (3): 28-40.

[37] 吴锦荣. 叙词法与本体比较研究 [J]. 情报探索, 2013 (2): 58-61.

[38] 肖京文. 从《汉语主题词表》获取本体概念的研究 [J]. 科技情报开发与经济, 2012, 22 (17): 21-23.

[39] 田海燕. 基于主题地图的文献组织方法研究 [D]. 大连: 大连理工大学, 2006.

[40] 李善平, 尹奇韡, 胡玉杰, 等. 本体论研究综述 [J]. 计算机研究与发展, 2004 (7): 1041-1052.

[41] STUDER B, BENJAMINS V R, FENSEL D. Knowledge engineering: principles and methods [J]. Data and Knowledge Engineering, 1998, 25 (1): 161-197.

[42] 刘耀, 穗志方. 领域 Ontology 概念描述体系构建方法探析 [J]. 大学图书馆学报, 2006 (5): 28-33.

[43] 化柏林. 数据挖掘与知识发现关系探析 [J]. 情报理论与实践, 2008, 31 (4): 507-510.

[44] FAYYAD U, PIATETSKY-SHAPIRO G, SMYTH P. Knowledge discovery and data mining: towards a unifying framework [C] //Proceedings of the Second International Conference on Knowledge Discovery and Data Mining.

Portland, Oregon, USA：AAAI Press, 1996：82-88.

[45] 张树良, 冷伏海. 基于文献的知识发现的应用进展研究 [J]. 情报学报, 2006, 25 (6)：700-712.

[46] SWANSON D R, FISH O. Raynaud's syndrome, and undiscovery public knowledge [J]. Perspectives in Biology and Medicine, 1986, 30 (1)：7-18.

[47] 代冰, 胡正银. 基于文献的知识发现新近研究综述 [J]. 数据分析与知识发现, 2021, 5 (4)：1-12.

[48] 吴娟仙. 获取图书情报类外文免费网络学术资源的十大途径 [J]. 图书馆建设, 2006 (5)：91-94.

[49] 殷沈琴, 唐武京, 邵诚敏等. 三家资源发现系统的调研、测试和评估 [J]. 图书馆杂志, 2013 (12)：82-86.

[50] 张蕾, 章毅. 大数据分析的无限深度神经网络方法 [J]. 计算机研究与发展, 2016, 53 (1)：68-79.

[51] BENGIO Y, DUCHARME R, VINCENT P. A neural probabilistic language model [J]. Journal of Machine Learning Research, 2003 (3)：1137-1155.

[52] HINTON G, SALAKHUTDINOV R. Reducing the dimensionality of data with neural networks [J]. Science, 2006, 28 (7)：504-507.

[53] MCCULLOCH W S, PITTS W. A logical calculus of the ideas immanent in nervous activity [J]. The bulletin of mathematical biophysics, 1943, 5 (4)：115-133.

[54] TURING A M. Computing machinery and intelligence [J]. Mind, 1950 (59)：433-460.

[55] ROSENBLATT F. The perceptron：a probabilistic model for information storage and organization in the brain [J]. Psychological Review, 1958, 65 (6)：386-408.

[56] MINSKY M, PAPERT S A. Perceptrons：an introduction to computational geometry [M]. Cambridge, MA：The MIT Press, 1969.

[57] HOPFIELD J J. Neural networks and physical systems with emergent collective computational abilities [J]. Proceedings of the National Academy of Sciences of the United States of America, 1982, 79 (8)：2554-2558.

[58] RUMELHART D E, HINTON G E, WILLIAMS R J. Learning representations by back-propagating errors [J]. Nature, 1986, 323: 533-536.

[59] CORTES C, VAPNIK V. Support-vector networks [J]. Machine Learning, 1995 (20): 273-297.

[60] HINTON G E, OSINDERO S, TEH Y. A fast learning algorithm for deep belief nets [J]. Neural Computation, 2006, 18 (7): 1527-1554.

[61] SMOLENSKY P. Information processing in dynamical systems: foundations of harmony theory [M] //Parallel Distributed Processing, Volume 1: Explorations in the Microstructure of Cognition: Foundations. Cambridge, MA: MIT Press, 1986: 194-281.

[62] ELMAN J L. Finding structure in time [J]. Cognitive Science, 1990, 14 (2): 179-211.

[63] LECUN Y, BOTTOU L, BENGIO Y, et al. Gradient-based learning applied to document recognition [J]. Proceedings of the IEEE, 1998, 86 (11): 2278-2324.

[64] HOCHREITER S, SCHMIDHUBER J. Long short-term memory [J]. Neural computation, 1997, 9 (8): 1735-1780.

[65] GRAVES A, SCHMIDHUBER J. Framewise phoneme classification with bidirectional LSTM and other neural network architectures [J]. Neural Network, 2005, 18 (5-6): 602-610.

[66] VASWANI A, SHAZEER N, PARMAR N, et al. Attention is all you need [J/OL]. arXiv:1706.03762 (2017-12-06) [2021-12-28]. https://arxiv.org/pdf/1706.03762.pdf.

[67] SCHUSTER R M, PALIWAL K K. Bidirectional recurrent neural networks [J]. IEEE Transactions on Signal Processing, 1997, 45 (11): 2673-2681.

[68] ZEILER M D, FERGUS R. Visualizing and understanding convolutional networks [C] //Proceedings of the 13th European Conference on Computer Vision. Zurich, Switzerland: Springer, 2014: 818-833.

[69] SIMONYAN K, ZISSERMAN A. Very deep convolutional networks for large-scale image recognition [J/OL]. arXiv:1409.1556v6 (2015-04-10) [2023-12-28]. https://arxiv.org/pdf/1409.1556v6.pdf.

[70] Yamada Y, Iwamura M, Kise K. Deep pyramidal residual networks with separated stochastic depth [J/OL]. arXiv:1612.01230 (2016-12-05) [2023-12-28]. https://arxiv.org/pdf/1612.01230.pdf.

[71] 任欢, 王旭光. 注意力机制综述 [J]. 计算机应用, 2021, 41 (S1): 1-6.

[72] 朱张莉, 饶元, 吴渊等. 注意力机制在深度学习中的研究进展 [J]. 中文信息学报, 2019, 33 (6): 1-11.

[73] MIKOLOV T, CHEN K, CORRADO G, et al. Efficient estimation of word representations in vector space [J/OL]. arXiv:1301.3781 (2013-09-07) [2021-12-28]. https://arxiv.org/pdf/1301.3781.pdf.

[74] MIKOLOV T, SUTSKEVER I, CHEN K, et al. Distributed representations of words and phrases and their compositionality [J/OL]. arXiv:1310.4546 (2013-10-16) [2021-12-28]. https://arxiv.org/pdf/1310.4546.pdf.

[75] SPARCK J K. A statistical interpretation of term specificity and its application in retrieval [J]. Journal of Documentation, 1972, 28 (1): 11-21.

[76] PENNINGTON J, SOCHER R, MANNING C. Glove: global vectors for word representation [C] //Proceedings of the 2014 Conference on Empirical Methods in Natural Language Processing (EMNLP). Doha, Qatar: ACL, 2014: 1532-1543.

[77] PETERS M E, NEUMANN M, IYYER M, et al. Deep contextualized word representations [C] //Proceedings of the 2018 Conference of the North American Chapter of the Association for Computational Linguistics: Human Language Technologies. New Orleans, Louisiana, USA: ACL, 2018: 2227-2237.

[78] BERGSTRA J, BREULEUX O, BASTIEN F, et al. Theano: a cpu and gpu math expression compiler [C] //Proceedings of 9th Python in Science Conference 2010 (SciPy 2010). Austin, Texas, USA: scipy.org, 2010: 18-24.

[79] Jia Y, Shelhamer E, Donahue J, et al. Caffe: Convolutional Architecture for Fast Feature Embedding [C] //Proceedings of the 22nd ACM International Conference on Multimedia. Orlando, Florida, USA: ACM, 2014: 675-678.

［80］ ABADI M, BARHAM P, CHEN J, et al. TensorFlow: a system for large-scale machine learning［C］//Proceedings of the 12th USENIX Symposium on Operating Systems Design and Implementation (OSDI 16). Savannah GA, USA: USENIX Association, 2016: 265-283.

［81］ SEIDE F, AGARWAL A. CNTK: Microsoft's open-source deep-learning toolkit［C］//Proceedings of the 22nd ACM SIGKDD International Conference on Knowledge Discovery and Data Mining. San Francisco, California, USA: ACM, 2016: 2135-2135.

［82］ CHEN T, LI M, LI Y, et al. MxNet: a flexible and efficient machine learning library for heterogeneous distributed systems［J/OL］. arXiv: 1512.01274v1 (2015-10-03)［2021-12-28］. https://arxiv.org/pdf/1512.01274v1.pdf.

［83］ PASZKE A, GROSS S, MASSA F, et al. Pytorch: an imperative style, high-performance deep learning library［J］. Advances in Neural Information Processing Systems 32, 2019: 8024-8035.

［84］ MA Y, YU D, WU T, et al. PaddlePaddle: An Open-Source Deep Learning Platform from Industrial Practice［J］. Frontiers of Data and Computing, 2019, 1 (1): 105-115.

［85］ Hu S M, Liang D, Yang G Y, et al. Jittor: a novel deep learning framework with meta-operators and unified graph execution［J］. Science China Information Sciences, 2020, 63 (12): 1-21.

［86］ 余凯, 贾磊, 陈雨强, 等. 深度学习的昨天、今天和明天［J］. 计算机研究与发展, 2013, 50 (9): 1799-1804.

［87］ 中国信息通信研究院. 中国算力发展指数白皮书［R/OL］. 2022-11-04［2023-06-01］. http://www.caict.ac.cn/kxyj/qwfb/bps/202211/P020221105727522653499.pdf.

［88］ NECHES R, FIKES R, FININ T, et al. Enabling technology for knowledge sharing［J］. AI Magazine, 1991, 12 (3): 36-56.

［89］ GRUBER T. A translation approach to portable ontology specifications［J］. Knowledge Acquisition, 1993 (5): 199-220.

［90］ BORST WN. Construction of engineering ontologies for knowledge sharing and reuse [D]. Enschede: University of Twente, 1997.

[91] SUTDER B, BENJAMINS V R, FENSEL D. Knowledge engineering: principles and methods [J]. Data and Knowledge Engineering, 1998, 25 (1): 161-197.

[92] GUARINO N, GIARETTA P. Ontologies and knowledge bases: towards a terminological clarification [M] // Towards Very Large Knowledge Bases. Amsterdam: IOS Press, 1995: 25-32.

[93] GUARINO N, WELTY C. A formal ontology of properties [C]. Proceedings of EKAW-2000: The 12th International Conference on Knowledge Engineering and Knowledge Management. Juan-les-Pins, French Riviera, France: Springer-Verlag, 2000: 97-112.

[94] 李景, 苏晓鹭, 钱平. 构建领域本体的方法 [J]. 计算机与农业. 综合版, 2003 (7): 7-10.

[95] 顾芳, 曹存根. 知识工程中的本体研究现状与存在问题 [J]. 计算机科学, 2004, 31 (10): 1-10.

[96] PEREZ A G, BENJAMINS V R. Overview of knowledge sharing and reuse components: ontologies and problem-solving methods [C] // the IJCAI-99 Workshop on Ontologies and Problem-Solving Methods: Lessons Learned and Future Trends. Stockholm, Sweden: CEUR Publications, 1999.

[97] 傅魁. 基于 Web 的本体学习研究 [D]. 武汉: 武汉理工大学, 2007.

[98] 丁晟春, 李岳盟, 甘利人. 基于顶层本体的领域本体综合构建方法研究 [J]. 情报理论与实践, 2007, 30 (2): 236-240.

[99] 刘宇松. 本体构建方法和开发工具研究 [J]. 现代情报, 2009, 29 (9): 17-24.

[100] 李恒杰, 李军权, 李明. 领域本体建模方法研究 [J]. 计算机工程与设计, 2008, (2): 381-384.

[101] 岳丽欣, 刘文云. 国内外领域本体构建方法的比较研究 [J]. 情报理论与实践, 2016, 39 (8): 119-125.

[102] 刘萍, 胡月红. 领域本体学习方法和技术研究综述 [J]. 现代图书情报技术, 2012 (1): 19-26.

[103] 李凌宇, 常春, 邓盼盼. 叙词表概念间语义关系发展研究 [J]. 中华医

学图书情报杂志, 2020, 29 (1): 28-34.

[104] NAKAYA N, KUREMATSU M, YAMAGUCHI T. A domain ontology development environment using a MRD and text corpus [C] // the 5th Joint Conference on Knowledge Based Software Engineering. Maribor, Slovenia, 2002.

[105] LIU X, SONG Y, LIU S, et al. Automatic taxonomy construction from keywords [C] // The 18th ACM SIGKDD International Conference on Knowledge Discovery and Data Mining. Beijing, China: ACM, 2012: 1433-1441.

[106] 方卫东, 袁华, 刘卫红. 基于 web 挖掘的领域本体自动学习 [J]. 清华大学学报 (自然科学版), 2005, 45 (51): 1729-1733.

[107] 刘磊, 曹存根, 王海涛, 等. 一种基于"是一个"模式的下位概念获取方法 [J]. 计算机科学, 2006, 33 (9): 146-151.

[108] WEICHSELBRAUN A, WOHLGENANNT G, SCHARL A. Refining non-taxonomic relation labels with external structured data to support ontology learning [J]. Data & Knowledge Engineering, 2010, 69 (8): 763-778.

[109] 于娟. 基于文本的领域本体学习方法及应用研究 [D]. 大连: 大连理工大学, 2010.

[110] 古凌岚, 孙素云. 基于语义依存的中文本体非分类关系抽取方法 [J]. 计算机工程与设计, 2012, 33 (4): 1676-1680.

[111] 杜小勇, 李曼, 王珊. 本体学习研究综述 [J]. 软件学报, 2006, 17 (9): 1837-1847.

[112] QIN J, PALING S. Converting a controlled vocabulary into an ontology: the case of GEM [J]. Information Research, 2001, 6 (2): 94.

[113] WIELINGA B J, SCHREIBER A T, WIELEMAKER J, et al. From thesaurus to ontology [C] // Proceedings of the 1st International Conference on Knowledge Capture. Victoria, British Columbia, Canada: ACM, 2001: 194-201.

[114] 谷建军. 基于叙词表的中医古籍文献领域本体建模方法研究 [D]. 北京: 中国中医科学院, 2003.

[115] 鲜国建. 农业科学叙词表向农业本体转化系统的研究与实现 [D]. 北

京：中国农业科学院，2008.

[116] 林晶靓. 基于领域本体的图情博客语义搜索系统研究 [D]. 南京：南京农业大学，2010.

[117] 丁晟春，傅柱. 基于航天叙词表的领域本体半自动化构建研究 [J]. 情报理论与实践，2011，34（11）：113-116.

[118] WAGNER A. Enriching a lexical semantic net with selectional preferences by means of statistical corpus analysis [C] // Proceedings of the First International Conference on Ontology Learning. Berlin, Germany：CEUR Publications，2000.

[119] CHALENDAR GD, GRAU B. SVETLAN：A system to classify nouns in context [C] // Proceedings of the First International Conference on Ontology Learning. Berlin, Germany：CEUR Publications，2000.

[120] MIKA P. Ontologies are us：a unified model of social networks and semantics [J]. Web Semantics：Science, Services and Agents on the World Wide Web，2007，5（1）：5-15.

[121] 鲍晓. 领域本体概念及概念间关系学习算法研究 [D]. 武汉：华中科技大学，2013.

[122] HALAVAIS A, LACKAFF D. An analysis of topical coverage of Wikipedia [J]. Journal of Computer-Mediated Communication，2008，13（2）：429-440.

[123] GILES J. Internet encyclopaedias go head to head [J]. Nature，38（15）：1-4.

[124] STRUBE M, PONZETTO S P. WikiRelate! computing semantic relatedness using Wikipedia [C] //Proceedings of AAAI-06. Boston, Massachusetts：AAAI Press，2006：1419-1424.

[125] 孟新萍，王会珍，张俐. 维基百科人物属性自动获取方法研究 [C] // 第五届全国青年计算语言学研讨会. 武汉，中国：中国中文信息学会，2010：1-10.

[126] MEDELYAN O, WITTEN I H, MILNE D. Topic indexing with Wikipedia [C] //Proceedings of the WIKI-AI：Wikipedia and AI Workshop at the AAAI'08 Conference. Chicago, USA：AAAI Press，2008.

[127] MILNE D, WITTEN I H, NIEHOLS D M. A knowledge-based search engine powered by Wikipedia [C] //Proceedings of the 16th ACM Conference on Information and Knowledge Management (CIKM'07). Lisbon, Portugal: ACM, 2007: 445-454.

[128] BUSCALDI D, ROSSO P A. A bag-of-words based ranking method for the Wikipedia question answering [J]. Task Evaluation of Multilingual and Multi-modal Information Retrieval, 2007: 550-553.

[129] 李赟. 基于中文维基百科的语义知识挖掘相关研究 [D]. 北京：北京邮电大学, 2009.

[130] 汪祥. 基于维基百科的语义相关度计算的研究与实现 [D]. 长沙：国防科学技术大学, 2011.

[131] 游博. 词语语义相关度计算研究 [D]. 武汉：华中师范大学, 2013.

[132] 严蔚敏, 吴伟民. 数据结构（C语言版）[M]. 北京：清华大学出版社, 2002.

[133] 刘群, 李素建. 基于《知网》的词汇语义相似度计算 [J]. 中文计算语言学, 2002, 7 (2): 59-76.

[134] RESNIK P. Using information content to evaluate semantic similarity in a taxonomy [C] //Proceedings of the 14th International Joint Conference on Artificial Intelligence. Montreal, Quebec, Canada: Morgan Kaufmann Publishers Inc., 1995: 448-453.

[135] LANDAUER T K, DUMAIS S T. A solution to Plato's problem: the latent semantic analysis theory of the acquisition, induction, and representation of knowledge [J]. Psychological Review, 1997, 104: 211-140.

[136] RADA R, MILI H, BICKNELL E, etc. Development and application of a metric to semantic nets [J]. IEEE Transactions on Systems, Man and Cybernetics, 1989, 19 (1): 17-30.

[137] FELLBAUM C, MILLER G. Combining local context and wordnet similarity for word sense identification [M] // WordNet: An Electronic Lexical Database. Cambridge, MA: MIT Press, 1998.

[138] WU Z, PALMER M. Verb semantics and lexical selection [C] //Proceedings of the 32nd Annual Meeting of the Association for Computational Linguistics.

Las Cruces, New Mexico, USA: ACL, 1994: 133-138.

[139] SECO N, VEALE T, HAYES J. An intrinsic information content metric for semantic similarity in WordNet [C] // Proceedings of the 16th European Conference on Artificial Intelligence. Valencia, Spain: IOS Press, 2004: 1089-1090.

[140] LESK M. Automatic sense disambiguation using machine readable dictionaries: how to tell a pine cone from an ice cream cone [C] //Proceedings of 5th Annual International Conference on Systems Documentation. Toronto, Ontario, Canada: ACM, 1986: 24-26.

[141] BANERJEE S, PEDERSEN T. Extended gloss overlap as a measure of semantic relatedness [C] //Proceedings of IJCAI '03. Acapulco, Mexico: Morgan Kaufmann Publishers Inc., 2003: 805-810.

[142] SUCHANEK F M, KASNECI G, WEIKUM G. YAGO: a core of semantic knowledge [C] // Proceedings of the 16th international conference on World Wide Web. Banff, Alberta, Canada: ACM, 2007: 697-706.

[143] CHE W, LI Z, LIU T. LTP: a Chinese language technology platform [C] //Proceedings of the 23rd International Conference on Computational Linguistics. Beijing, China: ACL, 2010: 3-16.

[144] 詹卫东. 面向中文信息处理的现代汉语短语结构规则研究 [D]. 北京：北京大学, 1999: 11-95.

[145] 陆俭明. 现代汉语语法研究教程（第四版）[M]. 北京：北京大学出版社, 2013: 1-354.

[146] 王治敏, 朱学锋, 俞士汶. 基于现代汉语语法信息词典的词语情感评价研究 [J]. 中文计算语言学期刊, 2005, 10 (4): 581-592.

[147] 鲍文, 李冠宇. 本体存储技术研究 [J]. 计算机技术与发展, 2008, 18 (1): 146-150.

[148] AGRAWAL R, SOMANI A, XU Y. Storage and querying of ecommerce data [C] // Proceedings of the 27th International Conference on Very Large Data Bases. Roma, Italy: Morgan Kaufmann Publishers Inc., 2001: 149-158.

[149] MCBRIDE B. Jena: implementing the RDF model and syntax specification

[C] // Proceedings of the Second International Conference on Semantic Web. Hongkong, China：CEUR-WS. org, 2001：23-28.

[150] ALEXAKI S, CHRISTOPHIDES V, KARVOUNARAKIS G, et al. On storing voluminous RDF description：the case of Web portal catalogs [C] // Proceedings of the 4th International Workshop on the Web and Databases in conjunction with ACM PODS/SIGMOD 2001. Santa Barbara, California, USA, 2001：43-48.

[151] 陈光仪. 基于关系数据库的本体存储研究 [C]. 长沙：中南大学, 2009.

[152] 生佳根. 基于本体的知识获取、管理和应用方法研究 [D]. 南京：南京航空航天大学, 2011.

[153] REINSEL D, 武连峰, GANTZ J F, et al. IDC：2025年中国将拥有全球最大的数据圈 [R/OL]. IDC：US44613919（2019-01）[2023-06-28]. https://www. seagate. com/files/www-content/our-story/trends/files/data-age-china-regional-idc. pdf.

[154] 赵志荣, 徐恩元. 论网络信息资源 [J]. 情报杂志, 2001（8）：28-30.

[155] 胡昌平, 谷斌. 网络信息资源的社会化组织与开发构想 [J]. 中国图书馆学报, 2002, 28（140）：22-25.

[156] 杨先明, 但碧霞. 网络信息资源的分布特点及其利用对策分析 [J]. 图书馆论坛, 2005, 25（5）：112-114.

[157] 张秀芝, 纪晓平, 毛春辉. 网络学术信息资源的采集和组织 [J]. 情报科学, 2005, 23（12）：1831-1834.

[158] 李媚, 朱晓峰, 臧强. 试论网络信息资源开发 [J]. 情报科学, 1999, 17（3）：337-339.

[159] 蓝曦. 网络信息资源的类型及其评价 [J]. 现代情报, 2003（9）：73-74.

[160] 张惠君, 张春红, 萧德洪, 等. "CALIS 重点学科网络资源导航库" 标准与规范述评 [J]. 大学图书馆学报, 2006（3）：28-32.

[161] 吴平. 网络免费学术信息资源类型特点及检索途径 [J]. 黔东南民族师范高等专科学校学报, 2004, 22（6）：82-84.

[162] 中国互联网络信息中心. 第49次中国互联网络发展状况统计报告[R/OL]. 2022-02-25 [2022-12-30]. https://www.cnnic.net.cn/n4/2022/0401/c88-1131.html.

[163] 段宇锋. 网络信息资源老化规律研究[J]. 图书情报知识, 2005 (4): 28-31.

[164] ILAN J B, PERITZ B C. The life span of a specific topic on the Web [J]. Scientometrics, 1999, 46 (3): 371-382.

[165] KOEHLER W. An Analysis of Web Page and Web Site Constancy and Permanence [J]. Journal of the American Society for Information Science, 1999, 50 (2): 162-180.

[166] 罗力. 网络学术信息老化规律研究[D]. 武汉: 武汉大学, 2010.

[167] MARKWELL J, BROOKS D W. "Link rot" limits the usefulness of Web-based educational materials in biochemistry and molecular biology [J]. Biochemistry and Molecular Biology Education, 2003, 31 (1): 69-72.

[168] 周佳贵. 美国数字信息保存计划——NDIIPP及其对我国的启示[J]. 图书馆工作与研究, 2006 (1): 34-37.

[169] ORTEGA J, AGUILLO I, PRIETO J A. Longitudinal study of content and elements in thescientific web environment [J]. Journal of Information Science, 2006, 32 (4): 344-351.

[170] 李国红. 米哈依洛夫科学交流模式述评[J]. 情报探索, 2005 (6): 44-46.

[171] DELLAVALLE R P, HESTER E J, HEILIG L F et al. Going, going, gone: lost internet reference [J]. Science, 2003, 203 (5646): 787-788.

[172] CASSERLY M, BIRD J. Web citation availability: analysis and implications for scholarship [J]. College & Research Libraries, 2003, 64: 300-317.

[173] 唐琼. 图书馆数字资源选择标准研究[D]. 武汉: 武汉大学, 2009.

[174] 邱均平, 杨思洛. 基于网络引文的网上学术资源利用规律研究——以图书馆学与情报学为例[J]. 情报学报, 2010, 29 (3): 497-505.

[175] 郝熠光. 基于Google Scholar引文与ISI引文的网络引文分析及模型构想[D]. 南京: 南京大学, 2011.

[176] 杨思洛. 国外网络引文研究的现状及展望 [J]. 中国图书馆学报, 2009, 36 (188): 72-82.

[177] DAVIS P M. The effect of the web on undergraduate citation behavior: 1996-1999 [J]. Journal of the American Society for Information Science and Technology, 2001 (4): 309-314.

[178] Davis P M. Effect of the Web on undergraduate citation behavior: Guiding student scholarship in the networked age [J]. Portal Libraries and the Academy, 2003 (1): 41-51.

[179] VANIMPE S, ROUSSEAU R. Web-to-print citations and the humanities [J]. Information-Wissenschaft & Praxis, 2006, 57 (8): 422-426.

[180] Kumar B T S, Kumar K S M. Decay and half-life period of online citations cited in open access journals [J]. The International Information & Library Review, 2012, 44 (4): 202-211.

[181] 刘丽娜. 网络参考文献著录现状研究 [J]. 图书情报知识, 2003 (6): 70-72.

[182] 苏雪梅. 论网络资源成为学术论文的参考文献 [J]. 四川师范大学学报 (社会科学版), 2003 (6): 137-140.

[183] 张培运. 网络参考文献使用问题及其对策 [J]. 济宁学院学报, 2011, 32 (5): 126-128.

[184] 张翠英, 王建芳. 学术研究中的网络资源利用状况探微——网络引文的数量分析 [J]. 情报杂志, 2004 (4): 113-114.

[185] 丁敬达, 杨思洛. 国内图书情报学期刊网络引文的类型、分布与可追溯性分析 [J]. 图书情报工作, 2012, 56 (24): 60-64.

[186] 张丽敏, 王平. 基于 P-W 型网络引文引证可追溯性研究——以情报学期刊为例 [J]. 情报杂志, 2012, 31 (7): 61-65.

[187] 袁毅, 王大勇. 引文用于评价学术网站的可靠性及可行性研究 [J]. 图书情报工作, 2005 (3): 72-75, 143.

[188] 黄仲清. 互联网主题信息定向采集研究 [D]. 上海: 华东师范大学, 2010.

[189] 王云娣. 基于网络的社科信息资源分布及检索策略研究 [J]. 中国图书馆学报, 2003 (3): 57-61.

[190] 吕昊. 面向垂直搜索的聚焦爬虫研究及应用［D］. 杭州：浙江大学, 2008.

[191] 丁宝琼. 网络文本信息采集分析关键技术研究与实现［D］. 郑州：解放军信息工程大学, 2009.

[192] MICHAEL K. The deep web: surfaceing hidden value［J］. The Journal of Electronic Publishing, 2001, 7（1）: 1-17.

[193] 张添. 基于 Selenium 的 Web 自动化测试［D］. 北京：北京交通大学, 2014.

[194] 李佳欣, 潘伟. PhantomJS 在 Web 自动化测试中的应用［J］. 计算机光盘软件与应用, 2013（18）: 76-77.

[195] CAI D, YU S, WEN J, et al. Block-based web search［C］//Proceedings of the 27th Annual International ACM SIGIR Conference on Research and Development in Information Retrieval. Sheffield, United Kingdom: ACM, 2004: 456-463.

[196] 刘秉权, 王喻红, 葛冬梅, 等. 基于结构树解析的网页正文抽取方法［C］//黑龙江省计算机学会2007年学术交流年会论文集. 哈尔滨：黑龙江省计算机学会, 2007: 4.

[197] 赵欣欣, 索红光, 刘玉树. 基于标记窗的网页正文信息提取方法［J］. 计算机应用研究, 2007, 24（3）: 144-145.

[198] 黄玲, 陈龙. 基于网页分块的正文信息提取方法［J］. 计算机应用, 2008, 28（52）: 326-328.

[199] 蒲宇达, 关毅, 王强. 基于数据挖掘思想的网页正文抽取方法的研究［C］//第三届学生计算语言学研讨会论文集. 沈阳：中国中文信息学会, 2006: 5.

[200] YANG Y, ZHANG H. HTML page analysis based on visual cues［C］//Proceedings of the 6th International Conference on Document Analysis and Recognition. Seattle, WA, USA: IEEE, 2001: 859-864.

[201] CAI D, YU S, WEN J, et al. VIPS: a vision-based page segmentation algorithm: MSR-TR-2003-79［R］. Redmond WA: Microsoft Research Asia, 2003.

[202] 王聪睿. 主题爬虫关键技术研究 [D]. 石家庄：石家庄铁道大学, 2015.

[203] 陈竹敏. 面向垂直搜索引擎的主题爬行技术研究 [D]. 济南：山东大学, 2008.

[204] ANGKAWATTANAWIT N, RUNGSAWANG A. Learnable crawling: an efficient approach to topic-specific web resource discovery [C] //Proceedings of 2002 International Symposium on Communication and Information Technology, ISCIT. Pattaya, Thailand: Kasetsart University, 2002.

[205] MENEZER F, PANT G, SRINIVASAN P, et al. Evaluating topic-driven web crawlers [C] //Proceedings of the 24th Annual International ACM SIGIR Conference on Research and Development in Information Retrieval. New Orleans, Louisiana, USA: ACM, 2001: 241-249.

[206] MENEZER F, PANT G, SRINIVASAN P. Topical web crawlers: evaluating adaptive algorithms [J]. ACM Transaction on Internet Technology, 2004 (4): 378-419.

[207] BRA P M E D, POST R D J. Searching for arbitrary information in the WWW: the fish-search for mosaic [C] //Proceedings of Second WWW Conference. Chicago, USA: [出版者不详], 1994: 45-51.

[208] HERSOVICI M, JAEOVI M, MAAREK Y S, et al. The shark-search algorithm—An application: tailored Web site mapping [C] //Proceedings of the 7th International World Wide Web Conference. Brisbane Australia: Elsevier Science Publishers B. V. , 1998: 317-326.

[209] CHAKRABARTI S, VANDENBERG M, DOM B. Focused crawling: a new approach to topic-specific web resource discovery [J]. Computer Networks, 1999, 31 (11-16): 1623-1640.

[210] RENNIE J, MCCALLUM A K. Using reinforcement learning to spider the Web efficiently [C] //Proceedings of the 16th International Conference on Machine Learning. Bled, Slovenia: Morgan Kaufmann Publishers Inc. 1999: 335-343.

[211] FELLBAUM C. WordNet: an electronic lexical database [M]. Cambridge, MA: MIT press, 1998.

[212] JARMASZ M, SZPAKOWICZ S. Roget's thesaurus and semantic similarity [C] //Proceedings of Recent Advances in Natural Language Processing 2003. Borovets, Bulgaria: Current Issues in Linguistic Theory (CILT), 2003: 111-120.

[213] 葛斌, 李芳芳, 郭丝路. 基于知网的词汇语义相似度计算方法研究 [J]. 计算机应用研究, 2010, 27 (9): 3329-3333.

[214] 林碧霞. 基于领域本体的主题爬虫研究及实现 [D]. 成都: 西南交通大学, 2010.

[215] SALTON G, WONG A, YANG C. A Vector Space Model for Auto matrix Indexing [J]. Communications of the ACM, 1975, 18 (11): 613-620.

[216] 马艳霞. 主流网络信息资源描述工具的比较研究 [J]. 现代情报, 2005 (2): 163-164.

[217] 李亚婷. 知识聚合研究述评 [J]. 图书情报工作, 2016, 60 (21): 128-136.

[218] 赵雪芹. 知识聚合与服务研究现状及未来研究建议 [J]. 情报理论与实践, 2015 (2): 136-139.

[219] Bishop A P. Digital libraries and knowledge disaggregation: the use of journal article components [C] // Proceedings of the 3rd ACM conference on Digital Libraries. Pittsburgh, Pennsylvania, USA: ACM, 1998: 29-39.

[220] 曹树金, 司徒俊峰. 论 RSS/ATOM 内容聚合元数据 [J]. 图书馆论坛, 2008 (6): 34-38.

[221] 黄文碧. 基于元数据关联的馆藏资源聚合研究 [J]. 情报理论与实践, 2015, 38 (4): 74-79.

[222] 刘伟. 基于内容特征元数据的多源异构科技资源关联聚合研究 [J]. 中国科技资源导刊, 2020, 52 (5): 28-34.

[223] 赵蓉英, 谭洁, 陈晨, 等. 基于社会标签共现分析的 Web 资源聚合流程研究 [J]. 情报理论与实践, 2014, 37 (7): 111-115.

[224] 王珉, 王永滨. 基于标签共现网络的用户聚合算法研究 [J]. 计算机工程与应用, 2015, 51 (2): 11-15, 34.

[225] 张云中, 杨萌. Tax-folk 混合导航: 社会化标注系统资源聚合的新模型 [J]. 中国图书馆学报, 2014, 40 (3): 78-89.

[226] 沈志宏, 黎建辉, 张晓林. 关联数据互联技术研究综述: 应用、方法与框架 [J]. 图书情报工作, 2013, 57 (14): 125-133.

[227] 丁楠, 潘有能. 基于关联数据的图书馆信息聚合研究 [J]. 图书与情报, 2011 (6): 50-53.

[228] 游毅, 成全. 试论基于关联数据的馆藏资源聚合模式 [J]. 情报理论与实践, 2013, 36 (1): 109-114.

[229] 邱均平, 余凡. 基于计量分析的馆藏资源语义化理论研究 [J]. 中国图书馆学报, 2012 (4): 71-78.

[230] 邱均平, 王菲菲. 基于共现与耦合的馆藏文献资源深度聚合研究探析 [J]. 中国图书馆学报, 2013 (4): 1-8.

[231] 胡媛, 胡昌平. 基于知识聚合的数字图书馆社区推送服务组织——以武汉大学数字图书馆社区为例 [J]. 国家图书馆学刊, 2016, 25 (2): 66-76.

[232] 王伟, 许鑫. 融合关联数据和分众分类的徽州文化数字资源多维度聚合研究 [J]. 图书情报工作, 2015, 59 (14): 31-36.

[233] 郭顺利. 社会化问答社区用户生成答案知识聚合及服务研究 [D]. 长春: 吉林大学, 2018.

[234] 马费成. 知识组织系统的演进与评价 [J]. 知识工程, 1989 (2): 39-43.

[235] 赵蓉英. 论知识网络的结构 [J]. 图书情报工作, 2007, 51 (9): 6-10.

[236] ZHAO F, HE W, YANG H, et al. A study of internet knowledge acquiring method to aid thinking in product design [C] / 2009 2nd IEEE International Conference on Computer Science and Information Technology. Beijing, China: IEEE, 2009: 472-475.

[237] 廖开际, 熊会会, 叶东海. 基于知识元理论的应急文档结构化建模 [J]. 计算机应用研究, 2011, 28 (1): 175-178.

[238] 赵蓉英, 张心源. 基于知识元抽取的中文智库成果描述规则研究 [J]. 图书与情报, 2017 (1): 119-127.

[239] 秦春秀, 刘杰, 刘怀亮, 等. 基于知识元的科技文本内容描述框架研究 [J]. 图书情报工作, 2017, 61 (10): 116-124.

[240] 周宁，余肖生，刘玮，等. 基于 XML 平台的知识元表示与抽取研究 [J]. 中国图书馆学报，2006（3）：41-45.

[241] ZOU J, LIU Q. A knowledge element model for knowledge abstract and fusion system [C] // 2009 International Conference on New Trends in Information and Service Science. Beijing, China：IEEE, 2009：23-26.

[242] 温有奎，徐端颐，潘龙法. 基于 XML 平台的知识元本体推理 [J]. 情报学报，2004，23（6）：643-648.

[243] 肖怀志，李明杰. 基于本体的历史年代知识元在古籍数字化中的应用：以《三国志》历史年代知识元的抽取、存储和表示为例 [J]. 图书情报知识，2005（105）：28-33.

[244] 毕经元. 基于知识元链接的汽车零部件知识管理系统 [J]. 浙江大学学报，2009，43（12）：2209-2212.

[245] 肖洪，薛德军. 基于大规模真实文本的数值知识元挖掘研究 [J]. 计算机工程与应用，2008，44（30）：150-152.

[246] 王宇，刘淼. 一种基于知识元的期刊文献知识仓库构建 [J]. 情报理论与实践，2013（8）：91-94.

[247] 刘淼，王宇. 基于主题句的期刊文献知识元库构建 [J]. 情报杂志，2012，31（11）：145-149.

[248] 王洋洋. 基于海量学术资源的知识元抽取研究 [D]. 宁波：宁波大学，2015.

[249] 文庭孝，龚蛟腾，张蕊，等. 知识关联：内涵、特征与类型 [J]. 图书馆，2011（4）：32-35.

[250] 文庭孝，刘晓英，刘灿姣，等. 知识关联的结构分析 [J]. 图书馆，2011（2）：1-7.

[251] 刘晓英. 知识关联及其应用研究 [D]. 湘潭：湘潭大学，2010.

[252] 王众托. 知识管理 [M]. 北京：科学出版社，2009.

[253] 陈雪龙，董恩超，王延章，等. 非常规突发事件应急管理的知识元模型 [J]. 情报杂志，2011，30（12）：22-26，17.

[254] 汪沛. 基于本体的领域知识元构建研究 [D]. 武汉：华中师范大学，2014.

[255] 付小红. 论知识组织的原则 [J]. 情报资料工作，2001（5）：11-15.

[256] 徐荣生. 知识单元初论 [J]. 图书馆杂志, 2001, 20 (7): 2-5.

[257] 蒋玲. 面向学科的知识元标引关键技术研究 [D]. 武汉: 华中师范大学, 2011.

[258] 撒宏. 学术搜索引擎 CNKI SCHLOAR 和超星发现比较研究 [J]. 内蒙古科技与经济, 2015 (20): 136-137.

[259] 许兴斌. 超星发现系统对高校图书馆文献传递服务的影响及对策分析 [J]. 农业图书情报学刊, 2014 (8): 120-122.

[260] 陈定权. 论知识链接的建立规则 [J]. 图书情报工作, 2010, 54 (12): 41-45.

[261] REINSEL D, GANTZ J, RYDNING J. Data age 2025: the evolution of data to life-critical——don't focus on big data; focus on the data that's big [R/OL]. IDC White Paper (2017-044) [2023-06-28]. https://www.seagate.com/www-content/our-story/trends/files/Seagate-WP-DataAge2025-March-2017.pdf.

[262] 宋金玉, 陈爽, 郭大鹏, 等. 数据质量及数据清洗方法 [J]. 指挥信息系统与技术, 2013, 4 (5): 63-70.

[263] 冯广艺. 谈谈语素和词的定义问题 [J]. 湖北师范学院学报 (哲学社会科学版), 1985 (1): 76-82.

[264] 骆正清, 陈增武, 王泽兵, 等. 汉语自动分词研究综述 [J]. 浙江大学学报, 1997, 31 (3): 306-312.

[265] 罗杰, 陈力, 夏德麟, 等. 基于新的关键词提取方法的快速文本分类系统 [J]. 计算机应用研究, 2006 (4): 32-34.

[266] DIFALLAH D E, CATASTA M, DEMARTINI G, et al. The dynamics of micro-task crowdsourcing: the case of Amazon MTurk [C] // Proceedings of the 24th International Conference on World Wide Web. Florence Italy: International World Wide Web Conferences Steering Committee, 2015: 238-247

[267] 刘文卓. 众包文本标注系统的设计与实现 [D]. 武汉: 华中科技大学, 2021.

[268] LUAN Y, HE L, OSTENDORF M, et al. Multi-task identification of entities, relations, and coreference for scientific knowledge graph construction [C] //

Proceedings of the 2018 Conference on Empirical Methods in Natural Language Processing. Brussels, Belgium: ACL, 2018: 3219-3232.

[269] COHEN J. A coefficient of agreement for nominal scales [J]. Educational and Psychological Measurement, 1960, 20 (1): 37-46.

[270] LANDIS J R, KOCH G G. The measurement of observer agreement for categorical data [J]. Biometrics, 1977, 33 (1): 159-174.

[271] FLEISS J L. Measuring nominal scale agreement among many raters [J]. Psychological Bulletin, 1971, 76 (5): 378-382.

[272] 张奇. 信息抽取中实体关系识别研究 [D]. 合肥：中国科学技术大学, 2010.

[273] SAGER N. Natural language information processing: a computer grammar of English and its applications [M]. Reading, MA: Addison-Wesley, 1980.

[274] DEJONG G. An overview of the FRUMP system [M] //Strategies for Natural Language Processing. New York: Psychology Press, 1982: 142-176.

[275] 魏威, 杨小平. 信息抽取技术的发展与应用 [C] // 中国计算机用户协会信息系统分会2005年信息交流大会. 北京：计算机工程与应用, 2005: 51-53.

[276] 蒲筱哥. 基于Web的信息抽取技术研究综述 [J]. 现代情报, 2007 (10): 215-219.

[277] 贺智平. Web信息自动抽取技术研究 [D]. 西安：西安电子科技大学, 2006.

[278] LAENDER A H F, RIBEIRO-NETO B A, DA SILVA A S, et al. A brief survey of web data extraction tools [J]. ACM SIGMOD Record, 2002, 31 (2): 84-93.

[279] FREITAG D. Machine learning for information extraction in informal domains [J]. Machine Learning, 2000, 29 (2): 169-202.

[280] 廖崇粮. Web信息自动抽取技术的研究 [D]. 成都：电子科技大学, 2009.

[281] AROCENA G O, MENDELZON A O. WebOQL: restructuring documents, databases and webs [C] //Proceedings of the 14th IEEE Conference on Data Engineering. Orlando, Florida, USA: IEEE, 1998: 24-33.

[282] SAHUGUET A, AZAVANT F. Building intelligent web applications using light weight wrappers [J]. Data Knowledge Engineering, 2001, 36 (3): 283-316.

[283] MUSLEA I, MINTON S, KOBLOCK C A. Hierarchical wrapper induction for semistructured information sources [J]. Autonomous Agents and Multi-Agent Systems, 2001, 4 (1): 93-114.

[284] RIBEIRO-NETO B, LAENDER A H F, SILVA A S D. Extracting semi-structured data through examples [C] //Proceedings of the 1999 ACM CIKM International Conference on Information and Knowledge Management. Kansas City, Missouri, USA: ACM, 1999: 94-101.

[285] EMBLEY D, CAMPBELL D, JIANG S, et al. Conceptual-model-based data extraction from multiple-record Web pages [J]. Data and Knowledge Engineering, 1999, 31 (3): 227-251.

[286] 李知颖. 基于包装器模型的信息抽取算法研究 [D]. 长春: 东北师范大学, 2009.

[287] 周浪. 中文术语抽取若干问题研究 [D]. 南京: 南京理工大学, 2009.

[288] SAGER J C, DUNGWORTH D, MCDONALD P F. English special languages: principles and practice in science and technology [M]. Wiesbaden: Brandstetter, 1980.

[289] 龚益. 社科术语工作的原则与方法 [M]. 北京: 商务印书馆, 2009.

[290] 林春泽. 关于术语研究的若干问题思考 [J]. 外语学刊, 2011 (6): 135-138.

[291] 梁爱林. 论术语学概念理论的发展 [J]. 术语标准化与信息技术. 2003 (4): 4-10.

[292] 国家标准化管理委员会. GBT 10112-1999 术语工作原则与方法 [M]. 北京: 中国标准出版社, 2004.

[293] 张普. 流通度在JT术语识别中的应用分析—关于术语、术语学、术语数据库的研究 [C] //辉煌二十年——中国中文信息学会二十周年学术会议论文集. 北京, 中国: 清华大学出版社, 2001: 118-127.

[294] 张小平. 改革开放以来汉语词汇发展变化研究 [D]. 济南：山东大学, 2003.

[295] KAGEURA K, UMINO B. Methods of automatic term recognition: a review [J]. Terminology International Journal of Theoretical and Applied Issues in Specialized Communication, 1996, 3 (2): 259-289.

[296] JUSTESON J, KATZ S. Technical terminology: some linguistic properties and an algorithm for identification in text [J]. Natural Language Engineering, 1995, 1 (1): 9-27.

[297] FRANTZI K T, ANAIADOUS S. Extracting nested collocations [C] // Proceedings of the 16th International Conference on Computational Linguistics. Copenhagen, Denmark: ACL, 1996: 41-46.

[298] LEMAY C, L'HOMME M, DROUIN P. Two methods for extracting "specific" single-word terms from specialized corpora [J]. International journal of corpus linguistics, 2005, 10 (2): 227-255.

[299] ZAN H, DUAN G, FAN M. Single word term extraction bilingual semantic lexicon-based approach [C] //Third International Conference on Natural Computation (ICNC 2007). Haikou, China: IEEE, 2007: 451-456.

[300] SUI Z, CHEN Y, WEI Z. Automatic recognition of chinese scientific and technological terms using integrated linguistic knowledge [C] //International Conference on Natural Language Processing and Knowledge Engineering, 2003. Beijing, China: IEEE, 2003: 444-451.

[301] SABOU M, WROE C, GOBLE C, et al. Learning domain ontologies for Web service descriptions: an experiment in bioinformatics [C] // Proceedings of the 14th International Conference on World Wide Web. Chiba, Japan: ACM, 2005: 190-198.

[302] 刘俊杰, 黄圆圆, 任智军, 等. 基于浅层句法分析的术语抽取研究 [J]. 微计算机信息, 2010, 26 (18): 180-182.

[303] GELBUKH A, SIDOROV G, LAVIN-VILLA E, et al. Automatic term extraction using log-likelihood based comparison with general reference corpus [C] //Proceedings of the Natural Language Processing and Information Systems, and the 15th International Conference on Applications

of Natural Language to Information Systems. Cardiff, UK: Springer-Verlag, 2010: 248-255.

[304] DAMERAU F J. Generating and evaluating domain-oriented multi-word terms from texts [J]. Information Processing and Management, 1993, 29 (4): 433-447.

[305] 刘桐菊, 于浩, 杨沐昀. 基于 TFIDF 的专业领域词汇获取的研究 [C] //第一届学生计算语言学研讨会论文集. 北京: 中国中文信息学会, 2002: 287-291.

[306] 刘桃, 刘秉权, 徐志明, 等. 领域术语自动抽取及其在文本分类中的应用 [J]. 电子学报, 2007, 35 (2): 328-332.

[307] PANTEL P, LIN D. A statistical corpus-based term extractor [C] // Proceedings of the 14th Biennial Conference of the Canadian Society on Computational Studies of Intelligence, AI2001. Ottawa, Canada: Springer-Verlag, 2001: 36-46.

[308] 王强军. 基于动态流通语料库 (DCC) 的信息技术领域新术语自动提取研究 [D]. 北京: 北京语言大学, 2003.

[309] 岑咏华, 韩哲, 季培培. 基于隐马尔科夫模型的中文术语识别研究 [J]. 现代图书情报技术, 2008 (12): 54-58.

[310] 郭剑毅, 薛征山, 余正涛, 等. 基于层叠条件随机场的旅游领域命名实体识别 [J]. 中文信息学报, 2009, 23 (5): 47-53.

[311] 贾自艳, 史忠植. 基于概率统计技术和规则方法的新词发现 [J]. 计算机工程, 2004 (20): 19-21, 83.

[312] 韩红旗, 安小米. C-value 值和 unithood 指标结合的中文科技语抽取 [J]. 图书情报工作, 2012, 56 (19): 85-89.

[313] 吴云芳. 信息科学与技术领域术语部件描述 [J]. 语言文字应用, 2003 (4): 34-39.

[314] 邢红兵. 信息领域汉英术语的特征及其在语料中的分布规律 [J]. 术语标准化与信息技术, 2000 (3): 17-21.

[315] 丘东江. 图书馆学情报学大辞典 [M]. 北京: 海洋出版社, 2013.

[316] 顾铖. 图情档术语自动提取研究 [D]. 南京: 南京大学, 2011.

[317] 张锋, 许云, 侯艳, 等. 基于互信息的中文术语抽取系统 [J]. 计算机

应用研究, 2005 (5): 72-73, 77.

[318] DUNNING T. Accurate methods for the statistics of surprise and coincidence [J]. Computational Linguistics, 1993, 19 (1): 61-76.

[319] 樊梦佳, 段东圣, 杜翠兰, 等. 统计与规则相融合的领域术语抽取算法 [J]. 计算机应用研究, 2016, 33 (8): 2282-2285, 2306.

[320] 赵云志. 统计分析法自动标引的改进 [J]. 情报学报, 2000, 19 (4): 333-337.

[321] HOBBS J R. The generic information extraction system [C] //Proceedings of the 5th Message Understanding Conference (MUC-5). Baltimore, Maryland: ACL, 1993: 87-91.

[322] 冯鸾鸾, 李军辉, 李培峰, 等. 面向国防科技领域的技术和术语语料库构建方法 [J]. 中文信息学报, 2020, 34 (8): 41-50.

[323] 仇瑜. 面向财税领域的实体识别与标注研究 [J]. 计算机工程, 2020, 46 (5): 312-320.

[324] YOSEF M, BAUER S, HOFFART J, et al. HYENA: Hierarchical Type Classification for Entity Names [C] //Proceedings of the 24th international conference on computational linguistics (COLING 2012). Mumbai, India: ACL, 2012: 1361-1370.

[325] 冯蕴天, 张宏军, 郝文宁. 面向军事文本的命名实体识别 [J]. 计算机科学, 2015, 42 (7): 15-18, 47.

[326] 张晓海, 操新文, 高源. 基于深度学习的作战文书命名实体识别 [J]. 指挥控制与仿真, 2019, 41 (4): 22-26.

[327] WEED L L. Medical records that guide and teach [J]. New England Journal of Medicine, 1968, 278 (12): 593-600

[328] 杨锦锋, 于秋滨, 关毅, 等. 电子病历命名实体识别和实体关系抽取研究综述 [J]. 自动化学报, 2014, 40 (8): 1537-1562.

[329] 赵鹏飞, 赵春江, 吴华瑞, 等. 基于注意力机制的农业文本命名实体识别 [J]. 农业机械学报, 2021, 52 (1): 185-192.

[330] 焦凯楠, 李欣, 叶瀚, 等. 基于 MacBERT-BiLSTM-CRF 的反恐领域细粒度实体识别 [J]. 科学技术与工程, 2021, 21 (29): 12638-12648

[331] URBANO C, ARDANUY J. Cross-disciplinary collaboration versus coexistence

in LIS serials: analysis of authorship affiliations in four European countries [J]. Scientometrics, 2020, 124 (1): 575-602.

[332] 肖连杰, 孟涛, 王伟, 等. 基于深度学习的情报分析方法识别研究——以安全情报领域为例 [J]. 数据分析与知识发现, 2019 (10): 20-28.

[333] 化柏林. 针对中文学术文献的情报方法术语抽取 [J]. 现代图书情报技术, 2013 (6): 68-75.

[334] 章程志. 基于学术论文全文的研究方法实体自动识别研究 [J]. 情报学报, 2020, 39 (6): 589-600.

[335] 余丽, 钱力, 付常雷, 等. 基于深度学习的文本中细粒度知识元抽取方法研究 [J]. 数据分析与知识发现, 2019, 3 (1): 38-45.

[336] 王东波, 高瑞卿, 沈思, 等. 面向先秦典籍的历史事件基本实体构件自动识别研究 [J]. 国家图书馆学刊, 2018, 27 (1): 65-77.

[337] 李章超, 李忠凯, 何琳. 《左传》战争事件抽取技术研究 [J]. 图书情报工作, 2020, 64 (7): 20-29.

[338] RINDFLESCH T C, TANABE L, WEINSTEIN J N. EDGAR: extraction of drugs, genes and relations from the biomedical literature [J]. Pacific Symposium on Biocomputing. 2000, 5: 517-528.

[339] FUKUDA K, TAMURA A, TSUNODA T, et al. Toward information extraction: identifying protein names form biological papers [J]. Pacific Symposium on Biocomputing, 1998: 707-718.

[340] LAFFERTY J, MCCALLUM A, PEREIRA F. Conditional random fields: probabilistic models for segmenting and labeling sequence data [C] // Proceedings of the 18th International Conference on Machine Learning. Williamstown, MA, USA: Morgan Kaufmann Publishers Inc., 2001: 283-289.

[341] MCCALLUM A, LI W. Early results for named entity recognition with conditional random fields, feature induction and web-enhanced lexicons [C] //Proceedings of the 7th conference on Natural language learning at HLT-NAACL 2003. Edmonton, Canada: ACL, 2003: 188-191.

[342] 燕杨, 文敦伟, 王云吉. 基于层叠条件随机场的中文病历命名实体识别 [J]. 吉林大学学报 (工学版), 2014, 44 (6): 1843-1848.

[343] HUANG Z, XU W, YU K. Bidirectional LSTM-CRF models for sequence tagging [J/OL]. arXiv:1508.01991（2015-08-09）[2021-12-28]. https://arxiv.org/pdf/1508.01991.pdf.

[344] 李丽双,郭元凯. 基于 CNN-BLSTM-CRF 模型的生物医学命名实体识别 [J]. 中文信息学报,2018,32（1）:116-122.

[345] 杨培,杨志豪,罗凌. 基于注意机制的化学药物命名实体识别 [J]. 计算机研究与发展,2018,55（7）:1548-1556.

[346] DEVLIN J, CHANG M W, LEE K, et al. BERT: pre-training of deep bidirectional transformers for language understanding [C] // Proceedings of the 2019 Conference of the North American Chapter of the Association for Computational Linguistics: Human Language Technologies (HLT-NAACL 2019). Minneapolis, Minnesota, USA: ACL, 2019: 4171-4186.

[347] 王子牛,姜猛,高建瓴,等. 基于 BERT 的中文命名实体识别方法 [J]. 计算机科学,2019,46（11A）:138-142.

[348] 张晓,李业刚,王栋,等. 基于 ERNIE 的命名实体识别 [J]. 智能计算机与应用,2020,10（3）:21-26.

[349] 陈杰,奚雪峰,皮洲,等. 基于 ALBERT 的中文医疗病历命名实体识别 [J]. 南京师范大学学报,2021,21（1）:36-43.

[350] GURURANGAN S, MARASOVIĆ A, SWAYAMDIPTA S, et al. Don't stop pretraining: adapt language models to domains and tasks [C] // Proceedings of the 58th Annual Meeting of the Association for Computational Linguistics. Online: ACL, 2020: 8342-8360.

[351] LIU W, ZHOU P, ZHAO Z, et al. K-BERT: enabling language representation with knowledge graph [C] // Proceedings of the 34th AAAI Conference on Artificial Intelligence. New York, USA: AAAI Press, 2020, 34（3）: 2901-2908.

[352] XIONG W, DU J, WANG W Y, et al. Pretrained encyclopedia: weakly supervised knowledge-pretrained language model [C] // Proceedings of the 8th International Conference on Learning Representations (ICLR 2020). Addis Ababa, Ethiopia: ICLR, 2020: 8472-8484.

[353] 张钹,朱军,苏航. 迈向第三代人工智能 [J]. 中国科学:信息科学,

2020, 50（9）：1281-1302.

[354] SUN Y, WANG S, LI Y, et al. ERNIE：Enhanced Representation through Knowledge Integration［J/OL］. arXiv：1904.09223（2019-4-19）［2022-12-28］. https：//arxiv.org/pdf/1904.09223.pdf.

[355] LEE J, YOON W, KIM S, et al. BioBERT：a pre-trained biomedical language representation model for biomedical text mining［J/OL］. arXiv：1901.08746v4（2019-10-18）［2022-12-28］. https：//arxiv.org/pdf/1901.08746v4.pdf.

[356] 温雯, 伍思杰, 蔡瑞初, 等. 面向专业文献知识实体类型的抽取和标注［J］. 中文信息学报, 2018, 32（1）：102-115.

[357] WANG Z, LI J, WANG Z, et al. XLore：a large-scale English-Chinese Bilingual knowledge graph［C］// Proceedings of the 12th International Semantic Web Conference（Posters & Demonstrations Track）. Sydney, Australia：CEUR-WS.org, 2013：121-124.

[358] REN X, HE W, QU M, et al. AFET：automatic fine-grained entity typing by hierarchical partial-label embedding［C］// Proceedings of the 2016 Conference on Empirical Methods in Natural Language Processing. Austin, Texas, USA：ACL, 2016：1369-1378.

[359] PETERS M E, NEUMANN M, LOGAN R, et al. Knowledge enhanced contextual word representations［C］//The 2019 Conference on Empirical Methods in Natural Language Processing and the 9th International Joint Conference on Natural Language Processing. Hong Kong, China：ACL, 2019：43-54.

[360] ZHANG Z, HAN X, LIU Z, et al. ERNIE：Enhanced Language Representation with Informative Entities［C］// Proceedings of the 57th Annual Meeting of the Association for Computational Linguistics. Florence, Italy：ACL, 2019：1441-1451.

[361] 孙毅, 裘杭萍, 郑雨. 自然语言预训练模型知识增强方法综述［J］. 中文信息学报, 2021, 35（7）：10-29.

[362] BELTAGY I, LO K, COHAN A. SciBERT：a pretrained language model for scientific text［C］// Proceedings of the 2019 Conference on Empirical

Methods in Natural Language Processing and the 9th International Joint Conference on Natural Language Processing. Hong Kong, China: ACL, 2019: 3615-3620.

[363] CHO K, MERRIENBOER B V, GULCEHRE C, et al. Learning phrase representations using RNN encoder-decoder for statistical machine translation [C] // Proceedings of the 2014 Conference on Empirical Methods in Natural Language Processing. Doha, Qatar: ACL, 2014: 1724-1734.

[364] LOSHCHILOV I, HUTTER F. Decoupled weight decay regularization [J/OL]. arXiv:1711.05101v3 (2019-01-04) [2023-01-01]. https://arxiv.org/pdf/1711.05101v3.pdf.

[365] LIU Y, QTT M, GOYAL N, et al. RoBERTa: a robustly optimized BERT pretraining approach [J/OL]. arXiv:1907.11692 (2019-07-26) [2021-12-28]. https://arxiv.org/pdf/1907.11692.pdf.

[366] LAN Z, CHEN M, GOODMAN S, et al. ALBERT: a lite BERT for self-supervised learning of language representations [J/OL]. arXiv:1909.11942v6 (2020-02-09) (2021-12-28). https://arxiv.org/pdf/1909.11942v6.pdf.

[367] XIAO D, LI Y, ZHANG H, et al. ERNIE-Gram: pre-training with explicitly n-gram masked language modeling for natural language understanding [C] // Proceedings of the 2021 Conference of the North American Chapter of the Association for Computational Linguistics: Human Language Technologies (HLT-NAACL 2021). Online: ACL, 2021: 1702-1715.

[368] 王月, 王孟轩, 张胜, 等. 基于 BERT 的警情文本命名实体识别 [J]. 计算机应用, 2020, 40 (2): 535-540.

[369] 丁家伟, 刘晓栋. 基于 ELECTRA-CRF 的电信网络诈骗案件文本命名实体识别模型 [J]. 信息网络安全, 2021, 21 (6): 63-69.

[370] CLARK K, LUONG M, LE Q V, et al. ELECTRA: pre-training text encoders as discriminators rather than generators [J/OL]. arXiv: 2003.10555v1 (2020-03-23) [2021-12-28]. https://arxiv.org/pdf/2003.10555v1.pdf.

[371] REBELE T, SUCHANEK F M, HOFFART J, et al. YAGO: a multilingual knowledge base from Wikipedia, WordNet, and Geonames [C] // Proceedings

of the 15th International Semantic Web Conference (ISWC 2016). Kobe, Japan: Springer, 2016: 177-185.

[372] LEHMANN J, ISELE R, JAKOB M, et al. DBpedia-A large-scale, multilingual knowledge base extracted from Wikipedia [J]. Semantic Web, 2015, 6 (2): 167-195.

[373] BOLLACKER K, EVANS C, PARITOSH P, et al. Freebase: a collaboratively created graph database for structuring human knowledge [C] // Proceedings of the 2008 ACM SIGMOD International Conference on Management of Data. Vancouver, Canada: ACM, 2008: 1247-1250.

[374] NIU X, SUN X, WANG H, et al. Zhishi. me weaving chinese linking open data [C] // Proceedings of the 10th International Conference on the Semantic Web. Bonn, Germany: Springer-Verlag, 2011: 205-220.

[375] XU B, XU Y, LIANG J, et al. CN-DBpedia: a never-ending Chinese knowledge extraction system [C] //Proceedings of the 30th International Conference on Industrial Engineering and Other Applications of Applied Intelligent Systems (IEA/AIE 2017). Arras, France: Springer, 2017: 428-438.

[376] 王巍巍,王志刚,潘亮铭,等.双语影视知识图谱的构建研究 [J].北京大学学报（自然科学版），2016, 52 (1): 25-34.

[377] WISHART D S, FEUNANG Y D, GUO A C, et al. DrugBank 5.0: a major update to the DrugBank database for 2018 [J]. Nucleic Acids Research, 2017, 46 (D1): D1074-D1082.

[378] 奥德玛,杨云飞,穗志方,等.中文医学知识图谱CMeKG构建初探 [J].中文信息学报,2019, 33 (10): 1-7.

[379] ZHANG D, WANG D. Relation classification via recurrent neural network [J/OL]. arXiv:1508.01006v2 (2015-12-25) [2023-01-01]. https://arxiv.org/pdf/1508.01006v2.pdf.

[380] ZENG D, LIU K, LAI S, et al. Relation classification via convolutional deep neural network [C] // Proceedings of COLING 2014, the 25th International Conference on Computational Linguistics. Dublin, Ireland: ACL, 2014: 2335-2344.

[381] XU Y, MOU L, LI G, et al. Classifying relations via long short term memory networks along shortest dependency paths [C] // Proceedings of the 2015 Conference on Empirical Methods in Natural Language Processing. Lisbon, Portugal: ACL, 2015: 1785-1794.

[382] EBRAHIMI J, DOU D. Chain based RNN for relation classification [C] // Proceedings of the 2015 Conference of the North American Chapter of the Association for Computational Linguistics. Denver, Colorado: ACL, 2015: 1244-1249.

[383] LI Z, YANG Z, SHEN C, et al. Integrating shortest dependency path and sentence sequence into a deep learning framework for relation extraction in clinical text [J]. BMC Medical Informatics and Decision Making, 2019, 19 (1): 43-50.

[384] MIWA M, BANSAL M. End-to-end relation extraction using LSTMs on sequences and tree structures [C] //Proceedings of the 54th Annual Meeting of the Association for computational Linguistics. Berlin, Germany: ACL, 2016: 1105-1116.

[385] Zheng S, Wang F, Bao H, et al. Joint extraction of entities and relations based on a novel tagging scheme [C] //Proceedings of the 55th Annual Meeting of the Association for Computational Linguistics. Vancouver, Canada: ACL, 2017: 1227-1236.

[386] WEI Z, SU J, WANG Y, et al. A novel cascade binary tagging framework for relational triple extraction [C] //Proceedings of the 58th Annual Meeting of the Association for Computational Linguistics. Online: ACL, 2020: 1476-1488.

[387] EBERTS M, ULGES A. Span-based joint entity and relation extraction with transformer pre-training [C] // Proceedings of the 24th European Conference on Artificial Intelligence (ECAI 2020). Santiago de Compostela, Spain: IOS Press, 2020: 2006-2013.

[388] LIU P, YUAN W, FU J, et al. Pre-train, prompt, and predict: a systematic survey of prompting methods in natural language processing [J/OL]. arXiv: 2107.13586v1 (2021-07-28) [2023-01-01]. https://arxiv.org/pdf/2107.13586v1.pdf.

[389] WAN H, ZHANG Y, ZHANG J, et al. Aminer: search and mining of academic social networks [J]. Data Intelligence, 2019, 1 (1): 58-76.

[390] WANG R, YAN Y, WANG J, et al. AceKG: a large-scale knowledge graph for academic data mining [C] // Proceedings of the 27th ACM International Conference on Information and Knowledge Management. Torino, Italy: ACM, 2018: 1487-1490.

[391] ROTH D, YIH W. A linear programming formulation for global inference in natural language tasks [C] // Proceedings of the Eighth Conference on Computational Natural Language Learning (CoNLL-2004) at HLT-NAACL 2004. Boston, Massachusetts, USA: ACL, 2004: 1-8.

[392] AUGENSTEIN I, DAS M, RIEDEL S, et al. SemEval 2017 task 10: ScienceIE-extracting keyphrases and relations from scientific publications [C] //Proceedings of the 11th International Workshop on Semantic Evaluation (SemEval-2017). Vancouver, Canada: ACL, 2017: 546-555.

[393] GURULINGAPPA H, RAJPUT A M, ROBERTS A, et al. Development of a benchmark corpus to support the automatic extraction of drug-related adverse effects from medical case reports [J]. Journal of Biomedical Informatics, 2012, 45 (5): 885-892.

[394] 张瑞. 我国图书情报学跨学科知识流入特征研究 [J]. 情报杂志, 2019, 38 (8): 195-201.

[395] PENG F, MCCALLUM A. Accurate information extraction from research papers using conditional random fields [C] //Proceedings of Human Language Technology Conference and North American Chapter of the Association for Computational Linguistics. Boston, Massachusetts, USA: ACL, 2004: 329-336

[396] WANG Y, HU J. A machine learning based approach for table detection on the web [C] //Proceedings of the 11th International Conference on World Wide Web. Honolulu, Hawaii, USA: ACL, 2002: 242-250.

[397] RAMESH B P, SETHI R J, YU H, et al. Figure-associated text summarization and evaluation [J/OL]. PLoS ONE 10 (2): e0115671. (2015-02-02) [2023-01-01]. https://doi.org/10.1371/journal.pone.0115671.

[398] SIEGEL N, HORVITZ Z, LEVIN R, et al. Figure seer: parsing result-figures in research papers [C] //Proceedings of the 14th European Conference on Computer Vision. Amsterdam, the Netherlands: Springer, 2016: 664-680.

[399] LU Y, LIU Q, DAI D, et al. Unified structure generation for universal information extraction [C] // Proceedings of the 60th Annual Meeting of the Association for Computational Linguistics. Dublin, Ireland: ACL, 2022: 5755-5772.

[400] SUN Y, WANG S, FENG S, et al. ERNIE 3.0: large-scale knowledge enhanced pre-training for language understanding and generation [J/OL]. arXiv:2107.02137v1 (2021-07-05) [2023-01-01]. https://arxiv.org/pdf/2107.02137v1.pdf.

[401] CUI L, WU Y, LIU J, et al. Template-based named entity recognition using BART [C] // In Findings of the Association for Computational Linguistics: ACL-IJCNLP 2021). Online: ACL, 2021: 1835-1845.

[402] PETRONI F, ROCKTÄSCHEL T, LEWIS P, et al. Language models as knowledge bases? [J/OL]. arXiv:1909.01066v2 (2019-09-04) [2023-01-01]. https://arxiv.org/pdf/1909.01066v2.pdf.

[403] DAI Z, YANG Z, YANG Y, et al. Transformer-xl: attentive language models beyond a fixed-length context [C] // Proceedings of the 57th Annual Meeting of the Association for Computational Linguistics. Florence, Italy: ACL, 2019: 2978-2988.

[404] JIA S, E S, LI M, et al. Chinese open relation extraction and knowledge base establishment [J]. ACM Transactions on Asian and Low-Resource Language Information Processing. 2018, 17 (3): 15.1-15.22.

[405] 秦兵, 刘安安, 刘挺. 无指导的中文开放式实体关系抽取 [J]. 计算机研究与发展, 2015, 52 (5): 1029-1035.

[406] QIU L, ZHANG Y. ZORE: A syntax-based system for Chinese open relation extraction [C] //Proceedings of the 2014 Conference on Empirical Methods in Natural Language Processing. Doha, Qatar: ACL, 2014: 1870-1880.

[407] FADER A, SODERLAND S, ETZIONI O. Identifying relations for open

information extraction [C] //Proceedings of the 2011 Conference on Empirical Methods in Natural Language Processing. Edinburgh, Scotland, UK: ACL, 2011: 1535-1545.

[408] GAO J, LI X, XU Y, et al. Efficient knowledge graph accuracy evaluation [J] //Proceedings of the 45th International Conference on VLDB. Los Angeles, California, USA: Curran Associates Inc., 2019, 12 (11): 1679-1691.

[409] 刘玉华, 翟如钰, 张翔, 等. 知识图谱可视分析研究综述 [J]. 计算机辅助设计与图形学学报, 2023, 35 (1): 23-36.

[410] BASTIAN M, HEYMANN S, JACOMY M. Gephi: an open source software for exploring and manipulating networks [C] // Proceedings of the 3rd International AAAI Conference on Web and Social Media. San Jose, California, USA: AAAI Press, 2009: 361-362.

[411] ZHONG Z, CHEN D. A frustratingly easy approach for entity and relation extraction [C] // Proceedings of the 2021 Conference of the North American Chapter of the Association for Computational Linguistics: Human Language Technologies. Online: ACL, 2021: 50-61.

[412] MARCHIONINI G. Exploratory search: from finding to understanding [J]. Communications of the ACM, 2006, 49 (4): 41-46.

[413] HUANG C, LU Z. Exploring query expansion for entity searches in PubMed [C] //Proceedings of the Seventh International Workshop on Health Text Mining and Information Analysis, Auxtin, TX: ACL, 2016: 106-112.

[414] SONG D, SCHILDER F, HERTZ S, et al. Building and querying an enterprise knowledge graph [J]. IEEE Transactions on Services Computing, 2017, 12 (3): 356-369.

[415] ALONSO O, KANDYLAS V, TREMBLAY S, et al. Social knowledge graph explorer [C] //Proceedings of the 42nd International ACM SIGIR Conference on Research and Development in Information Retrieval. Paris, France: ACM, 2019: 1317-1320.

[416] LUO X, LIU L, YANG Y, et al. AliCoCo: Alibaba e-commerce cognitive concept net [C]// Proceedings of the 2020 ACM SIGMOD International Conference on Management of Data, Portland OR USA: ACM, 2020:

313-327.

[417] XU Y, JONES G J F, WANG B. Query dependent pseudo relevance feedback based on Wikipedia [C] //Proceedings of the 32nd International ACM SIGIR Conference on Research and Development in Information Retrieval. Boston MA USA: ACM, 2009: 59-66.

[418] DALTON J, DIETZ L, ALLAN J. Entity query feature expansion using knowledge base links [C] //Proceedings of the 37th International ACM SIGIR Conference on Research & Development in Information Retrieval, Gold Coast Queensland Australia: ACM, 2014: 365-374.

[419] FUKAZAWA Y, KARAPETSAS E, ZHU D, et al. Exploratory activity search [J]. International Journal of Knowledge-based and Intelligent Engineering Systems, 2015, 19 (1): 15-25.

[420] 杨倩. 探索式搜索行为的先验知识分析与信息服务策略研究 [J]. 图书情报知识, 2021 (2): 144-153.

[421] 邢玉艳, 刘萍. 探索式搜索前后用户认知结构变化研究 [J]. 图书情报工作, 2021, 65 (22): 74-84.

[422] 丁志均, 杨青, 张会兵, 等. 基于非结构化文本检索模型综述 [J]. 计算机应用研究, 2017, 34 (6): 1601-1612.

[423] 吴丽华, 罗云锋, 张宏斌. 信息检索模型及相关性算法的研究 [J]. 情报杂志, 2006 (12): 25-27.

[424] 李赟. 基于维基百科的语义知识挖掘相关研究 [D]. 北京: 北京邮电大学, 2009.

[425] STRZALKOWSKI T, PEREZ-CARBALLO J. Recent developments in natural language text retrieval [C] // Proceedings of the 2nd Text REtrieval Conference (TREC 1993). Gaithersburg, Maryland, USA: NIST Special Publication, 1994: 123-136.

[426] 李冰. 基于多领域本体的探索式搜索的查询推荐方法研究 [D]. 沈阳: 东北大学, 2014.

[427] 赵海平, 付婷, 刘伟超. 不同任务情境下研究生网络信息搜寻行为特征与差异研究 [J]. 数字图书馆论坛, 2019 (10): 64-72.

[428] 袁红, 周浩. 用户参与量表运用于探索式搜索效果评价的适用性探讨 [J]. 情报理论与实践, 2020, 43 (6): 109-114.